大是文化

龍椅背後的財政秘辛

文治武功？財稅金融才是國家盛衰存滅的深層原因。

「中文世界的國富論」

U0021083

當當網破紀錄99.8％好評、超過萬人給予五顆星評價
前《21世紀經濟報導》記者
郭建龍 著

CONTENTS

CONTENTS

推薦序

推開讀歷史的一扇新窗

歷史評論家／**公孫策**

國家的興、亡、盛、衰全在財政，是本書的主旨，而本書為我們讀歷史開了一扇新的窗戶，增加了一個新的視察角度。

國家興，因為「槍桿子裡出政權」，而槍桿子若無財政支持肯定不行，比如楚漢相爭，項羽強而劉邦弱，但是劉邦據敖倉而能拖垮項羽；國家亡，因為「天下之亂本於飢」，但荒年每隔數年就會發生，卻未必一定生亂，人民因吃不飽而造反，通常伴隨著政府財政出問題，比如王莽搞垮了原本穩定的五銖錢貨幣秩序，一旦發生饑荒，立即民變四起。

讀本書的最大感慨是，中國古代的財政思想不發達，乃至「興利之臣」跟「聚斂之臣」幾乎同義，於是儒家學者恥言興利，最終使得近代中國完全無法抵擋西方的船堅砲利。而列強敲開中國大門之後，起初只要求通商，及至不平等條約數簽，最重要的就是攘奪財稅權，而中國的大臣還死守「土不可喪」觀念，不曉得國家命脈已經給人家掐住了。

本書作者蒐集史料完整，並能拉長歷史縱深思考問題，透過他的剖析，很多**傳統史書上的「功」卻成為「過之源」**，比如漢武帝的雄才大略，大漢天威其實埋下了大漢帝國由盛轉衰的因子；有些「不作為」卻又因禍得福，比如大明王朝濫發紙幣，民間擔心通貨膨脹，於是自覺性的發展出銀本位貨幣體系，反而明朝的金融秩序在歷代中相較穩定。而史書稱讚的一代良相張居正，他推動的財稅改革「一條鞭法」，本書評論他其實只是「瞅準機會做些『理順式』的變革」，如此評論固然有作者的根據，然而在儒家學者普遍缺乏財政知識的中國古代，張居正能夠「瞅準機會」，還能「理順問題」，絕對稱得上是一位治世能臣，忍不住在此幫他「平反」一下。

現代四大史學家之一的錢穆大師教我們「在現實裡找問題，到歷史裡尋答案」，也就是所謂「歷史實用論」，可是在此之前，遇到現實中的經濟、財政、科學等問題時，常嘆中國歷史記載這些方面太少，有了本書之後，對於財政在歷代興亡盛衰的影響，乃有了清楚的脈絡，良有益也。

作為一個歷史評論人，不能已於言的是，本書沒有對「貪汙」多加著墨。事實上，史書中對貪汙奢侈的記載很多，而貪墨之風直接影響的就是政府財政。這一點，期待本書再版時能夠加入。

前言
一部新視角下的中國財政史詩

自西元一九七八年，從鄧小平的改革開放，到江澤民的財稅、國營改革，再到近年習近平（西元二〇一三年）的癸巳改革，中國已經進入改革開放時期。但所有的改革，始終沒有辦法碰觸中國經濟的三大底線，也就是不放棄國營企業、不觸碰公有土地制度，以及政府控制發行鈔票權利為代表的經濟體系。雖然已經有不少學者認為，要想繼續改革，必須接觸國營企業、公有土地制度和金融體系，但實際上我們還看不到政府全面放棄這三者的跡象。

國營可以一部分私有化、員工也可以辭職，但對於經濟命脈，中國政府則從來沒有想過要放手，反而加強其控制力道。土地公有制是地方政府用來發展土地財政的基礎，哪怕問題再多，政府改革措施也只會簡單修補一下，甚至出讓一定的使用權，但絕不會將土地的完整所有權交給民間。而控制金融體系則代表擁有印鈔權，政府從而有製造通貨膨脹的能力，也能不斷支配人民的儲蓄。有人認為，這三大底線其實是社會主義[1]的特徵，也稱為三大基礎。從哲學家馬克思（Marx）開始，就決定必須守住這三大基礎，才能守住社會主義。但真的是這樣嗎？

1 Socialism，指國家能夠控制生產、分配工具的一種政治及經濟理論，目的是使社會財富趨於平等。

在仔細考察歷史之後，我們卻會發現其實這所謂的三大基礎，並非從德國那裡來的舶來品，而是中國歷史上一直依賴的經濟與政治手段。實際上，中國古代的各個王朝，已經頻繁的使用國營企業、公有土地制度、壟斷貨幣發行權，**現代政府之所以能夠駕輕就熟的運用這些手段，不是從外國學來的理論，而是傳統本能**。本書所做的，就是整理歷史線索，從中國兩千多年的集權歷史中，尋找到壟斷經濟的邏輯，而根本就是政府財政。

古今中外，對一個集權政府來說，只有兩件事是它最關心的：第一，如何建立一套複雜的官僚體系，控制社會；第二，如何從民間經濟中，獲取足夠的收入，來養活這個體系。不管是國營企業、公有土地制度，還是壟斷貨幣發行，都是政府籌措財政的一種手段。當正規的稅收，不足以養活龐大的官僚體系時，政府就會想辦法尋找新的方法來獲得收入。所以，所謂的三大基礎，實際上是官方三大斂財手段。中國**王朝的衰亡**，也代表著**財政危機所引起的失衡**，已經到了山窮水盡的地步。讀者透過本書可以了解：

一、王侯將相之外，更深層的歷史脈動。這本書的主角不是具體的人，而是影響整個社會的政治力量。它不是抽象的意識形態，而是可以透過現代財經工具，分析出的具體事件。作者認為，在描寫歷代王朝的命運時，同樣可以寫出高潮起伏、引人入勝的美感，其力量不亞於王侯將相在臺前的表演。

二、對於現代財政問題感興趣的讀者，可以透過古代財政問題的演化和發展，找到兩者相同之處，進而得到啟發。只有透過王侯將相的作為，看到中央財政的演化如何導致政權失衡，才能真正了解一代王朝為何興、為何亡，並對應到現代許多問題，其實古代早有案例，最好能夠從歷史中吸收經驗，找到解方。

三、支撐現代經濟和財政體制的三大支柱——國營企業、土地公有制、金融壟斷，分別在中國的漢代、唐代、宋代都可以找到對應的案例。因此，本書也將更著墨於這三大支柱的來龍去脈，並圍繞著它們，追溯源由，分析政策帶來的問題，以及最後的歸宿。

除了上述問題之外，每個朝代的財政教訓又各有不同，本書將會一一分析。

中國歷史的財政邏輯

中國是一個早熟的國家，在兩千多年前就發明中央集權制，在這之前，人類幾乎不可能在數百萬平方公里的疆域內，建立統一國家。由於交通和科技的限制，統治者無法讓遠在千里之外的所有人俯首聽命。周代雖然建立諸侯制，但由於天子無法控制諸侯，因此各個諸侯逐漸獨立、形成國家。秦漢採行的中央集權，在地方建立一整套的官僚系統，由中央任免、控制官員，同時官員再統治人民，彼此相互監督、相互制衡。中央政府控制官僚，最重要的手段是財政，除了中央之外，其餘機構無權收稅，也不能發放工資給官員。這麼一來，官員就成為中央政府管理地方的工具，而政府再透過官僚網路，牢牢的控制民間。但是，**中央集權制卻有一個很大的問題**，也就是隨著政權的發展，這個維護社會穩定的系統，卻變得越來越龐大，使得古代的**農業社會逐漸養不起它**。

在王朝建立初期與和平時代，官僚機構的規模還比較小，這時，可以透過正規的農業稅來養活。可一旦進入戰爭狀態，或者到了王朝後期，系統膨脹過於快速，無法僅靠正規的稅收支撐。這時，財政就會進入快速擴張期，皇帝為平衡支出，便發展出正規稅收之外的各種手段，從民間攫取財富。

皇帝最早發現的是國營企業。早在漢武帝時期，就已經摸索出一套建立國營企業的方法。漢武帝繼承文景之治所帶來的成果，當時本來是富裕的時代，但因經常對匈奴發動戰爭，迅速耗空國庫，財政產生嚴重赤字到無法僅靠農業稅收彌補。

為了得到更多收入，漢武帝決定壟斷自然資源，也就是當時的鹽和鐵，建立一系列的國營企業。他靠著鹽、鐵資源，壟斷經營權，形成最先進的工業部門，可謂漢代的科技產業。民間為了購買鹽和鐵，必須付給政府更高的價格。壟斷前後形成的價格差，就成了漢武帝的戰爭經費。除此之外，漢代還首開先例，將貨幣發行權，獨攬到中央政府手中，藉由貨幣貶值（鑄幣時代主要是透過在用以鑄幣的材質「銅」中，摻入其他賤金屬來實現），從民間抽取財富。**漢代之後的大部分朝代都繼承漢武帝的衣缽**，**在壟斷資源上大做文章**，形成對中國民間經濟的第一道緊箍咒。

而唐代則為中國現代經濟，提供另一個版本：土地公有制。

唐代的土地公有制來自北魏，經過北周和隋朝最終傳給唐朝。它規定當一個人出生時，就由政府分給他一塊耕地；作為交換，一旦他成年，就必須向政府繳納土地稅；當他死亡時，政府把耕地收回，以便發給其他的新生人口。這種制度下，政府是全國最大的地主，農民只是終生的租客，稅收就是租金。在西元一九七八年之後，中國農村也曾經實行過類似的分地制度。另外，與現代中國類似的是，**唐代也是一個政府參與經營的時代**。皇帝允許每一級政府、每一位衙門擁有土地經營權和資金，這些衙門都可以參與市場活動，賺錢籌措一部分財政資金，維持自身營運。

可以說，唐代的政府既是裁判員，又是運動員。但唐代的官營效果很差勁，常常處於虧本狀態。主要原因在於，政府控制土地的成本太高，雖然可以短暫獲利，但從長遠來看，不僅會攪亂民間秩序，也無法保證政府持續獲利。而政府由於不懂經營規律，所做的商業活動多半無法盈利，或是只能實行強買強賣。結果，政府不僅沒有從中獲得足夠的財政收入，反而導致唐代的中央財政捉襟見肘，持續惡化。

正是由於糟糕的財政，唐玄宗在盛世時期也不得不委曲求全，建立節度使這個官職。在此之前，中央政府總是把一個地方的軍權、財政權和行政權，分派不同的官員。但隨著中央財政崩壞，皇帝往往拿不出錢來養活邊關的軍隊，於是，他把邊關地區的軍權、財權、行政權合併起來授予同一人，讓他自己想辦法收稅，再用這些稅收養活軍隊打仗。但設置節度使破壞了正常的官僚制度，無法產生有效的制衡，使得節度使反而大權在握，有力量反抗中央，最終導致安史之亂。可以說，唐代的衰落**首先起源於財政問題，再擴大成軍事問題**。

在漢唐的財政經驗之外，**宋代則為中國提供最後一個強有力的工具——紙幣**。從宋代開始，中國的每一個朝代（除了清代），都有劇烈的紙幣通膨，中央政府突然發現，紙幣是種更容易獲取財富的工具，並且迅速濫用。即便到了現代，世界各國也都發現，紙幣是個快速籌款的工具，並想要過度使用，最近世界各國都有流動性氾濫的問題就是這樣的結果。從前面的回顧也可以看出，國營企業、土地公有制、金融壟斷，在中國古代都有非常深入的實驗。而它也帶來一次次重複的結果，雖然每次的重複中略有新意，卻又有許多規律可以追尋。

本書在敘述這些歷史教訓時，會試圖尋找其中的規律，為現代社會經濟的池塘中，摻入一點古人的眼淚。

集權財政的三大週期

在中國的財經史學界，存在著嚴重的區隔，懂歷史的人不懂經濟，他們對於史料的整理功莫大焉，卻大都以過時的經濟理論，來整理線索、資料，導致著作中充滿一股腐臭的馬克思主義（Marxism）味道。而懂經濟的人不懂歷史，他們將中國歷史上的經濟狀況，想像得過於簡單，切斷歷史與現代的聯繫。有少數幾本書試圖融合兩者，但由於作者沒有耐心閱讀史料，只能利用前人的研究材料，即便想與眾不同，卻仍充滿陳腔濫調。

本書所彌補的，恰好是這兩方面的缺陷。也就是利用現代的經濟理論，分析中國古代的經濟、財政現象。而在選擇史料上，則盡量重讀古代典籍，以《二十五史志》、《資治通鑑》、《通典》、《文獻通考》等史籍為依據，輔以其他史料，緊扣這些材料來分析問題。

本書分為一個序章和三部曲。序章介紹中央帝國形成之初最重要的財政事件，比如漢武帝建立財稅體制的案例。而本書正文的三部曲，則**對應著中國集權時代的三大週期**。

西元一九四九年之後的歷史觀點，流行將大一統時期，統稱為「封建時代」[2]。但嚴肅的學者大都已經指出，這樣的分類是錯誤的。大一統之後形成的是一個集權政權，由中央政府派出官僚機構控制全國。這樣的結構絕非像歐洲的「封建制度」，反而秦漢之前的周朝，更符合封建的特徵，卻將它硬稱為奴隸時代，顯得不倫不類。

本書整理秦漢之後兩千年的集權時代，從制度和財政看下來，可以將其分為三大週期：在一個週期內可以包括若干個朝代，第一個朝代從混亂中建立新的官僚和財政制度，形成基礎；在後來的朝代中，即便出現改朝換代，卻往往沒有徹底推翻前朝的制度基礎，反而延續官制、財政，可以視為週期的繼續；直到週期的最後一個朝代迎來巨大的崩潰，全面改變社會基礎，之後被新的週期所取代。

中國集權時代的第一個週期始於秦、漢，結束於南朝。它的基礎是：**官僚制度上，以中央集權制為主，卻仍然殘存著一定的諸侯制**；經濟上實行土地私有制，財政稅收最初以土地稅為主，並逐漸延伸出國營企業、金融壟斷，甚至賣官鬻爵等新財源，供皇帝揮霍。

這個週期中，漢代最初幾個皇帝，面對的是強大的諸侯殘餘制度、和崩潰的經濟結構，他們鼓勵自由經濟，並從財政上逐漸削減諸侯權力，形成初步的中央集權。

2 接受馬克思主義的歷史學家，認為中國是從原始社會、奴隸社會、封建制度、資本主義社會，再到共產主義社會。他們認為秦至清朝的兩千多年為封建社會，充滿各種落後、腐朽、封建思想與封建官僚體系等，完全脫離封建本身的涵義。而夏、商、周則為奴隸社會。

但到了武帝時期，由於戰爭的關係，建立國營企業和金融壟斷，並破壞正常官制、加強中央集權。王莽時期，帝王被復古主義的幻覺迷惑，進行激烈的、帶著計畫經濟[3]色彩的經濟改革，但由於投入太多人為的操作，對社會經濟的破壞太大，使得政府垮臺。

之後東漢繼承西漢的經濟架構，它的官僚、財政制度，都是從西漢制度而來，同樣也全盤接收西漢的弊病。由於西漢後期官商結構發展，使原先有活力的民間經濟已經出現嚴重的停滯，到了東漢則演化成為如同板塊般的社會分層，並一直持續到魏晉南朝，甚至危害政權的存續，最終被更有活力的北朝所取代。

到了這個週期的後期，隨著政治的僵化，大量的勞動人口都成為官吏和世族的附庸，他們消失在國家戶籍之外，不再繳稅。因此，戶籍人口消失、財稅不足使得政權越來越嚴重，政府變得孱弱不堪，第一週期終於在建立八百年之後，因制度喪失調整能力而崩塌。

中國集權時代的第二週期從北魏開始，結束於南宋。這個週期的特徵，是較為**完善的中央集權制和科舉制度**，經濟上採用土地公有制，稅收上實行較為複雜的租庸調，並輔以政府機關自我經營的財政收入體制。

土地公有制出現於北魏，歷經西魏、北周和隋朝，到了唐初，形成以政府分配和回收土地為特徵的公有制。但唐代的土地公有制卻很快就失敗，因為人們都樂於從政府手中分到土地，但人死後，他的子孫卻不願意將土地返還給政府，而是隱瞞不報，偷偷繼承下去。

隨著人口增加，政府手中能分配的土地數量不斷減少，可以說土地在民間私有化已成事實。唐代的土地公有制崩潰還直接影響稅收，由於大量的土地隱瞞不報，無法滿足政府的財政收入。

唐代還實行一種複雜的稅制——租庸調，政府必須同時統計土地、人口和家庭。這種稅制已經超出當時政府的統計能力，反而拖累財政。

由於上述原因，**唐代雖然經濟繁榮，但財政卻一直不健康**，從而導致安史之亂。唐代後期進行稅法改革，默認土地私有制，形成較為簡單的兩稅法，並開始加強各種專賣制度，形成龐大的國有壟斷經濟。這些特徵傳給五代、兩宋，並在宋代形成龐大的政府壟斷。

宋代，因為戰爭成本、養官成本都很高，需要龐大的財政支援，形成中國歷史上最壯觀的專賣制度，並開創具有歷史性意義的實驗。紙幣最先由中國的「民間銀行」創造，展現出強大的活力，也帶來一定的不穩定，政府隨即將紙幣發行權收歸國有，並發現紙幣具有將巨大財富再分配的效應。從這時開始，除清朝外的後代政府都透過紙幣從民間吸取大量財富，形成世界上最早的惡性通貨膨脹。

中國集權時代的第三週期從遼、金出現萌芽，在元代繼續發展，到了明清兩代，則變得穩定。它**將土地制度回歸私有制**，官僚制度上建立起具有無限控制力的集權模式，並靠著封鎖人們的求知欲，造就安定的社會。

這個週期在財政上是保守的，以土地稅為主，並逐漸放棄不穩定的紙幣體系，**回歸更加原始的貨幣制度**，但這套財政制度又足夠簡潔，能維持很長時間。

如果世界上只有中國一個國家，這個體系可怕的穩定性，可能讓我們永遠停留在第三週期

3 Planned economy，國家在生產、資源分配以及消費等各方面，都是由政府事先進行計畫。

內，雖然經濟上絕對不會出現突破性發展，人民的生活仍能維持在一定的水準。只是到了清末，隨著海外的影響，中國財政才開始近代化，並獲得從農業社會轉型的機會。

它曾經充滿希望，最終卻被迫回歸到如同兩千年那麼迂腐的制度：國營企業、金融壟斷與土地公有制。

本書的寫作目的不僅是回顧歷史，還要透過研究古代問題，來研究現代。當了解古代的財政邏輯之後，再看待現代問題，可以獲得更廣闊的視角，並能夠理解現代經濟和社會的脈絡。

圖表 0-1　中國財政三大週期

週期	朝代	政治體制	經濟特徵	週期結束原因
第一週期	秦漢至南朝	中央集權、諸侯制	土地私有制、土地稅	戶籍人口消失、財稅不足
第二週期	北魏至南宋	中央集權、科舉制度	土地公有制、租庸調	紙幣造成惡性通貨膨脹
第三週期	遼金至清末	中央集權模式	土地稅、後期逐漸放棄紙幣制	西方勢力的影響

序章

漢武帝：兩千年帝國財政的教科書

漢武帝是中央集權制的開創者，他的制度在各個方面，影響中國未來兩千年的歷史。後世的人皆敬畏漢武帝的赫赫戰功，卻沒有看到他將文景之治時期，所累積的國庫儲蓄全部耗空，形成龐大的負擔。

在漢代，一場戰爭所花的錢，可以達到中央官吏俸祿的幾十倍，可謂消耗龐大的遊戲。僅靠農業稅無法應付戰爭的一切開銷，為此，漢武帝幾乎嘗試所有可能的財源，從賣官鬻爵、發行減值貨幣、再到加強商業稅等，但均無法填補漏洞。最終漢武帝選擇壟斷自然資源、開辦國營企業，漢代也因此建立一套複雜的國有體制。漢武帝的做法使得政府的角色，從收稅變成參與經濟的實際營運，也由此改變官僚制度，破壞原來的小政府模式。

漢代建立的集權模式帶來一個無解的困境，那就是政府要維持穩定，就必須多收稅；要多收稅，就必須建立國營企業和壟斷經濟，這勢必影響到經濟發展；經濟發展停滯後，又反過來影響政府穩定，造成王朝的垮臺。

是和是戰？漢初的兩難

漢武帝元光二年（西元前一三三年）六月，一場發生在馬邑（今山西朔州）的戰役，決定未來兩千年中國的走向。戰役的一方是漢朝的大軍，謀士叫做王恢，另一方則是匈奴的軍臣單于。與後來漢匈之間連綿不絕的戰爭相比，馬邑之戰顯得異常平淡，雙方甚至沒有直接面對（兵刃相接），但它卻成為引發骨牌效應的第一張牌，影響中國財政的大變局。

這次戰役徹底破壞漢匈間的信任關係，雙方從和平進入戰爭頻發的時期。戰爭又破壞漢初安穩的財政，迫使武帝不得不建立起一套特殊的財政體系。**這套新體系又延綿兩千年，直到今天仍然影響著我們的生活**。

西元前二〇二年，經過秦朝末年的群雄並起，劉邦脫穎而出，統一中原，建立漢朝。但之後隨即與匈奴發生戰爭，誰知大漢皇帝卻敵不過草原霸主，在白登山（位於山西大同附近）被匈奴團團圍住，差點成為俘虜。從此以後，漢代的皇帝大都保持和平姿態，不惜利用和親的方式來安撫匈奴，避免戰爭。和親的女子並非真正的公主，而是從劉姓家族中找一個女孩，由皇帝認作乾女兒，嫁給匈奴。然而，上述政策到漢武帝時期，隨著漢代經濟實力增強，「是和是戰」已經成為君臣之間激烈討論的問題。

元光元年（西元前一三四年），匈奴的軍臣單于再次要求和親，武帝認為這是個改變政策的好時機，於是召集群臣商討對策，主要以主和的一方御史大夫韓安國，和主戰的一方大行令王恢為代表。王恢的籍貫是燕地，即現在的北京、河北一帶，與蠻族接壤。他擔任過邊境地區的官吏，又參與過對南方閩越的軍事行動，是個堅定的主戰派。他認為，匈奴單于喜新厭舊，和親後往往很快就背信忘義，製造新的麻煩，所以不如拒絕和親，準備打仗；御史大夫韓安國則認為，匈奴的土地過於貧瘠和廣闊，如果要打仗，需要費很大力氣，即便打贏了，也沒有太多的好處，得不償失，不如繼續和親。

1 本章涉及的時間範圍，是西元前一三三年至前八七年。

漢代實行三公九卿的官僚制度，御史大夫是三公之一，擁有監察百官的權力，是朝廷說話最有分量的官員。而大行令（最早稱典客，景帝時改稱大行令，武帝後期改稱大鴻臚）屬於九卿之一，地位比御史大夫低，但他負責管理歸附朝廷的外國人，匈奴事務與他負責的領域直接相關。一個是三公，一個是直管官員，兩者說話的分量不相上下，也不難看出武帝時期，朝廷內部對匈奴態度的分歧之大。這一次，御史大夫韓安國的意見占了上風，武帝許諾與匈奴和親。漢匈和平又維持了一年。

一場沒交鋒的戰爭，改變漢朝

到了第二年春天，一位生活在馬邑，叫做聶壹的富豪求見大行令王恢。他認為，匈奴剛剛和親，對漢朝沒有太多警戒，此時恰是攻擊匈奴的最佳時機。聶壹的話與王恢的觀點不謀而合。他把意見上呈給漢武帝，於是宮廷裡又展開一次討論。武帝首先給此次的討論定了調。他說，朝廷不僅與匈奴和親，還贈送給他們大量的禮物，但匈奴態度傲慢、屢屢進犯邊境，有人建議使用武力教訓他們，請大家討論可否[2]。主要的爭論，仍然在御史大夫韓安國和大行令王恢之間。雙方脣槍舌劍，你來我往，《漢書》列出雙方爭論的三個回合，直到王恢第四次發言後，皇帝才決定使用武力。

根據聶壹的計謀，他本人偷偷逃到匈奴軍臣單于住處，獲得信任後，向單于建議：他有把握砍下馬邑令守的人頭，將匈奴放入城中、奪取城池。單于輕信聶壹的話，把他放回馬邑。聶壹將一名死囚的人頭砍下來，掛在城外，匈奴的使者誤以為這就是馬邑令守的人頭，回去稟告單于可以進軍，於是單于親自率領十萬騎兵前往馬邑。於此同時，漢朝派遣三十萬大軍[3]，並任命衛尉李廣為驍騎將軍，太僕公孫賀為輕車將軍，大行令王恢為將屯將軍，太中大夫李息為材官將軍，這四位將軍由御史大夫韓安國（他被任命為護軍將軍）統領。

漢軍人馬都埋伏在馬邑周邊的谷地裡，一旦單于到來，就由王恢、李息、李廣等人擊其輜重[4]，其餘人馬與其大部隊作戰。如果軍事行動成功的話，可以一舉殲滅匈奴單于所帶來的十萬騎兵，對匈奴造成致命打擊，使其喪失與漢朝對抗的能力。然而，行動進展得並不順利。匈奴單于在進軍的過程中，發現不好的預兆。首先，匈奴進攻馬邑並無長期占領的打算，而是以劫掠為主。在進軍的路上，距離馬邑還有上百里，匈奴已經開始劫掠。他們發現，雖然路上有不少的牛羊可以搶劫，但是連一個牧人都沒有碰到。

這時他們正好經過一個烽燧[5]，單于臨時下令占領這個烽燧。此時，有一個武州的小官恰好在這個烽燧上，他被匈奴抓住，並供出漢軍的計策。單于大呼上當，引軍撤退。埋伏的漢軍得到匈奴撤退的消息，連忙追上來，但由於距離遙遠，沒有追上，只得撤離。唯一有機會和敵人接觸

2 見《漢書．韓安國傳》：「朕飾子女以配單于，幣帛文錦，賂之甚厚。單于待命加嫚，侵盜無已，邊竟數驚，朕甚閔之。今欲舉兵攻之，何如？」

3 《史記》記載為二十多萬大軍。

4 軍事上指跟隨作戰部隊行動，並提供後勤補給、後送、保養等勤務支援的必要人員、裝備與車輛。

5 古代邊防警報、求援用的煙火信號。

的，是大行令王恢的部隊。他率領三萬人馬負責攔截匈奴輜重。就在他率軍殺向敵人的輜重部隊時，卻得到匈奴主力已經回撤，要和輜重部隊會合的消息。經過再三考慮，他認為三萬人無法與匈奴主力抗衡，於是率軍撤退了。

這次戰役以匈奴撤退和漢軍無功而返告終。由於動用三十萬軍隊，消耗大量的糧草，漢武帝大怒，要懲罰當初堅決主戰的王恢。他認定王恢臨陣退縮，與其他將軍追不上敵人不同，王恢是可以趕上，並攻擊敵人的輜重部隊，然而他卻選擇退軍。在軍法上，擅自撤退是斬首之罪。

王恢則辯解人馬太少，無法與匈奴主力抗衡，他選擇撤退是為了保全漢軍的三萬人馬。不過，暗地裡他卻賄賂時任丞相的武安侯田蚡，希望田蚡為他說句好話。田蚡本人不敢對皇帝明言，就找太后說情，他進言：「反對匈奴最堅決的人是王恢，殺了他就等於是替匈奴出氣。」但武帝不為所動，堅持認為王恢的臨陣退縮，讓漢軍失去獲勝的可能。出於面子考慮，漢軍急需的是一場勝利，哪怕只是對輜重部隊的小勝，也比無功而返要好得多。

整個事件以王恢自殺而告終，馬邑之役落幕。

既然戰役過程平淡無奇，而且由於錯失時機，對敵人沒有產生任何殺傷力，為什麼還說這次戰役，是中國歷史上的一個轉捩點？此次戰役標誌著漢朝和匈奴的徹底決裂。此後，匈奴再也不相信漢朝，不指望和平，雙方之間進行連綿不絕的惡戰[6]，就算想停都停不下來了。這對於漢匈雙方來說都得不償失。匈奴因人口少、戰爭消耗大，內部也產生分裂，到了東漢中期終於瓦解；而戰爭給人口眾多的漢朝，則帶來帝國財政的崩潰。為了應付戰爭帶來的財政危機，漢武帝不得不放棄漢初寬鬆的財政稅收制度，另闢財源。

於是，一整套國家壟斷、國家干預經濟的制度被建立起來，這套財政制度延續兩千年，直到今天仍然存在。一場小小的戰役改變漢匈關係，進而改變帝國的財政結構，影響中國兩千年的經濟發展。至今，我們仍然在接受那次戰役結果的影響。

漢初的自由經濟時代

在漢初，中國經濟恰好處於一個歷史上罕見的自由經濟時代。

經濟學鼻祖亞當·斯密（Adam Smith）認為，政府的財政和稅收，要盡量規則簡單、平等，不要過量。相應的，支出也要盡量減到最少，只承擔必要的安全保障，如軍隊、員警的開銷，承擔一部分私人不願意做的公共事業，比如修建道路和水壩。政府應該避免參與具體的經濟活動，讓社會掌控經濟營運。在這種體系裡，不需要所謂國營企業，也用不著政府指導經濟。當然，這只是最理想狀況，即便是現代西方社會，也沒有完全實踐這些原則，政府對經濟的干預程度也逐漸變大。

但是在中國歷史上，有一個時期最接近亞當·斯密的理想，就是漢代初期。它甚至有一套接近《國富論》（*The Wealth of Nations*）的核心思想，叫「黃老之術」，聽說思想的開端是黃帝和老子。所謂「黃老之術」，就是要求統治者採取休養生息的方式，幾乎全盤從經濟事務中退出，

6 典出《史記·匈奴列傳》：「自是之後，匈奴絕和親，攻當路塞，往往入盜於漢邊，不可勝數。」

放手讓社會力量發展。套用現在的話，就是「小政府、大社會」。

現在，人們常質疑亞當．斯密理論的效果，但西漢初年實行「黃老之術」，恰好提供良好的證明：在這之前，整個中國經過戰國末年的大規模兼併、秦代的集權統治、秦末的群雄混戰，一直處於紛紜擾攘之中，民生凋敝、金融混亂。漢初的休養生息政策立竿見影，很快的國庫充盈、民間富裕[7]。

除了民間經濟的發展，漢初統治者還逐漸摸索出一套符合經濟發展需要的官僚制度，只負責必要的行政、稅收、武裝，以及供養皇室，不過多的干擾民間經濟發展。這套制度在中央是三公九卿制，也就是丞相（管行政，是文官首長）、太尉（管軍事，是武官首長）、御史大夫（掌監察，輔助丞相來監察官僚系統）**這三公，加上九個輔佐**皇帝的官員，以及他們的部屬。地方上採取郡縣兩級制度，從中央到地方只經過郡和縣兩個級別，所需要官員的數量並不多（見二十八頁圖表0-2）。

整體而言，漢代初期的官僚人數少、制度簡單，政府沒有過度干預經濟。據司馬遷估計，養活中央官吏，每年所需的糧食不過幾十萬石（漢代的一石約為兩百五十八．二四克）。即便按照一百萬石計算，漢代一畝收一石的平均生產率[8]，約需要一百萬畝土地；而漢代的耕地面積是定墾田八百二十七萬頃[9]，一百萬畝只相當於全國總耕地的八百分之一。也就是說，只用八百分之一的土地，就可以養活整個官僚系統。如果換算成錢幣，當時一石糧食的正常價格是三十錢，則一百萬石糧食大約為三千萬錢。由於養官所需很少，漢文帝甚至可以一連十幾年免除農業稅[10]。

在《史記》中，司馬遷對當年富裕情況的深情描述，成為人們引述漢代經濟時，必用的材料：「……至今上即位數歲，漢興七十餘年之間，國家無事，非遇水旱之災，民則人給家足，都鄙廩庾皆滿，而府庫餘貨財。京師之錢累巨萬，貫朽而不可校。太倉之粟陳陳相因，充溢露積於外，至腐敗不可食。眾庶街巷有馬，阡陌之間成群，而乘字牝者儐而不得聚會。」

然而，在這幅和平安寧的情景下，卻隱藏著財政方面的巨大死穴：稅收彈性不足。對於帝國而言，每年的收入幾乎都是固定的。農民的稅率是固定的，人口和土地數量的變化也不大，因而可以估算出每年的總稅額。而這些稅收大都有固定的用途，如養官、建築宮殿、興修水利、維持治安等。儘管社會經濟繁榮，可一旦出現需要動用預算外的大額開銷，就會立即出現財政緊張的情況，而這最終會透過政權的力量破壞繁榮，這就是為什麼**中國古代的盛世都無法持久的原因**。戰爭就屬於最典型的異常情況。

7 根據《史記．平準書》記載，漢朝剛建立時，由於社會物資匱乏，甚至連皇帝都找不到幾匹純色的馬來拉車，而將相只能乘坐牛車。七十年後，社會物資已經極大繁榮，人們聚會時如果騎母馬，都會受到嘲笑。

8 關於漢代生產率和物價的討論，參看本書第二章及注釋。

9 典出《漢書．地理志》：提封田一萬萬四千五百一十三萬六千四百五頃，其一萬萬兩百五十二萬八千八百八十九頃，邑居道路，山川林澤，群不可墾，其三千兩百二十九萬九百四十七頃，可墾不可墾，定墾田八百二十七萬五百三十六頃。

10 從西元前一六六年起的十三年間，漢文帝持續免除全國的農業稅，具體情況參見本書第一章。

戰爭：名將之福，財政之災

與前幾位皇帝保持樸素生活、竭力避免戰爭不同，出生在和平年代的漢武帝愛好奢華和大場面，時時刻刻都試圖表現出漢家的威儀。他喜歡美酒、婦人、建設宮殿，利用儒家推崇的天子禮儀四處鋪張。對後世影響更大的是，他拋棄前幾位皇帝謹慎的態度，追求戰爭帶來的征服感。

在王恢發動**馬邑之戰前，皇帝早在其他方向，已經採取軍事行動**。比如，在嚴助和朱買臣對南越和閩越

圖表 0-2　漢代中央官制

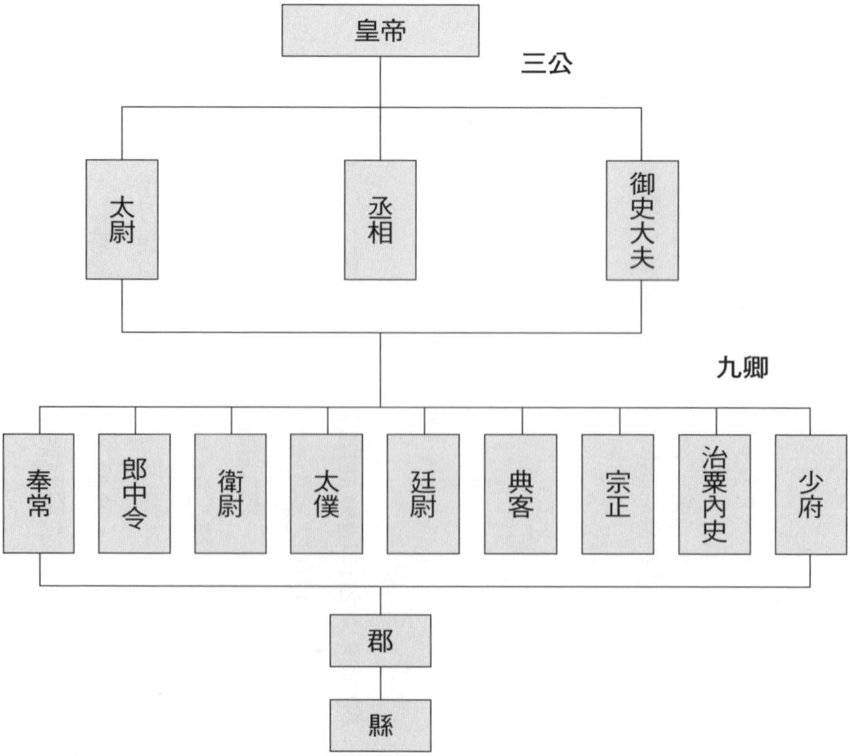

發動戰爭期間，政府徵召許多東甌（今浙江溫州）的士兵，又從江淮一帶獲得物資供應，造成這一帶的蕭條；唐蒙和司馬相如從巴蜀向雲南、貴州開闢道路，使得巴蜀的老百姓疲憊不堪；彭吾出兵朝鮮，讓現在北京、山東一帶的老百姓承受過重的負擔。

群臣發現漢武帝喜歡戰爭，紛紛投其所好，鼓勵他放棄前任的安撫政策，在帝國的各方邊境，都採取更加激烈的對抗行為。所以，馬邑之戰並非偶然發生，而是漢武帝個人喜好所造成的結果。只是，之前的戰爭都還沒有進入不可逆轉的狀態，如果及時收手，還能夠維持大致的和平。而自馬邑一戰起，匈奴和漢朝廷互相猜忌，雙方的對抗進入了一個惡性循環，越演越烈。

最初，匈奴在戰爭中占上風。西元前一二九年，馬邑之戰五年後的秋天，漢武帝曾派遣四位將軍攻打匈奴。但戰爭的結果卻與武帝的初衷大相徑庭。四位將軍中，公孫賀一無所獲；公孫敖被匈奴擊敗，損失七千人馬；李廣被擊敗後，本人也被匈奴俘虜，他在押解的路上看準機會，好不容易才逃出來；只有衛青小有收穫，斬首七百人。

第二年，匈奴殺漢朝的遼西太守，俘虜兩千人，又在漁陽圍困韓安國，漢軍損失千人。匈奴離開後在雁門又殺掠千餘人。雙方的交戰持續十年，隨後，漢代迎來一個名將迭出的時期，最著名的是兩位年輕的外戚，武帝衛夫人的娘家人——衛青和霍去病。這兩人的成就在整個中國戰爭史中，都極為突出。然而，就在漢軍屢屢獲勝時，真正的問題卻來了。如果從財政角度觀察，就會發現戰爭有巨大的破壞性，所謂「名將之福，財政之災」[11]。

11　馬邑之戰後，由戰爭引起的財政變化，主要記載於《史記・平準書》和《漢書・食貨志》。

西元前一二四年，車騎將軍衛青率領騎將軍公孫賀，遊擊將軍蘇建和輕車將軍李蔡、強弩將軍李沮，兵分四路進攻匈奴右賢王，出塞六、七百里，斬獲一萬五千人；西元前一二三年，大將軍衛青率領中將軍公孫敖、左將軍公孫賀、前將軍趙信、後將軍蘇建、後將軍李廣、強駑將軍李沮，從定襄（山西省忻州市內）出發，北進數百里，殲敵一萬九千人。這兩次戰役是衛青揚名立萬的標誌，軍事學家則稱之為中外戰役史上的知名戰役，為政府出一口積壓幾十年的惡氣。

但如果從財政的角度看就會發現，當年御史大夫韓安國所說的話一點都沒有錯：即便是打了大勝仗，也是得不償失。在這兩場戰役中，漢軍共損失兵馬十餘萬；而為了安撫活著的士兵，政府又拿出二十餘萬斤黃金賞賜他們。漢代一斤黃金折合一萬錢[12]，二十餘萬斤黃金就是二十餘億錢。之前供養中央官吏每年只需要三千萬錢，而一次戰爭的賞賜，就是中央官吏年俸祿的幾十倍，可見消耗之大。

但這還不是全部。被俘的數萬名匈奴人也受到優待，吃飯穿衣都由政府供給，再加上正常的戰爭物資和糧食消耗，漢代財政根本吃不消。為了應付這巨額的開銷，主管財政的大司農拿出庫裡所有的積蓄。當年文景時期累積的豐厚家底已經耗空，還是不夠支付戰爭費用。最後，武帝只好下詔賣爵，因為賣爵可以獲得三十餘萬斤黃金的收入。買爵的人可以免除一定的人頭稅，還可以當吏，甚至當官。

西元前一二一年，年輕的驃騎將軍霍去病，連續兩次進攻匈奴，令匈奴的渾邪王投降漢朝。從軍事角度講，這又是傳奇的一年，霍去病的征戰可謂出生入死，一萬兵馬最後只剩下三千。他轉戰河西走廊五國，殲敵九千，繳獲匈奴的祭天金人[13]。不久，霍去病再一次孤軍深入，殺敵三萬。匈奴的渾邪王歸順漢朝，成功分裂匈奴。

戰爭帶來的龐大開銷

關於此時期西漢政府的財政狀況，司馬遷只告訴我們一個簡單的數字：這一年漢朝的財政消耗是上百億[14]。這個數字甚至超出前幾次戰爭的總和，是中央政府一年正常財政收入的數倍[15]。屋漏偏逢連夜雨，就在戰爭費用大增、政府疲於應付之時，漢武帝的其他政策又導致額外的開銷：為了運送糧食和戰略物資，必須有一個良好的運輸系統，因此興修水利，開鑿運河。開河的效果並不明顯，卻徒然耗費了鉅款。

作為戰略物資的馬匹，一直是漢政府的心病。在古代，一個國家的馬匹數量，在十萬到幾十萬之間，一場戰役的馬匹消耗就接近這個數字。為了彌補馬匹的消耗，漢武帝耗費大量的人力去養馬。他將數十萬中原百姓遷往關西，但這些百姓一時間還不能養活自己，只能由政府給予補

12 見《史記．平準書》集解瓚曰：「秦以一溢為一金，漢以一斤為一金。」又〈索隱〉大顏雲：「一金，萬錢也」。

13 匈奴人用來祭祀的一種器物。

14 典出《史記．平準書》：「是歲費凡百餘巨萬。」同篇的上文，有「京師之錢累巨萬」。集解引：「韋昭曰：巨萬，今萬萬」。

15《太平御覽》卷六二七引桓譚〈新論〉：「漢定以來，百姓賦斂一歲為四十餘萬萬，吏俸用其半，餘二十萬萬，藏於都內為禁錢。少府所領園地作務之八十三萬萬，以給宮室供養諸賞賜。」武帝之前，少府收入還沒有增加，中央財政依靠百姓賦斂，按四十億計，大約是上百億的幾分之一。

貼。就在大司農還在戰戰兢兢的考慮，如何應對如此之多的財政問題時，漢朝在漠北獲得更大的勝利。

西元前一一九年，衛青、霍去病率領聯軍直搗漠北，完成對匈奴的重大一擊。霍去病更是深入位於今蒙古國境內的匈奴腹地，在狼居胥山舉行祭天封禮。兩位將軍斬殺的匈奴，合計達八十九萬人。

在這一大捷背後，卻有著另一幅景象：此役戰死的馬匹達十多萬，不管採取什麼政策鼓勵養馬、無論花多少錢，都禁不起戰爭的消耗了。而為了獎勵出生入死的戰士，皇帝的賞賜高達黃金五十萬斤（折合為五十億錢），超過政府一年的常規財政收入。從冷冰冰的數字和空蕩蕩的國庫可以看出，巨大的帝國一旦統一，就要承擔高昂的統一成本，**幾次邊境戰爭就足以拖垮漢代曾經健康的經濟狀況**。對此，漢武帝又將如何應對？

瘋狂的賣爵，亂套的貨幣

當戰爭這枚骨牌倒下時，漢武帝就已經失去退路。為了應付巨額的開銷，漢武帝開始他的特別籌款之法。在漢初，帝國主要依靠土地稅和人頭稅這兩種稅收。土地稅的稅率是三十分之一，規模是固定的，所以總額也可以計算出來；人頭稅（成年人稱為算賦，一年一百二十錢，未成年人稱為口賦，一年二十錢[16]）針對人口徵收，也可以相應計算。兩項收入相加折算成錢，一年大約四十億錢。

一旦出現戰爭，土地和人口的數量不能迅速增加，稅率也不能大幅度提高，而人力從農業調進軍隊，生產力還會受到影響。綜合起來，稅收不僅不會增加，反而減少。武帝之前的政府比較消極，除了收稅和最基本的養官、司法、行政和一定的公共工程之外，不負責與具體經濟有關的職責。由於政府過於簡潔，在稅收上更顯無力。所以，一旦開銷變大，根本沒有常規管道能滿足資金的需要。

在漢匈關係還沒有完全惡化時，漢武帝就已經考慮過，徵收商業稅來滿足戰爭需求[17]。但由於收商業稅需要建立一套嚴密的財政體系，在這套體系建立起來之前，徵收商業稅並不容易，而當前稅收的額度也滿足不了政府的戰爭需求。

漢武帝也嘗試過出賣爵位、甚至官位，但漢代賣爵的鼻祖並不是武帝。文帝時期的漢代雖然與匈奴維持著和平，但在彼此接壤的邊界上卻建立防禦陣地。為了保住陣地，需要向邊關輸送糧食，文帝採納大臣晁錯的建議，沿用秦代制定的爵位制度。如果有人向邊關輸送六百石糧食（合六戶人家一年的產量），就給以上造的爵位；如果送四千石，就拜爵五大夫；送一萬兩千石，爵位為大庶長。

不過，漢初的功爵位與當官並不相同，爵位制度來自於秦國的商鞅變法，為了鼓勵百姓征戰，秦國法令規定，對享有戰功的人封爵，相當於榮譽稱號，一共設有二十個等級。在漢初，擁

16 與土地稅有明確記載不同，漢代的人口稅記載相對零散。《漢書・惠帝記》注引〈漢律〉：「人出一算，算百二十錢。」可參考李劍農〈中國古代經濟史稿〉（上冊）。

17 參見《漢書・武帝紀》：「（元光）六年冬，初算商車。」

有高等爵位的人具有免賦、免役的特權，不需要再出人頭稅和服役，但是仍要繳納土地稅。

景帝時期，上郡以西遭遇災荒時，也曾有短暫的賣爵令，罪行較輕的犯人還可以交糧食抵罪。武帝時，為了大規模賣爵，政府模仿秦代的爵級制度另起爐灶，共設十一級武功爵，每一級武功爵的售價是十七萬錢。西元前一二三年的一次戰役之後，一次賣爵收入就高達三十餘萬斤黃金。

武功爵除了可以免賦、免役之外，還可以免罪。輕罪可以減免，重罪可以減輕懲罰。另外，擁有武功爵者還可以擔任吏。在古代，官和吏是分開的，吏的地位比官低，不讓武功爵當官而只讓他當吏，也算是對官僚體系的一種保護。但是，到了最迫切需要錢的時候，皇帝將這個保護層也除去，**許多人先購買爵位，之後進入仕途**，大的封侯，小的當郎官。武功爵出現後，西漢政府雖然暫時增加收入，但從長期來看，是喪失帝國的常規稅收。而當吏的人太雜，又導致帝國的支出大為增加。到最後，隨著這些人進入官場，敗壞帝國的官僚系統。這是殺雞取卵的辦法。

偷鑄假幣成為流行

當賣爵還是不能帶來足夠的財政收入時，漢武帝將目光瞄準了另一端：貨幣。在武帝之前，漢代的貨幣主要是文帝時期推出的四銖錢，錢幣六枚重一兩，其面值和所含銅的價值相近。朝廷甚至允許民間鑄造貨幣，只要鑄幣達到政府規定的規格，都可以進入市場流通。漢武帝採納酷吏張湯的意見，依靠政權的力量創造兩種新型的貨幣：皮幣和白金。這兩種貨幣的面值與真實價值嚴重不符，皇帝借助它們從民間抽取大量的「鑄幣稅」。

所謂皮幣，基本材料就是一塊白鹿皮，一方尺的白鹿皮飾上紫色的花紋，可以充當四十萬錢，也就是四十斤黃金。由於兌換率不合理，近乎是明目張膽的搶劫，市場拒絕接納皮幣。因此要推行皮幣，必須依靠政權的強制力量。依照漢代的禮儀，諸侯朝覲、祭祀祖先需要使用玉璧，漢武帝就看上這塊市場，他規定諸侯在貢獻玉璧的場合，都必須用皮幣當墊子，襯在玉璧下面。一個玉璧有時只值幾千錢，而它的墊子卻要四十萬錢，等於讓諸侯花大錢買一塊不值錢的皮子。

如果說，**皮幣是為了搜刮諸侯的錢**，那麼**白金則是直接從民間搜錢**。所謂的白金是銀、錫合金，漢代的法定貨幣是黃金和銅幣，銀並不屬於法定貨幣，所以皇帝決定利用它。漢武帝製作的白金貨幣有三種：一種重八兩，圓形、上面有龍形圖案，叫做白選，一枚價值三千錢；另一種小一些，方形、上面有馬的圖案，價值五百錢；第三種更小，橢圓形、有龜形圖案，價值三百錢。由於民間本來不使用銀和錫做貨幣，加上白金的價格被嚴重高估，官方估值已接近金的三分之二[18]，出現巨大的價差。

民間一方面在交易中抵制這類貨幣，另一方面又大量偷鑄假幣，希望以此牟利。短短幾年，越來越多人加入偷鑄錢幣、使用假幣的行列。為了應付上述問題，政府必須投入大量的人力、物力去監控市場，官僚階層也因此變得更加龐大。這件事導致日後政府更加深度介入金融業，將其收歸國有。另外按照法律規定，那些偷鑄貨幣的人會被判處死刑。但由於這個行業可以謀取暴利，在嚴刑重法之下人們仍然趨之若鶩。當所有的人都參與犯罪時，法律就像是靠機率決定的射

18　一斤黃金價值萬錢，而一斤（十六兩）白選的價格也已經是六千錢。

擊遊戲，誰被打中誰就自認倒楣，沒有被打中的繼續犯罪。但是，沒有被打中的總是大多數。

對於白金持有異議的官員，也遭到排擠甚至被殺害。歷史上有名的「腹誹之罪」就出現在這個時候。這位倒楣的官員是掌管財政的大司農，名叫顏異。漢武帝聽從張湯的意見創造皮幣時，派人徵求顏異的看法，主管財政的顏異表示不贊同，說道：「諸侯朝天子使用的玉璧，才值幾千錢，而現在規定玉璧必須墊上皮幣，但其價值卻值四十萬錢，這不是本末倒置嗎？」武帝聽了很不高興，張湯便乘機找人告發顏異，說他有意見不好好提，心懷不滿、犯下腹誹之罪，應當將其處死。

顏異之死向百官指明方向，哪怕有一點點的不贊成，他們也不敢表示。此後武帝開始變本加厲，用張湯的標準懲罰那些不聽話的人。在官員的推波助瀾下，武帝的政策已經被執行到荒謬的程度。在高峰時期，西漢**每一百個人中，就有五個人因偷鑄貨幣而被判死罪**[19]。在這些犯罪的人中，有大約五分之一的偷鑄犯被抓，剩下的則繼續逍遙法外。

五年後，漢武帝意識到政府不能靠滅絕人民來施行政策，所以他推行挽救措施，簽署赦免令，赦免幾十萬偷鑄犯的死刑。由於朝廷保證犯人自首就可以獲得赦免，因此，又有一百多萬人自首，而沒有自首的人至少還有一半。到最後，白金終於支撐不下去而被廢止。這次貨幣改革不僅沒有滿足皇帝的需求，反而造成市場的混亂。如果要解決財政危機，必須從其他方面想主意。

到這時，國家壟斷制度已經呼之欲出。漢武帝最終找到的出路是，**如果要無止境的獲得收入，就必須把政府變成一家龐大的企業**，為的就是為創造利潤，政府想要多少，就供應多少，此為官營壟斷之源頭。這個辦法也影響了未來兩千多年中國的經濟和財政。

豈止抽稅，山海資源成為國有

在描述漢代的政府如何開始壟斷之前，要先談一談漢代政府的「理財專家」。任何一個朝代，只要政府出現財政困難，就會出現一大堆鼓吹的人，在旁邊鼓吹增加財政收入的好處；而財政收入增加，意味著社會負擔更重，反過來又會造成經濟衰敗。除了這些在旁煽動的人之外，還會出現許多所謂的理財專家，說明政府所設計的規則，來徵收更多的稅，或者透過其他管道增加國庫收入。這些理財專家往往被認為是最賢明的大臣，受到整個社會的崇敬。

幾位漢代理財專家也受到大部分人的推崇，甚至到現在，人們還把他們當作能臣；而另一些人則意識到，這些理財專家的所作所為，實際上是從民間抽血來供給中央，他們斂走的每一筆錢，最終都會透過另一種方式轉嫁到人民的頭上，形成更高的稅收，並最終讓社會無法承受。於是人們又給這些人起一個名字，叫「聚斂之臣」。

雖然傳統上，中國的政治一直排斥商人，但**漢代的幾個聚斂之臣都是大商人出身**。漢武帝為了增加財政收入，擠壓商人階層，損害民間的商業。也正是在這時，幾位在商業中發過大財的商人摸準風向、棄商從政，適時的進入官場中，成為皇帝的左右手，利用他們熟練的商業技巧幫助政府斂財。在任何一個政治侵蝕民間經濟的時代，總會有一批原本在民間的商人把準脈，跳出來

19　據《漢書．地理志》載，元始二年（西元二年），全國總人口為五千九百五十九萬四千九百七十八人，達到高峰。在武帝時期，人數應當低於此數。根據《漢書．食貨志》紀載：「盜鑄諸金錢罪皆死。」而偷鑄犯中赦免、自首、法外的三項數據相加，已為兩百幾十萬人。故偷鑄犯已占當時全國總人口的五%。

要求被政府收編，希望用財產換取政府的保護，並謀取更大的發展。

這幾位漢代著名的聚斂之臣是，主管製鹽的大農丞東郭咸陽、主管治鐵的大農丞孔僅，以及掌管帝國財政的侍中桑弘羊（商人子弟出身）[20]。其中，桑弘羊主導政策的時間最長，知名度也遠高於前兩位，被認為是古今第一能臣。而他們又做了些什麼事情，來幫助皇帝獲得軍費？他們和現代非洲的軍事獨裁者所做的一樣。透過設立國營企業壟斷自然資源，進而壟斷最能影響生計的工業部門，來獲取收入。

在漢代，人們把自然資源的營利，統稱為「山海收入」。在封建時期，天下所有土地都被看成是周天子的。但到了戰國時期，封建制度和井田制度逐漸解體，所有開墾的土地逐漸歸為私人。除了耕地之外，國土資源中還包括山澤和海岸等非農的資源。在周代，非農地資源也曾經是天子的財產。隨著土地私有化興起，農地歸為個人，可是山海資源的所有權，理論上仍然在統治者手中[21]，但實際上已經被私人利用。為了礦石、木材、野獸、魚類和海鹽等資源，人們紛紛到山中、海邊謀生。**統治者默許人民開發自然資源**，但也在這些地帶設立關卡，讓私人按照比例繳納稅收，這筆稅被稱為**「山澤稅」**。

漢代的財政分為「國家財政」和「皇室財政」。國家財政由大司農掌握，主要收入來源是全國的土地稅，用於國家治理方面的花費，如軍費、官員俸祿等。而皇室財政主要由少府掌握，主要來源就是山澤稅，用於皇家的生活開銷。由於山海在理論上是皇家的，所以山澤稅收入歸皇室所有[22]。透過稅收制度，山海資源事實上已經歸私人使用，而皇室透過稅收也可以獲得收入，這就出現兩全其美的局面。但是，這種趨勢到漢武帝時期出現逆轉，山海資源並沒有完成私有化，反而又被國有化。

解決財政危機，訴諸鹽鐵官營

漢武帝時期，由於戰爭消耗太大，皇帝首先做出犧牲，主動將山澤稅中的鹽鐵稅收，從少府劃歸給大司農管理，也就是皇帝把自己的錢拿出來補貼國家財政。但隨著戰爭規模擴大，政府財政進一步枯竭，皇帝發現還需要改革鹽鐵制度。由於鹽鐵是當時最主要的兩個工業部門（支柱產業），民間參與鹽鐵業的人，有的已經成為富豪。司馬遷曾經給大商人立傳，在《史記》的〈貨殖列傳〉中，至少一半的大商人，都是鹽鐵業出身。

所以當國家財政在崩潰的邊緣時，民間卻還有富豪存在，這些人自然成為國家的目標。漢武帝**先是提高商業稅**，希望富人幫助。但隨著戰爭規模的擴大，商業稅已經無法滿足皇帝的胃口。這時，東郭咸陽和孔僅成為財政專家。他們都是鹽鐵商人出身，成了官吏後，更知道如何替皇帝快速賺錢。經過研究，他們提議將鹽鐵工業，也就是漢代最先進的兩個工業部門，立即全部收歸

20《史記》、《漢書》均未給這幾位聚斂之臣單獨列傳，他們的事蹟主要見於《史記．平準書》、《漢書．食貨志》、《鹽鐵論》。

21 山澤資源的歸屬問題，可參考錢穆〈漢代經濟制度〉一節，見錢穆的《中國歷代政治得失》。

22 見《漢書．百官公卿表》：「治粟內史，秦官，掌穀貨。有兩丞，景帝後元年更名大農令；武帝太初元年更名大司農。少府，秦官，掌山海池澤之稅，以給供養，有六丞。」

國有，不准私人經營。

為了這次國有化，他們鋪陳一系列的理論。他們並不承認這麼做，是為了皇帝打仗籌集資金，而是以民生的名義進行改革。他們認為，鹽鐵工業在以前是私營的，許多大商人因此暴富，這些富人有錢後，也就更有能力奴役普通民眾。為了公平起見，必須將鹽鐵收歸國有，再由政府來保護老百姓的利益。

後世之所以關注這項改革，除了鹽鐵收歸國有外，漢武帝還為此建立一整套國有機構，成為日後歷任朝代的重要藍本。在各個聚斂之臣的幫助下，政府首先制定嚴厲的手段，懲罰私自鑄鐵採鹽者[23]。之後，招募工人，由政府供應採鹽、鐵的工具組織他們工作，再把採出的鹽和鐵礦專賣給政府。中央壟斷產鹽鐵的地方、低價收購後，再運到外地高價售出，其中的差價就是政府的利潤。

為了防止鹽鐵工人偷出鹽鐵、私自販賣，政府制定嚴格的法律，並在各地設置管理的官吏。在產地，這些官吏負責收購；在其他地方，官員則負責銷售產品。漢代的鹽鐵官吏遍布全國，據《漢書》的〈地理志〉統計，全國至少有四十四個地方設置鐵官，至少有三十二個地方設置鹽官，基本上已經囊括當時所有已知的鹽鐵產區。設置這些官吏，反而使原本功能簡單的政府機構，變得更複雜了。原本政府只管收稅和花錢，在經濟方面只扮演仲裁的角色，而自此以後，政府積極參與市場，而且擁有壓倒性權力，抑制民間經濟的繁榮。

關於鹽鐵國營化的弊端，可以從一些史料裡獲得證實，其中之一是漢代桓寬的《鹽鐵論》。這部書提到，由於鐵器只能由公家鑄造，如果老百姓要用鐵，必須向專營的經銷商購買，經銷商再從政府控制的製造業批發。然而，製造業並不關心民間需求，只是為了滿足政府的命令，所以其生產的鐵器往往都很劣質，也不會根據市場作出修正。結果，老百姓買不到合用的工具，或者只能以高價買到劣質的工具。

西漢沒有提供具體的數字，讓我們了解壟斷鹽業到底有多少獲利，但可以從後世中找到一些痕跡。唐代有個最典型的例子。由於唐代前期沒有專賣食鹽，到了後期才建立專賣制度，所以，比較兩個時期的鹽價，就可以知道政府從中獲利多少。

從唐玄宗天寶年間到肅宗至德年間（西元七四二年至七五六年），由於沒有專賣食鹽，所以每斗鹽只值十錢；到了唐肅宗乾元元年（西元七五八年），**實行鹽業專賣，每斗鹽立刻**漲到一百一十錢，**上漲十一倍**；到唐德宗貞元四年（西元七九八年），淮南鹽已經漲到三百一十錢，後來**又漲到三百七十錢**。而江淮那些經過政府認證的大鹽商，為了追求利潤，還要提高一倍價格再出售。由於鹽價高昂，許多百姓甚至不吃鹽了。

從十錢漲到三百七十錢，其中的差價就是國營後，從民間抽取的壟斷稅。正因為這樣，許多朝代的鹽稅曾經占政府總收入的一半。

23 參見《史記．平準書》：「敢私鑄鐵器煮鹽者，釱左趾，沒入其器物。」

干預經濟，重用酷吏

當**鹽鐵國營後，漢代財政從土地稅，變成土地稅、鹽鐵收入並重**，政府從民間經濟抽血養戰，但這還不能完全滿足漢武帝對於財政的需求，於是，他將目光再次投向商業稅重組的問題。在馬邑之戰後不久（約西元前一二九年），漢武帝已經引入商業稅。由於商人在運輸過程中，需要使用載貨車輛，政府就設立關卡對車輛徵稅，叫做「算軺車」[24]。在此之前，稅收大部分都是依照土地和戶籍，它們固定且容易徵收，但商人和貨物卻是流動的。所以，雖然制定商業稅，但徵收難度很高。直到皇帝更缺錢時，才想到用更為嚴厲的辦法。

首先，政府仔細規畫商業稅的規定。商人每擁有價值兩千錢的資產，就要繳稅一算（一百二十錢），稅率是六%，手工業稅率則為三%。不好計價的貨物就按車算，平民有一輛軺車要繳納一算的稅，有五丈以上的船也要繳納一算的稅。商人的稅收還要加倍。雖然稅制很詳細，但由於規定過於苛刻，**沒有人主動繳納。因此皇帝雇用大批酷吏徵稅**。就這樣，武帝時期成為西漢酷吏最多的時代[25]。

即便在武帝時代，大部分的士大夫，對於政府的橫徵暴斂也是有自己的看法與立場。皇帝要徵稅，只能依靠那些「大無畏」的酷吏。一時間著名的「刀斧手」雲集：御史大夫張湯、御史中丞減宣、杜周，以及推崇嚴刑峻法官至九卿的義縱、尹齊、王溫舒等人相繼而出。

其次，為了強制徵收商業稅，**漢武帝頒布《告緡令》**，這是一項鼓勵互相揭發別人財產的法令。民間很快就**掀起一股告密熱潮**。許多人熱衷於打探鄰居的財產，告發他們並獲得分成。在這種風氣下，中產階級以上的家庭，大部分都被告發過[26]。《告緡令》由一位叫楊可的人推行，而負責審判的，則是著名的酷吏杜周。

在《漢書》中，班固為杜周刻畫一個入木三分的形象。杜周當廷尉時，掀起轟轟烈烈的反腐行動，逮捕的郡守及九卿以上的官吏俸祿，達兩千石以上，和現在做個對比，大概就是中國省部級以上不下百餘人，每年由地方上交審訊的案件不下千份。

一個大案所牽連的人動輒數百人，而小案牽連的也有幾十人。為了查證，辦案人員來回折騰數百里、甚至千里。遇有不服審判者，獄吏則採取嚴刑逼供的辦法來定案。到最後，人們一聽說惹上官司，就立即逃亡，免得落在杜周的手裡。有的案件拖延十幾年還未結案，監獄裡關押著十餘萬人。

就是這個杜周，當官前財產只有一匹馬，當官後成為巨富並安然善終。在他的主導下，好幾億的民間財物被沒收，奴婢以千、萬計算，沒收的田地大縣有幾百頃，小縣也有上百頃，中等商人大都破產，國庫大大增加。

告緡錢上繳後，大都交到皇家園林上林苑，於是武帝增加一位新的官職——水衡都尉，來管理上林事務。由於錢多了，上林苑需要擴建，武帝就在這裡大修亭臺樓閣，還以征討南越為

24 軺車為舊時一種輕便的馬車。

25 根據《漢書．酷吏傳》記載十三個酷吏，其中武帝時代的酷吏有八人；而最為酷烈的杜周、張湯、江充等人都分別立傳，沒有記入〈酷吏傳〉。

26 典出《漢書．食貨志》：「楊可告緡遍天下，中家以上大氐（抵）皆遇告。」

名，修建巨大的戰船。這些錢如果留在民間，本來可以發展經濟，但收歸國有後，卻被戰爭和高檔場所浪費掉。

與民爭利的均輸、平準

漢武帝最後兩項對後世，產生重大影響的政策，叫做**均輸**、**平準**，其引起的爭論也最大。特別是平準政策，當初來看，人們認為它是一項好政策；但**執行起來，不僅沒有想像中的好，反而帶來無數的惡果**。後世的書生往往根據初衷，來相信平準的好處，而不去檢查一下實際的執行效果。這兩項法令由著名的斂財能手桑弘羊提出，目的仍然是增強政府財力和對經濟的控制。

所謂均輸，是讓政府插手商品運輸和銷售方式。漢代的土地稅主要以糧食上繳，但要將糧食從地方運到京城，需要花費大量的人力、物力。均輸政策規定，地方政府可以靈活處理這些糧食，在當地賣掉、換成錢，或者購買當地的特產，運輸到外地高價出售。糧食價格低又笨重，換成特產價高量輕，而且往往在產地很便宜，在外地很貴。這樣，政府就可以在減少運輸成本的同時，吃其中的差價。

從理論上看，均輸是一種市場調節機制，如果實行得當，各地的產品分配會更加均衡。但實際效果是政府參與市場之後，不僅沒有平抑物價，反而會**利用權力壓低採購價**，**抬高出售價**，賺取額外的利潤。因為政府擁有權力，能夠形成壟斷，將其他玩家踢出去；而它奇高無比的管理成本，又會抬高商品的價格。

所謂平準，是指在地方上興建平準倉，當本地豐收時，朝廷就收購糧食放入平準倉庫；到了本地出現災害缺糧時，再把倉裡的糧食拿出來接濟社會。但接濟不是免費的，而是採取一個低於市價、高於收購價的中間價，這個價格既可以保證政府盈利，又保證民間獲得較為平價的糧食。這就像水庫對水位的調節一樣，豐水期蓄水、枯水期放水。

由於各個朝代都強調民以食為天，平準的原理吸引著大部分的執政者，他們在大部分時期，都設立平準倉來平抑糧價，有的時期也的確取得一定的效果。

但是，在歷代的實際運作中，平準倉暴露出來的問題很多。首先，**政府一旦缺少收入，就會打平準倉的主意，盤算著怎麼賣掉糧食、把錢拿去充當養官成本**。災難真的來了，人們往往發現倉庫空空如也，不知道糧食什麼時候已經不見了；其次，倉庫裡的糧食也有保質期的問題。常由於管理不善，許多糧食發黴、變質，被平白浪費掉了；再次，政府一旦逐利，會比私人更加凶狠。斂財的官員很快就學會如何哄抬物價，不僅無法平抑，反而成為市場上最大的玩家，把其他商人都擠出局。加上還有一些關係企業和官員相勾結，依靠政府資源大發橫財，使得平準倉成了少數人的工具。

在歷史上，人們往往根據理論和規則得出某些結論，卻沒有實際考察，導致政策看上去很美好，可一旦實施必然變味。至於統治者推出這些政策，也往往不是為了民生，而是看上它們盈利的能力。

消失的小政府

比較武帝統治前後，就會發現漢代的宮廷，已經出現截然不同的氣象。在武帝統治初期，漢代實行土地私有制，人民只須繳納很輕的稅、政府開銷不大，人頭稅時常減免，幾乎是小政府的典範。其他自然資源也由私人開採，皇室抽取一定的稅。整個官僚體系規模不大、養官成本很低。同時，官員主要負責收稅和維持治安，不參與具體的經濟營運。

到了武帝統治末期，中央政府機構已經變得臃腫不堪。首先，官員的結構產生變化，大量「有商業頭腦」的「能臣」掌權，將政府變成一家混合經營的龐大公司，既負責生產鹽鐵等最急需、先進的產品，還控制長途運輸業。同時，還介入最有利可圖的糧食和特產買賣。對於這些能臣的所作所為，其他大臣也怨聲載道。比如，太子太傅卜式就抱怨說：「當官的職責本來是收稅，可桑弘羊卻下令叫官員坐在街上的店裡做買賣賺錢，太不像話了。」

最初負責財政的是大農，主要來源是農業稅，後來漢武帝將鹽鐵和貨幣管理權也交給他。大農管理不過來這麼多事情，因此又設置水衡都尉，負責管理鹽鐵事務。《告緡令》頒布之後，從民間來的罰款，源源不絕的輸進上林苑，於是武帝就叫水衡都尉管理上林事務。漢武帝大修亭臺樓閣的錢都出自上林苑，即使水衡都尉的權力不斷增加，但還是管不過來。

漢武帝只好把權力分散到水衡都尉、少府、大農、太僕等各個官員手中，又讓他們安排一系列的官員，負責管理沒收來的土地。至於沒收來的奴婢，也由政府出錢養著，讓他們照看宮殿、馬匹、飛禽走獸。

到後來，各種官吏、奴婢的數量大增，都要靠政府供養。在武帝統治初期，每年只需要幾十萬石糧食，就可以養活整個朝廷。經過無止境的改革後，即使每年透過黃河運入四百萬石糧食，卻仍然不夠。單養官這一項的財政負擔，已經翻了好幾倍。這些錢都轉化為民間的負擔。結果是物價飛漲、官吏霸占市場，玩弄著社會經濟。

之前是以農業等常規稅收為主，後來則越來越依靠官方壟斷，所產生的利潤；同時，政府壟斷鑄幣權，抽取鑄幣稅；另外還利用流通領域的買賣差價，獲得大量收入。到了漢元帝年間，民間的負擔雖比武帝時期輕了很多，然而，正規稅收之外的項目，仍然占總財政的一半以上[27]。

對於農民來說，農業稅和人頭稅雖然沒有明顯增加，依然被剝削的十分嚴重。首先，他們購買的工業產品價格更高，用以支付政府的壟斷稅。其次，實行**鹽鐵國營政策後，商人成為特權階層，累積大量財富，擴大貧富差距**。隨著時間的推移，商人到農村收購大量土地，成為大地主。西漢的豪強大族、東漢的世家大族、以至魏晉的**士族問題，就是在這時候萌芽**。

由於漢武帝時期，充斥著各式各樣享有特權的階層，他們不繳納農業稅，又擁有著龐大的土地資源。所以，農業稅被不平等的強加在弱勢的農民頭上，他們擁有更少的土地，卻承擔更高的稅。到這時，中國歷代社會中的弊病都一一顯現。

27 詳細資料見《漢書．王嘉傳》記載：「孝元皇帝奉承大業，溫恭少欲，都內錢四十萬萬，水衡錢二十五萬萬，少府錢十八萬萬。」

屬於皇帝的小圈子：「內廷」

在以後兩千多年的時間裡，只有東漢和唐前期的政府沒有採取國家壟斷的做法，其餘歷代統治者，大都沒有擺脫漢武帝的統治模式。國家壟斷成為中央帝國的財政祕訣，逐漸成為唐以後各個王朝的基本配備。

此外，為了擁有足夠權力去改革，武帝破壞漢初官僚體制的平衡，建立以皇帝為中心的內廷系統，從此以後，制度失衡問題一直困擾著漢代的統治者。在西漢初年建立的三公九卿官僚制度中，三公之首（也是百官之首）是丞相。皇帝負責定調和確定方向，丞相則負責整個國家的吏治和日常行政。

然而，在一系列的複雜改革之後，由於政府承擔太多職責，再加上官吏體系變得龐大、難以管理，皇帝感覺丞相已經無法領會他的意圖、做這麼多的事了。因此，皇帝建立一個類似於委員會的機構，它依附在少府下面的一個小機構：尚書臺。

少府本來是服侍皇帝起居。丞相的衙門對外治理國家事務，而少府則屬於伺候皇帝的內廷機構。少府下屬的尚書臺在秦代就已經存在。到**漢武帝時，為了應付龐大的官僚體系，需要一個隨時都能了解皇帝意圖的部門，所以皇帝削弱丞相的權力，加強尚書臺**，形成一個圍繞皇帝的決策機構。這個設在宮內的小機構（內廷），讓皇帝可以不用特地上朝，在私人場合找幾個人一商量，就定下政策了。

不過，雖然尚書臺的地位得以提高，但**尚書臺的官員**，比如尚書令、尚書僕射、尚書丞的**級**

別都很低。所以，這些官員一旦離開尚書臺，權力就會立刻消失殆盡。為了保住權勢，他們勢必將自己的命運與皇帝綁在一起。另外，武帝喜歡征戰、相當依賴武將，所以分封許多將軍，其中最著名的是大將軍衛青。衛青之後，大將軍成為一種封號，武帝死後，接受託孤重任的霍光（霍去病的異母兄弟），以大司馬大將軍領尚書事務進行統治。大司馬是三公之一的太尉的改稱，也就是掌管武裝部隊的最高官員。透過制度變更，丞相的權力就移轉到**掌管尚書臺的大司馬大將軍**手中。

到了東漢時期，尚書臺成為最核心的權力機構。在日後的歷史中，我們還會看到無數次權力的內廷化。當皇帝覺得現有的機構無法了解他的意圖，就會弄出一些稀奇古怪的新機構來掌管權力。這破壞了原來官僚的架構，令政權越來越不穩定，也造成大量的冗員，甚至成為整個王朝的絕症。

統一的代價？

直到現在，人們仍在繼續爭論漢武帝的改革措施，本書只利用現代工具，分析、描述漢武帝建立新財政體系的整個經過，將國家壟斷這個方式，對民間經濟的破壞擺在讀者面前。

然而，許多人卻把焦點放在另一個問題上，也就是國家壟斷和政府干預到底是可以避免的惡，還是必要的惡？許多人認為政府壟斷確實拖累民間經濟，但這也是為了建立大一統社會，所必須付出的代價。

當漢高祖在如此龐大的疆域內，建立起中央集權帝國時，就已經註定這個國家的命運。為了維持其統一，帝國必須拿出一部分資源發展軍備、防禦外敵，又要加強控制朝廷，來鎮壓內部反抗；而軍備資源和養官成本，最終肯定會超出政府的負擔能力，逼迫皇帝想盡一切辦法去斂財。

漢武帝採取的方式，是統治者能夠想到的最有效辦法。這就是為什麼中國古代歷任統治者，一方面宣稱要放權於民，一方面卻捨不得放棄壟斷的原因。在**大一統帝國下，人民享有無數的好處**，比如便利的遷徙、龐大的市場、和平帶來的飛速發展……**為了獲得這一切，我們必須承擔一部分集權之惡**，養活一個日益龐大的官僚體系，又必須忍受政府壟斷資源。這就是「必要的惡」理論。

但是，這種理論無法解釋人們的困惑，即便保留政府壟斷資源和干預經濟的能力，保留所有的「必要的惡」，可一個王朝仍然沒有辦法永駐。雖然每個朝代面臨的問題不盡相同，但都被財政本身拖垮。或者說，不管最終如何努力，不斷擴張的財政支出還是會拖垮經濟，將整個社會變得脆弱不堪，這時候，一個小錯就會導致全盤解體。就好像癌症末期一樣，當身體被癌細胞侵蝕，任何的小毛病都將導致健康全面崩潰。

本書的目的不在於否定歷史、或者肯定這種「必要的惡」，只是想將它從複雜的脈絡中，抽離、展現出來，請讀者自己分析、判斷。於是，我們必須回到統一的源頭，看這個制度如何建立，又如何在千年軌道中一次次掙扎和回返往復。

第一部

探索中的集權帝國

第一章

秦代：中央帝國的誕生[1]

秦代滅亡的原因跟「仁義」毫無關係，而是因為戰爭所帶來的巨大財政問題。秦為了統一六國，以戰爭為底建設一套高效的財政機器，從民間抽血養戰。但六國滅亡後，制度慣性讓秦政府無法重新建構制度，導致財政機器繼續抽血，無法重建民間經濟，最終崩塌。

秦代滅亡後，社會的普遍想法是，建立這樣一個龐大的集權帝國註定會失敗，誰也無法以合理的成本維持帝國的統一。在這種思潮下，人們更傾向回到戰國時代，建立眾多國家，分散統一帝國的風險。但劉邦沒有順從這種想法，而是逆勢而做，重建統一的帝國。然而他死時，這個國家正面臨分崩離析，財政權掌握在各個地方諸侯王手上，不可持續。

文景（指中國漢文帝和漢景帝所統治的時間）時期，是二次構建時期，不僅要解決經濟發展問題，還要透過財政制度壓制地方的分崩離析。文帝採取拖延戰略，先發展經濟，讓後代處理地方諸侯問題。到了景帝時期的「七國之亂」給政府機會，幫助完成中央集權、控制地方。到這個時候，這個集權國家才趨於穩定。

楚漢相爭：分治還是統一的選擇題

西元前二〇六年，秦王子嬰被丞相趙高推上王位。此刻，他祖父秦始皇建立的秦朝，已經存在十五年。子嬰登基時，並沒有之前兩任君主那樣稱「皇帝」，而是改用「秦王」的稱號。他這樣做，是因為他接手時疆域已經大大縮水，當不起「皇帝」的稱號了。

秦始皇時期，秦的疆域從西方的臨洮、羌中直到東方的大海，從北方的長城直達越南北部的象郡（見圖表1-1）。但是子嬰繼位時，原來的六國都已經叛亂，名義上屬於子嬰的，其實只有關中一帶屬於原來秦國的部分。可是這一部分也瀕臨失控，起義軍已經來到家門口，只等著入關了。

子嬰繼位四十六天後，劉邦兵臨城下，子嬰出城投降。秦代滅亡。隨後由項羽率領、最強大的起義軍也到了。項羽殺掉子嬰，起義軍將領在項羽的主導下瓜分天下，各自稱王。**秦代統一的疆土被分裂成十九個諸侯國**。其中，先入關的劉邦被封為漢王，接收巴蜀和漢中之地，定都南鄭；而項羽自稱西楚霸王，占據梁、楚地的九個郡，定都彭城。這就是楚漢相爭的起點，四年後，漢王劉邦滅西楚霸王，建立漢朝。

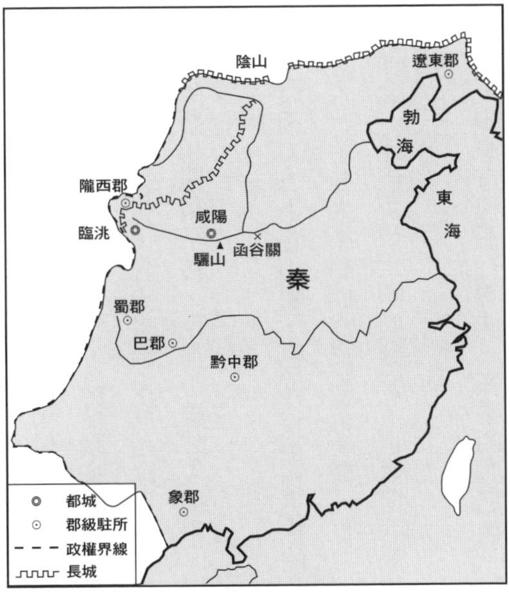

圖表 1-1　秦朝疆域圖

人們常常把楚漢相爭當作一場普通的爭霸戰。在漢代以後的爭戰中，雙方都懷著同樣的目的，想獲得整個帝國、稱帝登基。所以，人們當然會認為，如果項羽獲勝也會像劉邦一樣，建

1 本章涉及的時間範圍，是西元前二二一年至前一四一年。

立一個中央集權的「西楚帝國」。但這是一種誤解，事實上，**中國大一統的觀念是在漢武帝時期才正式形成的**[2]。在秦代滅亡之後，項羽以及大部分的軍事將領，並沒有想要建立統一的集權國家，楚漢相爭代表著兩種截然不同的政治理想。

在劉邦要建立大一統帝國的同時，大部分人的理想卻是：廢除皇帝，回到諸侯時代，由各個諸侯管理自己的國家。對於他們而言，項羽本人是一個齊桓公式的霸主，不是皇帝，對於各個諸侯國只有有限的監督權。**楚漢相爭並非是誰當皇帝的爭鬥，而是兩種岔路**。一種選擇類似於戰國時期的諸侯模式，另一種選擇則是大一統的帝國。秦末民變一爆發，諸侯力量就顯示出強大的生命力。人們紛紛殺死秦始皇派去的守丞，選出自己的領導人，參與到復國運動中去[3]。

雖然首先抗秦的陳勝自稱陳王，建號「張楚」，希望自己控制反秦的力量，但是諸侯力量很快就占上風。民變不久，六國紛紛稱王復國。其中，齊、楚、魏、韓四王，都是原來四國的王室後裔，而首先占據趙國土地稱王的是陳勝的大將武臣，武臣死後，趙國貴族後裔趙歇也繼續控制趙國。唯一由外人占據王位的是燕國，但燕王韓廣、臧荼相繼稱王後，也都不讓外人插手，以維持燕國的獨立地位。

在齊、楚、燕、韓、趙、魏六國之外，還有另一股勢力也不容小覷，也就是掌握軍權的各個將領，包括項羽、劉邦、張耳、陳餘、彭越、英布等人，這些人不屬於六國宗室後裔，實力卻比復國的六國還要強大。但這些人大都也沒有統一的理念，他們受到六國的影響，也憧憬著割據一片土地，獨立稱王。

在這種局面下，作為反秦勢力中實力最強的項羽，順應這種流行想法，在秦朝滅亡後，將原來的七國土地分割成十九塊，建立十九個諸侯國（見圖表1-2）。他將每一國的土地分成若干塊，除了保留一塊給六國的後裔之外，其餘的分封給各個功臣。只有秦國是個例外，由於暴秦是大家共同的敵人，不可能讓秦王的後裔保留統治權，就由對項羽投降的三個秦朝將領，瓜分原來秦國的國土。

另外，項羽、劉邦都曾是楚王的將領，楚王曾說過，誰先攻克關中（函谷關和武關以西，即統一之前秦國的土地），就讓他當關中的王。為了兌現這個許諾，

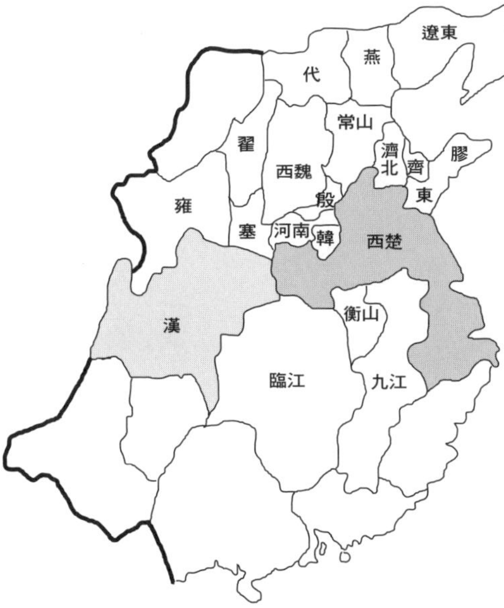

圖表 1-2　十九個諸侯國

2 漢武帝在經濟上進行集權的同時，採取「罷黜百家，獨尊儒術」的思想政策，並採納公孫弘、董仲舒等人的主張，整理了以《春秋公羊傳》為核心的儒家理論，著力推崇「大一統」、「通三統」等理論體系。董仲舒又藉此發展了「天人合一」這套夾雜陰陽家思想的儒家學說，將儒術從學派變成了宗教。此外，漢武帝將儒教與官僚體制結合，使得大一統成為中國傳統政治的核心理論之一。可參考《史記》、《漢書》中相應人物的傳記，以及任繼愈主編的《中國哲學發展史．秦漢》。

3 典出《史記．秦始皇本紀》：「山東郡縣少年苦秦吏，皆殺其守尉令丞反，以應陳涉，相立為侯王，合從西鄉，名為伐秦，不可勝數也。」

項羽還把秦國的漢中和四川（關中地的一部分）兩地分出來，交給劉邦[4]；而項羽本人的封地則分割自楚國。分封後，各王並沒有隸屬關係，各自統治自己的諸侯國，從內部徵稅、組織軍隊，以維持內部秩序。

項羽所建立的是另一個諸侯時代，而大部分獲得分封的諸侯也是這麼認為。但這個藍圖中，存在一個巨大的不穩定因素，也就是當年戰國時期，主要國家只有七個，還相互攻伐、戰爭不斷。如今有十九個國家，又如何保證他們能夠和平相處？就算國與國之間沒有爭鬥關係，國家內部鬥爭有時候也需要一個外部的裁判員，到底誰能做裁判？

項羽認為這個裁判就是他本人。與其他的王不同，項羽號稱「霸王」。現在人們一提起霸王，首先想到的是蠻橫、不講理的人，然而在古代，「霸王」一詞是一種令人羨慕的稱號。項羽懷念的是春秋時期的五位霸主。以最早稱霸的齊桓公為例，齊國強大以後，齊桓公在中原負有更高的責任，他要調停諸侯國之間的關係，防止他們踰矩、主導正義，扮演著類似當今世界「國際警察」的角色。

當一國的君主，負責維持國家之間秩序時，人們尊他為「霸」。項羽自稱霸王，就是希望與其他的王區隔開來，表明他擔負的責任。當然，這個霸王與皇帝是完全不同的。霸王在平常不干預各國內政，只是在特殊時期維持一下秩序，大部分時間裡統治自己的國家；而皇帝卻要做所有領土的主人，讓所有的人都聽命於己。那麼，為什麼當時的人們不想建立統一的帝國，反而紛紛盼著回到從前的諸侯國模式呢？答案可能出乎現代人意料。因為在當時的人看來，建立一個疆域廣闊的帝國，是不可能的事。

「統一」對當時的人來說，只是妄想

以現在的世界作比方，人們已經習慣美國、中國、俄羅斯、歐盟等眾多國家，如果有人宣稱要在地球上建立統一的帝國，大部分人都會嗤之以鼻。因為這種國家以前從沒出現過，在人們的印象中，組織這麼大的國家已經超越人類的能力。

在秦代以前，整個華夏地區就是個小型的世界，人們早已習慣各國的存在。對於他們而言，這種分立的狀態只不過被秦始皇中斷十五年而已，而且在這統一的十五年，又不怎麼成功。即使是秦始皇，也無法長期維持國家的穩定，還讓人民的生活越來越糟，因此大家都在期盼秦國分崩離析。

後世都認為，秦朝是中央集權國家的開始，但當時的人卻不這麼想。在它滅亡的幾年內，人民卻覺得建立統一帝國，是一種不切實際的嘗試，失敗也是註定的，哪怕放眼全世界，也很難找到像秦代一樣如此龐大的集權帝國。

人們往往被埃及輝煌燦爛的古文明迷惑，以為那是一個大帝國。其實，**在大部分時間裡，法老的統治範圍，只局限在尼羅河兩側幾公里到幾十公里寬的河岸上**。以現代埃及為例，埃及的總

4　雖然劉邦後來一直指責項羽違背當初「先入關中者王之」的許諾，只把關中的一部分（漢中和四川）交給了他，而非原屬於秦國所有的土地，但這種指責是空洞的。實際上，項羽為了把天下分成十九塊，對原本六國的領地都重新分割，不僅是針對原秦國的土地。

國土面積達一百零一萬平方公里，可居住面積卻只占全國國土面積的三%左右[5]，不足四萬平方公里，**不到中國陝西省**（二十萬五千八百平方公里）**的五分之一**[6]，遠小於戰國時期的一個諸侯國。即使是美索不達米亞古文明，也只局限在兩河流域裡、在沙漠和沼澤之間，面積只有一萬五千平方公里，比古埃及更小。

西元前十五世紀到西元前十世紀，是古埃及的新王朝和西臺人（Hitties，位於今土耳其）爭霸的時代。在此期間，埃及領土大幅擴張，終於超出狹小的尼羅河河谷。但不管是埃及還是西臺，都沒有建立起真正的中央集權帝國。埃及在尼羅河河谷之外，位於中東地區的領地，大都是靠間接統治來維持，這些地區有自己的國王，只是**名義上服從於埃及，與皇帝直接派遣官員治理完全不同**。

秦代之前的西方世界，只有兩次嘗試建立龐大帝國。第一次是波斯的阿契美尼德王朝（Achaemenid Empire，西元前五五〇年至前三三〇年），也稱波斯第一帝國。這也是人類第一次嘗試建立橫跨亞非歐三洲的統一政權。第二次則是馬其頓的亞歷山大大帝（Alexander the Great，西元前三五六年至前三二三年）建立的帝國。

波斯帝國是最接近中央集權制的國家。遺憾的是，雖然波斯自己實行嚴格的中央集權制，但是，當征服帶來更多土地時，他們很難在被征服的土地上，推行同樣的制度，只能因地制宜、派遣總督，或者聽任當地統治者繼續管理[7]。

這仍然是一種集權和封建混合的制度，也就是一個強大的核心，帶著眾多鬆散的周邊地區。政權的興衰取決於國王的能力，甚至取決於一場戰爭的勝負，當中央軍隊被消滅，周邊區域立刻脫離核心。

當亞歷山大大帝的步兵方陣橫掃波斯時，帝國無力抵抗便走向滅亡。但取代波斯的亞歷山大帝國，表現得更加不穩定。因為它是軍事征服的產物，甚至在還沒有建立固定的制度時，就垮臺消失了。

從西方的例子也可以看出，秦代之前，整個世界沒有人能建立穩定、制度統一的集權制國家，有的經歷幾次嘗試但很快失敗，有的仍然是鬆散的拼圖。

為什麼無法創建統一的中央集權國家？這是因為要建立統一的國家，需要先用軍隊進行武力征服，再靠文官進行政治征服，建立統一的制度。不管是波斯帝國還是亞歷山大帝國，都只完成軍事征服，卻無法完成政治征服。

在軍事征服的過程中，獲勝者往往是那些能夠調動一切財政資源，為戰爭服務的一方；而在**政治征服時，卻又要調動主要資源服務於政治和民生**，建立制度、發展經濟，使人們在新的體制下安居樂業，不再想著回到過去的制度。

但是，當戰爭結束後，大量的軍隊仍然存在，不能忽視他們的利益，如果迅速把財政權從他

5 由於埃及境內絕大部分土地，均為酷熱少雨的沙漠，只有寬約十六公里的綠洲帶，現代九八%的埃及人，生活在三%的土地上。

6 約等於一個臺灣。

7 如波斯帝國的王子小居魯士，就做過位於現代土耳其的小亞細亞的總督，但小居魯士並不聽命於他的哥哥波斯王，反而利用希臘人武裝入侵波斯本土、搶占王位。

們手中移開，會造成軍隊的不穩定；如果繼續讓軍隊掌握過多資源，又無法建立起後續的政治結構，最終使資源分配嚴重不平衡。於是，依靠軍事打下來的帝國，又在軍人的紛爭或財政危機中分崩離析，而這個現象同樣發生在秦朝。

秦代的財政革命和崩潰

從春秋進入戰國，大量的諸侯國消失，只剩下幾個強大的國家。戰爭也早已從單純的武力，變成比較財政制度。哪個國家能夠建立起更有效的財政系統，將它應用於戰爭，就可能獲得最後的勝利。於是，各國進入競相變法的時期。所謂變法，就是改變經濟資源分配，提高國家的財政效率。

早期的變法起自**魯國的初稅畝**，就是丈量土地，摸清楚全國土地數量，再根據土地面積徵稅。在實行初稅畝之前，中國實行的是一種封君所有制，或者說土地封建制。名義上天下的土地都屬於周王，但是在現實中周王的權力卻十分有限。當他把魯國的土地分封給魯國的國君時，就不再掌握魯國的土地收益了。每年魯國國君只須向周王象徵性的進貢，就能獲得當地的統治權。

但是，魯國的國君也無法完全控制他的土地。當他把某一個邑分封給某個貴族（比如孟伯，即孟孫氏的伯爵）時，那麼這個邑的農民就向孟伯繳納糧食，而不是魯國國君。而下級封君（貴族）的義務是需要打仗時，必須**按照封地的大小，贊助國家一定的軍士和裝備**，而供養它們的錢也由貴族承擔。所以，每個國家的軍隊其實是由許多下級封君臨時組織而成，戰鬥力不高。由於國君無法控制貴族土地的稅收，因此也沒有足夠的財政規模，編制更龐大的軍隊。

到了春秋後期，隨著幾個大國崛起，君主發現雜湊的軍隊已經不能滿足軍事需求，便開始組織屬於自己的軍隊，這時，也就更加突顯財政問題。於此同時，每個國家內部的貴族鬥爭也出現分化，大量的小封君消失。

如果國君變得強大，將會壓制下級封君；如果國君衰落，權力就會落在次一級的大封君手上。比如，晉國國君逐漸被邊緣化，四個次一級的封君卻崛起了，分別是韓、趙、魏三個子爵，以及智氏一個伯爵。韓、趙、魏滅了智伯，並取代晉國的國君，在原來晉國的土地上成立三個獨立的國家；另一方面在齊國，一個田氏的子爵最終取代姜氏，當上齊國的國君。

新君取代舊主之後，就派出只向國君負責的「令」和「守」，管理這些直屬於國君的土地，農民繳納的糧食直接歸國君所有。這就是直屬於中央的縣的雛形。於此同時，許多土地仍然屬於沒有完全消失的各級封君。

另外，隨著戰國時期人口增多，許多新增人口分不到成熟土地，加上大量荒地沒有被利用，所以許多人都跑去開荒。由於開發這些荒地都沒有登記和具體歸屬，所以不需要向封君繳納糧食。時間長了，各級封君發現無主土地，已經吸引太多人，而自己土地的產出卻越來越少，影響到稅收，又影響到他們的軍事實力。

為了解決這個問題，勢必實行一次土地改革，重新統計土地、分派稅收，增加收入。這也使原來名義上是各級封君的土地，因改革要使土地私有化，因此耕種者從原本只有使用權，變成是土地的主人。倘若想獲得土地，就必須按畝繳稅，土地越多，繳的稅越多。透過利益交換，耕種者獲得土地，而封君增加稅收，實現雙贏。

土地改革最早從魯國開始。主導改革的是次級封君季文子。在魯國，國君權力並不強，幾個次級封君壟斷政權，分別是孟孫氏（伯爵）、叔孫氏（子爵）、季孫氏（子爵），以及東門氏。在改革前，東門氏實力最強，而且把持朝政（春秋戰國時期的主要變法，見七十頁圖表1-3）。

魯宣公十五年（西元前五九四年），在東門氏的公孫歸父掌權時，來自季孫氏的季文子，為了對付公孫歸父，建議在全國實行土地改革，**清丈全國的土地、確認歸屬，並按照統一的稅率收稅**[8]。這種做法使得魯國的稅收大為好轉，並且由於承認人民的土地所有權，季文子贏得民心，擊敗東門氏。同時，孟孫氏、叔孫氏和季孫氏也利用這個機會發展壯大。

季文子的改革引起列國關注。其他統治者發現，初稅畝可以快速增加財政收入，政府也就有能力組織更強大的軍隊。於是各國迅速效仿，改革蔓延整個華夏，使中國進入一個高速兼併的時代。在這項改革中，地處西北的秦國卻屬於落後的一方。直到秦孝公十二年（西元前三五〇年），才「為田開阡陌」；兩年後，才「初為賦」，開始徵稅。這時距離魯國最早的初稅畝（西元前五九四年）已經過去近兩百五十年。秦國土地改革之所以這麼晚，是源於落後的制度。它在諸侯國中資歷淺，又地處六國的西部，孤零零的在關中平原，與中原地區隔絕，和北方和西方的蠻族接壤。

然而，除了所有不利的因素之外，秦國的隔絕和落後卻又變成其最大優勢。由於六國發展過早，國家內部已經有盤根錯節的利益團體，即便經過艱難的兼併和整合，國君仍然無法集中所有資源，投入到戰爭中。由於秦國發展較晚、國內的發展關係簡單，更容易建立起中央集權，將每一份資源都用到戰爭上。我們可以比對齊國和秦國的財政制度。

秦國為何強大？

西元前二八八年，秦昭王和齊湣王做一個出乎意料的決定，他們分別加了尊號，稱為「西帝」和「東帝」[9]。在古代的禮儀中，「帝」是比「王」更高的稱號，自五帝以後，就沒有人再使用了。秦王和齊王的舉動，是想告訴世人，他們已經強大到超乎其他諸侯王之上，不滿足於只稱王了。

雖然兩國君主很快就去掉帝號，但這也反映出當時齊國是足以與秦國抗衡的大國。另外，齊國商業遠比秦國發達。自齊國的開國國君姜太公起，齊國就確立以手工業和商業立國，長期在經濟上處於領先地位[10]。齊國和秦國的爭霸，也可以說是商業文明對上農業文明。那麼，為什麼齊國最終會失敗？

8　初稅畝在古代常常受到批評，特別是對古代政策推崇備至的復古主義者。他們認為，古代存在一種理想的公有制叫井田制，在如同「井」字形的九塊土地上，中間一塊是公田，周圍八塊分給八戶人家作為私田。私田產出歸個人，而公田由八戶人家共種，產出歸封君。初稅畝的出現打碎了復古主義者心目中的理想模式；但現在學者普遍認為，是初稅畝給了勞動者土地所有權。

9　典出《史記·田敬仲完世家》：「三十六年，王為東帝，秦昭王為西帝。」

10　詳見《史記·齊太公世家》：「太公至國，脩政，因其俗，簡其禮，通商工之業，便魚鹽之利，而人民多歸齊，齊為大國。」

主要原因就在於齊國內複雜的利益團體，阻礙君王掌控更多的資源。因為國內耕地面積本來就狹小，而土地貴族又過於發達，很難透過土地徵稅，只能靠發展商業來獲得財政收入。相比之下，秦國剛建立時雖國土不大，卻很單純。後來歷代國君向西逐漸擴展，建立龐大的國家。這些新征服的土地上，還沒有形成利益團體，也沒有分封，都歸國君直接管轄。

秦國君主最初就直接派遣官員來統治這些土地，制定統一的政策。所以說秦國的結構，一開始就是有利於中央集權，優勢遠大於其他國家。它的郡縣制也比其他國家更發達。因為集權制度的發展，也讓秦國擁有更強的擴張欲望，因為新土地大都歸國君所有，只有小部分作為賞賜分封給功臣，和其餘六國比起來，足以確立秦王的優勢地位。

透過兩場內容迥異的改革（變法），也可以看出秦與六國的區別。在戰國初期，魏國的魏文侯曾經任用李悝進行變法。李悝去世的那年（西元前三九六年），另一個變法家恰好誕生，他就是商鞅。這兩個人都是法家和重農主義的代表，分別主導魏國和秦國的變法。然而，由於政治環境不同，變法的內容和效果也有巨大差距。李悝所在的魏國利益關係複雜，他無法打破他們的阻撓，只能採取溫和的變革方法。在調查之後，他提出幾個觀察結果：

一、方圓百里的土地大約有九百萬畝（一畝為一百平方公尺），不能耕種的土地加上人們的住宅地，共占了三分之一，剩下六百萬畝土地就是可以耕種。如果讓農民積極一點，每畝能增加三斗糧食；如果農民不積極，就要減產三斗（一斗為十升）。一進一出，方圓百里，就差距一百八十萬石糧食。所以他改革的目的，就是要擠出這一百八十萬石（一石為十斗，亦為一百升）糧食。

二、糧食太貴，人們就會吃不起；糧食太便宜，農民就不會積極種它，唯有價格適中才是最好的。經過李悝一系列複雜的計算，按照現有的價格，魏國一戶農民所生產一年的糧食，還不夠這戶農民一年的開銷。這說明，提高農民積極性、穩定價格才是最要緊的，這也成為李悝改革的方向。

他採取的措施是「盡地力」和「善平糴」（糴，音同「迪」），前者是鼓勵農民在土地上增產，後者是利用類似平準的制度，平衡糧食價格，也就是政府在豐年時多購買一些糧食儲存起來，讓豐年的糧食不要太便宜，以免打擊到農民。到了荒年，就減免一部分稅收，並低價把糧食賣給農民，用這種辦法平抑價格。

可以看出，李悝是在盡量不破壞原有社會秩序的情況下，用類似外科手術的方式進行改革。他的溫和變法，能適應魏國複雜的政治體系。雖然魏文侯可以透過李悝的改革，使魏國成為強國，但這樣的財政收入不足以用來進行統一戰爭。到最後，由於改革成果無法持續，魏國也隨之衰落。

商鞅變法則採取最激進的做法。由於秦國的政治簡單，國君擁有強大的支配力，因此更集權，商鞅在制度根本上改革，將秦國打造成一臺完美的戰爭機器，把每個人都納入國家體系之中，讓每一個人都為戰爭出力。商鞅的變法措施包括以下四個方面：

一、在地方上推行中央集權制度。各縣由中央直接管轄，官員由中央統一指派。並在民間建立什伍制度，五戶為一伍、十戶為一什，互相監督，加強政府對社會的管控能力。**郡縣制度徹底破壞商周以來的封建制度**，在地方一級上完成了集權化。秦國所建立的這套制度，也成為未來兩千多年中央集權制度的藍本，雖然地方管理的層級越變越多，但管理的方向再也沒有變化過。

二、控制糧食流通管道，**限制人口自由流動**。雖然土地屬於農民，但農民不得擅自離開土地。這樣，每一個農民就都被「標準化」了，他們活著的意義就是生產糧食。政府透過控制流通管道，將生產的糧食輸送到秦國的戰場上。

三、**實行軍爵制**，將整個社會生活同軍事連結在一起。一個人**只有在軍事上有所貢獻，才能得到爵位**。爵級共二十個級別，一個人先受封低級爵位，下一次再立功受封，依次累積，直到最高級。就像現代的公務員用一輩子，從員工熬到部長等級一樣，秦國人也用漫長的一生去盼望軍爵，爵位越高，他的社會地位也越高。整個社會組織高度軍事化，是秦國這臺戰爭機器如此完美的原因之一。

漢代的董仲舒曾經評價秦國商鞅變法之後的情況，認為變法前後，百姓的徭役負擔比之前增加三十倍，而官府的賦稅收入增加二十倍[11]。雖然這其中有誇大的成分，但從側面顯示出，秦國在壓榨民間上做得多麼徹底。

四、秦國由於發展晚，因而土地充足；反觀山東六國人口眾多，土地卻不夠。於是，商鞅就**鼓勵六國居民移民**到秦國。一旦這些人移居過去，就分給他們土地，並免除三代的兵役，讓他們專心種田。這些人就成為糧食生產機器，原來的秦人則負責參軍打仗。舊秦人得到安全，老秦人透過打仗立功獲得爵位，各得其所。

如果說，在古希臘有斯巴達軍國主義城邦，那麼東方就是秦國。斯巴達只是一個城邦，而秦國卻是一個國家。這個國家採用中央集權制，政令直達每一個人，這樣的戰爭機器產生強大的力量，將各國一一摧毀。與六國的戰爭中，**地處偏遠的秦國可以組織起六十萬大軍，並調動足夠的資源供養他們，把軍隊送到數千里之外去打仗**，可見當年商鞅建立的制度是多麼有效。然而，當戰爭結束後，這套制度卻只維持十五年，就徹底瓦解了。

帝國能否維持統一，在於「政治征服」

強大的**秦國為什麼能夠應付六國的正規軍，卻無法抗衡起義者的雜牌軍呢**？問題仍然出在與波斯帝國、亞歷山大帝國同樣的困境上，也就是武力征服而建立的財政制度，無法及時的轉換成

11 詳細資料見《漢書．食貨志》載董仲舒言秦之弊：「一歲屯戍，一歲力役，三十倍於古；田租口賦，鹽鐵之利，二十倍於古。」

圖表 1-3　春秋戰國時期的主要變法

領導人	國別	年代	內容：經濟	內容：政治	內容：軍事
管仲、齊桓公	齊	西元前六八五年	1. 根據土地的肥沃程度採取差別徵稅制。 2. 實行重商主義，發展商業和金融業。 3. 實行經濟國家主義，強調對山海資源的控制。	1. 帶有很濃的集權傾向，整飭舊制，減少封建分權特徵，建立圍繞國君的官僚體系。 2. 對士、農、工、商進行分別管理。全國分為六個工商之鄉和十五個士鄉。	在士鄉建立基層組織，建立穩定的兵源基礎。
季文子、魯宣公	魯	西元前五九四年	實行「初稅畝」。進行土地確權並按照土地徵稅，打破封建制度對土地的束縛。		
子產、鄭簡公	鄭	西元前五四四年	整頓田制，畫定疆界，設立基層社會組織，便於實行按畝課稅。	1. 鑄刑書，使法律制度化。 2. 恩威並重，儒法結合。	
李悝、魏文侯	魏	西元前四〇三年後	盡地力，善平糴。在不觸動統治集團的根本利益的情況下，調動農民積極性。	1. 加強法制，並削弱貴族的特權。 2. 重用非貴族子弟，使得一批名臣（李悝、吳起、樂羊、子夏、田子方、端木幹）崛起。	1. 加強對戰略要地的占領。如秦國的河西地。 2. 發掘和重用有才能的將領。
吳起、楚悼王	楚	西元前三八六年至前三八一年		1. 明法審令。 2. 淘汰冗官。 3. 減少特權貴族階層。 4. 杜絕人情說辭。	節約財富，富國強兵。

（接左頁）

商鞅、秦孝公	秦	西元前三五六年至前三五〇年	1. 廢除中間階層對土地的控制，由國家直接掌控農民的命運。 2. 盡一切的手段，調動人民種植糧食的積極性。 3. 控制糧食流通管道，並且限制人口的自由流動，將農民變成軍事機器的直接供養人。 4. 利用秦國多餘的土地，鼓勵他國人民向秦國移民。	1. 在地方上推行中央集權制度。各縣由中央直接管轄，官員由中央統一指派，加強對社會的控制。 2. 在民間建立什保制度，五戶為一保，彼此互相監督，加強政府對社會的管控能力。	1. 實行軍爵制，將整個社會生活和軍事掛鉤。只有有戰功的人，才能在社會、經濟上享有較高的地位。 2. 調動一切社會資源保證軍事行動的順利開展。
趙武靈王[12]	趙	西元前三〇二年	未做國內經濟改革。希望以擴張代替改革。當中原沒有土地可以擴張時，向北發展，擴充經濟資源。		1. 推行「胡服騎射」政策，採用胡人先進的作戰方法。 2. 採取奇謀，希望採取從北方大迂迴的策略，擊潰最大的對手秦國。

12 趙武靈王是另一個與秦國作對比的人物，代表了另一種思潮。他進行激烈的軍事改革，卻未進行經濟改革，企圖以強大的軍事力量打擊秦國，最終出師未捷身先死。實際上，由於經濟沒有跟上，即便趙武靈王不死，變法也有可能被巨大的戰爭開支拖垮而失敗。

政治征服。表面上，秦代在全國建立郡縣制的中央集權統治，但官員沒有足夠的經驗和資源安撫地方人民，建立起讓人民內心認同的統治基礎。

當秦征服六國之後，秦始皇曾經考慮過以何種形式統治國家，第一個是學習周代，分封一批王室子弟做諸侯，來取代那些老諸侯；第二是徹底建立中央集權，將秦國的模式推向六國。許多人贊成第一種模式，因為這是大家已經熟悉的模式，好處是各個諸侯都會立即擔負起統治責任，全國可以迅速平靜；而壞處則是幾代人之後，各諸侯國會再次廝殺，重演一遍周代的形勢。丞相李斯則堅持第二種，將郡縣制推向全國，由皇帝本人控制整個龐大的帝國。

為了推行中央集權制，秦始皇需要在短短的幾年內，向六國故地派遣大量的管理人員，擔任郡縣長官。由於秦國不可能有這麼多儲備人才，不合格的官吏必定會在各地造成混亂；即便是合格的官吏，也會受到各地的抵制。為了強行推行制度，秦始皇沒收天下的兵器，防止各地反抗，強迫六國的貴族遷往關內。**秦始皇很擅長用遷移民眾的方式，來打破原來的社會結構**。秦軍征服過後，許多精英分子都被安置到其他地方，而這些人離開時留下大量的土地，秦始皇再靠赦免的罪犯，或調其他地方的人來填充，重建社會結構。在《史記》的〈貨殖列傳〉中，許多富豪的家族都被迫遷到外地，重新起家，繼續獲得財富。比如，蜀地的卓氏（司馬相如妻子卓文君的家族）就是從趙國遷來，南陽的孔氏是從魏國遷來。

至於那些不聽話、不懂規矩的人，秦始皇就用嚴刑峻法對付他們。在後來的民變中，許多人都是被秦法逼成叛亂者。最先起事的陳勝、吳廣，還有後來的劉邦，都是在押解犯人或服役者的過程中，因為有人員逃亡或者拖延到時間的情況，必須按照秦法嚴格處理，所以才不得不造反。

就算秦始皇採取這麼多辦法，推行中央集權制度，習慣諸侯制的人民仍然不甘心，只成為社會中一個零件，所以政府派去的官員也是陽奉陰違。許多人還在幻想著六國勢力重新崛起。如果秦朝能夠維持更長久的和平，也許等這些六國餘孽都老死了，人們能適應新的模式，就真的完成政治征服。但不幸的是，在整個社會的記憶仍然深刻時，秦朝就維持不下去了。

統一後，巨大的戰爭財政還在繼續消耗，**官員還在按照戰時模式，從民間榨取利潤**，民間無法重建社會經濟。更嚴酷的高壓態勢，也迫使皇帝從民間獲得龐大的財政收入，來保持統治階層的忠心。

更重要的是，本來六國的民間經濟要更自由一些，秦把自己的模式強加給六國，給六國的經濟也戴上緊箍，加入到戰時經濟之中。而秦國龐大的人員組織能力也在繼續發揮著作用，將軍失去了對手，只好將武力強加給異族，並修築長城、建造阿房宮。整個帝國在戰時經濟中消耗過度，卻沒有人能夠停止狀況惡化下去。最後情況終於失控，龐大的帝國死於自己的制度，中國人第一次見識到，中央帝國帶來的龐大的統一成本。賈誼曾經感慨秦因「仁義不施」而亡國[13]，我們不能只看到所謂「仁義與否」，而應該從背後的制度去尋找原因。

13 賈誼《過秦論》：「然秦以區區之地，致萬乘之勢，序八州而朝同列，百有餘年矣。然後以六合為家，崤函為宮，一夫作難而七廟隳，身死人手，為天下笑者，何也？仁義不施而攻守之勢異也。」

逐漸混亂的分封制

秦代轟然倒塌後，它的失敗讓當時的人們認為，龐大的中國無法統一。在這種流行思潮下，群雄起兵的目的不是為了要重新恢復六國，就是尋求割據一方。至於統一這種想法，誰都不想、也不敢嘗試。項羽順應這種思潮，按照戰國時代的模式重建眾多的諸侯國。最具野心的劉邦雖然也被封王，但被放置在西南方的死角裡，遠離中原地區。

在秦代，劉邦的蜀地和漢中是距離中原最遙遠的地方。一個人如果要從中原去四川，必須先走函谷關，到達秦所在關中地區，再從關中地區，走一條架著棧道的山間小路（褒斜道）到達漢中，最後從漢中走另一條小道（金牛道），前往四川盆地[14]。項羽又把秦地（今陝西境內）分封給三位投降的秦國將領，由這三位將領守住關中平原，徹底斷絕劉邦和中原的聯繫。

由於絕大多數受封的諸侯沒有兼併天下的野心，所以，這個分散的新體系，似乎會長久的維持下去。然而，有一個人想嘗試與「項羽秩序」完全不同的模式，試圖繼承秦代的方式，這個人就是劉邦。秦末的起義者中，包括六國的貴族和各種對強秦不滿的亡命之徒。項羽屬於楚國的後代貴族，而劉邦則是一個典型的亡命者。

在起義沒有爆發時，劉邦曾經擔任過沛縣（江蘇省徐州市下轄的一個縣）的亭長，在一次為縣裡押送犯人去驪山（位於陝西省西安市）時，由於逃跑的人太多，他覺得免不了被追究責任，也逃亡了。如果不是秦末起義爆發，劉邦就要做一輩子的亡命者。

當別的諸侯都因為獲得封地而感到滿足時，只有劉邦心中充斥著不滿。由於沒有歷史和身分的包袱，他看到更多的是秦朝的威儀，他不想作為一個諸侯，統治漢中這個小地方，而是想作為皇帝，君臨整個秦朝的疆域。於是，所謂楚漢相爭，就意味著到底是項羽的「諸侯加霸王」模式，還是劉邦夢想中的「中央帝國」模式，誰能夠勝出了。

對劉邦有利的是，項羽所建立的新制度並不穩定。十九個諸侯中，大部分人雖然不想兼併天下，卻或多或少存著野心。他們總想擴張領地、從鄰國手中搶幾座城市。部分諸侯國內迅速發生爭位問題。雖然這些糾紛都看似不大，但如果同時在四處爆發，新秩序就會迅速處於風雨飄搖的狀態。項羽身為制度的建立者和一國霸主，有責任維持制度穩定，一旦出現混亂就必須立刻出馬。因此不需要劉邦反對，其他的諸侯國就已經讓這位西楚霸王疲於奔命了。

首先讓項羽感到憤怒的是齊國。齊國原本被項羽分成三個國家，封給原來齊國王室的後裔，卻引起另一位**名叫田榮的將領不滿，他起兵殺掉三國國君，合併三齊**。趙、代等國也隨即出現國君更替的情況。

這時，**漢王劉邦兼併關中的三位秦降將**，所獲封的諸侯國，合併原本屬於秦國的領土，並向關外擴張。項羽突然發現他從革命黨變成保守黨。為了維護他所設計的秩序，必須出兵征戰。但每一次的諸侯叛亂，都是對新秩序的嘲諷。劉邦正是抓住這個機會，用兼併、聯合、替換的方

14 中國道路系統的開闢，有一個漫長的過程。以四川為例，從陝西通往四川盆地的道路在戰國時已經開通，秦國從這條路征服四川。但從四川沿長江進入湖北的道路卻沒有開通，只有少數的軍事冒險做過此嘗試（秦襲楚郢都之戰，見《史記》）。直到東漢、三國時期，隨著水運的發展，從長江入四川的通道才有了重要意義，打破必須從陝西入蜀的局面。

法，逐漸團結起諸侯國，**一同反對曾經的西楚霸王**。

劉邦將領韓信在戰爭中，有著相當重要的作用。這位能夠忍辱負重的將軍，在北伐中滅掉魏、代、趙、齊諸國，並降服燕國。韓信對劉邦的態度，也決定漢王能否掌控全疆域，如果韓信在滅掉舊諸侯之後，馬上不聽從號令，那麼他只不過是在舊秩序的牌局裡，擔任洗一下牌的角色而已。韓信雖爭取到齊王的位置，仍然對劉邦忠心耿耿，如此一來，漢王才有可能建立新秩序。

劉邦帶來新概念：大一統帝國

戰爭結束時，項羽建立的體系隨著他的死亡而崩潰。當初為了對付項羽，劉邦不得不分封許多新諸侯，而這些諸侯並沒有意識到，未來局勢會有什麼變化。他們還以為劉邦戰敗項羽，只不過意味著「霸王」的角色被替換，每一個諸侯都還擁有著獨立的封地，行使獨立權力。如果劉邦想要廢除諸侯，他們會用盡全力來保護自身利益。

但他們沒有想到的是，劉邦並沒有犯同樣的錯誤。劉邦知道，哪怕諸侯國存在，他仍必須先確立自己至高無上的地位，於是劉邦在關外，就迫不及待的自導自演皇帝登基這齣大戲。在這齣戲中，最想當皇帝的是劉邦本人，但他卻裝作不情願，由謀臣勸說、諸侯勸進三次，才同意加皇帝尊號。

在漢王加皇帝號時，諸侯仍然沒有意識到時局改變，還以為回到周朝，皇帝只是一個稱號，並不能干預諸侯國內的事務。他們並不知道劉邦之所以封諸侯，只是因為沒有辦法一下子掌控全國而已。如果在剿滅項羽後，立即廢除諸侯並建立中央集權，那麼就會和秦朝一樣，遭到激烈的反抗而崩塌。劉邦不願冒這個風險，他更擅長於慢慢的剝奪諸侯權力，所以劉邦加皇帝號之後，他的手下包含三種人。

- 第一種是仍然醉心於舊秩序的諸侯，這些人希望盡快回到國內，享受統治者的樂趣，並不尊重皇帝的權威。
- 第二種是已經理解新秩序的中央官員，以丞相蕭何、陳平等為代表。
- 第三種則是劉氏的宗室子弟。

劉邦的任務是消滅第一種人，將諸侯的領地一部分交給宗室子弟，一部分成為政府體制下的郡縣，並將它交給第二種人。而此刻漢朝最大的功臣韓信，由於被封為楚王，已經被漢高祖當作第一種人，也就是舊秩序的代表。

在後人的眼中，韓信是個矛盾的角色。戰爭中，他握有兵權卻對劉邦忠心耿耿。項羽曾經勸說他反叛漢王，許諾天下三分，但韓信拒絕了。然而在攻克齊國之後，韓信卻說想做代理齊王，這令劉邦感到不滿。接受大一統思想的後人也因此認為，韓信申請代理齊王的舉動，就是對劉邦不忠。

但**實際上，韓信與項羽一樣是信奉舊秩序的人**。他認為戰爭結束之後，世界仍然會恢復到舊軌上。**他把自己定位為一個擁護霸主的角色**，幫助霸主維持國際秩序。「當上齊王」與「對漢王忠心耿耿」，這兩件事並不矛盾。但韓信沒有想到的是，劉邦要顛覆整個諸侯制度，建立一套新制度。而他也沒有看到，劉邦對他的防範有多深。

《史記》中的一件小事，能反映出劉邦對韓信的戒心。在消滅項羽之後，劉邦稱帝前做的最後一件事，是親自前往齊王韓信的軍中，奪走他的軍權，只有這樣漢王才敢於稱帝。之後韓信從齊王被貶為楚王，又被剝奪王的封號，貶為淮陰侯。

最後，劉邦仍然不放心，借助妻子呂雉（與蕭何）之手殺掉韓信。除了韓信之外，異姓諸侯中的彭越、黥布、臧荼、盧綰等人，也一一被剝奪封號或者被殺。即使剝奪異姓諸侯，劉邦還是無法完全廢除掉諸侯制。他意識到，他還未具備一下子統一全國的能力。

不穩定的漢政權

劉邦和秦始皇一樣，沒有足夠多的幫手能理解其真正意圖，也不可能一下子任命如此多的中央集權官吏。更何況，原本能夠維持帝國穩定的財政制度，現在更是一片空白，如果強硬推行的話，必定遭到抵制而失敗。在異姓諸侯曾經統治過的地方，他必須再樹立新諸侯來代替原來的角色。因此，他將劉姓宗室子弟扶上諸侯的位置，並立下「非劉氏而王，天下共擊之」的規定，希望透過家族力量，來補充體制的不足。但劉邦登基八年後，還沒有完全去除諸侯勢力就去世了。他留下一個逐漸恢復穩定、帶著新秩序雛形的大帝國。這個統治模式是否已經成功，仍然沒有人說得清楚，因為在人們看來這個帝國太脆弱了。

漢高祖因為與淮南王黥布交戰而死，他被流矢所傷，身體再也沒有康復。他死的時候，燕王盧綰正準備逃往匈奴所在地。而異姓王中，長沙王吳臣尚在，甚至連皇帝的軍隊，也對帝國構成威脅。

高祖死去時，陳平、灌嬰在滎陽，統帥著十萬人馬，樊噲、周勃在燕、代等地有二十萬大軍。所以當高祖一死，呂后擔心這些將領造反，密謀將他們都殺掉。審食其（念作「審議機」）勸說太后，若誅殺將領，必天下大亂。這件事也反映漢朝初年仍然風聲鶴唳，連呂后也處於失敗的恐懼中。

更重要的是，帝國雖然完成武力征服，卻沒有完成政治征服，在這之前尚有兩大問題急需要解決。第一，在經歷如此多的動盪後，如何保證社會的經濟發展，讓人民對帝國產生信心，不再想回到過去；第二，如何建立一套符合帝國需要的財政制度，使之控制同姓諸侯王的野心，又能穩定帝國，同時又不干擾民間的經濟。

漢高祖死去時，帝國連統一的財政制度都沒有建立起來，各諸侯除了能徵收自己國內的土地稅外，還能控制其自然資源。也就是說，**中央政府幾乎失去諸侯國中的所有稅收，只能在直屬領地徵稅**。而諸侯王可以擁有獨立軍隊，設置和中央政府一樣的官員、財政系統。他們只是靠著親屬關係與中央政府合作，實際上統治著國中之國。

這樣的話，中央政府只不過是比較大的諸侯國，仍只是個「霸主」而非帝國。所以必須將財政權拿回來、由中央徵稅，才能解決最終的控制權問題。

高祖本人並不精通經濟，他仇視商人和商業，採取許多抑制商業的措施。但如果繼續抑商的話，民間就感受不到統一帶來的好處，也會產生悖離之心，中央政府也無法獲得足夠的收入，等到諸侯勢力覺醒時，就是漢朝分崩離析的時刻。

在當時的人們看來，這個由漢高祖的狂妄無知所建立起來的巨大怪胎，到底會走向何處，仍是個未知數。它會像強秦一樣，由於抑制民間發展而崩塌，還是像周代一樣，因諸侯國的強大而逐漸解體？這個問題必須留給劉邦的後代去解決。

漢初危機：諸侯王帶來的潛在威脅

在建立大一統帝國之初，王朝創建者都會面臨同樣的問題：先發展經濟，還是先控制社會？秦始皇更看重後者。他首先利用政府權力解決財政問題，沒有考慮民生發展，使得經濟羸弱不堪，引發人民不滿和社會動盪。而漢高祖的性格多疑、自大，控制欲強，這一點與秦始皇並無差別。如果他在位時間更長，也許漢代經濟就會進一步惡化。所以說他適時的死，留給繼任者變革的空間。

按照古人的觀念，如果沒有戰爭和災荒、連年都豐收的話，人們只要勞作三年，就能夠累積下一年的餘糧。當豐收九個年頭，累積三年餘糧，就稱為「登」，意味著五穀豐登；如果好年景維持十八年，有了六年的餘糧，就稱為「平」，意味著和平穩定；如果累積九年的餘糧，就稱為「泰平」。所以天下太平，需要二十七年的和平時光[15]。

可是，漢初帝國過於龐大，總是東邊不亂西邊亂，諸侯反叛、外敵入侵、底層叛亂、人民反抗等問題連綿不斷……一旦戰爭來臨，為了供養軍隊，政府會優先考慮搜刮式的政策，使得民間很難獲得足夠的時間休養。所以人民擔心統一帝國帶來的只有貧窮、束縛和失控。

從另一個角度來看，漢朝疆域最遠到達今天越南的中北部（如漢代在越南的北部、中部地區設置交阯郡、九真郡、日南郡），從長安到越南北部的直線距離也有三千公里，中間更是山阻水隔、路線難測。帝國派遣官吏去統治北越，上任都要走幾個月，更何況還要考慮當地人能不能聽話、願不願意繳稅等棘手問題。

即便在漢代統治的高峰時期，除了中原、山東、關中、川蜀之外的其他轄區，比如**西北、東南，包括北越，由於人口稀少、經濟成本高，最多只能自給自足，無法向中央繳納財稅**。更重要的是，如果越南北部發生叛亂，就要從別的地方調兵鎮壓，可是從傳遞消息到調兵，都過了好幾個月。**是否有必要花費大量的金錢和人力，去征服一個連徵稅都困難的地方**？

當時人們的觀念還停留在諸侯國時期，由於那時的諸侯國封地有限，一旦發生叛亂，從調集軍隊鎮壓、來回、加上打仗，往往十天、半個月就夠了。那時的軍人每年接受徵調的時間，不用超過一個月，所以養兵成本很小。如今卻需要花上幾個月甚至一年，移動距離長達幾千公里，其複雜程度已經超乎當時人們的想像。所以說在如此複雜的條件下，統一帝國的成本實在是太大。

另外，漢朝內部還保留著大量的同姓諸侯，使問題更加複雜。他們在封地內徵稅，設置官員

15 詳見《漢書．食貨志》記載：「民三年耕，則餘一年之畜。衣食足而知榮辱，廉讓生而爭訟息，故三載考績……三考黜陟，餘三年食，進業曰登；再登曰平，餘六年食；三登曰泰平，二十七歲，遺九年食。然後至德流洽，禮樂成焉。」

治理，又擁有自己的軍隊。如果諸侯勢力太大，中央政府的徵稅權就會變小，最終無法與眾多諸侯相抗衡，帝國就會走向解體。

呂后執政時期（西元前一九五年至前一八〇年），漢朝出現第一次危機。出於強烈的不安全感，呂后違背漢高祖「非劉氏不王」的規定，立了幾個娘家呂氏的諸侯王來鞏固她的權力。呂氏諸侯王雖然在太后活著時，能夠保衛太后的帝國，但他們只忠心於太后本人。一旦太后死去，呂氏諸王缺少核心人物，就會生出反叛之心。

呂后死後，劉邦的老臣除掉呂氏家族。但這一次的呂氏危機，卻給漢朝的統治階層敲響警鐘：目前的財政制度是無法維持的。只要諸侯國享有國內的財政全權，擁有自己的官僚系統和軍隊，未來勢必還會出現無數次反叛。如果要建立長久的帝國，就必須**剝奪諸侯國的財政權，讓他們無法養兵**。

經濟優先，財政讓路

西元前一八〇年，在高祖老臣的擁戴下，高祖的兒子劉恆登基為帝，是為文帝。文帝繼位前是代國的諸侯王。令人驚訝的是，即便才剛平定呂氏諸侯王的叛亂，**文帝也沒有急於去解決中央與地方的關係，而是將注意力轉向經濟和民生**。

漢文帝時期，有兩個非常急迫的問題，是先發展經濟，普遍實現人民富裕，抑或是先建立可靠的中央財政制度，約束諸侯財政，保證帝國不會解體。呂后時期雖然推崇黃老之術，讓民間經濟自由恢復，但是宮廷內鬥不斷、諸侯王搖擺不定，民間依舊處於擾動之中。人們仍然在觀望，看這個龐大的帝國走向何方。

只有更加穩定的社會和更快的經濟發展，才能讓人們認同漢朝的存在，並自覺將自己當作帝國的子民。但穩定和經濟發展是相矛盾的：要穩定，就必須強調控制；要控制，就會在一定程度上拖累經濟發展。所以漢文帝決定，首先解決民生經濟，放下穩定社會的問題。在黃老思想的指導下，政府從國民經濟領域完全撤出，讓人們自由發展工商業和農業。

漢高祖時代，土地稅是十五分之一。之後，由於戰爭需要，高祖提高土地稅，但歷史並沒有告訴我們具體的稅率，大約不會超過十分之一；呂后執政時期，土地稅再次調回十五分之一[16]。除了土地稅之外，漢代的人還必須繳納人頭稅（算賦），一個人從十五歲到五十六歲，每年必須繳納算賦一百二十錢。

文帝為了減輕農民負擔，調整了上述稅率。他登基的第二年，就將土地稅暫時減半，從十五分之一變成三十分之一[17]。之後，人頭稅也做調整，減為三分之一，每年只用繳納四十錢，丁男每三年出一次役[18]。稅率降低之後，更加突出朝廷的財政問題。漢代的國庫支出中，最大的兩項

16《漢書．食貨志》記載高祖：「上於是約法省禁，輕田租，什五而稅一。」而《漢書．惠帝紀》提到，他登基那一年「減田租，復什五稅一」。說明在高祖時期，有增加田租的舉動。

17 典出《漢書．文帝紀》：「詔曰：『農，天下之大本也，民所恃以生也，而民或不務本而事末，故生不遂。朕憂其然，故今茲親率群臣農以勸之。其賜天下民今年田租之半。』」

18 見《漢書．賈捐之傳》：「至孝文皇帝，閔中國未安，偃武行文，則斷獄數百，民賦四十，丁男三年而一事。」

是養官和養兵。在文帝時代，由於北方蠻族的存在、諸侯勢力仍然強大，皇帝必須擁有一定數量的軍隊來防範。

但是，漢文帝仍然決定大力壓縮開支，將政府精簡到極致。他首先從個人做起，節衣縮食、不修宮室、減少皇室開支；其次，他縮減軍隊和官員的開銷，不惜一切代價保持和平，避免不必要的財政開支。

賣爵位，養國防

文帝統治後期，由於縮減財政開支，一個奇特的現象出現了。雖然社會正慢慢變得富有、人們的生活越過越好，但政府無法依靠財政收入供養邊關的守軍。雖然皇帝極力避免戰爭，但**邊關不可能沒有守軍**，而這些士兵的糧食要由政府供應。可是政府正處於最無力的時候，財政不到位、運輸效率不佳，糧食和軍餉無法按時運到。這時，大臣晁錯替皇帝想了一個辦法。他看到透過休養生息，民間已經湧現一批富人，於是，建議文帝採買賣爵位的辦法，允許富人以捐獻獲得一定的爵位，或免除罪過。**只要有錢人想辦法把糧食運到邊關、交給守軍**，就可以從皇帝這裡獲得爵位[19]。

在漢代，買賣爵位仍然被人們看作是一種合理的現象。這個時期距離實行封建制的周代並不遠。在封建制時代，封君可以將爵位、土地隨意的賜予任何人，沒有人有資格質問封君，責怪他隨意支配公共資源。到了漢初，雖然已經逐漸形成公共資源（屬於社會的資源）和皇家資源（屬於皇帝私人的資源）的概念，但兩者區分得不夠仔細。

另外，治理人民的官員已經漸漸被當作公共資源，不能隨便買賣官爵了。但是，具象徵意義的爵位更類似於皇家資源，相當於帶有一定特權的榮譽稱號。因此，皇帝買賣皇家資源，仍然被認為是合理的。只不過，這種榮譽稱號帶有免人頭稅、免役、減罪免罪的特權（但不減免土地稅，只減免與人身有直接關係的稅收），有侵占公共資源的嫌疑，使得賣爵又有些灰色地帶。

晁錯的做法起到驚人的效果。很快的，在富人的幫助下，邊關軍隊的糧食得到保障，不僅不再匱乏，反而變得充足。晁錯又建議文帝讓富人把糧食，上繳到中央政府在各地的倉庫。這樣，富人捐獻就成為帝國收入的主要來源。

漢初，由於和平時期養官成本很小，文帝很快發現有錢人的捐助，再加上一定的山海稅收，已經足夠維持中央政府運作，根本不再需要徵收農業稅。因此西元前一六七年，文帝宣布全國稅收減免一半。到了第二年，他宣布一件令人瞠目結舌的事情，就是不再收農業稅[20]。在之後的十三年間，西漢政府一直沒有徵收農業稅，直到景帝登基後的第二年，才恢復稅制。不過，景帝把土地稅仍然定成三十分之一，並一直維持這個低稅率，直到西漢末年。

19 資料出自晁錯的《論貴粟疏》：「欲民務農，在於貴粟；貴粟之道，在於使民以粟為賞罰。今募天下入粟縣官，得以拜爵，得以除罪。如此，富人有爵，農民有錢，粟有所渫。夫能入粟以受爵，皆有餘者也；取於有餘，以供上用，則貧民之賦可損，所謂損有餘補不足，令出而民利者也。順於民心，所補者三：一曰主用足，二曰民賦少，三曰勸農功。」

20《漢書．食貨志》記載：「上復從其言，乃下詔賜民十二年租稅之半。明年，遂除民田之租稅。後十三歲，孝景二年，令民半出田租，三十而稅一也。」

進入二十一世紀，中國政府也宣布廢除農業稅。不過，這次廢除農業稅與漢文帝時期的廢除不可同日而語。文帝時期，農業占國民產出的九〇％以上，放棄農業稅，就等於放棄最大的一筆收入；而在現代，農業地位已經降低，工業和服務業成為經濟的主要支柱。所以，現在放棄農業稅要容易得多。

雖然，文帝的免稅政策值得歡呼，但這個政策是一種妥協式的權宜之計。無法從正規稅收獲益，就乾脆放棄建設稅收制度，透過賣官爵得到收入。由於當時恰好處於財政緊縮時期與和平時期，政府不需要太多的花費，所以這種做法是可行的。可是，一旦國家出現動盪，中央政府缺乏必要的徵稅工具，勢必會遭受劇烈打擊。

文帝不設正規的財政體系，還能夠保證政府的穩定，靠的不僅是他的執政能力，還有機遇。這個做法帶著很大的賭博成分，**他在位時，北方的匈奴和內部的諸侯王都正蓄勢待發**，變得越來越強大。這兩個地雷只要有一個提前爆炸，就可能摧毀文帝脆弱的財政系統，使中央政府重回混亂，特別是諸侯王問題[21]。文帝時期可說是諸侯王大發展的時代，和高祖、呂后時期相比更加富足。文帝將每個諸侯國內的礦產資源，都交給各王自行處理，朝廷並不插手，這導致那些境內礦產資源豐富的諸侯王成為巨富。

中央政府在長安，這裡人口密集、土地肥沃，但礦產資源並不豐富；而齊、楚、吳等地豐富的資源，卻都控制在諸侯手中。比如，高祖哥哥的兒子劉濞（音同「闢」）被封為吳王，其轄境內產銅，依靠挖銅鑄幣，可說富比中央。

幸運的是，文帝執政時期正是社會的恢復期，人們不想打仗。而漢高祖的子孫，由於對高祖的記憶還沒有模糊，尚且沒有叛亂的決心。文帝仁慈的對待每位諸侯，使得他們也沒有叛亂的必要。至於匈奴一方，文帝的和親政策和貿易政策也足夠明智，沒有像武帝那樣主動挑釁。文帝謙恭仁慈的性格，和與世無爭的心態，有利於社會穩定，也將政府的財政支出達到最小。

文帝的統治成為中央集權政治的一個神話[22]。對於漢代大臣而言，帝國在文帝之前一直沒有過真正的安定，人們甚至不知道，這個帝國是否已經真的建立起來，還是又如同秦朝那樣變成鏡花水月，最終導致分崩離析。**在他之後，再也沒有人懷疑帝國模式的成效了**。雖然最為關鍵的地雷還沒有拆除，但帝國已經存在幾十年，而且逐漸繁榮起來，大部分人都從中享受到真正的實惠，也學會站在帝國的角度來考慮、解決辦法，而不是試圖再次推倒重建。

對於現代人而言，文帝時期簡直是一個小政府的模範。亞當．斯密曾經提出，政府只需要保證最基本的支出，如國防和必需的公共工程，其餘一切都應該交由社會去做。文帝時期，由於維持一定的和平，國防開支很少、養官成本很低，所以剩下的錢都可以留在民間，促進經濟發展。

以往帝國財政會失控，主要原因都在軍事上，一旦控制住軍事支出，的確可以做到「小政

21 文帝時期，賈誼對於諸侯王問題看得非常清楚。在《陳政事疏》中，他認為諸侯王問題在未來，會成為西漢政府的大危機。「然而天下少安，何也？大國之王幼弱未壯，漢之所置傅相方握其事。數年之後，諸侯之王大抵皆冠，血氣方剛，漢之傅相稱病而賜罷，彼自丞尉以上偏置私人，如此，有異淮南、濟北之為邪！此時而欲為治安，雖堯舜不治。」

22 見《史記．孝文本紀》：「孝文帝從代來，即位二十三年，宮室苑囿狗馬服御無所增益，有不便，輒弛以利民……孝文皇帝臨天下，通關梁，不異遠方。除誹謗，去肉刑，賞賜長老，收恤孤獨，以育群生。減嗜欲，不受獻，不私其利也。罪人不帑，不誅無罪。除刑，出美人，重絕人之世。」

府」。所以，歷史上採用黃老之術的時期，往往是不需要太多軍事行動。由於和平方才富足，而富足伴隨著和平，也成就漢初的盛世。但在這盛世之下，始終有一顆定時炸彈，那就是財政失衡。到了文帝的兒子景帝時，這顆炸彈終於爆炸了。

以儒家或道家治國的路線之爭

西元一九九一年四月二十三日，在總統戈巴契夫（Gorbachev）的主導下，蘇聯與九個加盟共和國達成協議，同意成立一個叫做「主權國家聯盟」（Union of Sovereign States）的新聯盟，取代原先的蘇維埃社會主義共和國聯盟（The Union of Soviet Socialist Republics，縮寫為USSR，簡稱蘇聯）。裡頭的《新聯盟條約》規定，每一個加盟共和國擁有相當大的主權，聯盟政府只保留三項權力：統一的總統、統一的外交政策和統一的軍隊。

戈巴契夫認為只要軍隊和外交政策統一，就可以保證聯盟有一定的凝聚力，不會走向解體。為了讓各加盟共和國同意簽字，他在一點上做出妥協，也就是財政獨立。答應這項條件等同於承諾聯盟必須經過加盟共和國同意，才能行使徵稅權。

當戈巴契夫做出這個妥協後，他本人並不認為這是個大問題。但是就連西方國家都意識到這個條約的危險性，忍不住提醒他：**如果喪失獨立的財政權，就意味著聯盟的解體**。因為不管是外交還是軍隊，如果沒有金錢作為後盾都將化為泡影。這個條約帶來的爭論，導致保守派的八月政變，徹底葬送蘇聯。人們如今回憶起蘇聯往事，無不將這個條約視為一個重要轉折點。

與蘇聯受困於財政一樣，文帝去世時，西漢的財務也面臨著許多不確定性。由於文帝治理帶來長期和平，讓大部分人享受到好處，所以百姓對政治的態度也從漠不關心，變成不希望它崩潰。他們擔心它會被分裂，害怕未來還會有無數問題，等待著這個年輕的龐大怪物。

文帝死後，他的休養生息政策仍在繼續實行。這時，黃老之術的代表人物是他的皇后，即後來的竇太后[23]。這位已經失明的老太后，將影響力延續到漢武帝六年。竇太后去世後，武帝才轉變政策，徹底拋棄黃老之術。竇太后不像當年呂后那樣強勢，反而從教育來影響政策，她要求宗室子弟和太子，都必須學習與黃老之術相關的理論，並以此為基礎治國。雖然帝國面臨許多結構性問題，需要景帝主動去調整，但他並不反對繼續施行黃老之術。可另一方面，在發展經濟的同時，原本依靠文帝威望和仁慈來維持的帝國體系，已經出現危機。

由於景帝已經是高祖的孫子輩，與同姓王侯之間的血緣關係已經不那麼緊密，諸侯不像尊敬文帝那樣尊敬他。景帝的性格也並不討喜，他心胸狹小、優柔寡斷又缺乏擔當。地方諸侯在文帝時期，已經累積龐大的財富。在皇帝放棄經營正規稅收時，諸侯卻牢牢控制著封地，並在中央和地方的博弈中，逐漸占上優勢。於此同時，和匈奴的摩擦也逐漸增多。雖然漢朝仍然保持著克制的態度，但越來越多的人在經濟富裕後，已經抑制不住大國夢，有些躍躍欲試了。

如何抑制諸侯發展、對付匈奴、建立健康的財政體系？這些問題是黃老之術無法回答的。皇帝發現除了黃老之術外，有另一群人正在摩拳擦掌——儒家。與黃老之術著重於解決經濟問題

23 詳見《漢書．外戚傳》：「竇太后好黃帝、老子言，景帝及諸竇不得不讀老子尊其術。」

不同，儒家對經濟和財政都不感興趣，他們採取的是另一種思路。也就是利用對皇權有利的政治思想，加強對社會的軟性控制。可以說，他們只對政治和社會控制感興趣。在儒家眼中，如果國家權力失控、問題得不到解決，那麼帝國勢必在未來出現新的危機。如果要避免的話，必須進行結構性的改革，使得中央政府掌握更大的權威，削弱地方上的勢力。

贊同黃老之術的人更注重經濟發展，而贊同儒家的人則偏愛政治穩定，兩者看問題的出發點完全不同。漢代儒家的早期代表人物是賈誼和晁錯，然而兩個人的觀點又有著明顯的區別。賈誼希望透過嚴格的等級規則，限制地方勢力發展，加強中央權威；晁錯則除了儒家外，還採用法家的方法，不考慮手段的正當性，只考慮是否管用，直接對諸侯採取行動。

漢文帝繼位不久，太中大夫賈誼就根據五行學說，提出一套禮儀制度，希望皇帝能定制度、興禮樂[24]。在中國古代，禮樂和制度為相伴相生，每個階層都擁有各自的禮儀，使用不同的音樂，甚至連穿著和配飾都有所不同。賈誼希望透過興禮樂，鞏固整個政治制度，並突出皇帝的地位，讓人們認為其威嚴是不可侵犯的，之後再輔之以繁瑣的規章制度，限制住諸侯和其他權勢階層。

賈誼提出的方式，是典型的儒家做法。之後，董仲舒所謂「罷黜百家，獨尊儒術」也同樣採取這個辦法。他們強調人在宇宙中的秩序和等級，將每個人都固定在各自的位置上。賈誼這個做法完全不同於黃老之術，他提倡政府干預，重視農業發展、貶低其他行業。這樣其實會破壞經濟，很可能會使中國在未來兩千年內，都圍繞著農業打轉。但在當時，這麼做是為了防止諸侯勢力借助工商業坐大。但由於文帝時期強調放鬆控制和發展經濟，因此賈誼的學說無法得到皇帝賞識，他最後鬱鬱而終。

到了景帝時期，晁錯作為儒家和法家的代表，則搶得先機。晁錯希望直接削藩，加強皇帝的權威。他主張像漢高祖一樣，不惜利用陰謀密計，抓住一切機會，翦滅諸侯王[25]。景帝一著手削藩，以吳王劉濞為首的七國就準備起來造反。在中央必須考慮經濟的全盤政策時，每位諸侯王卻像是各個獨立的公司，有土地收入、山海（天然資源）收入，又有效忠於己的管理團隊[26]。他們幾乎和中央一樣，也設有丞相、九卿，也有太傅輔佐；對應於皇帝掌管財政的大司農（最早叫治粟內史），諸侯王有內史；掌管軍隊的叫中尉，對應於皇帝的太尉。在這些官員中，只有丞相一職是由皇帝指定的，其餘的職務都由各王自己決定。

當諸侯王藉口幫助景帝清理身邊的惡人晁錯，同時發動了七國之亂。景帝在面對叛亂時，故意先殺掉晁錯，希望諸侯止兵，當看到諸侯王無意退兵時，才堅決迎戰。諸侯王萬萬沒有想到，他們的叛亂成為皇帝解決最終問題的契機。景帝在鎮壓叛亂的同時，完成驚人的一躍，粉碎這些帝國的阻礙，實現財政集權。

24 見《史記．屈原賈生列傳》：「賈生以為漢興至孝文二十餘年，天下和洽，而固當改正朔，易服色，法制度，定官名，興禮樂，乃悉草具其事儀法，色尚黃，數用五，為官名，悉更秦之法。孝文帝初即位，謙讓未遑也。」

25 詳見《漢書．爰盎晁錯傳》：「遷為御史大夫，請諸侯之罪過，削其支郡。」

26 典出《漢書．百官公卿表》：「（諸侯王）有太傅輔王，內史治國民，中尉掌武職，丞相統眾官，群卿大夫都官如漢朝。」

好在有叛亂，收歸中央集權

在叛亂之前，皇帝始終無法插手諸侯國的財政。最明顯的問題來自於山海收入，由於諸侯國內部擁有大量的礦產資源，皇帝無法對這部分徵稅，因而喪失大筆收入，而地方也因此累積巨額財富來對抗中央。平定七國之亂後，皇帝乘機進行一系列的改革，削弱諸侯國的財政基礎。景帝中元五年（西元前一四五年），**七國之亂的九年之後，漢景帝推出改革措施，剝奪諸侯治理國家的權力，而諸侯國的官員也都由皇帝任命**[27]。

其中，最為重要的改革是剝奪諸侯的財政權和司法權，直接裁撤諸侯國內的少府、御史大夫、廷尉等重要官職。少府是掌管王室收入，特別是礦產稅收的官員。當少府被裁撤，就意味著皇帝已經將礦產資源收歸中央。從此以後，諸侯國除了從規定的封地收取糧食之外，沒有其他的收入，也就很難造反了。而中央因為礦產收入增加，財政狀況得到極大的緩解；御史大夫、廷尉等監察、司法官員的裁撤，意味著諸侯王再也沒有能力控制國內的官員，亦表示皇帝將監察權的觸角伸進諸侯國內。

漢武帝元朔二年（西元前一二七年），武帝頒布《推恩令》。在這項法令之前，諸侯王死去後，他的繼承人將繼承完整的諸侯國，而其他子孫則一無所有。但《推恩令》允許諸侯將封地分封給不同的子孫。大的諸侯國慢慢的分隔成小國，最後無力與中央抗衡。

隨著中央政府擴大權威，官僚制度也趨近完善。皇帝的官員對地方的控制力加強，建立起更加正規的財政制度。與文帝時期的放任政策不同，**景帝做了許多完善財政系統的工作**。與高祖、呂后和文帝，以及後來的武帝相比，景帝名聲最不響亮、形象也最模糊，然而他對於政治、財政的理解，卻可能是幾位統治者中最透徹的。他並沒有像文帝那樣徹底減免人民的土地稅，而是將土地稅維持在非常低的水準——三十分之一，這個稅率成為兩漢的標準稅率，除了偶爾的中斷之外，直到東漢末年仍然堅持實行著。

如果說，文帝時期經濟發展的成果，只集中於民間、政府一直受困於財政問題的話，那麼到景帝時期，民間則越來越富裕，政府已經透過稅收將倉庫全部填滿。經過高祖、呂后、文帝、景帝的努力，人們終於確信新的帝國模式是成立的。在如此龐大的疆域內，的確可以建立統一的帝國，**放眼全世界，這也是一個重大的創新**。數百萬平方公里土地上的人們，和平、富裕、安寧的生活在一個皇權之下，即便出現天災也只是短時間的困難；一旦風調雨順，生活立即回到正軌。

漢代之所以有如此成就，在於漢高祖和他的子孫，把秦始皇用一代的時間想解決的問題，用了數代、幾十年來慢慢的解決。他們一點一點的將集權觀念灌輸給世人，等那些不接受新情勢的老人死去後，新出生的一代已經將這個帝國視作理所當然。當年的戰國和分封都已成為過去，再也沒有人希望回到從前。

帝國的財政和經濟在景帝時期也達到高峰，在呂后、文帝、竇太后、景帝等人的主導下，一直施行的黃老之術讓民間嘗到甜頭。但誰也沒有意識到，一旦建立中央集權的帝國，就沒有人能

27　參見《漢書・百官公卿表》：「景帝中五年令諸侯王不得復治國，天子為置吏，改丞相曰相，省御史大夫、廷尉、少府、宗正、博士官，大夫、謁者、郎諸官長丞皆損其員。」

夠控制它的最終走向，而集權制本身的死穴也在慢慢的膨脹，並最終侵蝕著帝國身體。在文景時期，這個死穴還顯得十分微小，沒有人能夠覺察。

但**隨著文帝和景帝的逝世，皇帝和官僚體系就悄然開始膨脹**。為了養活他們的家族，以及滿足他們的野心，民間經濟付出慘痛的代價，財政問題最終可能將整個社會拖垮。漢武帝六年，最後一位支持黃老之術的人——竇太后駕崩，中央帝國驟然轉向。

第二章

漢代：皇帝的財務僵局[1]

在一個集權社會中，財政擴張是無可避免的，即便朝代初期能夠做到小財政、小政府，但隨著官員數量增加、政府職能擴張，對於財政收入的需求會越來越大，最終壓垮民間經濟。漢武帝除了建立國營企業，還建立中央壟斷的金融體系，特別是發行貨幣為皇帝帶來許多利潤。後來，壟斷金融成為歷代政府聚斂錢財的重要手段。

在漢昭帝時期，就發生一次關於「國進民退」，還是「國退民進」的大討論，討論雙方是皇帝的「聚斂之臣」和民間的「賢良」、「文學」，這場爭論的主題延續了兩千年，並持續到現在。爭論中，代表民間的賢良、文學表面上獲勝，但實際上爭論過後，國營企業和金融壟斷不僅沒有廢除，還不時得到加強。事實證明，一旦建立國營壟斷體系，政府對於這種體系的依賴度已經太強，要想廢除已經是不可能了。

漢武帝：不可避免的財政擴張

西元前一四一年，漢景帝去世，十六歲的皇太子劉徹即位。新帝即位時，漢室江山已經存在六十餘年，隨著天下太平和經濟的發展，秦時的戰亂已經成為過去。在漢代，由於文字並不普及，人們的壽命也比現代人的更為短暫，當時的社會比現代的社會更容易遺忘歷史，六十多年前的事情已經過於遙遠，活著的人們早已習慣在大一統時代生活。他們悠然自得，工作、繳稅、享受，並認為自己處於最好的時代。然而，事情開始往對民間經濟不利的方向發展。

隨著人們遺忘貧窮狀態和推崇漢家威儀，一個「大國崛起」的時代到來。在這個時代，不需要謹小慎微的節儉，而是集中精力辦大事的豪邁。這也是財政擴張的時代，皇帝不懂得沒錢時的艱辛，只體會到花錢的爽快。同時，這也是《史記》作者司馬遷生活的時代。在「二十四史」中，絕大部分朝代的歷史，都是由後人撰寫，因此作者不會因為寫出前朝統治者的惡，而受到迫害。只有《史記》是個例外，司馬遷將歷史一直寫到他生活的年代，並且秉筆直書，絲毫不顧及皇帝的情面和自身的安危。

然而，**人們無法透過《史記》的《孝武本紀》，了解漢武帝其人其事**，只能從其他章節間接的體會。如果翻開《孝武本紀》，會發現這一卷只是拼湊出來的。也就是說，**司馬遷的原始文本已經遺失了**，如今我們看到的文本，是由一位名為褚少孫的人所補寫，大段大段的抄襲《史記》的《封禪書》[2]。

司馬遷的文本之所以遺失，其原因不言自明：這位態度嚴謹的史學家，流露出對漢武帝政策的批評，尤其在直接描寫漢武帝的本紀中，其立場和態度，絕對無法見容於武帝和後世皇帝。如果要讓《史記》流傳，則必定不能保留這一卷。

但我們可以猜測，司馬遷會在這一卷裡寫些什麼內容[3]。在武帝一代，擴建宮室、複雜的禮

1 本章涉及的時間範圍，是西元前一四一年至前三三年。

2 見《史記．孝武本紀》：「〔集解〕張晏曰：『武紀，褚先生補作也。褚先生名少孫，漢博士也。』」〔索隱〕按：褚先生補史記，合集武帝事以編年，今止取封禪書補之，信其才之薄也。

3 司馬遷批評漢武帝的政策，最集中反映在《平準書》、《封禪書》等篇目中，雖然他編寫的《漢武帝本紀》已經不存在，他的態度卻仍然可見。

儀已經逐漸成為常態，董仲舒開始神化皇帝，用現代人看起來是胡言亂語的神學語言，將儒家變成儒教，而戰爭更是使帝國的財政問題顯露無遺。在思想帶有自由色彩的司馬遷看來，漢帝國已經過於龐大、從民間收過多稅、花太多錢，卻沒有帶來好的結果。

所以當武帝的政策，帶來強大的破壞時，人們感嘆與前幾位皇帝差別竟如此之大。在他們看來，如果不是武帝，而是換成另一個皇帝，或許會採取完全不同的做法，繼續文景時期的思想，讓漢初盛世一直延續下去，直到永久。但如果仔細研究，其實不會對武帝的做法感到奇怪。因為現代的人們已經逐漸明白，**大一統中央集權帝國的死穴，就在於不可避免的財政擴張**。

在帝國建立之後，隨著經濟的恢復和發展，這個死穴逐漸暴露出來。無論皇帝如何小心翼翼，這些問題最終都會摧毀健康的民間經濟。不管帝國前期的經濟表現如何良好，其制度卻總是慢慢的敗壞，直到崩潰。無論何人想把時間停下，維持在帝國前期，都辦不到。之所以會這樣，還是集權制度本身的問題。漢高祖開創的帝國，的確給中國帶來無數好處，將如此眾多的人口集中在一個政權下，創造全國性的大市場，經濟規模比以往來還要大。但是，在人們享受這些好處時，卻沒有看到**官僚集團**[4]**如同癌症一樣在膨脹，直到經濟再也吃不消、養不起他們**。

從文帝開始，由於皇帝缺乏收入開始買賣爵位。景帝削藩後，更是將中央直屬的官僚體系規畫的更仔細。當全國性的公家系統建立起來之後，由於無法完全監督整個系統，這個階層就變得越來越臃腫。雖然皇帝設立嚴格的監察制度[5]防止官員濫權，但是卻難有外部力量能夠監督。占全國人口絕大多數的農民，沒有任何監督的能力，他們唯一的方法，就是實在受不了就造反。除此之外，沒有任何手段來制衡政府。

每一級官所耗費的資源也越來越多，以位於集團最頂層的皇室為例。漢初，皇室消耗的占比很小：高祖、文帝、景帝時期，宮女人數極少，後宮也極為簡單，除了皇后之外，只有美人、良人、八子、七子、長使、少使等少數等級。然而，到了武帝時期，又增加婕妤、娙娥、傛華、充依等級別。元帝時，又增加昭儀，形成十四等的後宮制度。

後宮的俸祿等級，已經相當於一個縮小版的官僚集團。昭儀的俸祿與丞相、諸侯王相同，婕妤的與上卿、列侯相同，娙娥與視中兩千石、關內侯相同。級別一直排下去，直到最末一級，俸祿也都有百石（見下頁圖表2-1）。當後宮人數達到數千人時，要養活她們就要耗費大量的物資。而除了皇帝之外，各地的諸侯王、官員都要維持愈加龐大的排場，所以金錢消耗呈幾何級數增長。

王朝初期，經濟處於快速恢復期，所以經濟增長的速度，還能高於官僚膨脹的速度，這時，民間的收入就會增加，人們的日子更好過。但是到了盛世末年，經濟增長速度趨減時，官僚膨脹

4《漢書．貢禹傳》對比今昔，特別指出官僚的奢侈無度：「故時齊三服官輸物不過十笥，方今齊三服官作工各數千人，一歲費數鉅萬。蜀廣漢主金銀器，歲各用五百萬。三工官官費五千萬，東西織室亦然。廄馬食粟將萬匹。臣禹嘗從之東宮，見賜杯案，盡文畫金銀飾，非當所以賜食臣下也。東宮之費亦不可勝計。天下之民所為大飢餓死者，是也。今民大飢而死，死又不葬，為犬豬食。人至相食，而廄馬食粟，苦其大肥，氣盛怒至，乃日步作之……武帝時，又多取好女至數千人，以填後宮。及棄天下，昭帝幼弱，霍光專事，不知禮正，妄多臧金錢財物，鳥獸魚鱉牛馬虎豹生禽，凡百九十物，盡瘞臧之，又皆以後宮女置於園陵，大失禮，逆天心……」。

5 三公之一的御史大夫即為監察官，負責監察百官。另外，武帝時期又設置刺史去監察地方官員。同時又使用酷吏來糾察官員的罪行，審理大量的官員腐敗案件，卻並沒有從根本上改善吏治。

圖表 2-1　14 等後宮制度

後宮等級	俸祿	比照爵位	爵位等級
昭儀	視同於丞相	諸侯王	第 21 等爵
婕妤	視同於上卿	列侯	第 20 等爵
娙娥	中 2,000 石[6]	關內侯	第 19 等爵
傛華	真 2,000 石	大上造	第 16 等爵
美人	2,000 石	少上造	第 15 等爵
八子	1,000 石	中更	第 13 等爵
充依	1,000 石	左更	第 12 等爵
七子	800 石	右庶長	第 11 等爵
良人	800 石	左庶長	第 10 等爵
長使	600 石	五大夫	第 9 等爵
少使	400 石	公乘	第 8 等爵
五官	300 石		
順常	200 石		
無涓、共和、娛靈、保林、良使、夜者	100 石		
14 等之外	1. 上家人子、中家人子為斗食。 2. 五官以下，葬司馬門外，不能陪葬。		

的速度卻處於高峰期，悄然超過經濟增長的速度；當經濟減速時，官僚集團的膨脹速度無法降下來，反而會加速膨脹。**因為經濟不好**，民間日子不好過，吃空餉的人更不想離開這個鐵飯碗，**更多的人想擠進龐大的官場裡**。

這時的吏治也最敗壞，官員不是想著政績，而是想著如何討好上級和皇帝、爭相滿足皇帝的喜好。皇帝喜歡打仗，大家立即發動戰爭；喜歡聲色犬馬，官員就會送上不計其數的女人。這些鋪張浪費進一步掏空財庫，並嫁禍於民間，導致民間經濟更快的陷入枯竭狀態。這個時候財政就會猛然擴張，在經濟猛然失速的情況，社會問題自然頻頻發生。王朝迅速由盛轉衰。

所以，這對於任何一個朝代，都是無法解決的問題。到最後隨著時間越積越大，就埋下滅亡的種子。王朝前期表現得再美好，到了後期還是要面對民生凋敝的無奈結局。到漢武帝時，則是朝臣間引發的戰爭問題，導致國庫失衡，逼迫皇帝開辦國營企業、壟斷資源。而政府具體參與經濟之後，又需要負責管理的官員，因此政治體系一下子膨脹數倍，成為凌駕於民間經濟之上的巨大負擔。在大一統國家，無論是漢，還是後來的唐、宋、明、清，戰爭成本都是歷代政府承受不起的重擔，比和平時期的花費要多數倍、數十倍，因此財務問題驟然惡化。

6 兩千石的排行，依序為中兩千石、真兩千石、兩千石和比兩千石。中是「滿」的意思，比是「次於」的意思。

國營企業壟斷國家總歲入三分之二

在本書的序章裡，已經談到戰爭帶來巨額的直接成本。但除了直接花費（養兵、撫恤金、養戰俘、收買敵人）之外，更加難以估算的是間接的戰爭成本，比如戰爭時期的物資轉運和戰備消耗。西漢時期的產糧區主要集中於華北、川蜀，以及長江至淮河地帶。在非戰爭時期，地方政府收了稅，把稅糧運往首都長安，供中央政府使用。由於古代缺乏道路和交通工具，運輸稅糧要耗費大量的人力和物力，即使是富裕的帝國也感到十分吃力。

戰爭期間，皇帝除了調兵之外，還需要把軍糧再運往戰爭地帶，而戰爭地帶往往處於無法自給自足的邊境地區。王朝再強大，也無法單獨依靠政府的力量做到。除了物資轉運之外，戰備消耗是另一個死穴。這裡僅舉漢匈開戰後漢政府修築朔方城為例子，來說明戰備消耗有多大。

朔方城位於河套地區，在西安的正北方，與匈奴直接對峙。漢武帝時期，由蘇武的父親蘇建率領十萬人建造[7]。在以前沒有機械化的時代，修築城池是一項巨大工程，而在人口不足的地方修築更為麻煩。為了修建朔方這樣一座邊防城市，政府需要從內地調動十萬人到塞外邊關勞動，還必須供應這十萬人的口糧，因此需要極強的物資運載能力。

整體耗費高達數十億至上百億錢，相當於漢朝一年的收入，更是遠超過整個中央政府官員一年的俸祿。朔方城只不過是一個典型的代表。除了朔方之外，在東南、西南、朝鮮等地都有大規模的戰備調動，同樣消耗著大量的金錢。

最終，戰爭會徹底拖垮健康的財政，帝國不得不依靠臨時性的策略過日子。但是，戰爭又是無法避免。**一旦集權國家經濟恢復穩定，就會有人鼓吹戰爭**，第一次、第二次的時候，人們只把這種話當成瘋子的言論，但是第十次、第一百次的時候，就能夠打動執政者的心，或透過政權的力量傳播開來，使整個社會變得狼性十足，從而開始瘋狂的冒險。冒險過後還能及時收手就還好，但如果過了能夠回頭的臨界點，就必須採取財政一系列措施，而這最終導致財政的崩塌。

經過了一輩子的戰爭，武帝在晚年有了另一次反思[8]。征和四年（西元前八十九年），桑弘羊等人又提議武帝繼續花錢，以輪臺為中心建立軍事基地。然而這一次，武帝經過深思熟慮後拒絕了。他發起一道長長的詔書，詳細討論之前發兵的得與失，得出結論：在輪臺興軍務是一項划不來的舉動。他終於認識到「當今務在禁苛暴，止擅賦，力本農，修馬復令，以補缺，毋乏武備而已」。在懺悔兩年之後，武帝去世。在他所在位的期間，帝國財政得以無限制的擴張，**武帝也終於將中央帝國建設成為未來兩千年歷代王朝的模型**。

首先，帝國農業稅的稅率不高。漢代採取三十稅一的稅額，而其他朝代稅額最輕時，是十稅一或者十五稅一。對農業採取低稅率除了所謂的重農情結之外，更重要的原因在於中國古代的糧食產量，長期維持在低水準，如果稅收過高，農民就無法留下足以糊口的糧食。除非是在戰爭的特殊時期，否則為了社會安定一般不會對農業加稅，甚至不時有減稅的措施出臺。

其次，農業稅稅率低，並不意味著農民負擔低。在降低農業稅的同時，政府卻採取更靈活的

7 典出《漢書．蘇建傳》：「蘇建，杜陵人也。以校尉從大將軍青擊匈奴，封平陵侯。以將軍築朔方。」

8 參見《漢書．食貨志》：「武帝末年，悔征伐之事，乃封丞相為富民侯。下詔曰：『方今之務，在於力農。』」

方式，從其他方面獲得收入。這些包括壟斷工業的國營企業收入、關市收入、壟斷流通領域的收入、壟斷鑄幣產生的鑄幣稅、財產收入等。這些收入最終都會轉嫁到農民頭上。

這些稅雖然沉重，卻是隱性的。在大部分的情況下，農民不需要直接繳稅，但是政府透過較高的工業品價格，或者利用鑄幣權，神不知鬼不覺的抽走農民手中的財富。這種做法隱蔽、高效、又能快速拿到錢。這也是「民不益賦而天下用饒」[9]的祕密所在。

在西漢時期，百姓繳納的正規稅賦最高時達到四十億錢，而皇室的收入卻達八十三億錢[10]。也就是說，在整個國庫（包括皇室收入和政府財政）裡，**皇帝透過國營企業、壟斷經營等方式，獲得占總財政三分之二的收入**。漢朝的農業占國民經濟的九〇%以上，而工商業占比不到一〇%，卻承擔總財政的三分之二的負擔。可見，皇帝透過國營企業壓榨經濟到何種程度。這也導致中國的工商業在此重擔下，始終無法完全發展。不僅是漢代，在任何朝代都存在同樣的稅賦問題。這或許是中國無法擺脫農業社會的原因所在。

皇帝鑄幣，偷斤減兩

漢武帝時期，還為未來千年的中國經濟和財政制度樹立另一個模型——貨幣制度。武帝之前的漢代，貨幣發行處於罕見的自由競爭狀態，除了中央政府之外，民間和諸侯國也都可以發行貨幣。而武帝則把鑄幣權收歸國營，形成我們所熟悉的國營壟斷發行制度。歐洲和美國政府直到近代，才形成真正意義上的貨幣壟斷，而中國的貨幣壟斷卻已經維持兩千多年。

漢武帝的制度使得宋代之前的中國，一直處於金融抑制狀態。直到北宋時期紙幣出現，才推翻對這種金融制度的桎梏。在人類歷史上，貨幣一直是一個難以解決的問題，它為了方便貿易而生，卻又從誕生的那一天起，延伸出許多稀奇古怪的問題。在紙幣發行之前，人類使用金屬鑄幣的時期，最奇特的問題就是面額和實際價值不一致。

在貨幣還沒有出現，人們利用金、銀、銅做交換，並按照金屬的實際價值來估值。比如，一斤麥子價值一兩銅，一兩銀子價值一匹馬。由於稱重很不方便，人們又發明另一種做法，把一兩銅做成特殊形狀，並在上面標明重量（面額），標準化的貨幣就從此誕生了。由於省去稱重和切割金屬的麻煩，貨幣很快就成為貿易中最主要的媒介。

雖然貨幣上標明重量，但有的人會把貨幣做得比標示重量更輕，卻按照標示的重量使用，賺取差價。也就是說，面額上標明是一兩，但實際重量只有八錢，面額和實際價值不等值。就算一開始貨幣都是足值鑄造，但使用一段時間後，足值的貨幣也磨損成不足值的了。所以為了對付減重問題，當時的政府想出兩個解決辦法。一是對貨幣稱重，按照實際重量估值。但這樣做除了不方便之外，還需要防止他人刻意在銅錢裡摻和錫、鉛等不值錢的金屬，以增加金屬的重量。

這種稱重的做法只在民間採用，而政府更傾向於另一種辦法，也就是政府規定，不管貨幣的實際價值是多少，市場只能按照面額來接受。當加入公權力後，貨幣也就從「自然貨幣」變成

9　這是司馬遷評價桑弘羊的話，見《史記．平準書》。

10《太平御覽》卷六二七引桓譚《新論》：「漢定以來，百姓賦斂一歲為四十餘萬萬，吏用其半，餘二十萬萬，藏於都內為禁錢。少府所領園地作務之八十三萬萬，以給宮室供養諸賞賜。」

「法定貨幣」。法定貨幣必須依靠政府立法強制流通，已經偏離貨幣的實際價值，而後來出現的紙幣，也是一種典型的法定貨幣。

可是，一旦官方授予不足值貨幣，和足值貨幣一樣能在市面上流通時，就會有人在鑄造錢幣時故意缺斤少兩。而人們持有貨幣時，也會先把貨幣的邊緣剪下來，再把剪邊的貨幣當作足值貨幣使用，剪下來的邊就可以用來鑄造新的貨幣[11]。時間長了，足值的貨幣反而不見，只剩下不足值的劣幣，這就是「劣幣驅逐良幣」的原理。

劣幣問題在所有使用鑄幣的文明中都會出現，只要由官方強行規定法定貨幣可以流通，就不可避免的會**出現「劣幣驅逐良幣」的現象。那麼，該如何解決這個問題？**

出乎意料的是，解決的辦法只有一個，那就是開放鑄幣權，允許所有人鑄造貨幣，同時也要放開民間的選擇權。官方不去規定哪些貨幣能用、哪些不能用，由民間根據各家貨幣的口碑，自行決定接受與否。這是一種自由競爭的模式，因為口碑欠佳的鑄幣沒有人接受，就會慢慢消失；而口碑良好的錢幣接受度高，在競爭中成為勝利者。

良幣驅逐劣幣，劣幣驅逐良幣

透過市場選擇達到一種平衡狀態。這就產生另一種現象：良幣驅逐劣幣。它與劣幣驅逐良幣的分別在於，政府是否強制規定某一種貨幣為法定貨幣，而禁止其他貨幣的流通。如此一來，就一定會產生「劣幣驅逐良幣」的現象；如果政府規定所有貨幣都可以使用，經過一段時間的競爭，良幣最終會獲勝。

放開貨幣鑄造權和使用權，這種方法雖然是解決「劣幣驅逐良幣」的唯一方法，卻受到幾乎所有國家的抵制。政府之所以不接受這種做法，並不是因為這樣做沒有效率，而是代表政府將徹底失去貨幣的控制權，從而喪失干預市場的能力。

控制貨幣會給政府帶來無數隱藏的利益。當政府缺錢時，只要在貨幣裡摻和點假的東西，就神不知鬼不覺的從民間收走大量財富。對於歷代政府來說，貨幣摻假始終是個充滿誘惑的手段。結果，每個朝代的貨幣都會緩慢的貶值，朝代初年的貨幣個頭兒最大、材料最好；隨後，貨幣越來越小，材料越來越差；最後出現所謂的大額貨幣，原本一個銅錢一文，後來出現「當十」、「當五十」的大錢，**一個大錢的材料價值只是小錢的兩、三倍，面額卻是小錢的數十倍**。然而，中國歷史上卻有一段罕見的時期，由於形勢所迫，政府採取貨幣自由競爭模式，促進經濟繁榮。這段時期就是漢初。

戰國時期，每一個國家發行各自的貨幣。秦始皇統一中國後，將全國的貨幣統一起來，規定只有秦代的「半兩錢」可以流通[12]。但是，秦代錢幣並非統一鑄造，而是在規定錢幣的重量和規

11 中國的金屬貨幣雖以銅為主，但工藝上卻相當進步。西方早期不像中國那樣鑄造金屬貨幣，而是在金銀餅上敲入徽章和印記。這樣的貨幣形狀不夠規則，更容易減值。與中國拿剪下來的邊，鑄造新的貨幣的做法類似，常用的做法是把一批貨幣放入布袋、使勁搖晃，依靠金屬的碰撞和摩擦使貨幣磨損，再收集磨損下來的金屬屑。

12 詳細資料見《漢書·食貨志》：「秦兼天下，幣為二等：黃金以溢為名，上幣；銅錢質如周錢，文曰『半兩』，重如其文。」

格後，由各個地方分別鑄造，只要鑄造的錢幣符合規格，都可以在市場上流通[13]。當漢高祖得到天下時，人們仍然在繼續使用秦代的半兩錢。只是這時的錢幣制度已經出現許多弊端[14]。

首先是由於戰亂的影響，貨幣的數量嚴重不足。漢朝尚沒有能力大規模鑄錢，好滿足民間對於錢幣的需求；再來是秦代的半兩錢太重，不便於使用。在古代的重量單位中，二十四銖為一兩，半兩等於十二銖，接近後來漢代五銖錢的兩倍半[15]。按照這個重量，一串（一千枚）錢就有三十多斤重（中國一斤約為〇．五公斤），攜帶很不方便。更重要的是，半兩錢的價值太大，不利於小額交易。

在漢武帝之前的數百年間，中國農民的收入十分固定，按照一家五口一百畝地計算，每畝地一年可以產一石到一石半糧食[16]，除去五口人的口糧和繳稅，大約可以節餘四十五石糧食，一石糧食的價格是三十錢。也就是說，一個五口之家每年的貨幣收入，只有一千三百五十文錢[17]，平均每個人每天的貨幣收入不足一文錢。由於貨幣最小的單位是一文，如果購買一文以下的商品，就不方便付帳，這就像現代社會如果沒有一元、兩元的硬幣，卻到處是百元大鈔一樣。那麼小額交易就只能退回到以物易物的狀態。為了解決這兩個問題，漢代前幾任皇帝都被迫採取放任民間鑄幣的方法，由官方規定貨幣的重量，民間負責完成鑄幣。流通於市面上的錢幣更是五花八門，政府鑄錢、諸侯鑄錢、私人鑄錢並行於世。

這正也是驗證貨幣競爭理論的恰好時機。最初，民間鑄幣的品質良莠不齊，絕大部分都不足值。實際上，漢代官方已經將貨幣貶值，官方規定在錢幣上標明半兩錢，而重量卻降到八銖、六銖、甚至四銖。民間在鑄錢時再次減重，加上做工粗糙，各式各樣的小錢、劣幣並出，最小的錢只有一銖左右，相當於秦代貨幣重量的十二分之一。但經過一段時間後，自由市場的混亂消失了，更加優良的貨幣脫穎而出。這些貨幣的重量不如秦錢，但是方便小額交易，同時這些錢也無法隨便作假，否則就會在競爭中落敗。

官方掌握鑄幣權，社會混亂之源

在這些貨幣競爭的勝利者中，最著名的是一位叫做劉濞的諸侯王。他的封地吳國恰好是個產銅大國，劉濞借助銅山發展鑄幣業，因此累積大筆財富，另一位則是漢朝的大夫鄧通。這兩家的

13 同一時期的文獻並未提到秦朝錢幣的鑄造問題，但由於秦朝流傳下來的錢幣千差萬別，統一鑄造不可能出現如此大的差別，故得出此結論。彭信威認為，秦始皇只是統一貨幣種類和單位，而不是鑄造發行權。半兩錢並不由國有統一鑄造，甚至政府是否鑄造錢幣，也無從知道。遺留下來的半兩錢，如同牡丹葉一樣，枚枚不同，可見是各地自由鑄造的。因此我們也不能根據秦半兩的重量來求得秦的衡量法。秦半兩中，最輕的只有六公分許，而最重的有到二十公分以上。（見彭信威《中國貨幣史》）

14 典出《漢書．食貨志》：「漢興，以為秦錢重難用，更令民鑄莢錢。」

15 《漢書．律曆志上》提到「權者，銖、兩、斤、鈞、石也，所以稱物平施，知輕重也。本起於黃鐘之重。一龠容千兩百黍，重十二銖，兩之為兩。二十四銖為兩。十六兩為斤。三十斤為鈞。四鈞為石。」

16 《漢書．食貨志》引李悝：「今一夫挾五口，治田百畝，歲收畝一石半，為粟百五十石。」同書引晁錯：「今農夫五口之家，其服役者不下兩人，其能耕者不過百畝，百畝之收不過百石。」

17 李悝計算，百畝可以收一百五十石糧食，什一稅扣除十五石，剩下一百三十五石。口糧每人每月一．五石，五人一年需要消耗九十石，剩下的四十五石則進入市場。按照每石三十錢計算，可得一千三百五十文錢。漢初與戰國時期農業生產率的進步相當有限，因此糧食價格也相對穩定，可以用來橫向比較。

鑄幣由於品質好、有信用，通行天下[18]。民間經濟的新秩序被建立起來，所以說漢初的恢復，與金融業和工業的發達有很重要的關係。但是，有關貨幣問題的爭論，卻沒有隨著經濟的發展而停止。皇帝允許自由鑄造只是一種權宜之計，因為中央政府還沒有來得及掌控全局、不得不放手。

漢文帝時期，貨幣問題已經成為群臣爭論的焦點之一。漢文帝五年（西元前一七五年），皇帝曾因為秦錢太大更改過一次貨幣標準，規定民間鑄錢不再按照半兩的重量來鑄造（其實當時已經沒有人鑄這麼重的錢了，皇帝下詔書只是追加它的合法性），而是按照四銖的重量來鑄造。所有民間鑄造符合四銖標準的錢，都可以自由流通[19]。

這時，賈誼乘機進諫，提出要廢止民間鑄造錢幣，改由官方鑄造。他認為，民間私自鑄造錢幣，是一切劣幣的根源。他甚至詳細討論如何才能斷絕民間鑄幣，認為僅下令禁止民間鑄錢，是沒有效果的，不管法令如何嚴苛，民間還是會偷來。如果想要徹底斷絕這件事情，必須從源頭禁止，也就是**禁止開採銅礦**[20]。

這是漢代第一次系統性的提出礦業國營化的理論。幸運的是，漢文帝聽不進賈誼的理論，因此漢代的金融自由又維持數十年，推動經濟繁榮。然而，賈誼所代表的儒家並非完全沒有道理，經濟發達突顯出漢初以來一直沒有解決的問題——如何抑制失控的諸侯，來維持一個龐大帝國的穩定？

吳王劉濞有了錢後，中央政府對他心懷猜忌，害怕他會謀反，而政府的猜忌終於逼迫劉濞反叛。七國之亂的爆發，令這個中國少有的經濟黃金時代進入尾聲。隨著叛亂被鎮壓，皇帝也在考慮如何利用金融政策，來抑制諸侯勢力，也開始收緊民間鑄幣。

這種逐漸收緊的趨勢，到了漢武帝時期終於達到頂峰。由於戰爭消耗和財政浪費，武帝需要更多的錢來填補國庫缺額。於是，他看上貨幣發行這塊肥肉，以發展民生為藉口整治貨幣。武帝對幣制的收攏措施，包括兩個方面：

一、是出於斂財，發明皮幣和白金，並發行三銖錢。三銖錢重三銖，錢上的文字也寫著「三銖」，這是漢代第一種標明重量的錢幣。之前，雖然有過八銖錢、四銖錢，但這只是錢的重量，而錢上的文字仍然和秦代一樣寫著「半兩」。漢武帝的白金、皮幣大大的擾亂了市場，原本已經穩定的幣值，重新變得紊亂不堪。而武帝不僅沒有反思政策問題，反倒以此為藉口，加強干預貨幣發行。

二、是在皮幣、白金、三銖錢名聲不佳之後，武帝規定一種新的錢幣——五銖錢。這種錢幣重五銖，面額上寫的也是「五銖」。武帝同時規定不許私人鑄幣，只准官方發行。但這時的鑄幣權仍然不是由中央政府所壟斷。由於政府還沒有鑄造這麼多貨幣的能力，於是，皇帝允許各個郡

18 典出《漢書．食貨志》：「是時，吳以諸侯即山鑄錢，富埒天子，後卒叛逆。鄧通，大夫也，以鑄錢財過王者。故吳、鄧錢布天下。」

19 見《漢書．食貨志》：「孝文五年，為錢益多而輕，乃更鑄四銖錢，其文為『半兩』。除盜鑄錢令，使民放鑄。」

20 見《漢書．食貨志》。賈誼諫曰：「令禁鑄錢，則錢必重；重則其利深，盜鑄如雲而起，棄市之罪又不足以禁矣。奸數不勝而法禁數潰，銅使之然也。故銅布於天下，其為禍博矣。」

國（諸侯和地方政府）按照中央頒布的標準鑄造。郡國鑄造的錢幣稱為「郡國五銖」。

令人感到意外的是，**各個郡國鑄造的五銖錢立即出現劣幣的特徵**。王侯、郡守獲得權力後，並不遵循規則。他們發現在幣材中大量摻假，可以製造更多的錢幣，造假比遵守規則更賺錢。這引起另一波金融混亂。如果郡國劣幣只在民間流通，皇帝不會感到很難堪。但是，當郡國劣幣透過稅收回流到中央政府時，漢武帝就感覺吃了虧。這就像現在地方政府濫發地方債，最後卻讓中央政府承擔剩下的所有費用是同個道理。

為了對付這些劣幣，漢武帝又發行了一種錢，這就是赤側五銖。所謂「赤側」，就是錢幣有一個紅銅鑲邊。這些錢幣的發行權已經不再授予郡國，而是收歸中央政府、在京城鑄造，因此是有品質保證的，但是漢武帝規定，每一個赤側五銖要頂五個郡國五銖來使用。同時，上繳中央的稅收必須使用赤側五銖，不得用其他錢幣繳納。

這種強制手段，實質是使其他的錢幣都貶值了五倍。於是人們紛紛偽造赤側五銖，使得錢幣市場更加混亂。到這時，市場已經混亂到了極致。皮幣、白金仍然在使用，郡國五銖在地方上流通，而真假赤側五銖更是讓人民吃不消。大量的投機分子在山上開爐鑄幣，監獄裡關滿假幣犯。

當一切已經非常混亂，漢武帝能夠想到的辦法只有一個，將鑄幣權徹底收歸中央政府。不僅不准民間鑄造五銖錢，也不准各個郡國鑄造，只准在上林苑鑄造，鑄出的錢稱為「**上林三官五銖**」。從此，中國的錢幣從自由競爭階段徹底過渡到國營壟斷階段，並成為未來的樣本。短暫的自由鑄幣時期過去了（見一一四頁圖表2-2）。

五銖錢，替中國歷史定調

漢武帝的改革，產生中國歷史上第一種通行八百年的貨幣——五銖錢。**五銖錢規定了未來中國的貨幣政策方向**，即國家壟斷金融、打擊私人企業。這種做法幫助帝國穩定，卻又讓每一個朝代都有抑制金融的特徵，並為政府製造通貨膨脹埋下伏筆。

歷史對於漢武帝的貨幣政策，評價卻出人意料。在漢代，許多人的評價是負面的，他們看到政府壟斷之後的抑制，及當初製造的混亂。即便官方壟斷鑄幣，到了西漢後期，仍然有官吏偷工減料、摻假的情況，而且是假借國家名義合法化。

可是漢代之後，人們卻又頌揚漢武帝的功勞，世世代代以他為榜樣來發行錢貨。從武帝元狩五年到平帝元始年間，一共鑄造兩百八十多兆個錢幣。這個龐大的數字令人暈眩，於是後人原諒國營化帶來的一切問題[21]。

當然，後世的皇帝也充分的意識到，漢武帝給他們的統治帶來多大的便利。當政府壟斷鑄幣權之後，**皇帝**就掌握另一種獲得收入的手段，而且最為簡潔也最直接。他**只須在鑄幣中摻一半的假，就可以鑄造出多一倍的貨幣**，用這些貨幣可以換來多一倍的物資。等市場發現皇帝的詭計時，一切都晚了。最終的結果必然是貨幣貶值一半，相當於政府收取五〇%的通膨稅。但由於皇帝利用了時間差，因此沒有人能夠防範這種鑄幣稅。

21 根據《漢書・食貨志》：「自孝武元狩五年三官初鑄五銖錢，至平帝元始中，成錢兩百八十億萬餘云。」

圖表 2-2 漢代發行的鑄幣

發行時間	名稱	重量	幣面文字	是否壟斷發行
自秦延續	秦半兩	半兩	半兩	否
高後 2 年（西元前 186 年）	八銖錢	八銖	半兩	否
高後 6 年（西元前 182 年）	五分錢	五分	半兩	否
文帝 5 年（西元前 175 年）	四銖錢	四銖	半兩	否
武帝建元元年（西元前 140 年）	三銖錢	三銖	三銖	不准私鑄
武帝建元 5 年（西元前 136 年）	三分錢	三分	半兩	不知
武帝元狩 5 年（西元前 118 年）	郡國五銖	五銖	五銖	由郡國壟斷
武帝元鼎 2 年（西元前 115 年）	赤側五銖	五銖	五銖（帶紅色鑲邊）	由中央壟斷
武帝元鼎 4 年（西元前 117 年）	上林三官五銖	五銖	五銖	由中央壟斷

在歷史上，貨幣總是悄然的逐漸被減重。一個月、兩個月還顯現不出來，但如果在更長時間內，就會發現「劣幣驅逐良幣」，錢幣的銅含量越減越少，被其他雜質所代替。於是，到了每個朝代末期，法定貨幣已經摻和太多的假材質，到了再摻假就鑄不出錢的地步時，政府就乾脆不再鑄錢。而每個朝代的末期經濟本來就脆弱，不鑄錢導致民間經濟缺乏潤滑劑，反而更加混亂，從而加速王權的崩潰。

宋代以後，隨著紙幣的發明，政府更是找到一本萬利的方法，透過印鈔票來掠奪民間的資本，而紙幣的老祖宗還師法當年武帝的皮幣。不管是法國金融和紙幣之父約翰·羅（John Law）引發的密西西比公司泡沫事件[22]，還是威瑪共和國（Weimarer Republik）[23]、南京國民政府、辛巴威（Republic of Zimbabwe）的超級通貨膨脹，都可以在中國的歷史長河中，找到一絲影子。

看漢代《鹽鐵論》，你會懷疑這是現代著作

西元二〇一二年，中國再次迎來一個期盼改革的高峰期。這次同時發生呼喚著改革運動與領導人選舉。人們對新一任領導人寄予很高的希望，期待在改革的道路上走得更遠，解決中國經濟的根本問題。在人們期待的改革清單中，國營企業改革被放在重要的位置上，人們希望國營企業

22 法國財政緊張，政府接受約翰·羅的建議，設立公司、發行股票，透過刺激股市來募集資金，償還債務。但該公司的經營狀況極差，股價卻暴漲到發行價格的四十倍以上，引發市場瘋狂投機，最終導致經濟全盤崩潰。

23 西元一九一八年至一九三三年間，採用共和國憲政政體的德國。

退出所有壟斷權，將資源留給民營企業，提高經濟效益。

隨著選舉完成，領導人不負眾望，首先大力懲治腐敗，逼迫地方官吏束手服從。在整頓吏治的同時，推出一系列重要的改革措施。然而，在所有的改革中，並沒有多加改革公有企業這件事。許多主張市場完全自由化的人認為，應該取消政府壟斷，官方應從具體的經濟營運中，徹底收手。

但從現在的改革來看，雖然政府主張股權多元化卻畫出一條底線，橫亙在人們的眼前，那就是政府不會放棄國營企業的控制權和資源壟斷。不僅沒有放棄，甚至有加強控制的跡象，在電信、鐵路等行業，都出現政府加強干預、重新合併企業以獲得地位。

那麼，**為什麼政府的國營企業改革，總達不到人們的期望**？這項改革的底線何在？在兩千年前的爭論，或許能提供些線索。

當漢武帝的豐功偉業成為歷史之後，在昭帝劉弗陵和宣帝劉詢時代，漢朝進入另一個穩定階段。歷史上把這個時期與「文景之治」並稱，史稱「昭宣之治」。漢朝在武帝之後沒有步入財政漩渦，而是獲得第二次新生，主要有以下幾個原因：

一、武帝晚年已經放棄消耗巨資的戰爭遊戲，財務的額外支出得到控制。戰爭和養官是政府最大的兩項支出，當戰爭停止後，花費已經得到控制。

二、昭帝和宣帝時期，特別是出身貧苦的宣帝重新提倡節儉，捨棄奢華的宮室和大規模的禮儀活動，節省皇室支出[24]。

三、對於民間經濟來說，幸運的是正在進行一次農業革命。武帝末年，一位叫趙過的人擔任搜粟都尉，大力推廣代田法。在此之前，由於土地的肥力不足，人們往往需要休耕。典型的休耕有三塊土地，每年耕種其中一塊，讓另外兩塊拋荒、積攢地力，三年輪一遍。而趙過則提出在一畝地裡，挖三條壟溝，每年在其中一條裡種糧食，另兩條留著積攢地力。如果土地肥沃，還可以每年種兩條、留一條。用這種方法種地，每一畝比起以前可以多收一石糧食[25]。另外，這一時期也是耕牛逐漸普及的時候，許多地方用牛隻來代替人力，獲得更多的收成。趙過本人透過改進犁的構造，讓一頭牛可以拉三個犁頭，大幅提高耕種效率。

趙過的農業革命進展很慢，最初只局限於關中地區，之後逐漸向外擴散，到東漢時，農業革命仍然在繼續。精耕細作提高產量和效率，從而使農民的生活水準，有了一定的改善。

不過，由於漢朝的官僚體系已經膨脹好幾倍，也一直持續壟斷鹽鐵工業，經濟不可能完全恢

24 宣帝原名劉病已，漢武帝原太子劉據的孫子。由於劉據受「巫蠱之禍」牽連而死，不到一歲的劉病已就被收押在監。他的成長經歷使得他更加了解民情，故政策較為清明、開支較為節儉。

25 崔寔（音同「實」）《政論》：「武帝以趙過為搜粟都尉，教民耕植，其法為三犁共一牛，一人將之，下種挽耬，皆取備焉，日種一頃。」《漢書．食貨志》：「過使教田太常、三輔，大農置工巧奴與從事，為作田器。兩千石遣令長、三老、力田及里父老善田者受田器，學耕種養苗狀。民或苦少牛，亡以趨澤，故平都令光教過以人挽犁。過奏光以為丞，教民相與庸挽犁。率多人者田日三十畝，少者十三畝，以故田多墾闢。」

復到文景時期的繁榮。而且在集權帝國內部，有兩條規律在交錯中起作用：第一條規律是，一旦政府放鬆控制、削減財政開支，社會經濟會立即出現反彈。另一條規律是效益遞減。在制度建立初期，中央政府放權、讓利，往往能得到最好的效果。如果是在朝代中後期，使用同樣的政策效果卻大打折扣。

在漢代中後期，複雜的利益團體已經成型，特別是官員人數的膨脹程度，即便中央選擇讓出一些利益，也不見得能夠進入老百姓口袋裡，而是被中間的利益團體攔截了。昭、宣兩位皇帝的改革，必須在武帝已經設好的框架下進行。這時，政府的養官成本大增加，由官員帶出的利益團體則呈幾何級數上漲。在漢初，朝臣不插手經濟營運；後來，他們以私人身分涉足商業。而自武帝賣官之後，**官員和商人就徹底合流**了。如果這時再讓官員從商業中退出，不僅不可能，還會引起激烈的反抗。

漢昭帝時期，由於主政的大臣是大司馬大將軍霍光，而霍光又是漢武帝指定的托孤大臣，所以政策還不能與武帝時期背道而馳，只能打著武帝的旗號來換上一些不同的內容。也正是在昭帝時期，發生中國歷史上最有名的一次，關於國進民退還是國退民進的大爭論。隨著經濟好轉和農業進步，昭宣時期逐漸出現新氣象。崇尚自由經濟的人們在這鼓舞之下，指望更大的改變，期待皇帝能夠做出根本性的改革，徹底回歸文景時期，廢除掉武帝建立的國營體系。

在人們的心中，仍然認為政府不應該參與具體經濟，應該恢復到小政府的狀態中。這場國家和民間的大爭論，發生在漢昭帝始元六年（西元前八一年），一個叫桓寬的人，將當時的辯論記錄整理成一本書，這本書幸運的流傳到今天，我們才能夠透過它來了解爭論的細節。這本書叫做

《鹽鐵論》，讓現代人也意識到，原來古代和現代非常相似，而且**現代幾乎所有的問題，都在兩千年前有發生過。**

當年，漢昭帝為了了解民生疾苦，讓各個郡國推薦數十位賢良、文學，也就是民間的社會賢達，到朝廷來反映民間問題。這些人果然不負眾望，一到京城，就將問題和盤托出，並有提出罷黜鹽鐵專賣、還利於民的建議。於此同時，漢武帝時期功勞最大的大臣桑弘羊仍然在朝，當賢良、文學控訴他親手制定的政策時，桑弘羊自然不同意、跳出來辯白。雙方唇槍舌劍、你來我往，辯論場如同戰場，講究到刀刀致命[26]。

桑弘羊的基本觀點只有一個：財政需要。為了應付龐大的開銷，朝廷必須從商業上獲取收入，否則就會破產[27]。而與他辯論的文學、賢良都來自民間，不了解政府的財政問題，卻對於民間發生的事情瞭若指掌，他們最能感受到國家政策帶給民間的困擾。

但這些人在辯論技巧上差桑弘羊很多，說不過別人就搬出「政府要以德服人」[28]，或者「政府要回歸儒家傳統，不要與民爭利」，甚至強調要重本抑末（農業為本，工商業為末），以為問

26 詳細資料根據《漢書．食貨志》記載：「昭帝即位六年，詔郡國舉賢良文學之士，問以民所疾苦，教化之要。皆對願罷鹽、鐵、酒（榷）均輸官，毋與天下爭利，視以儉節，然後教化可興。弘羊難，以為此國家大業，所以制四夷，安邊足用之本，不可廢也。」《鹽鐵論．本議第一》：「惟始元六年，有詔書使丞相、御史與所舉賢良、文學語。問民間所疾苦。」

27 可見《鹽鐵論．本議第一》：「邊用度不足，故興鹽、鐵，設酒榷，置均輸，蕃貨長財，以佐助邊費。今議者欲罷之，內空府庫之藏，外乏執備之用，使備塞乘城之士饑寒於邊，將何以贍之？罷之，不便也。」

28 見《鹽鐵論．本議第一》：「文學曰：『夫導民以德，則民歸厚；示民以利，則民俗薄。』」

題出在工商業上面[29]，沒有看到工商業並非罪過，而是政府控制工商業，才造成一系列的問題。所以，後世的新派人物大都嘲笑這些賢良、學者的迂腐。

包括明代最具反叛精神的思想家李贄（音同「志」），在普遍「滅人欲」的背景下，他大膽的提出「穿衣吃飯即是人倫物理」，將焦點從空洞的說教中轉回民生。但由於他反對儒教過了頭，看到賢良、文學要回歸儒家傳統就生氣，因此也認為桑弘羊的做法更加正確。而到了近代，相信「人定勝天」的歷史學家，更是把賢良、文學貶得一文不值，而把桑弘羊捧到天上。

可是，人們沒有注意到雖然賢良、學者迂腐，看不到問題的真正原因，但是，他們卻揭示集權社會的一個悖論：從理論上看是很美好的事情，一到現實中就變了味。比如，桑弘羊談到，政府把製鐵業收歸國營，不僅可以擴大收入，還可以透過政府管理提高鐵器的品質，保障人民的需求。因為政府的實力最強，組織生產時自然能生產出最好的物品，比民間小規模生產的品質要高得多。

但基層的感受卻完全是另外一回事。由於人們需求多元化，各地需要不同品種和規格的鐵器。在以前，這些需求都可以靠遍布市場的手工坊滿足，但製鐵業國營化之後，鐵器的種類反而大為減少，明顯不利於生產。另外，**一旦政府把某個行業收歸國營，那麼，這個行業生產的產品就會立刻漲價**，讓人苦不堪言[30]。

國家嘗過甜頭，怎肯放手國營？

桑弘羊認為，鹽鐵官營有利於提高商品質量，這是理論上占優勢；而賢良、文學提出商品質下降，則是實際的經驗。但後世看待這個問題時，已經沒有辦法親身體會古人的經驗，反被理論給迷惑。於是，國營企業能夠提高品質，就變成一個被普遍接受的神話，直到最近幾十年才被打破。再比如，政府把鑄幣權收歸國營，在大部分人看來都是好事，認為政府可以防止劣幣出現，但從基層的經驗來看又是另一回事。因為鑄幣權國營化之後，政府的錢幣也在慢慢減重、偷工減料[31]。另外，皇帝也將白鹿皮、白金當作貨幣，讓市場更加混亂。

所以，拋開道德上的說教，賢良、文學認為政府的做法，一是抽取民間財富、二是擾亂市場、三是官商勾結，這三點更加深社會不平等。按照桓寬的說法，賢良、文學在辯論中占了上風[32]，但這個說法未必正確。

---

29 典出《鹽鐵論・本議第一》：「文學曰：『國有沃野之饒而民不足於食者，工商盛而本業荒也；有山海之貨而民不足於財者，不務民用而淫巧眾也。』」

30 典出《漢書・食貨志》：「……郡國多不便縣官作鹽鐵，器苦惡，賈貴，或強令民買之。」

31 見《鹽鐵論・錯幣第四》：「幣數易而民益疑。於是廢天下諸錢，而專命水衡三官作。吏匠侵利，或不中式，故有薄厚輕重。農人不習，物類比之，信故疑新，不知奸貞。商賈以美貿惡，以半易倍。買則失實，賣則失理，其疑或滋益甚。」

32 據《鹽鐵論・大論第五十九》記載：「大夫撫然內慚，四據而不言。當此之時，順風承意之士如編，口張而不歙，舌舉而不下，闇然而懷重負而見責。」

從後來的事實來看，這次的討論本該成為事情的轉捩點，但結果卻是不了了之。昭帝只是象徵性的廢除酒類專營，沒有廢除其餘國營企業，當然也沒有解除官方壟斷。盼望改革的人們都忽視，一旦國營壟斷這個制度被建立起來，當財政嚴重依賴它時，就更不可能放棄鹽鐵官營了。當非農收入占漢代總財政（包括皇室收入和政府收入）的三分之二時，政府會放棄收益最大的鹽鐵收入嗎？

西漢後期的皇帝也嘗試過一次廢除鹽鐵專賣。西元前四十八年，漢元帝繼位，當年全國出現大水災；第二年，在曾經富裕的齊地出現大饑荒。這時，中央政府終於下決心不再與民爭利，削減一系列的開支，同時取消鹽鐵官營，准許地方撤銷常平倉。這次十分努力的改革，但是三年後，皇帝又悄然恢復鹽鐵官營[33]。

這是西漢皇帝最後一次，試圖恢復到以前的黃金時期，但隨後他知道一切已經不可能了。官僚集團只會膨脹、不會收縮，而且已經綁架政府的金錢流向，由於稅收不足，又必須建立國營壟斷體系來綁架民間經濟。國營企業之所以繼續存在，是因為它給政府足夠的控制權，防止下層反抗。而當財政收入快速下滑時，政府財政將依靠它來度過難關。

如果我們仔細觀察中國現在的改革，就會發現它是使社會有條理的改革。由於社會經濟運行這麼多年，產生許多問題，所以就由領導者出面、調整。過於抑制金融，就把民間資金引進來；地方政府債務太龐大，就實施一些透明化的舉措，防止泡沫累積；司法透明度差、民怨太大，就改革司法系統，讓司法獨立於地方政府。但在結構上，不會有太大的調整。這和當年「昭宣之治」的思路是一樣的。昭帝時期採取很多補救措施，包括盡量避免新的戰爭，不主動找麻煩，重新強調休養生息政策。

宣帝時期繼承這些基本政策，此外還特別注意吏治問題，採取嚴厲的手段整頓吏治。雖然兩位皇帝都實行休養生息政策，但最終，中央放出的權力依然被下層的官員拿去，雖然也有惠及民間，但效果要小得多。自武帝以來，隨著朝廷介入經濟的程度加深，出現不少官商勾結的現象。如果要向民間放權，必須擊破這些中間階層的力量。

宣帝分析後，認為是吏治出了問題，如果要進一步發展民間經濟，必須整頓官場。宣帝的吏治整頓也並非漢代所獨有，一般到朝代中期之後，都會出現一個設法使吏治清明的皇帝，試圖將朝廷重新拉回正常的軌道。但這些都只能說是暫時奏效，一旦放鬆警惕，情況就會立即惡化。

太多官吏「為人民服務」，國家會完蛋

西元二〇一二年開始的反腐運動，仍在轟轟烈烈的繼續進行。執政者之所以如此大規模的反腐，是因為這是改革的必要步驟。從漢代起，中國歷史上任何一個大一統政權，其結構都不是一塊鐵板，而是中央和地方相互爭權的雙重治理模式。除了中央政府這個層級之外，還有各個位階的諸侯，每一個郡、每一個縣、每一個卿，都擁有獨斷權力，他們的利益和中央不一致，甚至是背道而馳。

33 根據《漢書．食貨志》：「元帝時嘗罷鹽鐵官，三年而復之。」

比如，以中國近代來說，上一屆中央政府控制十年房價，卻以失敗告終，其原因就在於地方政府並不想控制房價。因為一控制，地方的收入就會大幅度下滑，而地方官員也沒有辦法從中漁利。所以，每一個地方官員一邊附和著中央，一邊在私下搞自己的一套。而中央政府知道地方政府的陽奉陰違，卻很難抓住具體的把柄，也只能睜一隻眼閉一隻眼。

所以從名義上講，中央領導地方並負責任命地方官員。但實際上，地方官員只要能把中央政府糊弄過去、不影響仕途，私下能做事的空間大得超乎想像。除了地方政府，各個中央朝臣也從中謀取私利，使得朝廷政令很少越出紅牆之外。

由於雙重爭權的存在，中央政府即便想實質的改革，但改革條文送到地方這一層級，也被化解掉了。地方政府只選擇有利的條款執行，而過濾掉對自己不利的內容。即使中央想將權力交給社會，但釋出的權力卻被地方接走了，社會一無所獲；如果**試圖收走地方權力，地方就會把損失轉嫁給民間**。在新的執政者上臺時，這種現象已經到達臨界點，再加上許多地方官員認為新執政者還沒有完全掌握權力，這是大肆擴張的好機會。但這一次，他們遭到當頭棒喝。

執政者在推行改革之前，必須讓各級官員俯首聽命，而反腐就是最好的辦法。這能使每個官員變得小心翼翼，不敢再像以前那樣胡作非為。只有這時，中央政府才能向前改革。漢宣帝也曾經做出過類似的努力，但宣帝死後，漢代卻沒有走出中央和地方爭權的困境，甚至出現新的失衡。而社會上，貧富差距問題也日益嚴重，貧者愈貧，富者愈富。

當秦代結束戰國的局面之後，中國社會進入一個重塑期。漢代建立時，已經沒有傳統的富翁和貴族，而是進入普遍的貧窮。加上秦、漢王朝都特別注意防止舊勢力再起，將以前的豪門貴族都遷到首都定居，從而進一步限制富裕階層的力量。但隨著帝國復興、財富積聚，新的富豪很快又出現了。

比如，四川地區依靠冶鐵發財的，就有卓氏和鄭氏。漢武帝的理財能手之一孔僅，出自南陽孔氏，而南陽孔氏直到三國兩晉時期仍然發達。魯地曹縣的邴氏（冶鐵）、齊地的刀氏（煮鹽和貿易）、周地的師氏（貿易）、宣曲的任氏（糧食貿易）、邊塞的橋氏（馬匹貿易）、關中的無鹽氏（金融）、田氏、栗氏、杜氏等財勢都聞名於世。

這些商人最初大都是依靠機遇和頭腦起家，當大家都處於同一個起點時，他們更善於發現新的工業和貿易機會，並投身其中，成為社會的佼佼者。而他們所從事的行業，也大都是最先進的工業部門，依靠稀少資源和規模工業化脫穎而出。

然而不幸的是，**西漢的大商人也和後世的商人一樣，在他們富裕之後，立即和權力連結在一起**。他們從事的工商業成為皇帝覬覦的對象，漢武帝將資源收歸國營，這些人不是被皇權淘汰，就是投靠皇權，個人選擇的餘地並不大。

出於需要工業管理，漢武帝也必須依靠一批有經驗的大商人，幫助他建立國營體系。於是這些商人立即變成政府的座上賓。當武帝把地方官的財政貢獻，當作指標來考核時，這些人在地方官眼裡也變得不可或缺[34]。在西漢政府建立時的權限設計，只考慮要限制軍隊、官員，防止他們

34 西漢時期，除了以東郭咸陽、孔僅、桑弘羊為代表的聚斂之臣外，由於地方也遍布著鹽鐵官，故而可以推測聚斂之臣，已經形成一個特殊的集團，或者可以稱為「濁水集團」，與另一個儒者官員集團（清議集團）形成對峙。

對皇權產生危害。但**皇帝很少過問官商勾結**，只要皇權穩定，這些行為都可以諒解[35]。

如果政府認為自己的角色只是仲裁者，而非市場參與者，那麼也許不用考慮這個問題。一旦政府成為參與者，就會用權力借機大撈一筆，這就是官商勾結得以產生的契機。西漢前期的富翁大都還靠市場起家，但隨著後來打通官商管道的關係，貧富分化愈加嚴重。任何有權力壟斷的地方，就會產生不正常的富豪，而權力壟斷最集中之處，就是土地。如武帝時期的丞相田蚡，他的住處比別人的都要豪華，又占據著最好的土地；在市集上買的東西都堆在道路上，院子裡極盡奢華，後房裡塞著上百位女人。至於其他稀奇古怪、聲色犬馬的東西更是不計其數。

當官做吏成了發財途徑，兩千年來皆如此

元帝、成帝時期的丞相張禹是另一個例子。武帝設立五經博士，將儒術當成治國術後，西漢的儒者大都以通一、兩本書著稱。張禹學過《易》和《論語》，官至丞相。但**這位儒者卻對地產抱有很大的興趣**，**累積四百頃最上等的土地**。到了哀帝時期，大司馬師丹更是提到，現在富人官吏的財產已經達到數億錢，而窮人卻更加貧困。

為了扭轉這種趨勢，**師丹和王莽在哀帝剛即位時**，**推行限田令**，諸侯王、列侯不得去封地之外占有土地，其餘人的土地不得超過三十頃。諸侯王的奴婢可以有兩百人，列侯、公主的奴婢限一百人，關內侯、吏、民的奴隸限於三十人。詔令給人們留三年的時間整改，三年後調查如果有超過規定的就要受懲罰。

這使得社會一瞬間雞飛狗跳，土地、人口價格大跌。然而隨後，哀帝寵幸他的娘家人，賜給董賢兩千頃土地，早已超過限田令的額度。由於**皇帝帶頭破壞規矩，最後限田令也不了了之**。人們也突然發現，中央的命令並不需要全部執行，只需要敷衍一下，等它慢慢被遺忘就行。

漢代的巨富還和另一社會狀況結合在一起，產生更加危險的後果。因為漢代人才流通的機制非常孱弱，富者恆富，窮者恆窮，容易形成社會階層不流通的現象。這個現象在三國、兩晉時期達到高峰，而當時所謂的「世族」，大都在西漢時期就開始形成了。

皇帝為了加強人才流通，避免階層的固化，採用察舉制來發現民間的人才。但是，一旦權力和利益結合之後，察舉制就逐漸失效了。負責察舉的官員只選擇有錢人的子弟或者關係戶。隨著人才提拔的管道，被官僚、富裕階層（這兩者往往合一）所壟斷，貧富分化就更加嚴重了。

貧富差距還造成一系列的爭論，為了解決這些問題，到底是應該管制經濟還是放鬆經濟？這在《鹽鐵論》中也有著明顯的反映。爭論雙方都看到貧富差距擴大、社會分層嚴重的現象，也都試圖解決問題，但採取的方式卻截然相反。

支持政府控制經濟的桑弘羊認為，既然現在有著嚴重的貧富分化，那麼朝廷更應該毫不猶豫的介入，花大力氣整治這種現象。應該禁止富戶擅自從事工商業，把工商業交給政府經營，同時加強流通領域的許可機制。這樣一來，政府控制經濟，這些收入既可以用於戰爭，也可以用來賑

35　西漢以官致富的人多如牛毛，除了下文所舉例子，較為著名的還有杜周的杜氏、霍光的霍氏，以及王莽出身的家族王氏等。

濟災民；而反對桑弘羊的人認為，如果要解決嚴重的貧富問題，政府就該退出工商業，讓民間自由的進入這個行業，達到平均地利的效果。管制並不會帶來民生，而是更嚴重的不平等。

桑弘羊的「社會主義」觀點看上去非常具有說服力，也有嚴密的邏輯性。但在實踐方面，人類已經試驗這個理想幾千年，每次試驗後都會發現，這些管制都需要官吏執行，而**政府權力越大**，這些朝臣越可以從中獲取利潤，最後**發大財的往往是政府官員、其親戚朋友**，以及其關係戶。另外，政府越限制經濟，民間經濟就越凋敝，百姓也就發現要發財只能靠政府。這些經驗是透過實際行動而來，很難從形式上的辯論中獲得。但至少我們可以看到，**幾千年前和現在爭論的問題，都是類似且幾乎沒有區別**。

我們不妨設想一下，如果按照賢良、文學的觀點，政府減少管制是否就能解決問題？答案是同樣也解決不了。因為核心問題仍在於，集權式政府的中央和地方之間爭權，在這過程中，吃虧的永遠是民間，而中央政府試圖放權的努力，也總是因官僚階層抵抗而失敗。這種問題都能從集權體制的歷次改革中，看到一些蹤跡。

第三章

莽：一個幻想家的財政實驗[1]

王莽沒有遇到太多抵抗就取代漢朝，群臣和民間不僅不反對他當皇帝，甚至不斷恭維、簇擁他完成改朝換代。但隨後王莽的一系列改革措施，卻導致政權垮臺，而改革的核心則是金融和財政。

王莽改革試圖透過遵循儒家經典，設計新的制度，從而達到大同理想。可以說，他的改革是一次儒家原教旨的烏托邦實驗。改革的核心包括三個方面：土地所有制改革、貨幣制度改革，以及加強政府壟斷。

這些改革將破壞民間經濟，徹底粉碎政權基礎，引起一系列的叛亂。這些叛亂的發生，又讓國家陷入財政漩渦，最終倒臺。王莽創造人類歷史上最複雜的貨幣制度，這個制度把金、銀、銅、龜、貝都納入到貨幣體系之中，創造二十八種貨幣，並強行規定二十八種貨幣的兌換比率。但政府權威最終敵不過市場，百姓拒絕接受這麼多貨幣，使得幣制改革終歸失敗。

過於平靜的改朝換代

西元前七一年，就在漢昭帝去世、漢宣帝繼位三年後，一位叫做王政君的女孩出生了。她活了八十四歲，有八個兄弟和三個姐妹。她一直活到西漢末年，這個朝代後期的大事件，也多和她的家族有關。西元前三三年，漢宣帝的兒子漢元帝去世，成帝即位。元帝的皇后王政君，成為帝國命運的主宰者。她先後任命四個兄弟王鳳、王音、王商、王根為大司馬大將軍。王根去職後，她又在王家的孫輩裡找到王莽，來擔任大司馬大將軍一職。

第三章　莽：一個幻想家的財政實驗

成帝死後無子，侄子漢哀帝即位，哀帝不喜歡王氏一家，因此將王莽貶斥。但哀帝只在位七年就死了，他死後王太后繼續掌權，於是王莽又被召回，輔佐兩代年幼皇帝，就是漢平帝和孺子嬰。在王太后的時代，漢朝經濟一直維持穩定，直到王莽取代漢朝稱王。

然而，這個時代已經無法達到文景時期的繁榮，經濟顯得更不穩定。在豐收的年分，人們的生活與文景時期沒有區別；可一旦出現災荒，由於政府平時從民間抽走的利潤太多，民間的積蓄已經不足，就會有人陷入赤貧。

不過，只要災荒年過去，經過一、兩個豐收年，人們的日子就會恢復正常。所以，這一段時期的史書記載許多災荒的事件，但也承認人民整體生活是小康水準。班固在《漢書》中這樣評價哀平時期：宮室苑囿府庫之臧已侈，百姓訾富雖不及文景，然天下戶口最盛矣。西漢皇權會衰落，並非因為經濟和財政上的吃緊，而是王太后的娘家人所帶來的權力失衡。

在「家天下」的時代，外戚和宦官專政一直是無解的難題。當皇帝過於孱弱，權力就會被這兩種勢力中的其中一方控制。漢元帝死後，控制政權的是外戚。這時就會出現一系列的宮廷事變，那些有雄心壯志的新皇帝，總是莫名其妙的暴病死去，繼任者大都是性格懦弱的人，甚至是未成年的孩子。

經過幾代皇帝暴斃、或接任者大都個性懦弱或未成年後，就到改朝換代的時候。西漢的外戚專政問題，又因漢武帝時期破壞官制而更加嚴重。武帝為了統治方便，分走丞相等外朝官員的權

1 本章涉及的時間範圍，是西元前三三年至二五年。

力，全給圍繞在他身邊的小圈子。這個圈子的領袖被冠以大司馬大將軍的名號，在內廷做決策，將三公九卿的正規官員隔離在真正的權力之外。

在這種模式下，外戚只要控制內廷就等於控制整個政府，王莽就是用這種方法改朝換代。這種改朝換代大都是以禪讓的形式來完成，如果政權更替得當，對於民間經濟、財政結構的影響並不大。除了皇帝換了人，生活依舊沒有改變。

王莽的新王朝是中國歷史上的第一次「禪讓大戲」。在這齣戲裡，我們已經可以歸類出，以後每齣禪讓戲的基本模式。人們本以為朝臣會效忠漢皇帝、抵制王莽。但絕大部分官員成王敗寇的叢林法則，他們並不排斥王莽的篡權，反而在過程中屢屢充當先鋒，幫助王莽完成使命。而王莽在早期，也特別將自己的命運與官員綁在一起，扶持派系。

在剛開始「出道」時，他就表現得如同謙謙君子，生活節儉、提倡孝道、謙恭下士，在整個王氏家族中享有盛譽[2]。在漢哀帝執政的那幾年，由於哀帝也要扶持他媽媽的娘家人，使得王莽暫時失去權勢。但正是因為他的好名聲得到朝臣的擁護，在哀帝死後王莽很快重新執政，並廢除哀帝的外戚勢力。

禪讓大戰的基本模式

在西元元年王莽封安漢公的事件，可以完美的看到官員的態度。這一年，塞外進獻一種被認為是祥瑞的白雉（野雞），群臣以王莽治理國家帶來祥瑞為藉口，上奏請求冊封，將王莽提高到與蕭何、霍光這兩位漢代名臣並列。

所謂「祥瑞」，也是漢武帝留下的遺產。為了神化皇帝，**漢武帝在董仲舒的幫助下**，制定天人合一理論[3]，將皇帝比做天，同時大力推行祥瑞和讖緯[4]，**政治化的解讀自然事件**，使漢代成為中國歷史上最迷信的朝代。王莽不僅借助董仲舒的理論，還大力推廣為其所用，利用祥瑞來為上臺做鋪陳，而白雉正是傳統的祥瑞之一[5]。

王太后收到請求，為了撇清關係連忙請群臣澄清，他們要求任命王莽是出於真心，還是因為王莽是太后的親戚？群臣聽完王太后的話，誠惶誠恐，為了更表忠心，立刻再次加碼，將王莽和周公齊名，並乘機要求給王莽加封號「安漢公」[6]。這一次，王太后終於同意，這時輪到王莽出來表演，他立刻拒絕加封，同時要求給他的幾個黨羽孔光、王舜、甄豐、甄邯等人加封，認為他們才夠資格。甄邯聽說自己被推薦，立刻又跳出來推舉王莽。

王莽再次推辭，太后前後三次試圖召見王莽、給他加封，他都以生病為藉口，拒絕前往宮

2 出自《漢書．王莽傳》：「莽既拔出同列，繼四父而輔政，欲令名譽過前人，遂克己不倦，聘諸賢良以為掾史，賞賜邑錢悉以享士，愈為儉約。母病，公卿列侯遣夫人問疾，莽妻迎之，衣不曳地，布蔽膝。見之者以為僮使，問知其夫人，皆驚。」

3 漢代儒教的興起，是影響統治的另一大原因，參考董仲舒《春秋繁露》。

4 一種災異符命、機祥推驗之說，屬於天命思想之範疇。

5 班固《白虎通德論．封禪》列舉一系列的動物祥瑞：「德至鳥獸則鳳凰翔，鸞鳥舞，麒麟臻，白虎到，狐九尾，白雉降，白鹿見，白鳥下。」

6 見《漢書．王莽傳》：「聖王之法，臣有大功則生有美號，故周公及身在而托號於周。莽有定國安漢家之大功，宜賜號曰安漢公，益戶，疇爵邑，上應古制，下準行事，以順天心。」

廷。三召三辭、甚至五召五辭，也成為此後的標準模式，在歷次權臣主持的禪讓活動中，屢屢上演。最後，群臣沒有辦法，只好請求太后先給王莽推薦的其他人加封，再加封王莽為安漢公。其他四人都得到加封後，王莽卻繼續推辭。此時，群臣再次扮演很重要的角色，他們又提出請求，請太后考慮百官和庶民的普遍願望，不要讓他們失望。這時，太后勉為其難的發出詔書，加封王莽為安漢公。

然而，事情還沒有結束，王莽仍然誠惶誠恐，雖然接受詔書和封號，卻推辭封地和世襲權，表示要等待百姓都富足之後再接受。雙方的推辭又持續一輪，直到太后答應給漢代諸侯、功臣的子孫都加賞，演出才告一段落。在整個儀式中，太后、王莽、群臣都配合的十分嚴密，雖然大家都知道最後的結果，卻必須扮好各自的角色。可以看出群臣作為一個整體，並不排斥王莽，甚至與他勾搭在一起。

當然這只是王莽篡漢的起點，在成為安漢公之後，他的地位越來越高，又當上皇帝的岳父，加九錫（接受象徵官員最高榮譽的九種皇帝賞賜。在王莽之後，加九錫也成為後來禪讓的基本規格），直到成為代理皇帝，但他承諾等孺子嬰長大之後還政於他。最後，王莽變成真皇帝，取代劉氏政權。這一齣齣大戲充斥著繁文縟節，如果要一一細究，能夠寫滿數十頁。人們為了完成這個儀式，制定五花八門的禮儀，雖然大家都知道真實的目的是什麼。

當然，並非整個官僚系統都樂於王莽得勢。在王莽篡權的整個過程中，他在兩次奪權中鬥敗新外戚勢力。西元六年，當他成為假皇帝之後，安眾侯劉崇曾起兵反叛過，而打擊王莽最深的是西元七年的翟義起兵。翟義是漢丞相翟方進最小的兒子，不管是外戚還是屬於劉氏家族的劉崇，他們的反抗皆為天經地義，因為王莽要篡奪的就是這些人的權力。而翟義代表的是官吏階層的反叛，這也是王莽最擔心的。即使這次起兵很快就遭到鎮壓，王莽在之後也經常會提到翟義，將他看成典型的亂臣賊子。這也表現出翟義起兵，在王莽心中的分量有多重。

但其實王莽多慮了。**大部分官員是以局外人的眼光看待這場鬥爭，彷彿與自己無關，他們只會選擇和勝利者在一起**，連反抗的意思都沒有。正是大部分官員的冷漠，讓篡漢的大戲顯得波瀾不驚。老百姓表現得更加冷漠，人們似乎已經明白，皇帝換人之後一切生活都會照舊。官員繼續存在、稅賦照樣繳納，耕田、買賣、生活等主要工作都不會有變化。發生在都城的事情，本不應該對鄉村的人民產生影響。

按照正常人的想法，既然朝臣不反對、社會也不反抗，那麼王莽取得皇位之後，應該大大的鬆一口氣，享受當皇帝的樂趣。至於各項政治制度，照理說西漢留下的家底還過得去，本不應該做太多的變動免得出問題。但奇怪的是，王莽度過最危險的政權交接期後，卻**突然開始一系列激進的經濟、財政、金融改革**。而這些改革不僅沒有成果，反而使整個社會疲憊不堪，走向瓦解。於是，一個好端端的局面被他親手葬送，到最後也身敗名裂、死於非命。

他為什麼非要進行激進的改革？到底王莽是一個野心家、還是一個瘋子、抑或是一個理想主義者？答案也許都不是。以大多數官員冷靜和功利的眼光，看待王莽篡漢的同時，這位新皇帝卻有著一批狂熱的粉絲。這些**粉絲數量有限，卻掌握著過半的輿論和發言權**。正是他們將王莽捧上天，也正是他們誘導著王莽進行改革。而這些狂熱分子，就是當時的儒家知識分子。

回歸古代：西漢末年的儒家暗流

在王莽之前，漢元帝為太子時，曾經怪父親漢宣帝不重視儒家學說。太子說，漢代許多弊端都是制度不好所造成，作為皇帝應當採納儒家推崇的周代理想，來構建一套新的制度，取代現有的規則。

太子的天真想法隨即遭到漢宣帝的駁斥，他批評說：「漢家自有制度，本以霸王道雜之，奈何純任德教，用周政乎！且俗儒不達時宜，好是古非今，使人眩於名實，不知所守，何足委任！」漢宣帝與清代的雍正皇帝有幾分類似，他們都大力整頓吏治，個性十分務實，知道每一代必須以現有的制度為基礎再來修改。所以當漢高祖建立皇朝之後，制度一旦確定，就只能在這個基礎上進行改革。

雖然武帝擾亂漢家制度，但後世的皇帝即使不喜歡他的政策，也必須先接受這個事實，想要全盤推翻、回到理想中的樣子是辦不到的。太子的提議雖然沒有成為現實，但太子和皇帝的對話，卻點出西漢後期的一個基本問題，也就是越來越多的人對現實不滿，希望重新設計一套新制度，來取代已經千瘡百孔的舊制度。這個問題除了在元帝一代已提及，後來還時常在其他皇帝統治時，成為大臣爭論的焦點。

西漢末年，人們之所以對現實不滿，並非是因為沒有飯吃，而是有對現實不認同的感覺。對於普通百姓來說，隨著鹽、鐵等最具前景的工業國有化，人們**除了種地之外，很難找到其他的生存手段**。雖然農耕技術不斷進步，**養活自己沒有問題，但**因為**缺乏發展前景**，反而增加人們心中的不滿。

而且中央官僚的選任範圍，集中於官二代、官三代，加上外戚勢力把持朝政，普通人的仕途變得更加狹窄。於此同時，隨著政府增加控制經濟的力道，與商人的勾結越來越嚴重，社會階級明顯，大家族出現、普通人致富的管道變得越來越稀少。

這個階級沒有流動的社會還造成一個新問題，就是地方權力失控。地方上的大家族，壟斷當地的官位，使得中央和地方出現脫節，使得朝廷的控制力下降。在中央和地方的關係中，中央始終最擔心的事情就是對地方控制力的下降。在兩者的對抗中，皇帝不斷派出巡視人員，去審查地方官。元狩六年（西元前一一七年），漢武帝第一次派出六個人，作為中央刺史前往地方。到了元封五年（西元前一〇六年），就設置十三部刺史，將巡視制度固定下來[7]。監察制度可以一時抑制住地方的脫離傾向，但不管怎樣努力，都無法改變地方勢力長期失控的趨勢。

在對社會不滿的人眼中，整個社會都充滿不公正，幹活的人忍受著貧窮，不幹活的人卻享受著奢侈。特別是在一些家族勢力的帶動下，人們競相穿戴綾羅綢緞、金銀珠玉，競相購買家奴，建設高級住宅。富裕人家更是控制地方選舉，使得飽學詩書的儒生沒有辦法入仕[8]。

對現實不滿的領導人，大都是儒家知識分子，他們大聲呼喊著改變。這個前美國總統歐巴馬（Obama）用得滾瓜爛熟的詞彙：「改變」（Change），在中國歷史上也屢屢發生作用，讓人們

7 見《漢書・百官公卿表》：「武帝元封五年初置部刺史，掌奉詔條察州，秩六百石，員十三人。」
8 在《鹽鐵論》中，就充斥著這樣的指責。

顯得無所適從。

儒家的發展，對社會穩定有負面作用

實際上，隨著漢武帝罷黜百家、獨尊儒術，漢代最高學府太學的確讓一批儒家學者進入朝廷。漢代後期的丞相如蕭望之、翟方進等人，往往都是當世聞名的大儒。另外，皇帝設立的五經博士，**靠著出賣學問享受著皇家待遇**，**透過編撰課本和壟斷教育行業**，將儒家理論灌輸給整個社會。但是，跟更多想當官的人比起來，這個管道仍然太窄，大部分人根本無法因此進入官場。

更令皇帝想不到的是，他們尊崇儒學是為了給政權帶來穩定，而儒學的發展，卻對社會穩定反而有負面作用。

首先，儒生掌握強大的宣傳能力。作為官方學問，漢代的儒學，彷彿同時控制類似現在中國的中央委員會宣傳部[9]和教育部，**擁有無限發言權力。但儒家學者編造理論不會總順著皇帝的意圖**，還時不時讓皇帝難堪。西漢時期，為儒家經典紛紛定型的時期。流傳下來、殘缺的五經文字，都經過漢代文人的篡改、偽造和闡釋，這使得許多漢代時期的人，可以把自己的想法加進書中，謊稱是古代就有的思想[10]。這就像清代康有為謊稱，孔子是改革的典範來推動變法一樣，借古諷今，卻也讓民心更加偏激和失控。

在漢武帝時期，儒者還能根據皇帝的意圖來解釋經文，強調現代是從古代演進的結果，是必然趨勢，帶著社會進化論的色彩[11]。**但武帝之後**，由於人們對社會和政治感到失望，另一種復古主義逐漸占上風。他們將周代描述成一個更加富裕、平等和充滿禮教的社會。在那個時代，人們全都知書達理、安守本分。

周代的井田制是因為效率不佳，才被土地私有制取代，但學者卻把周代的土地所有制，描寫成一種理想的制度，在那兒，人人有飯吃、無人不飽暖，而且人人皆反對奢侈。每個人都有著相應的社會等級，在那個等級中，都有符合該等級的穿著和消費標準，只要安守於標準之內，就不會奢侈。

當時沒有超級有錢人，也沒有窮人。他們的位置是根據需求來分配，賢人成為貴族和官員，而貴族一定是賢人。至於為什麼貴族一定是賢人？卻沒有人願意追究原因。這是古代社會的「共產主義」，一個高不可攀的理想。但在漢末，卻成為許多人探討政策、制定法規的範本。

漢代的社會思潮又由於今古文經的爭執，變得更加複雜。知識分子中，有的人一旦當上五經博士，就立刻變成學閥[12]。他們拉幫結夥，只准徒弟背誦自己的理論，而且不允許有任何偏差，

9 簡稱中宣部，是中共中央直屬機構。主要是管理中國出版審查體系、官方宣傳工作以及管制媒體、監管社會輿論。

10 儒家的《詩》、《書》、《禮》、《易》、《春秋》中，在漢代以《春秋》和《禮》最為重要。其中《春秋》由於經文過於簡練，必須依靠解釋經文的「傳」來了解內容。漢代最重要的傳是《春秋公羊傳》，雖然傳說是來自孔子的再傳弟子公羊高，但一直以來只有口頭流傳，直到漢代才付諸文字，其中夾雜大量漢朝思想。而研究禮的重要著作《禮記》，則是漢代初期的作品，《儀禮》則依靠漢人流傳的殘卷來學習。其餘幾家雖然經文來自先秦，但闡釋權也基本上被漢人壟斷和曲解，加之殘缺不全，更偏離原意。

11 這種社會進化論，主要透過《春秋公羊傳》和董仲舒的學說大行於世。

12 指的是在特定的職業或組織中，由某個學校畢業的人們所形成的排他勢力。

使得更加優秀的人無法脫穎而出。

但是，這些人使用的教科書卻有問題。由於秦代焚書坑儒，大部分的儒家典籍都已經殘缺不全，只依靠一些老人的記憶而得以流傳下來。當他們倖存到漢代後，憑藉記憶或者私藏的書簡，將儒經恢復，但這樣的經文充滿訛誤。後來，隨著挖掘到一些在秦之前書寫的文本，人們發現市面上流傳、所謂的經典有許多錯誤，也殘缺不全。所以這些後來發掘的經文被稱為古文經，而在太學裡流傳的是今文經。

許多對當時學術現狀感到不滿的學者，都聚集在古文經學的旗下、開始反叛。他們更加推崇古代，也更加批判現實。周代的烏托邦，在他們的描繪下熠熠生輝，吸引著人們前去投奔。

王莽靠儒家奪權，也靠儒家喪權

王莽時期古文經學的大家是劉歆。劉歆是著名學者劉向的兒子，劉向也是西漢著名的編撰家，舉凡《戰國策》、《說苑》、《新序》等典籍都經由他編著，而劉歆則和父親共同編校《山海經》。劉歆被認為是王莽的國師。除了他之外，還包括孫陽、張邯、魯匡等人，無一不是當時飽學的大儒。當這些儒家知識分子在批判現實時，還需要一個領袖帶領大家進入「共產主義」。而大司馬大將軍王莽，恰好出現在這個時候。

王莽本人受過良好的教育，也認同儒家理念。更重要的是，他是一個知行合一的人，不怕用權力去實現理想。為了對抗崇尚奢侈的社會風氣，王莽曾經想要帶頭提倡簡樸。作為皇家的最高官員，他帶頭「惡衣惡食，陋車駑馬」，一聽說各地有災荒，就連肉都不吃，希望透過皇家的提倡來改變風氣。

王莽這樣做有他的理由，他需要藉此樹立威信，才能掌握足夠的權柄，取代漢家王朝。而這些學者本身並不在乎誰來當皇帝，他們只在乎誰能幫助他們實現理想社會。於是，在西漢末年，王莽和儒生因共同利益的關係形成同盟。儒生利用他們龐大的宣傳能力，幫助王莽上臺，而王莽則推行儒生期望的政策來改變社會。

我們可以從許多例子，印證出關於西漢末年這一個復古思潮。元帝時期，一位叫貢禹的官員很得皇帝喜愛。他品格高尚、生活簡樸，並依照古代社會的標準，提出許多良好的建議。比如，他認為武帝之後的宮廷中聲色犬馬、美人充斥，花費難以估算。而他理想中的古代社會是，皇帝的宮女不過九人、馬匹不過八匹，一切都極為節儉。貢禹從這個角度出發，請元帝大幅度削減宮室開支，也有好的效果。

然而，當一切都以古代為標準時，貢禹也會得到一些荒謬的結論。比如，在貨幣問題上，貢禹看到政府壟斷貨幣帶來的一系列問題。他卻提出廢除貨幣，回到以物易物的時期；或者用米和布取代黃金、銅幣來作為交易媒介。不只貢禹對金融感到懷疑，許多人都持有類似的觀點，希望改革貨幣制度，而這種思想傳到王莽時期，就成為改革的主軸之一。

另一個例子則來自於，以研究《詩經》而聞名的師丹。在古代，曾經使用龜殼和貝殼來當作貨幣，許多人希望把這些東西重新搬出來，師丹也贊同這種做法，這就離王莽的貨幣改革更近一步。而師丹更重要的思想，則反映在哀帝剛即位時所提出的觀點中。他認為，西漢後期社會階層現象日漸明顯，是來自於土地私有制和自由買賣。為什麼會有這麼多富人？因為土地私有。所以，天子改革的目標，應該是恢復古代的井田制，或者限制土地占有量，不准自由買賣。師丹的建議後來成為王莽改革的另一條主軸。

在貢禹和師丹等人的影響下，王莽上臺後，希望加強對社會的控制力，也希望借助輿論，展開一場轟轟烈烈的改革。但當**王莽改革失敗後，大儒將責任推卸得一乾二淨**，絕口不提這段書生亂政的歷史，繼續充當後世執政者的犬馬。人們將社會的亂象全歸罪於王莽，反而忘記當初社會輿論的影響力。於是，王莽就成為著名的亂臣賊子，被釘在恥辱的柱子上。

王莽：改革派的復古式集權

西元前六年，漢哀帝登基。由於哀帝繼位時已經成年，時任大將軍的王莽在短暫留任後下野[13]，將權力交還給新皇帝。

不過，他下野之前做的最後一件事，就是和繼任者師丹，共同策劃一次土地改革。在哀帝繼位兩個月後，發布限田、限奴令，規定諸王、列侯不得在他們的封國之外購買田地；而關內侯和其餘人民的田地不得超過三十頃。此外，諸侯王的奴婢不得超過兩百人；列侯、公主不得超過一百人，關內侯、吏民不得超過三十人，但是六十歲以上、十歲以下的，不算在奴婢數量中。其他還規定商人不能占田、不能做官吏。

但這次改革並不符合新皇帝的胃口。剛登基的哀帝有著太多的附庸等待冊封，他母親的家族也不富裕，需要皇帝賜予大塊的土地。因此，皇帝將這項法令解讀為故意製造麻煩，一旦坐穩位置就將師丹罷免，第一次改革就此不了了之。

這次改革卻給知識分子留下深遠的影響。他們意識到，朝廷已經有人看重自己設計的理想制度。從此以後，知識界更是把王莽、師丹這些最高層的官員，樹立成改革的先鋒。西元前一年，僅當六年皇帝的漢哀帝去世。他去世前，在知識階層的呼籲下，王莽已經被哀帝召回。皇帝死後，王莽更是重新執掌軍政大權。

這時的王莽由於擁有改革派的名聲，加上被貶黜的經歷，已經成為一個魅力型領袖。在人們的歡呼聲中，王莽建立新王朝，以萬象更新的姿態將他的理想繼續進行下去。另外，隨著他鎮壓劉崇、翟義等人，以及不明智的挑釁匈奴[14]，在軍事和軍備上的開支，也讓皇帝有整頓財政的必要，以增加國庫收入。

於是西元九年，王莽稱帝的第二年，他終於推出混合著理想和現實動機的改革法案。他宣稱，為了打破土地的分配不均，和世族的蓄奴制度，讓社會更加公平和正義，決定解決長期存在的土地和奴婢問題。從名義上來看政策是要結束土地私有制，從此天下的土地都是「王田」，而奴婢也不能再私自買賣。比如，裡頭規定每戶人家，如果男丁不超過八人，而占有的土地超過一井（九百畝）的話，就必須把自家的土地贈送給親戚、鄰里。

13 政府官員、軍人等辭職（或被迫辭職），恢復平民身分。

14 典出《漢書．食貨志》：「莽遂興師，發三十萬眾，欲同時十道並出，一舉滅匈奴；募發天下囚徒丁男甲卒轉委輸兵器，自負海江淮而至北邊，使者馳傳督趣，海內擾矣。」

鑒於哀帝時期的改革無疾而終，王莽加強違反規定者的懲罰力度，違反者甚至可以判死刑。他希望透過嚴厲的刑法來彰顯王權，達到集權的目的[15]。王莽的土地改革表面上尊重儒家先賢，按照儒家推崇的井田制來設計改革，但同時又帶有強烈的個人目的。需要先說明的是，中國歷史上可能並不存在一個實行井田制的時期。周代實行的土地所有制是封君所有制，也就是封君控制土地，再把土地分配給農民耕種，收取一定的貢賦，或者讓農民給封君多種一塊土地，這塊土地即公田，其產出完全歸封君所有。

圖表 3-1　井田制

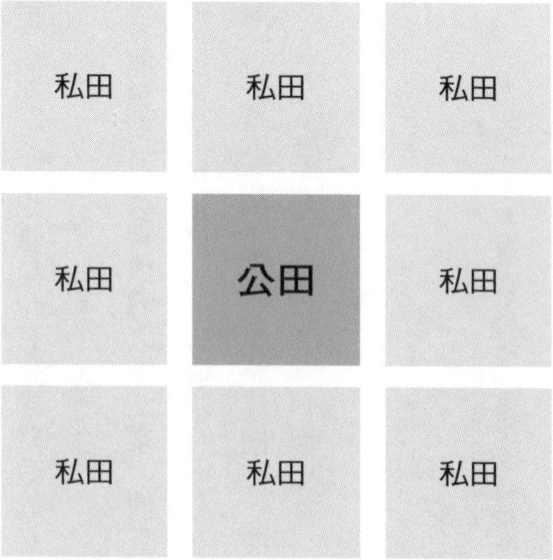

而到了孟子所處的時代，孟子根據周代的土地情況，在紙上設計他認為最理想的土地制度。他首先將土地分成一塊塊，九百畝大小的正方形區塊，再在每個區塊中橫畫兩道，豎畫兩道，如同一個「井」字，將土地分成大小相等的九塊。周邊的八塊分給八戶人家，而中間的一塊是公田，由這八戶人家共同耕種，公田的收成則歸屬封君。孟子設計的制度只是出於理想，技術上卻不可能實現。因為土地不見得都能分成九百畝的正方形區塊，當農民生老病死後，如何重新分配土地更是問題（見圖表3-1）。

到了漢代，這個**只存在於孟子頭腦中的制度，在一代代儒生的努力之下，卻被渲染成周代實**

際實施的制度。在《穀梁傳》、《韓詩外傳》、《周禮》、《漢書》等古代典籍中，都信誓旦旦的說周代實行過井田制[16]。這些人在闡述井田制的同時，另一個潛在的觀點，是必須把土地從私人手中收歸國有，由天子統一分配。王莽也恰好抓住這一點，希望透過重新丈量土地，將其置於皇權的控制之下，重新掌握土地，也能夠從財政上解決地方失控的局面。他的改革是要徹底改變土地所有制，並加強對社會的支配權。

但改革推出後立即引發社會的動盪。在皇權能夠觸及的地方，特別是關中平原一代，許多人被投入監獄。但是，王莽沒有想到不管是誰、在什麼時代，在執行全國性的改革過程中，僅靠下達法令是行不通的。在如此廣大的疆域內，如果缺乏有條不紊的規畫以及強大的執行力，如此大規模的改革，必然會引起極大的混亂。

王莽的改革雖然能夠得到儒家狂熱分子的追捧，卻讓更多的普通人感到厭倦。對於地方勢力來講，他們當初默許、支持王莽上臺，就是以為可以換取中央對地方權力的默認。但王莽的激進改革，顯然打破這種默契，因此地方勢力放棄幻想，不再配合中央政府。

在匆匆推出改革的三年後，王莽意識到這一個做法相當莽撞，因為改革沒有配套措施，也沒

15 《漢書．食貨志》記載了王莽的這道法令：「漢氏減輕田租，三十而稅一，常有更賦，罷癃鹹出，而豪民侵陵，分田劫假，厥名三十，實什稅五也。富者驕而為邪，貧者窮而為奸，俱陷於辜，刑用不錯。今更名天下田曰王田，奴婢曰私屬，皆不得賣買。其男口不滿八，而田過一井者，分餘田與九族鄉黨。」

16 關於井田制的記載，見《孟子．滕文公上》《穀梁傳》之解釋「初稅畝」、《韓詩外傳》卷四、《周禮．地官．大司徒》、《周禮．地官．小司徒》、《周禮．地官．遂人》、《漢書．食貨志》，以及東漢何休的《公羊解詁》。從源頭上來說，井田制的構思來自孟子，但書中並沒有具體實施的記錄。

有實力保障。這時，由於處理匈奴問題不當，造成越來越大的糾紛，政府正需要地方的幫忙來度過難關。作為妥協，他取消這些激進、但對於財政並沒有實質效果的措施[17]。

五均六筦加速社會失控

西元一七年，當邊地的騷亂已經影響到中央財政時，愈加缺錢的王莽下令徵收奴婢稅，規定每養一個奴婢，徵收三千六百錢。但與其將這項政策看作是改革的後續，不如視為斂財的手段。在土地和人口改革的同時，另一項重要的財政改革也推出，就是五均、賖貸和六筦之法。所謂五均，是政府控制物價、壟斷和專賣該行業。西元十年，王莽下令在全國大城市的市集上，設立五均官。這些官員負責監督民間市場，要求老百姓按照統一的價格來銷售穀、布、帛、絲、綿這五樣民生物品。這就像現在中國的限價令[18]一樣，當政府的金融擴張造成通貨膨脹時，則會限制民間價格，來掩蓋通膨的事實。

賖貸是指當民間經營者缺乏資金時，朝廷還能以放貸的形式借給經營者一筆錢，按照月息三分收取利息，介入民間市場。這種做法的理論基礎還是出自儒家理想，即民生用品必須由政府指定價格，不能由奸商來操控，從而弱化市場力量。另外，所謂六筦，則是鹽、鐵、酒、鑄錢、名山大澤的稅收，加上五均、賖貸的總稱。根據儒家理論，人民應該種田謀生，其餘的行業都是末業、不鼓勵老百姓從事。但是人民還是需要一些末業的產品，就由政府勉為其難的代替人民，從事這些罪惡行業。

六筦之中，有許多項其實已經由漢武帝實施，但是王莽將其系統化和理論化，並置於統一的框架之中。而背後的動機卻與漢武帝一樣：為了財政。隨著當五均、六筦政策實施，把社會上最重要的資源，都納入政府的控制之中時，我們就看到計畫經濟的影子。然而，王莽政府面臨的問題卻與漢武帝時期一樣，他們為了實行這些法律，需要大量的商業人才。**王莽本來的意圖是要抑制、疏遠商人，但他很快的就發現，如果離開這些人，就無法推行政策**。

西元一七年，當政府更加缺錢時，王莽放棄原則，任命商人擔任五均、六筦之官，加強打擊民間的違禁者[19]。但到這時，此起彼伏的叛亂者已經使王莽無法推行他的命令。就在同一年，因為水災的關係，中原地區出現大饑荒。在和平時期，饑荒並不足以擊潰社會，但由於改革造成社會免疫力下降，人們在饑荒的威脅下揭竿而起。那一年，綠林起義爆發；西元二二年，赤眉起義接踵而至。

起義軍四起，使得中央政府徵稅時的經濟基礎逐漸減小，也越來越無法應付龐大的開銷。西元一八年，王莽下令清查貪汙行為，那些在近年涉及貪汙的官員，將被沒收五分之四的財產。這些財產用於應付國家的軍事開支，為了讓這個政策執行得更加徹底，政府鼓勵相互告發。

---

17 典出《漢書．食貨志》：「制定又不定，吏緣為奸，天下謷謷然，陷刑者眾。後三年，莽知民愁，下詔諸食王田及私屬皆得賣買，勿拘以法。」

18 將市場價格調至政府主導的價格之下。

19 在《漢書．食貨志》有關於此現象的記載：「羲和置命士督五均六斡，郡有數人，皆用富賈。洛陽薛子仲、張長叔、臨菑姓偉等，乘傳求利，交錯天下。因與郡縣通姦，多張空簿，府臧不實，百姓愈病。」

走到這一步，王莽的改革已經捲入一個徹頭徹尾的漩渦，導致社會經濟紊亂，社會動盪減少政府收入，使得皇帝更加致力於搜刮民脂，到最後也無力鎮壓動盪。在短短十幾年中，漢代留下的家底已經消失殆盡、社會開始分崩離析。王莽想利用復古式改革加強權力，卻由於措施不當，造就一個短命的王朝。

夢想家的幣制幻想曲

在王莽的改制中，有項改革對後世的人們充滿吸引力，那就是幣制改革。它深刻展現「復古式改革」的魅力。利用古人創造的理想光景，設計一個全新的方案。它失敗得如此徹底，卻又設計得如此精美，令人們既神往又感到困惑。即使到了現在，收藏者仍然把王莽時期的錢幣，當作中國錢幣藝術的高峰。從工藝上講，王莽時期的每一枚貨幣都十分精美。比如，在錢幣工藝中排第一的金錯刀（一種錯金——鑲嵌金絲——的刀幣），從材料到工藝無不是精心設計的。

由於幅員遼闊，中國歷代的錢幣首先需要的是快速生產。即使粗糙，但只要能夠在短時間內大量鑄造、滿足全國的需要，就是好貨幣。只有在提高生產效率後，才會考慮改進和美化工藝。而王莽的貨幣，似乎首先考慮的是工藝和其象徵意義，幾乎是不計成本。他認為貨幣不僅是簡單的流通工具，還是通往古代理想世界的途徑。因此，貨幣不僅是一種商業行為，還代表著禮儀。它的價值是由天子規定，而不是實際價值。當然，天子總會下對自己有利的規定，當他鑄造高面額的貨幣時，其實就是一種使貨幣貶值的行為。

王莽在改革中，把背後的經濟利益藏得很深，以至於人們根本感覺不到。在他之後，有多少人利用粗製濫造的小錢糊弄民眾、行偷盜之實。但人們卻相信王莽是在實現理想，只是不小心偷走民間財富。但是，不管小心還是不小心，民間經濟還是與改革一起，擊潰本來良好的經濟環境，讓社會走向崩潰。雖然隱藏得很深，如果仔細分析，仍然能夠找到王莽貨幣改革的動機。此幣制改革分為四次，而第一次改革是解決問題的關鍵。

西元七年，當他還是代理皇帝時，推出一個「小手術」，來解決一個看似不那麼要命的小問題，但最終並沒有達到目的，反而引起蝴蝶效應，逼迫著王莽做第二次改革、第三次改革……直到貨幣改革牽扯的層面越來越大，直至走向失控。

他第一次改革，要解決的小問題是貨幣貶值。漢武帝推出的五銖錢，到王莽時期已經流通一百多年，世人基本上已經適應單一貨幣。令政府感到煩惱的是，經過一百年的不斷貶值，鑄造五銖錢的成本已經過高。特別是五銖錢對重量有基本要求，即使政府可以偷偷減重，但不能做得太過分。

王莽最後想到的辦法是發行大面額的錢幣，而這是中國統一之後，政府第一次嘗試發行大面額貨幣[20]。這一年，王莽發行三種新的貨幣，和五銖錢並行使用。第一種是大錢（大泉五十），重十二銖，相當於兩枚半的五銖錢，但它的面值卻是五十個五銖錢；第二種是契刀。這是一種綜

20　漢武帝發行的皮幣、白金和赤側五銖，帶有投機的成分，且為時甚短。王莽則有系統的發行大額貨幣。他的理論依據是漢人偽造的周代理想制度，認為貨幣應該「子母相權」，除了小面額之外，還應該有大面額貨幣。

合型貨幣，它有個類似於錢幣的圓環，但圓環又掛上一把，類似春秋戰國時期齊國刀幣的把，面值五百個五銖錢；第三種是錯刀，也就是俗稱的金錯刀。這種錢與契刀類似，但用錯金工藝組成「一刀直五千」的文字。面值五千個五銖錢。

大面額貨幣的隱藏利潤

由於後兩種貨幣的面值太高，如果民間盜鑄會有很高的利益，故而，王莽在鑄造這兩種錢幣時，採用先進的防偽工藝，造得無比精美，這些錢幣成為後世的藝術品。如果這項改革成功的話，政府可以得到許多利潤。比如，大錢只用兩個半五銖錢的材料，卻能當五十個五銖錢，而發行契刀和金錯刀更是一本萬利。

但是，民間也同樣看到錢幣隱藏的利潤。一枚大錢就意味著二十倍的通貨膨脹，也意味著**偷鑄一枚大錢，可以獲得二十倍的利潤**，這是少有的暴利投機機會。於是民間立即熔化原來的五銖錢，再盜鑄成這些貶值錢幣。民間開始出現造假風潮，如同當今炒股票一樣瘋狂的湧進這個行業。另一方面，在交易市場上由於錢幣貶值得太厲害，人們紛紛轉用黃金交易，不敢再接受這些貨幣。為了對付這個問題，王莽禁止黃金流通，強迫人們使用這套新的錢幣系統，結果造成全國的市場混亂。

王莽以為他的改革可以解決財政問題，卻沒想到**這次鑄幣改革，等於踹開地獄之門**，再也收不住了。兩年後，西元九年王莽登基稱帝，他開始修正第一次貨幣改革造成的問題。

由於兩種刀幣面值太大，民間反彈的相當厲害，遂將其廢除。他找的藉口是，漢皇室的「劉」字就是由「卯金刀」三個字所組成，既然劉氏已經不再擔任皇帝，那麼刀幣也應該停止使用。第一次貨幣改革之所以出問題，在於面值五十的大錢，與五銖錢之間的比值懸殊。王莽認為鑄造五銖錢太不划算，應當直接廢除。

於是在第二次改革中，他發行一種重量只有一銖的小錢作為基本貨幣，將五銖錢停用。實質是把最常用的貨幣也貶值五倍。透過第二次改革，市面上流通的貨幣只剩下兩種，分別是重十二銖價值五十文的大錢，和重一銖價值一文的小錢。這時，人們熔化掉十二文（也是十二枚）小錢，就可以鑄造一枚大錢，來當五十文花，盜鑄後仍然有四倍的利潤。

隨著人們紛紛把小錢熔化掉，市面上將只剩下五十文的大錢。由於民間缺乏零錢，許多小額交易無法進行，第二次改革仍然以擾民為結局。到了第二年，王莽意識到兩次改革並沒有解決貨幣問題，反而帶來一系列的新麻煩，決定來一次一勞永逸的方法，按照古代的理想來重新設計貨幣，這就有第三次改革，而它被視為貨幣改革的巔峰。

在古代，有許多種物品曾經充當過貨幣。比較典型的是龜甲、貝殼，以及金、銀、銅。王莽將上述所有的材料，都納進一個複雜的體系中。透過這五類材料，他發行六類貨幣，分別是錢貨、金貨、銀貨、龜貨、貝貨和布貨。除了金、銀、龜、貝四種貨幣分別對應四種材料之外，錢貨和布貨這兩種貨幣都是以銅為材料；而所謂布貨，不是現在的布匹，而是一種鏟狀的銅錢；錢貨（泉貨）則是指圓形方孔的銅錢。這就是所謂「五物六名」。

這六類貨幣又分成二十八品（見下頁圖表3-2）。就像現在的人民幣面值分為一百元、五十

圖表 3-2　第三次貨幣改革的五物六名（二十八品）

物	名	品	規格	面值（錢）
金	金貨（共一品）	金貨	斤。	10,000
銀	銀貨（共二品）	朱提銀	流，一流為八兩。	1,580
		銀	流，一流為八兩。	1,000
龜	龜貨（共四品）	元龜	長一尺兩寸。	2,160
		公龜	九寸。	500
		侯龜	七寸以上。	300
		子龜	五寸以上。	100
貝	貝貨（共五品）	大貝	四寸八分以上，兩枚為一朋。	216
		壯貝	三寸六分以上，兩枚為一朋。	50
		么貝	兩寸四分以上，兩枚為一朋。	30
		小貝	一寸兩分以上，兩枚為一朋。	10
		貝	一寸以下，兩枚為一朋。	3
銅	布貨（共十品）	大布	長兩寸四分，重一兩（二十四銖）。	1,000
		次布	長兩寸三分，重二十三銖。	900
		弟布	長兩寸兩分，重二十二銖。	800
		壯布	長兩寸一分，重二十一銖。	700
		中布	長兩寸，重二十銖。	600
		差布	長一寸九分，重十九銖。	500
		厚布	長一寸八分，重十八銖。	400
		幼布	長一寸七分，重十七銖。	300
		么布	長一寸六分，重十六銖。	200
		小布	長一寸五分，重十五銖。	100
	錢貨（共六品）	大錢	直徑一寸兩分，重十二銖。	50
		壯錢	直徑一寸，重九銖。	40
		中錢	直徑九分，重七銖。	30
		幼錢	直徑八分，重五銖。	20
		么錢	直徑七分，重三銖。	10
		小錢	直徑六分，重一銖。	1

元、二十元、十元一樣（按：臺灣為一千元、五百元、一百元），每類貨幣都有若干種（品）。所有的貨幣形成一個階梯差，從小錢的一錢，到金貨的一萬錢。這或許是歷史上一個國家內部，出現過最複雜的貨幣系統，它**代表一個理想家能夠達到的最高水準，也說明儒家按照禮制設計的金融體系，能夠達到如此荒誕的水準**。

王莽沒有想到的是，即使把如此眾多的錢幣投向市場，人們也很難記得住它們的換算關係，更難驗證貨幣的真偽。人們苦於貨幣的混亂，社會經濟已經接近停滯。私底下民眾拒絕其他貨幣，仍然使用當初的五銖錢。王莽為了強制推行他發行的貨幣，下詔凡是敢攜帶五銖錢的人，都要發配邊關當戍卒。在此之後，五銖錢的確慢慢的消失，但是整個商業系統已經徹底崩潰。不僅是普通百姓，就連那些公卿大夫，因為被強迫使用面額高的貨幣而破產。到最後王莽不得不再次妥協，只使用大錢和小錢兩種貨幣，將龜、貝、布幣暫時停止使用。

對於一個社會而言，金融始終是牽一髮而動全身的事情。當漢武帝將貨幣發行權徹底收歸國有之後，就完全將政權命運和金融綁在一起。因此任何時候，金融的混亂都會讓人想起政府的失職。西元一四年，王莽進行最後一次貨幣改革。此時五銖錢已經絕跡，市面上只流通大小錢。王莽此次的改革廢除大小錢，發行貨布和貨泉兩種貨幣，其中貨泉重五銖，面值一錢。一個貨布又等於二十五個貨泉。

這次改革是王莽承認失敗之後的回歸。透過變相的方式，重新回歸五銖錢的重量，幣制改革也畫上句點。它極大的擾亂社會和市場，直到宋代交子出現之前，中國歷史上再也沒有出現，如此瘋狂的幣制試驗，這足以媲美法國約翰·羅的試驗，顯示出一個政權可以利用幣制，帶來多大的災難，也說明當貨幣的面額嚴重與價值不符時，即使依靠龐大政權，仍然無法戰勝市場的力量。如果不遵循這個規律，那麼歷史應該將政權扔出舞臺[21]。

西元二三年，綠林軍攻入長安，王莽在混亂中被殺。與王莽撇清關係的儒生，則繼續打著復古的招牌，在帝王將相之間兜售儒術，直至近代。

21 見《漢書·食貨志》：「每壹易錢，民用破業，而大陷刑。莽以私鑄錢死，及非沮寶貨投四裔，犯法者多，不可勝行，乃更輕其法：私鑄作泉布者，與妻子沒入為官奴婢；吏及比伍，知而不舉告，與同罪；非沮寶貨，民罰作一歲，吏免官。犯者愈眾，及五人相坐皆沒入，郡國檻車鐵鎖，傳送長安鐘官，愁苦死者什六七。」

第四章

穿越朝代的制度惰性[1]

光武帝劉秀建立東漢後，卻在經濟上遭遇最頑強的抵抗。他試圖大規模清查全國土地，卻遭到民間普遍抵制，甚至在統治的核心地區也有人對抗清查，直到東漢末期都沒有解決。

由於制度是承自西漢，所以社會結構也早已固化，中央政府的統治成本更加高昂，這也決定東漢是一個行政效率低下的朝代。**任何繼承前朝制度的朝代，都會有行政效率低下、政府開支大卻收不到稅的窘境**。東漢的財政能力不足以支撐對外戰爭，又恰好遭遇羌亂盛行的年代，皇帝只能透過賣官、敲詐等各種手段增加收入。這些非常規手段，最終導致政治敗壞，從而又引起內部叛亂。

東漢末年，由於財政無法滿足維持穩定，皇帝建立一個新的官職：州牧。州牧是一個集軍政、民政、監察於一體的官職，州牧的誕生，就是一個獨立於中央、最終會瓦解中央政府的官職。東漢也是從這時，進入準備解體的階段。

劉秀也拿地方勢力沒輒

西元四〇年，東漢開國皇帝劉秀登基的第十六年，一件意想不到的事讓他苦惱不已。因為王莽改革導致群雄並起，光武帝劉秀在紛紜擾攘的大潮中，成為勝利者。與大多數開國皇帝不同，劉秀生性寬宏、謙恭多士，不僅非常體恤民間，也不會隨便猜忌幫助他打天下的功臣，這使得大部分功臣都得以善終。

如果從兩千多年的皇帝中，選擇幾個好皇帝的話，他絕對排名在前十名。劉秀在位時期，也恰好是中國科技大躍進的時期，人們進一步發展水利工程，水運便利了經濟活動。南陽太守杜詩更是創造水排，即利用水力鼓風，提高冶鐵爐的溫度，中國冶鐵業出現巨大的進步，並由此惠及其他行業，耕地技術也開始在慢慢普及。而東漢的人口分布也在逐漸改變。與西漢時期相比，四川、湖北、湖南、江浙一帶的人口開始變得密集，這也與長江流域的開荒有所進展相關[2]。

由於政策寬宏、科技進步，東漢的經濟很快得以恢復。那麼，還有什麼事情能令皇帝感到煩惱？**他的煩惱來自戶籍和田地**的整理工作。在西元三九年，光武帝考慮到因為戰爭的關係，使得天下的戶籍和土地數量，已經出現了明顯的偏差，許多紀錄被毀，加上戰爭中出現土地侵占現象，因此他下令要嚴格清理土地和戶籍。

然而，他沒有想到的是，那些侵占別人土地或者隱匿了戶籍的人，大都是地方上的富人。有許多窮人為了避免納稅，投身於可以免稅的富人家中。而富人的免稅理由也有千千萬萬種，使皇帝少徵收許多稅。更可惡的是，這些人還與朝臣勾結，負責清丈的官員，故意把好地留給那些有勢力的人、關係戶，把壞地留給窮人，因此引起更大的民怨。

起初，光武帝還不知道這件事。一次，光武帝無意中發現一位辦事員，在書牘上寫著：「潁

---

1 本章涉及的時間範圍，是西元二五年至一八九年。

2 西漢平帝原始二年（西元二年）的人口數量達到高峰，《漢書》提到為五千九百五十九萬四千九百七十八口。東漢高峰時期的人口數量略少，《通典》記載為五千六百四十八萬六千八百五十六口。但是，根據兩漢書的〈地理志〉和〈郡國志〉的記載，東漢人口已經開始向四川、兩湖、江蘇、兩浙一帶遷移，而陝西一帶由於戰爭頻繁，人口出現極度的蕭條。中國人口已經初步出現由北向南移趨勢。

川、弘農的情況可以查問，而河南、南陽的不能查問。」光武帝很好奇，連忙問這是怎麼回事。這位辦事員沒有想到皇帝看見書牘，驚慌間不敢說實話，只說這份書牘是在街上撿到。

光武帝的兒子、後來的漢明帝見狀，在旁邊回答：「這是郡裡官員給辦事員的命令。河南是首都，陛下的近臣都在這兒；南陽是帝鄉，都是陛下的近親。這兩個地方的土地肯定問題重重，也絕對不能查問。」

光武帝聽完大怒，連忙派人嚴查，才發現清丈土地帶來諸多問題。他開始懲處那些幫助富人、參與違法的官員。這次被抓住的「大老虎」是河南尹張伋，相當於現在中國的北京市委書記[3]。嚴打中，張伋和同級別的十餘官員紛紛下獄，遭到處決。

光武帝本以為透過整治官吏，就可以讓工作順利進行。然而就在這時，新的反抗力量出現了，許多郡的大姓人家因此利益受損，決定聯合抵制。他們動用武力，殺害前去調查的官員。等皇帝派遣軍隊去鎮壓時，這些人已經解散了，根本找不到到底是誰幹的。可等皇帝的軍隊一走，他們又立刻集結起來。官員和將領因為找不到罪犯、害怕會受到懲罰而戰戰兢兢，張伋已經是前車之鑑，如果換成別的皇帝在大怒之下，一定會把不稱職的人都殺掉。

中央只剩名義上的權威

這件事情如同燎原之火，在全國四散開來，而最嚴重的位於太行山以東的幾個州：青州、徐州、幽州、冀州。光武帝突然發現，他可以用武力征服天下，但反抗者在用實際行動嘲笑他的武力。而且這些事情還不是發生在偏遠的山區，而是在帝國的心腹地帶[4]。

光武帝是個聰明人，震怒之餘，並不想過分使用武力，也不想嚴懲他的官員。他想一個辦法：利用犯罪分子相互間的矛盾來擊破。皇帝下令赦免五分之四的作亂分子，只懲罰剩下的五分之一。

但是怎麼決定誰屬於那五分之一呢？由作亂分子自己決定。光武帝命令：「如果有五個人參加作亂，只要其中四個人合夥殺掉第五個，這四個人就都既往不咎；否則，五個人都嚴懲不貸。」而那些原本在征討罪犯時有疏忽，或出工不出力的官員也不用害怕，他們以前的所作所為都既往不咎，光武帝只看以後他們查出多少案子、逮捕多少罪犯。結果這個辦法有著武力都達不到的效果。畢竟作亂分子都心懷惴惴，既然有機會既往不咎，就趕快利用機會。一旦有人開了頭，作亂分子內部就開始互相猜忌。

於是，反抗停止了。皇帝也終於得到他想要的結果。但是，他卻沒有感到輕鬆。這件事恰好反映東漢時期最嚴重的一個問題：行政效率低下。不管皇帝想做什麼事情，都無法順利進行。在地方，充滿和他作對的人，這些人表面迎合，暗地裡卻只考慮自己的利益，想著怎麼利用皇帝的政策來發大財。

行政效率不佳，將東漢變成前蘇聯領導人列昂尼德．布里茲涅夫（Leonid Brezhnev）的時

3　近似臺灣的臺北市長。

4　見《後漢書．光武帝紀》記載：「郡國大姓及兵長、群盜處處並起，攻劫在所，害殺長吏。郡縣追討，到則解散，去復屯結。青、徐、幽、冀四州尤甚。」

期。中央仍然保持著某種權威，但這種權威只是名義上的，地方上的每一個勢力都行使著小小的特權，快活的利用體制來獲取利益。這時中央需要做的只是裝作什麼都不知道，而地方也給予中央足夠的尊重，互不打擾。

不過，一旦中央想做事，就是將矛盾暴露出來的時刻。繼東漢光武帝之後，兩位繼任的皇帝將東漢社會經濟推上高峰。與西漢的文景之治一樣，人們把東漢明帝和章帝統治的時期，稱為「明章之治」。但是，即便在這個時期，皇帝的權威依舊不夠強大，行政效率仍然不好。漢章帝末年，由於準備對匈奴發動戰爭，國庫又開始吃緊。皇帝突然想起，漢武帝曾經推出的鹽鐵專營制度，決定重新實行，以從專賣中獲得的財政來支持軍備。於是，東漢政府設立一系列的鹽鐵機構。但是，在漢武帝時期可以辦成的事情，到了章帝時期卻成為悲劇。

漢章帝去世後，漢和帝登基。和帝推出的第一個政策，就是停止鹽鐵專賣。實際上，章帝去世前就已經下了遺詔，要廢除親自設計的制度[5]。鹽鐵制度雖然有許多弊端，但是東漢的鹽鐵制度之所以失敗，卻是因為政府的行政效率太糟，已經沒有能力協調各方組織一套經濟制度了。在東漢時期，推行官營制度的結果必然是：章帝一說要做鹽鐵專賣，人們立刻一窩蜂而上，打著鹽鐵專賣的旗號占領資源，然而這些錢都沒有進入國庫，而是到了各種關係人家的口袋裡。最終民間經濟受到極大的損害，而中央政府也沒有得到一絲的好處。

漢章帝臨死前意識到，在他所處的時代，皇帝能夠做成的事情已經很少了，所謂的皇權，與其說是一種權力，不如說是一種無用的福利。光武帝和章帝的遭遇說明，即便在東漢最好的時期，它的行政效率也驚人的糟糕，哪怕皇帝想做一件非常簡單的事情，也需要付出龐大的精力和代價。即便如此，還往往達不到效果。話說回來，**東漢為什麼無法建立起，像西漢那樣高效率的行政體系呢**？這是制度的慣性帶來的必然結果。

制度慣性，註定東漢命運

西元二五年，在王莽中斷漢祚十六年後光武帝劉秀登基，成為東漢的開創者。從各個方面看，光武帝都是個務實的人。他知道皇權的價值，一上臺就注意、重塑被王莽打亂的權力中心。為了防止各種勢力不聽話，在他確立全國統治權不久後，就想方設法加強中央集權。他不會濫殺功臣，但戰爭一結束，他一方面他大宴功臣，分封土地和爵位，讓他們成為受人尊敬的地方豪族；另一方面，他剝奪這些人繼續參與政治的機會，只有少數人繼續做官，剩下的都只能成為安樂終生的富有人家，[6] 這點宋太祖趙匡胤和他一樣。

5 典出《後漢書．和帝紀》：「戊寅，詔曰：『昔孝武皇帝致誅胡、越，故權收鹽鐵之利，以奉師旅之費。自中興以來，匈奴未賓，永平末年，復修征伐。先帝即位，務休力役，然猶深思遠慮，安不忘危，探觀舊典，復收鹽鐵，欲以防備不虞，寧安邊境。而吏多不良，動失其便，以違上意。先帝恨之，故遺戒郡國罷鹽鐵之禁，縱民煮鑄，入稅縣官如故事。其申敕刺史、兩千石，奉順聖旨，勉弘德化，布告天下，使明知朕意。』」

6 光武帝建武十三年，光武帝大封功臣為侯，同時裁撤軍隊，收其兵權，利用文官治理天下。只有鄧禹、李通、賈復等少數人，因為通曉文治而被繼續重用。可見《後漢書．光武帝紀》：「於是大饗將士，班勞策勳。功臣增邑更封，凡三百六十五人。其外戚恩澤封者四十五人。罷左右將軍官……時兵革既息，天下少事，文書調役，務從簡寡，至乃十存一焉。」而《後漢書．賈復傳》記載：「帝方以吏事責三公，故功臣並不用。是時列侯唯高密、固始、膠東三侯與公卿參議國家大事，恩遇甚厚。」

在遣散功臣的同時，光武帝為了加強中央集權，修正西漢的官僚體系。漢武帝時期，已經逐漸形成圍繞著皇帝的內廷圈子——尚書臺，並逐漸剝奪外廷官員，也就是三公九卿的權力。**光武帝更是加強這種制度，使其形成尚書臺議事的模式，更加虛化三公的權力**。

光武帝的另一個集權做法是，不再區分皇室財政和國家財政。西漢時期，國家財政由大司農來掌握，而皇室財政由少府掌握。他們各有職責，以避免皇室過度開支、侵占公共財政。光武帝為了加強控制，**將國家財政和皇室財政合一**，並統一由司農掌握[7]。

雖然從長期來看，這樣做會增加財政的不透明度，但是在短期內可以加強皇帝的控制力。然而光武帝費盡心機加強集權，權力卻仍然無聲的從他的手中溜走。東漢皇帝始終都無法像西漢皇帝那樣，擁有那麼大的影響力。

王莽的執政已經讓人們看到皇權的虛弱。在西漢時期，歷代皇帝經過多少努力，儒生經過多少鼓吹，才創造「天子」這個神話，使得人們相信皇帝是天命所歸。但王莽透過禪讓獲得皇帝的名號，卻去除其神祕性。其後，中央政府的權威，更是在一次次失敗的政令中逐漸瓦解。

王莽末年的反叛，也不僅是所謂的「農民起義」，更是充斥著各種勢力的角逐。比如，光武帝劉秀和他的哥哥劉伯升，都是漢代宗室子弟，他們的叛亂得到南陽大族的支持。更加草根的赤眉軍勝利後，各大族勢力擔心赤眉軍會損害他們的利益，因此全力支持劉秀稱帝，幫助他逐漸奪取全國。

即便是奪取全國的戰爭，劉秀也並不能隨心所欲。統一的過程充滿武力之外的權衡和計謀，他透過說服和收編，**靠利益平衡的做法獲得天下**。劉秀的功臣之一、伏波將軍馬援曾直言不諱：

「當今之世非獨君擇臣也，臣亦擇君矣。」這句話表明皇帝的權力從天上直接降到人間，**皇帝不再是天命所歸，而是大臣選擇的結果**。

由於光武帝稱帝本來就是權衡下的產物，所以，他必須做出許多讓步來滿足別人的需求。只有這樣，才更能理解東漢與西漢的關係，東漢繼承西漢時期的官僚架構，但這個架構已經更向地方的豪族傾斜了。

從表面上看，東漢和西漢之間只是不小心被王莽打斷二十年。假設一個老農恰好在王莽篡位之前睡著，三十年後在光武帝時期醒過來，他會發現除了人的生老病死之外，皇帝還是那樣的皇帝、制度還是類似的制度、甚至連民間的大家族都沒有更迭，窮人還是窮人、富人還是富人。只有中央政府變得更加孱弱，向另一個集團妥協了。

人們習慣上認為，建立朝代就意味著重建制度。但實際上，**從秦始皇統一到西元一九四九年，中國只有三次重建制度的機會**[8]。每一次重建後的制度，都經過許多代人的努力才逐漸完善，而它的解體則更加漫長。

第一次由秦代開始嘗試，到漢高祖時，已建立一種較為穩定的結構；漢武帝時期，在財政上解決它的存續問題。這一次制度從三國時代開始逐漸解體，卻又苟延殘喘到南朝才終於落幕，綿延超過八百年。東漢恰好位於這個週期的中間，光武帝再優秀，也沒有能力重新建立制度。

7 見《後漢書．百官志》：「承秦，凡山澤陂池之稅，名曰禁錢，屬少府。世祖改屬司農。」

8 本書的分部就以此三次重建為界。

於是，光武帝做出一些妥協，由於初期財政困難，他精簡官吏、合併財政的同時，卻過度精簡財政官員。在漢武帝之後，漢代財政由大司農、少府和水衡都尉三駕馬車共同執掌。大司農主管政府財政，包括農業稅、鹽鐵專賣等。少府負責皇室財政，主管山澤陂池的收入，這些收入叫禁錢，供皇室開銷；水衡都尉雖然名義上屬於少府，但他單獨掌管上林苑的樓堂館所、沒收的土地財務以及鑄幣事務。

專賣從中央轉為地方

到了光武帝時期，將山澤陂池的收入，從少府的管轄權中剝離出去交給司農。少府成為一個專管皇帝起居、服飾和器物的機構，權力大為下降。而三駕馬車之一的水衡都尉，乾脆被直接裁掉，權力合併到少府。由於光武帝時期，樓堂館所的規模比西漢武帝時期少得多，水衡都尉的權力本身已經不大。水衡都尉被撤銷後，它下屬的二十多個屬官也一併被裁員[9]。

另一個重要的變化是，原來大司農掌管鹽鐵專賣事務，由於戰爭時期，鹽鐵專賣制度已經崩潰。於是，光武帝將鹽鐵事務從司農下抽離出來，下放到各個地方單位[10]。這也讓政府壟斷和專賣逐漸消失，變成由地方政府徵收鹽鐵稅、民間負責經營。只是這時的鹽鐵工業由於地方官員的染指，已經變得非常不健康了。

鹽鐵大都被地方豪族壟斷，他們從中獲得巨大的利益。所以，東漢的鹽鐵資源如同現代山西的小煤窯一樣，是一種不上不下的狀態。它由少數與權力合謀的人控制，而民間得不到好處。但是朝廷如果想將權力收歸中央，又會受到地方勢力的抵抗。漢章帝想重新實行中央政府專賣，但卻因地方勢力的抵制，只能大敗而歸。

在地方治理上，光武帝也顯得軟弱無力。他將功臣們都遣送回家，看上去是一種聰明的策略，但代價也非常明顯：他必須**默許這些功臣在當地成為豪族**，逍遙於中央的法律之外，同時，又擁有著極大的特權，他們向東漢的皇室輸送大臣和皇親，幾乎壟斷中央政府的上層結構，導致東漢比西漢更接近於分層社會。

社會的最上層是數個大家族，他們與皇室一起控制兩百年的朝政。在這些大家族中，最鼎盛的有兩個派別，分別是曾與光武帝一起參加反王莽戰爭的南陽派，以及軍閥出身的西北派，其中，西北派的典型代表是馬援和竇融，他們是光武帝統一戰爭中歸順的大將，也是光武帝必須容忍的人。

漢代有外戚干政的傳統，一個女人當上皇后，他的家人必定封爵當官。在西漢時期，還屢屢有平民皇后出現[11]。東漢光武帝之後，皇室默認皇后只能出自幾個大家族，這是權力圈子化的最明顯特徵。光武帝的皇后陰麗華出自南陽派，陰皇后長相秀美，是當年劉秀暗戀的對象，他們倆可以說是東漢皇族中因少數以感情基礎結合的婚姻。之後明帝娶馬氏為皇后、章帝娶竇氏為皇

9　關於此文的紀錄出於《後漢書．百官志》：「孝武帝初置水衡都尉，秩比兩千石，別主上林苑有離官燕休之處，世祖省之，並其職於少府。……又省水衡屬官令、長、丞、尉二十餘人。」

10　據《後漢書．百官志》記載：「郡國鹽官、鐵官本屬司農，中興皆屬郡縣。」

11　如孝宣許皇后和孝成趙皇后等。

后，這兩位皇后都是西北派。

和帝娶了南陽陰氏和鄧氏的皇后；安帝皇后閻氏依附於南陽鄧氏，所以成為皇后；順帝皇后梁氏原本依附於西北竇氏，梁氏一族也曾經作為貴人生過和帝；桓帝有過三個皇后，分別出自梁氏、鄧氏和竇氏；只有靈帝皇后何氏的背景差一些，但何氏外戚同樣把持朝政。由於光武帝改造中央權力系統，利用尚書臺將權力內廷化，尚書臺又控制在幾個外戚大族手中，於是，中央政府慢慢的變成幾個大族的戰利品。

在最大的豪族控制中央時，地方權力則被地方級別的豪族壟斷。東漢的社會階層凍結，代表一個人的一生，在出生時就已經註定，不管怎麼努力都很難獲得改變。特別在地方官吏這個級別上，由於舉薦官員的權力被地方豪族把持，還有官商勾結的行為合法化，不管皇帝如何想打破這種制度，都沒有辦法。

皇帝在和地方勢力的鬥爭中逐漸落於下風。而同時，西漢武帝引起的朝廷結構失衡問題，經過東漢光武帝後惡化，終於引發一連串問題，導致統一的帝國逐漸解體。但東漢解體的過程又很緩慢，社會生活顯得過於波瀾不驚，下層人民沒有改變命運的途徑。東漢**社會從頭到尾瀰漫著一種絕望感**。

東漢當官大不易，上任還須先付錢

漢靈帝中平三年（西元一八六年），即將上任的鉅鹿太守司馬直，體會到當官的困難。中國歷史的大部分時期，當官是件光榮而愉快的事情，意味著光宗耀祖和發財。但在漢靈帝後期卻是個例外。

以司馬直為例，當他被皇帝選中、授予太守的職位之後，首先要去京城到皇帝的西園，找皇帝和太監諮詢「助軍修宮錢」。皇帝根據他職位的大小規定一個金錢數字，**上任後，他的職責就是盡快從任所湊齊皇帝要求的數目**、派人押往京城。只有交了錢之後，他的位置才能坐穩。

在司馬直時期，一個大郡太守的職位，官方通行的價格是兩、三千萬錢左右。這筆鉅款不可能由官員個人出資，只能透過壓榨民間來獲得。這是一種中央和地方的分贓機制，中央默認地方官從民間取財，同時地方官必須讓中央分一杯羹，作為默認發財的代價。

但是，隨著皇帝抬高賣官價碼，意味著官員必須放下心理包袱，把自己定位成全心全意賺錢的商人，而不僅是父母官。許多人因為面子放不開，或者擔心無法湊齊這麼多錢，請求不去上任。與歷史上大部分時期人們搶著做官不一樣，這時卻是皇帝強迫官員上任。只要任命就必須去，否則嚴懲不貸。

司馬直接到任命時，皇帝根據他以前的履歷，認為他是個有清名的好官，給他打了個折、少交三百萬。司馬直聽說之後，認為即便打折數目還是太高，他嘆口氣說：「我本來應該去做父母官，還沒有到任，就先剝削人民，又怎麼忍心？」他請求辭職不去，但皇帝拒絕了。

司馬直只得從京城出發前往鉅鹿（今河北省邢臺市），在到達黃河邊的孟津關時，他給皇帝上書，極力申訴當時的弊端，並預言如果繼續這麼做，必然引起巨大的災禍，**隨後便吞藥自殺。司馬直成為史上少數被逼當官而自殺的人**。司馬直至死仍不理解的是：「皇帝為什麼變得這麼貪婪？」對於這個問題，皇帝本人有著說不出的苦衷。以助軍修宮錢為例，這筆費用指的是官員資助皇帝組織軍隊、修理宮殿的錢。

在司馬直被授官的前兩年，東漢爆發黃巾之亂，中央政府應接不暇、花費無數。就在賊亂的第二年，皇帝的南宮恰好又遭遇大火，為了修理宮殿，皇帝更需要大量的現金。但是，國庫已經空空如也，根本拿不出錢來支付這些費用。為了節省成本，皇帝不得不強行派差、四處索求，但仍然滿足不了需求。至於正規稅收，隨著行政效率退化，更無法指望了。

皇帝只有在最無助的情況下，才會讓官員與政府共同分擔苦難。他把官員調來調去，每調動一次就可以收一筆「助軍修宮錢」。司馬直的自殺如同一道恥辱的疤痕，印證東漢中央政府的財政窘境。由於財政機器不暢和食稅階層過於龐大，這個政府苦苦掙扎一百多年，越掙扎越疲憊，至靈帝時期，已經接近瓦解的邊緣。那麼，東漢的財政又是怎樣逐漸瓦解？

在「明章之治」的全盛時期，東漢已經出現財政陰影。與表面的繁榮不同，「明章之治」在皇權、豪族、官僚的不斷鬥爭中傴僂前行。但兩位皇帝所扮演的角色又各有不同，魏文帝曹丕曾經評價兩人「明帝察察，章帝長者」，認為明帝還有整治吏治的雄心，而章帝對待官僚則更加寬容和放任。

漢明帝有感於權力逐漸失控，希望努力改變「政令不出廟堂」的局面。他放開民間經濟，薄稅賦、減徭役、修水利、安撫平民，但於此同時，對官員進行嚴厲的懲治，緊縮官僚權力。

據《後漢書》的〈獨行列傳〉記載，明帝時楚王試圖謀反，結交一些天下善士。當事情被發覺後，許多人都遭到嚴刑拷打。一次，五百人被押解到京城時，半數以上被拷打致死，少部分的人被打到皮開肉綻也不承認罪行。一個叫陸續的人被打得遍體鱗傷，卻依然辭色慷慨。但到了晚上，一位獄吏給他送食物，他卻對著食物哭泣不已。審案者感到好奇便問哭泣的原因。陸續回答，因為他母親來了，母子卻無法相見，所以哭泣。

按照規定，獄吏不能給犯人傳遞消息，審案者以為獄吏違反規矩，要懲罰獄吏。陸續連忙解釋說，這跟獄吏沒有關係，他之所以知道母親來京城，是因為給他的那份食物是母親做的。審案者更好奇了，又問他怎麼知道食物是母親做的。陸續回答母親習慣把肉切得方方正正、蔥切得整整齊齊，每段一寸（漢代一寸約為二．三公分）長，他拿起吃的一看，裡面有蔥和肉、又很整齊，就知道母親來了。皇帝聽說這件事也很感動，就放了陸續和他的朋友。

這件事顯示明帝整頓吏治之嚴酷。然而，皇帝卻無法消除整個制度的惰性。明帝死後，繼位的章帝知道明帝時期的嚴苛，引起大家的不滿，作為長者的他立即採取更加寬容的方式，刪減酷刑，實行仁政。

章帝的**寬容使得東漢進入全盛時期，卻埋下行政效率不彰的隱患**。明帝後期，北方的匈奴再次崛起，東漢政府不得不與匈奴發生戰爭。從光武帝時期起，皇帝由於財政吃緊的原因，一直避免發生戰爭，以免造成新的負擔。為了不打仗，東漢政府每年向匈奴的南單于，提供一億零九十萬錢幣，再向西域提供七千四百八十萬錢幣[12]。

12 關於該事件記載可見《後漢書．袁安傳》：「且漢故事，供給南單于費直歲一億九十餘萬，西域歲七千四百八十萬。今北庭彌遠，其費過倍，是乃空盡天下，而非建策之要也。」

而東漢政府給北方蠻族的錢，大約占收入（約七十億）[13]的二．五％。不過支出仍然是值得的，由於沒有戰爭，政府能夠在行政效率極其低下的情況，保持土地稅率為三十分之一，而且在沒有鹽鐵專營收入（由地方政府代收一定的鹽鐵稅）的情況下，也維持朝廷的運轉。

外戚勢力對財政的危害，更勝戰爭

從漢明帝永平十六年（西元七三年）開始，將軍竇固開始率領大軍在西域開戰。此次戰役並未持續很長時間，沒有造成太大的影響；到章帝晚期，由於受到北匈奴的干擾，皇帝準備再次發兵，因此財政出現第一次緊張。為了解決戰爭經費，章帝試圖恢復鹽鐵專營制度，最後卻以失敗告終。

明、章兩位皇帝之後，和帝時期，東漢政府與匈奴的決戰逐漸升級。當時，章帝竇皇后的哥哥竇憲為了逃避宮廷鬥爭，申請對北匈奴作戰。漢和帝永元元年（西元八九年），車騎將軍竇憲深入沙漠三千里，殺敵一萬多人，在燕然山刻石記功而返。永元三年（西元九一年），大將軍竇憲出塞北擊匈奴，徹底擊潰北匈奴。然而，竇憲的戰功並不能掩飾東漢政府的失控。作為外戚的竇憲專橫跋扈，在章帝時期就強買強賣，甚至連明帝的女兒沁水公主的園田都不放過，當竇憲侵占公主的土地後，公主竟然畏懼得不敢和他計較。

自竇憲之後，外戚的權勢在東漢變得強大起來。到了漢順帝時期，外戚梁冀所占的土地，已經到驚人地步。梁冀權力最盛時，四方送給皇帝的貢獻品，必須先拿到梁冀面前、請他先挑選。

由於他權力太大，到他家裡求官請罪的人絡繹不絕。他的下屬出去執行任務時，也是四處索要女人、橫行霸道，侮辱良家，甚至毆打官吏。梁冀的府邸更是極盡奢侈，雕梁畫棟、亭臺樓閣，屋內裝飾著大量的金銀珠玉、奇珍異寶。他的園林採土築山，仿效東西崤山，其間充斥著奇禽馴獸。他的林苑規模和皇帝的規制相同，西至弘農、東界滎陽、南極魯陽、北到黃河、淇水，林苑裡有森林沼澤、丘陵曠野，占地面積幾乎達到千里，不只如此，他的財富比諸侯王的都多得多。

竇憲和梁冀只是兩個代表。東漢後期整個疆界之內，充斥著大大小小的官僚豪強，超乎政府的控制，他們的存在對財政的影響甚至勝過戰爭。此刻，繼匈奴之後的另一股蠻族勢力——羌興起時，東漢在蠻族與豪強的打擊下，終於踏上漫長的解體之路。從漢光武帝晚期，長安以西（今青海、川西、甘南一帶）的羌部落就逐漸崛起，與漢政權起了衝突。

東漢在財政崩潰下解體

西元一〇七年，漢安帝永初元年。前一年，東漢帝國相繼埋葬和帝與殤帝。新皇帝登基改元

13　東漢具體的財政收入未見於史冊，但可以大致的推算。首先，由於西漢、東漢的人口和土地開墾情況類似，稅率也一致，因此西漢的財政收入資料應適用於東漢。《漢書．王嘉傳》記載，「孝元皇帝奉承大業，溫恭少欲，都內錢四十萬萬，水衡錢二十五萬萬，少府錢十八萬萬」。三者相加共計八十三億，東漢財政收入應該與此相當。其次，《後漢書．梁冀傳》記載，（皇帝）「收冀財貨，縣官斥賣，合三十餘萬萬，以充王府，用減天下稅租之半」。由此推斷天下租稅約為六十億以上。綜上，東漢財政收入大約為六十億到八十億，取七十億為宜。

後，都會有例行性的大赦天下，然而人們還來不及高興，羌族叛亂的消息已經傳來。

從這時起，東漢和羌族的戰爭斷斷續續進行六十年，直到靈帝建寧二年（西元一六九年）破羌將軍段熲平定東羌，漢羌戰爭才暫時告一段落。在這一個甲子的悲劇中，漢軍屢次出兵，甚至遭遇五次全軍潰滅。

這場戰爭又有幾次高潮和間歇。安帝永初年間隴右羌亂持續十二年，中央政府的直接軍事花費，就達兩百四十餘億錢[14]。也正是在安帝時期，終於傳來財政崩潰的信號。永初三年（西元一〇九年），**在西羌攻破臨洮的同時，首都所在的京畿地區出現大饑荒**，甚至發生人吃人的慘劇，面對空空如也的國庫，群臣束手無策。

最後，三公站出來提議，請求准許官吏賣官。只要官吏繳納一定的錢，就可以得到關內侯、虎賁羽林郎、五大夫的職位，而更低級別的人只要出錢，也可以進入官府當吏，或者到軍隊擔任低階指揮官的機會。**這是東漢政府第一次，不能依靠正規的稅收來度過難關**。此禁一開，隨著財政制度進一步被摧毀，吏治也越來越混亂，對民間的干擾也超過界限，社會的動盪隨之而起。

安帝死後，順帝永和元年（西元一三六年），羌族的一支名叫「燒當羌」的部落襲擊金城（今蘭州），引發另一次的羌族大叛亂。這次的戰爭綿延十年，主要區域涉及涼州（今武威）、並州（今太原）和關中地區，消耗軍費八十餘億[15]。

為了應付軍事開支，**順帝**調整帝國最大的開銷來源，他**降低公卿大夫的工資**，**並從王侯手中借走田租**。永和六年（西元一四一年），順帝下令由皇帝出面，借走王侯一年的國租，用於戰爭開支。當年，皇帝還在有錢的老百姓中推行「國債」，每戶一千錢。漢安二年（西元一四三年），順帝再次借走王侯一年的國租，同時降低百官的工資。

當然，由於政府缺乏對於官員的約束和監察，官員失去的工資和物資必然透過其他方式來補償，最終**社會將承擔官員的掠奪成本**。但是，對於一個已經在財政上山窮水盡的政府來說，任何能拿到的資金都是救命稻草。

到了桓帝和靈帝時期，東羌再次叛亂，這次戰爭又耗資達四十四億[16]。直到漢靈帝建寧二年（西元一六九年），羌亂才告一段落。從順帝永和年間到東羌叛亂結束，戰爭費用高達三百二十億[17]。

在東漢歷史上，人們最不喜歡的是桓帝和靈帝時代（西元一四七年至一八九年）。由於這一時期社會階層進一步僵化，加之中央政府功能的退化和腐敗，人們對之深惡痛絕。皇帝對周圍的人更加不信任，只寵倖宦官，這使得宦官干政更嚴重，進一步削弱皇帝的權威。

但人們沒有意識到，桓靈時期的局面實際在前朝就已經註定。當正規的財政系統被破壞，政府就已經變得低效、無法運轉，哪怕換成是光武帝、明帝或者章帝，也沒有辦法挽回頹勢。**桓帝**

14 關於本段記載見於《後漢書．西羌傳》：「自羌叛十餘年間，兵連師老，不暫寧息。軍旅之費，轉運委輸，用兩百四十餘億，府帑空竭。」

15 見《後漢書．西羌傳》：「自永和羌叛，至乎是歲，十餘年間，費用八十餘億。」

16 參考《後漢書．段熲傳》：「凡百八十戰，斬三萬八千六百餘級，獲牛馬羊騾驢駱駝四十二萬七千五百餘頭，費用四十四億，軍士死者四百餘人。」

17 可見《晉書．食貨志》：「迨建寧永和之初，西羌反叛，二十餘年兵連師老，軍旅之費三百二十餘億，府帑空虛，延及內郡。」

在糟糕的局面下，做了不少必須做的事來避免帝國的崩潰。他是位操勞的皇帝，卻只能起到延遲帝國崩潰的作用。延熹四年（西元一六一年）由於羌亂的影響，桓帝繼續前朝的政策，降低公卿大夫的工資，並從王侯手中借走一半的田租，再次根據國庫開銷來售賣官職。第二年，又削減那些沒有參戰的武將的工資，並削減公卿的衣物供應。

延熹八年（西元一六五年），漢桓帝在金錢的壓力下，嘗試另一種做法。他下令全國按照畝數征斂額外的稅收，每畝徵收十錢。這一次，政府不再區分免稅田還是非免稅田，不管土地屬於普通人還是豪族、官僚，都要繳稅。桓帝即位前，耕地大概在七億畝左右[18]，如果全部徵收，可以獲得七十億錢的額外稅收。但以桓帝時期的行政效率，根本無法做到全面徵收。

羌亂不僅摧毀東漢的正規稅收，還在周圍地區掀起叛亂風潮。這段時期，也是南部、西南部蠻族叛亂與民變的高度頻發期。分析其中的相關性，可以大致了解，財政漩渦與社會瓦解之間的相互關係。只要有一次危機瓦解帝國府庫，那麼政府就必須開闢無數的非正規管道來斂財，從而造成新的不穩定。當一個國家掉進這個漩渦時，就會越來越混亂，形成惡性循環。

羌亂告一段落之後，東漢政府已經進入崩潰階段。光和元年（西元一七八年），漢靈帝由於缺乏資金，開始最後的瘋狂舉動——賣官。從關內侯、虎賁、羽林，價格不等。就連三公九卿也都定出價格，三公的價格是一千萬，九卿的價格是五百萬。到後來為了強迫百官交錢，靈帝甚至要求不管是刺史還是太守，在任命或者調動時，都必須向皇帝繳納「助治宮室錢」，司馬直就是在這時死諫皇帝。

靈帝賣官的方法靈活多樣，甚至還支援信用付款，可以先當官再付款，不過到時候要付兩倍的價格。當靈帝數著他的收入時，帝國的官僚體系已經徹底被破壞了。以前的皇帝即便有賣官，但賣官之外，還必須留正常晉升的管道給有才能的人。而靈帝已賣官到不分青紅皂白的份上，不管一個人才能如何，想當官都必須付款。

司徒崔烈是靈帝時期的名士之一，他當太守和廷尉時一直受人尊敬。後來，他花五百萬從靈帝手中買個司徒。在慶祝他升遷時，漢靈帝也在場，皇帝不僅不感到羞愧，反而認為賣便宜、應該賣一千萬。而人們知道崔烈買官之後，他的聲名也隨之受損。但是，再清高的人在靈帝時代，也必須適應要汙染自己。

更甚的是，桓帝騰挪的錢財大部分是用於公事，而靈帝斂財卻是為了滿足私欲。由於東漢的政府財政和皇室財政合一，皇帝斂來的錢財往往被用於公事。靈帝為了防止朝臣用掉他賣官得來的錢，專門建造萬金堂，把錢放在裡頭，只准用於他的私事。

中平元年（西元一八四年）爆發黃巾起義，漢靈帝更關心的卻是他的宮殿。第二年由於宮殿失火，靈帝下令，全國每畝地多收十錢來重修宮殿。當然，這時在叛亂區是不可能收到錢，而在政府控制區收這種苛捐雜稅，等於逼迫更多的人走上反抗的道路。中平四年（西元一八七年），漢靈帝再賣關內侯，爵位可以傳給子孫，價格是五百萬。這時，東漢徹底崩潰已經近在眼前。

18 見附錄圖表2。

州牧造成王朝崩潰

中平五年（西元一八八年），漢靈帝做一次大膽的改革，涉及的對象是地方政府，卻最終徹底葬送東漢皇朝。由於黃巾起義造成地方混亂，中央政府意識到必須做出有效的調整，提高各地資源調撥的效率，才能防止下一次起義。

在鎮壓起義的過程中，人們發現這個政府不僅無能，而且很龐大。文武百官層層疊疊，每個官員都想著如何守住地盤，防止別人侵犯自己的領域。從政府調撥來的經費，成為各個官員口中的肥肉，你爭我奪，卻忘了敵人就在眼前。比如，後來作為改革模型的四川地區，本來就地處偏遠、管理不易，官員的責任重疊尤其嚴重，對於權力你爭我奪，有了錢糧，誰也不想放手，所以，更凸顯問題的嚴重性。

皇帝和大臣都意識到，如果要節省開支、提高效率，必須進行一定的改革。他們認為，應該**將所有的財政、軍政權力統一授予一個官員**，由他來整合、調撥。在皇帝過問地方事務時，只需拿這個官員是問，再由他確定其他官員的責任；而投入到該地的財政資源，也由這個官員統一分配，這個官員就是州牧[19]。

州牧並非是新官職，其雛型叫刺史。漢武帝時期，皇帝為了加強中央集權，監督地方官吏，將天下分為十三部，派遣刺史去刺探各部的官員，這時的刺史只是一個監察官員。在西漢時期，刺史還不是常駐官員，必須每年回京師彙報皇帝。

到了東漢初年，為了加強刺史的監察效果，規定刺史不必每年都回京師，可以派下屬回京師彙報。於是，刺史就逐漸演變成了地方的常駐官員。由於他有監察郡縣官員的權力，地位反而超乎郡之上，成為郡守的上司[20]。刺史本來是為了幫助皇帝集權而設，但碰到掌控力不強的皇帝，反而可以擴張權力，使得地方官制變得更加複雜、不便管理。不過此時的刺史仍然不管財政，只糾察官員。

隨著東漢逐漸解體，皇帝反而更加依賴刺史。皇帝發現為了鎮壓叛亂，就要將資源都集中起來。而集中資源最簡單的辦法，就是擴大刺史的權力，不僅讓他掌管官政，還要掌管財政和軍政，也就是將這個地方所有的資源都交給他。

這個辦法是太常劉焉所提出來，他認為現有的刺史由於權力不夠，而且普遍素質不高，徒增暴亂。所以，應該**從有好名聲的重臣中選取一些官員，把刺史改為州牧**，由這些重臣來擔任。朝廷採納劉焉的建議，而**劉焉本人也當上益州州牧，並當了六年，之後傳給他的兒子劉璋**。漢獻帝建安十六年（西元二一一年），劉璋為了對抗曹操，引入劉備作為幫手。三年後，劉備取得益州的控制權，以此為基礎建立蜀漢政權。與劉焉同時擔任州牧的還有太僕黃琬，任豫州州牧；宗正劉虞，任幽州州牧。

靈帝的改革後來在唐玄宗的改革上重演，靈帝創造州牧這個軍閥集團，玄宗則創造節度使。

19 設置州牧的相關文獻，見《後漢書．孝靈帝紀》：「是歲（中平五年），改刺史，新置牧。」

20 相關記載見《後漢書．百官志》：「秦有監御史，監諸郡，漢興省之，但遣丞相史分刺諸州，無常官。孝武帝初置刺史十三人，秩六百石。成帝更為牧，秩兩千石。建武十八年，復為刺史，十二人各主一州，其一州屬司隸校尉。諸州常以八月巡行所部郡國，錄囚徒，考殿最。」

他們都因為行政效率低下、財政開支分散（或者不足），無法滿足軍事需要，所以，必須在地方上，安排一個掌管一切的官員統一管理財政。

但是，官員雖然可以提高行政效率，卻由於缺乏監督，很快就獨攬大權。這時候，就算是皇帝也拿他們沒有辦法。在州牧這個職位設立一年後，西元一八九年漢靈帝去世，大將軍何進聯合袁紹，欲除去宦官勢力，但最後在爭鬥中被宦官所殺。何進死前曾經邀請在北方帶兵的董卓前來洛陽，幫助他對付宦官。何進死後，董卓仍然以這個名義進入洛陽，挾持年幼的天子，翦除宦官勢力。

之後，董卓另立漢獻帝，這就是漢代最後一個皇帝。當董卓擅權時，漢靈帝創造的州牧顯現出旺盛的活力：他們掌握著一個地方的全部資源，可以迅速調動資源用於戰爭。袁紹（冀州）、袁術（揚州）、曹操（兗州、冀州）、劉備（徐州、豫州、益州）、劉表（荊州）等，都從地方起家，他們親自擔任、或者派心腹代理，但最終的目的，都是控制地方的所有資源以用於戰爭。東漢政權終於在這強大的分離力道之下，走向崩潰。

第五章

魏晉南北朝：戰爭時期的財政競爭[1]

在戰爭中雙方如果勢均力敵，獲勝的一方往往財政組織更為出色，這在三國時期就已經反映出來。**東漢末年，最早發現戰爭財政祕密的是曹操**。董卓囤積大量錢幣，卻無法買到糧食，袁紹、袁術等人由於不重視後勤，軍士甚至不得不吃野棗和貝殼，只有曹操組織大規模的屯田[2]，保障軍隊糧食充足。

在三國鼎立時，曹魏也是最重視糧食生產的一方，而蜀漢則在連年戰爭中消耗大量糧食，一直處於後勤劣勢之中，這種戰略上的差異造成不同的結局。在滅蜀漢和東吳時，司馬氏的謀臣首先考慮的是靠屯田累積糧食，其次才是打仗。魏晉在統一過程中，**屯田可說是功不可沒**。

西晉建立後曾經試圖均分土地，實現耕者有其田的想法。但是，由於晉代繼承從漢到魏的龐大遺產，社會結構已經僵化，改革很快就夭折了。南朝時期，政府最重要的工作是清查稅源。由於大批的人都依附於豪族，變成非納稅戶，而大量的土地都成豪族的免稅田，**南朝各代皇帝不斷清查戶籍和土地，卻從來沒有查清過**，稅收也不斷萎縮。因此，南朝被行政效率更高的北朝所超越、滅亡。

曹操屯田，財政定輸贏

西元一九六年，漢獻帝建安元年。東漢的末代皇帝漢獻帝逃離郭汜、李傕等西北將領的追捕，從長安出發，一路輾轉來到洛陽。到達洛陽時，首都的宮殿已經全部毀於戰亂，跟隨皇帝的百官行走在荊棘之間，靠在殘垣和斷壁上休息。

中原的軍閥早就忽略皇帝的存在，他們手握強兵，卻沒有人前來看望皇帝。群臣餓壞只能挖野菜吃，有的甚至餓死在東都的廢墟之中，有的則被亂兵所殺。在這時，曹操前來收留皇帝，把疲敝交加的皇帝帶到許都（今河南省內）。這一年，整個中原都處於混亂之中：袁術、袁紹、呂布、公孫瓚等各霸一方，征戰不止。這也是東漢末年最殘酷的時期，每一個軍閥都拚命掙扎，圖謀吞併別的勢力，成為最終的勝利者。

就在這種局面下，曹操做出一個驚人的舉動。當所有人都關注軍事，他卻強調農事。這一年羽林監[3]棗祗，建議曹操趕快進行屯田[4]，曹操聽從這項建言後，以棗祗為屯田都尉，任峻為典農中郎將，四下**招募流民，把他們安置在許都一帶的空田耕作**，得到百萬石的糧食。之後，又四處推廣這個經驗。自此，屯田成為慣例。

曹操這看似不經意的舉動，成為統一北方的關鍵。正是靠著屯田，他從強大的北方軍閥中脫穎而出。他也最早意識這條規律：戰亂時期最擅長籌措軍費的人，就會成為最後的贏家。

東漢末年和三國時代屬於典型的戰亂期，而整個三國歷史，就是一部屯田和增加收入的歷史。可以說三國的競爭首先始於財政，其次才是軍事，誰能夠建立起更加持久、有效的財政體系，才能擊敗其他的競爭者。

---

1 本章涉及的時間範圍，是西元一八九年至五八九年。
2 利用士兵和農民墾種荒地，以取得軍隊供養和稅糧。
3 禁衛軍，負責皇帝的宿衛。
4 典出《晉書．食貨志》：「魏武既破黃巾，欲經略四方，而苦軍食不足，羽林監潁川棗祗建置屯田議。」

董卓之亂後，整個東漢帝國的經濟體系徹底崩塌。各地的州牧和將軍為了供養部隊，首先實行掠奪式政策，一切都以暫時、一次性搜刮為目的，董卓為典型代表。作為滅亡東漢的第一個推手，他在攻克城池之後，軍隊都會將城市洗劫一空。與曹操看重糧草不同，董卓根據以往的經驗，更看重貨幣[5]。他認為只要有了錢，就可以買到一切。他劫持皇帝之後就廢除五銖錢，鑄造另一種小錢來流通，希望持有更多鑄錢。

由於極度缺乏貨幣，董卓還將傳了數百年的秦始皇金人熔掉。當時秦始皇收繳天下的兵器後，將它們鑄成十二銅人（也稱十二金人），董卓將其中的十座毀掉、鑄成錢幣。這種做法在和平時期，可以直接從民間獲取大量的財富；但在戰爭時期，由於民間已經拋棄貨幣，董卓的做法最終失敗。不管是劫掠錢財，還是鑄造更多的銅錢，最終目的就是為了軍糧，這樣才能招募更多的士兵，提升戰力。但在戰亂時期，許多百姓都無法耕種、生產足夠的糧食。這時，不管出多高的價格，都無法買到軍糧，錢幣又有什麼用處呢？

掌握後勤補者稱霸天下

董卓被呂布刺死後，部將郭汜、李傕繼續作亂。當時的物價已經漲到一石粟五十萬，一石豆麥二十萬，大約是和平時期物價的一萬倍。由於沒有足夠的糧食，甚至出現人吃人的慘劇：白骨成堆、處處可見腐爛的人肉和殘缺的屍體。

當時還在長安的漢獻帝，叫人把皇室儲存的米、豆拿出來給飢民煮粥，但是糧食直接被官員盜走，每天都有大批的人被活活餓死，皇帝只好親自施粥給飢民。獻帝東逃後，郭汜、李傕在後面追殺。皇帝、皇后也缺食少衣，皇后的幾匹細絹被人搶奪，連她身邊人的性命都賠了進去。到後來，皇帝也只能用野草、青菜充飢。至於曾經繁華的長安城更是變得空盪荒涼，連人影都看不到，整個關中平原成為一片荒地。

董卓、郭汜、李傕等人大肆掠奪西部，卻沒有想到正是這種暴虐的做法促成敗亡。由於他們大肆掠奪，使得農民無法種糧，隨著糧食枯竭，軍隊也成為受害者，導致戰鬥力下降，最終西北軍閥被東部的軍閥所滅。

在東部的中原一帶，與曹操爭天下的二袁——袁紹和袁術，同樣不知道後勤的重要性。在爭霸天下時，他們的軍費都是臨時籌措，也以掠奪為主。袁紹的軍隊甚至要靠路邊的野棗糊口，而袁術的軍隊則尋找貝殼充飢。在東漢，中原一帶分布著大面積的水域，豐富的水產可以暫時解決軍隊需求。可一旦進入戰爭狀態，這些水產卻無法成為後勤糧食。

貨幣經濟在軍閥混戰時期也已經停止，並重新回到以物易物的時代。當戰爭長期發展時，誰第一個將政策從掠奪，轉變為持續生產，誰就會成為受益者。

屯田制在中國歷史上，充滿爭議。這種制度**在和平時期的效率相當低**。以現代在新疆地區的屯田制為例，由於無法激勵人們積極生產、拖累產量，也引起大眾普遍不滿。但在戰爭時期，由

5 此段原文出自《晉書．食貨志》：「及董卓尋戈，火焚宮室，乃劫鑾駕，西幸長安，悉壞五銖錢，更鑄小錢，盡收長安及洛陽銅人飛廉之屬，以充鼓鑄。」

於普通農戶無法得到安全保障，只有軍隊能夠出面維持治安，屯田反而成為唯一有效組織生產的方法。

在西漢時，由於西北戰爭需要，皇帝曾經試驗過屯田制。漢武帝設立張掖、酒泉等郡，又在北方的上郡、朔方、西河等地設置屯田官員，發動六十萬士兵實行軍屯；在漢宣帝神爵元年（西元前六一年），趙充國為了應付西北的軍事需要，又實行短暫的屯田；東漢的明帝、和帝和順帝時期，也都在西北實行過屯田。這些屯田大都和北方的軍事行動有關，由於政府無法遠距離運送大批糧草，只能利用士兵在當地生產。但由於生產效率低，一旦達到軍事目的，屯田就會被改為私田，並逐漸被廢棄。

歷史上真正大規模、長期的屯田，發生在三國時代。曹操在許昌成功屯田後，將經驗推廣至全國，每年糧食產量已經達到幾千萬石。定都鄴城（今河北省內）後，由於局勢穩定，除了屯田之外，曹操將普通農田的稅收加以制度化，普通的耕地要求每畝收租四升，每戶每年再繳納兩匹絹、兩斤綿，除此之外不得擅自徵收。

曹操靠著嚴格的紀律統一北方。在戰爭中，他也特別重視糧草、後勤問題。在官渡之戰中，**曹操兩次出擊袁紹的後勤部隊，這是擊垮袁紹的關鍵**。統一北方後，曹氏所建的魏國甚至人人都在談論經濟發展、如何獲得更多糧食。在這個階段，各種精通經營之道的能臣輩出，已經成為謀士必備的能力之一。

曹魏時期：水利時代來臨

在董卓之亂後，關中地帶幾無人煙。本來關中地帶一直是京畿要地，農業繁榮、物產富庶。戰亂時老百姓四處流亡，有十多萬戶流落到荊州，脫離曹魏的國土。統一後，侍中衛覬想恢復關中的經濟，決定將這些逃亡戶招納回來。

他發現老百姓很想返回家園，但因為身無分文，就算回到家鄉，也根本沒有辦法組織生產。如果要讓他們回家，政府必須提供生活補貼，幫助他們度過最初的難關。但是政府手中也沒有錢幫助百姓。又該怎麼辦？

衛覬想到，西漢政府曾經利用鹽鐵專賣獲得收入，到東漢由於行政效率過低而無法恢復，但現在隨著政府加強社會控制力，可以恢復一部分鹽業控制權、幫助老百姓回歸。這相當於國家從鹽業中取一筆特別稅，用於購買農具和牲畜，補貼返鄉的關中老百姓。

衛覬的提議已經帶有現代財政的概念，政府採取他的提議，許多老百姓因此得以返鄉種田，**關中經濟也開始恢復**。戰後，人們生產工具不足，京兆太守顏斐就鼓勵人們學習木工、多養豬，之後再賣掉豬去買牛。很快的老百姓家家戶戶都有牛和車，耕種效率大幅提高。

由於耕田需要水利灌溉，曹魏時代也成為中國歷史上一個大興水利的時代。可以說中國人鍾愛水利是從東漢起步、到曹魏時代達到一個小高峰，之後延續到晉、南朝，到隋煬帝時代達到另一個高峰。

曹魏的揚州刺史劉馥興修芍陂、茹陂、七門、吳塘等水利工程，用以灌溉稻田；豫州刺史賈逵在汝水[6]建造水壩、開挖運河；沛郡太守鄭渾興修水利工程鄭陂，糧食產量大幅增加，政府收入倍增。

在西北方，涼州刺史徐邈興修鹽池、廣開水田，敦煌太守皇甫隆推廣耬犁、灌溉田地。上述地區都使糧食增產。慢慢的，魏國境內各地糧食都能自給自足，不再需要中央調配物資，使得魏國成為當時最強盛的國家。

與曹魏展開轟轟烈烈的大生產運動相比，三國中另外兩個國家，在屯田上花的力氣卻小得多。由於曹魏所在的中原是漢末的主要戰場，原來的社會結構大都已經被戰爭破壞，因此政府在重建制度時乘機收緊權力，**曹魏當時以武力打天下，同時也打壓許多地方豪族**，這兩個因素決定曹魏的行政效率，比東吳和蜀漢的都要高很多。

就東吳來說，孫堅父子並非本地人、根基不深，而**江東受戰爭的破壞最少，保留最多東漢時期的豪族門閥結構**，所以孫吳政權更多的是利用門閥勢力，來統治整個國家。戰爭對經濟的破壞小，代表孫吳沒有迫切的需要實行屯田；而門閥勢力更強大，意味著皇帝的命令無法貫徹，行政效率更低。

但孫吳政權仍然進行一定的屯田工作。東吳黃武五年（西元二二六年），由於曹氏統一了北方，江淮一帶成為爭霸的主戰場，孫吳的財政需求也在增加，故而陸遜上表請求屯田。孫權親自勞動、鼓勵農耕，也獲得一定的效果。在三國中蜀漢的地盤最小，史書記載三國時期，魏國在籍人口大約是四百四十萬，吳國不到兩百四十萬，蜀國不足一百萬。這個數字雖然有爭議，但整體上可以反映出蜀國的疲弱。

蜀漢時期也有過短暫的屯田。丞相諸葛亮平南蠻，開拓雲南市場；他在四川也大力務農；在陝西境內，也有計畫進行屯田，以供征伐。諸葛亮的計畫由姜維實施，姜維在甘肅境內實行屯田。然而，蜀國的糧食卻浪費在連年北伐的戰爭中，這些戰爭大都沒有結果，幾乎每次撤軍，都是因為糧食不足和運糧困難。這一次次的浪費，讓蜀國缺少應對危機時該有的物質基礎，最終成為最早滅亡的國家。

魏青龍二年（西元二三四年），是諸葛亮最後一次北伐，他為此開闢從四川前往陝西的水路，並囤積大量糧草，力圖不再受制於糧食短缺。可惜的是，由於諸葛亮在北伐過程中去世，和隨後而來的撤軍，大量的糧食資源都落入司馬懿的手中。第二年，魏國的中原地區發生大災，司馬懿從陝西調五百萬石糧食救濟洛陽，其中可能包括當年諸葛亮辛辛苦苦從四川運去的糧食。

司馬懿的統一大計，重點是財政

魏齊王正始四年（西元二四三年），司馬氏逐漸掌握曹魏的實權。司馬懿開始著手籌劃統一三國的大計。這時距離蜀漢滅亡還有整整二十年，距離東吳滅亡還有三十七年。司馬懿有一位叫做鄧艾的謀臣，是三國時期最著名的戰將之一。二十年後，正是他率兵滅蜀漢。鄧艾除了敢冒險、能打仗之外，還是有名的財政專家。

6 為古代淮河左岸的一條支流。

在司馬懿籌劃統一時，鄧艾寫了一篇〈濟河論〉，向宣帝（晉武帝追謚司馬懿的廟號）提出他的觀點。他認為戰爭到最後，一定是比拚財政，誰能夠在經濟上取得壓倒性的優勢，誰就能贏得最後的勝利。曹魏之所以能夠占領半壁江山，就是因為實行屯田，累積足夠的糧食[7]。

現在如果要將南方半壁收入囊中，必須先繼續發展農業、儲存糧食。根據鄧艾的計算，如果要征服南方，必須做好長期打仗的準備，估計至少需要五年時間和十萬大軍，要供應如此大量、長久的糧食，就必須有三千萬石的儲備糧[8]。但問題是怎麼做，才能儲存到那麼多？

鄧艾看上許都以東壽春地區的土地。在魏國與蜀、吳對峙的過程中，共有三個地方有著戰略樞紐的作用，分別是魏和蜀對峙的漢中地區，在陝西和四川交界處，這裡也是諸葛亮北伐的基地；另外是位於今湖北的襄陽、荊州地區，魏占領襄陽，而荊州先是被蜀占領、之後是被吳占領，與魏形成對峙；第三個地點就是壽春，即現在安徽的壽縣。

在三國時代，魏國要進攻吳國，兩條路中幾乎必選其一：一條經襄陽，一條經壽春。當壽春被魏國占領時，這裡還是一片尚待開發的土地，位於與吳國對峙的正前線。但是，這裡的土地非常肥沃，當北方的土地都已經被開發得差不多時，鄧艾發現壽春正是天賜的糧食生產基地。

他認為由於缺乏水利設施，這裡的土地雖然肥沃卻產量不高，如果開鑿運河灌溉，土地產量可以提升三倍。只要五萬士兵參與耕田，加上充足的水源，就可以每年上繳五百萬石的稻穀作為軍糧。經過六、七年後，就可以湊夠三千萬石的糧食，為戰爭做好準備。這個提議受到司馬懿的大力稱讚，並立即實行。曹魏在此大修水利、興兵屯田，南方的氣象也為之一變，官田和民田交錯其間，一片繁忙景象。鄧艾的計策為司馬氏統一奠定下物資基礎。**財政成為西晉統一戰爭中看**

不見的戰場，深深的影響著中國歷史的走向。[9]

司馬懿之所以能夠接納鄧艾的方法，是因為他本人也是位有名的財政專家。起初，作為曹操的手下，司馬懿也是早期提醒曹操要注意屯田的大臣之一。根據他的計算，當時有二十多萬人因為戰亂而脫離農業生產。正是因為看到這些閒置勞力的存在，曹操才對屯田有了足夠的信心。

洛陽以南的中部地帶，也就是荊州以北，靠近吳、蜀的前線。當蜀將關羽入侵這片地區之後，許多老百姓逃走了。曹操決定收攏這些逃走的百姓，把他們遷往北方安置。司馬懿阻止曹操的做法，他認為關羽的侵襲不會持久，日後，這些人還會返回家鄉耕種，如果把他們遷往別的地方，反而使民眾因思鄉而降低耕種意願，還讓前線變得更加空虛。曹操再次採納司馬懿的意見，這片肥沃的土地仍然保持著繁榮，為日後進軍江南做好準備。

司馬懿除了理解財政之外，更懂得拿捏人民與政府之間的距離。他認為雖然要重視財政，但是一定要避免擾民過甚。隨著魏國擴張，一些新的邊境地區加了進來，這些地區的人民大都沒有戶籍，因此，政府想透過核查來落實戶籍制度，便於未來徵稅，但司馬懿不贊同這麼早清查戶籍。他說吳國和蜀國，正是因為建立嚴密的戶籍制度來防範百姓、徵收苛稅，所以百姓才拋棄了他們。我們應該反其道而行，不要建立嚴密的戶籍系統，也不要干擾人民的生活，要讓他們

7 此段紀錄可參考《晉書．食貨志》：「昔破黃巾，因為屯田，積谷許都，以制四方。今三隅已定，事在淮南。每大軍征舉，運兵過半，功費巨億，以為大役。」

8 典出《晉書．食貨志》：「六七年間，可積三千萬餘斛於淮土，此則十萬之眾五年食也。以此乘敵，無不克矣。」

9 參見《晉書．食貨志》：「每東南有事，大軍出征，泛舟而下，達於江淮，資食有儲，而無水害，艾所建也。」

安樂[10]。**只有人民安居樂業，政府才會富足，否則，登記戶籍也沒有用**。這件事表明，他的看法比起一般人都高明得多。

在與諸葛亮的對抗中，諸葛亮屢屢被糧草所困，而司馬懿卻在陝西一帶興修水利、發展農業、鼓勵人民種田，使曾經荒蕪的陝西再次成為糧倉。當中原地區發生災荒時，司馬懿竟然可以從陝西調糧食來支援中原。

西晉大將個個是財政專家

司馬懿一生在征戰的同時，走到哪都會發展經濟，以保證政府可以獲得足夠的財政，來支持戰爭。正是他高瞻遠矚的氣魄，才使他能夠採納鄧艾的提議。對他來說，一場戰役的勝負，遠沒有完善的財政系統重要。

當鄧艾滅了蜀漢、司馬氏的晉國取代魏國之後，晉武帝司馬炎為了統一全國，繼續祖輩的政策。他親自參加耕種，並多次下詔鼓勵農業，獎勵那些善於發展農業的地方官員，並積極興修水利。更難得的是，晉滅吳的兩大功臣羊祜和杜預，除了在軍事上出類拔萃之外，在財政上同樣頗有建樹，他們和滅蜀的鄧艾一樣精於財政。

武帝時，作為尚書左僕射的羊祜被派到襄陽掌管軍事。他到達襄陽後，發現那兒連百日的餘糧都沒有，就立刻發動士兵開墾土地，很快就累積十年的餘糧。太康元年（西元二八〇年），晉武帝準備統一東吳時，羊祜已經死去，但正是依靠他留下的豐富遺產和戰略，晉朝才成功的統一天下，而羊祜也成為伐吳的第一功臣。

晉武帝時期，由於前期人們發展農業的方向過於單一，出現了副作用。之前，人們總是強調建壩攔水、開荒種地，種的地以水田為主。可是，由於人們四處建壩，許多地方出現水災，大水長期不退，在各地造成災難。

當時的河南尹杜預認為，這時不應該再建這麼多水壩和水田，而是應該挖開一些水壩，將水放走來發展一些旱田。另外，為了應付戰爭，政府曾經留了很多種牛，現在應該把這些牛大批配給老百姓，讓他們發展農業。

杜預在平吳戰爭中，是晉軍的指揮官之一。除了死去的羊祜之外，杜預是最主要的功勳人物。長期以來，許多學者只把羊祜、杜預和鄧艾這三位平定吳蜀之地的人，看作是軍事家。但是，他們都是先深刻理解財政問題的經濟專家，只有在軍備上做到極致，才可能在戰爭中得勝。更重要的是，只有在經濟上做好充分的準備，才能在平定吳蜀之後，仍然保持政權的穩定，而不是隨著開支擴大，增加新的不穩定。所以，晉武帝年間，西晉之所以能夠統一三國，已經超越軍事範疇，而是事關全域的財政問題。

10 在戰爭中，非但不苛求民眾，反而以寬待人，這種品格尤其難得。司馬懿的原話是：「賊以密網束下，故下棄之。宜弘以大綱，則自然安樂。」（《晉書·高祖宣帝紀》）

道不盡的禪讓制

西元二八〇年，晉武帝司馬炎滅了東吳，統一中國。當中國經過近一百年的分裂，重新走向統一時，雄心勃勃的皇帝隨即展開宏大的改革，要為帝國的長治久安提供牢固的基礎。改革的目的是要摸清帝國的人口數量，並把耕地平均分配給廣大的人口，讓他們在安居樂業的同時，也為政府提供可靠的收入。

晉朝的人口經過清查，為一千六百餘萬人[11]。根據三國時期的統計，蜀國不到一百萬人，吳國兩百四十萬人，三國加起來也不到七百七十萬人。統一後，晉朝人口數量已比三國的總人口數增加一倍。之所以會增加這麼多，除了太平時期的人口自然增長之外，還有流民重新回歸家鄉，被納入到戶籍之中。

查明戶籍之後，晉武帝實施更具革命性的土地改革。這份土改綱要規定：「每一個男丁可以占田七十畝，女丁可以占田三十畝，一個家庭（一夫一妻）正常的土地是一百畝。」

從晉武帝的意圖來看，是要實現「無人不飽暖」的大同社會，所以政府在稅收上，也考慮得非常周到。為了照顧老人和小孩，規定男女十六歲到六十歲是正丁，需要課稅；而六十五歲以上的老人、十二歲以下的孩子都免稅。剩下的人（十三歲到十五歲，六十一歲到六十五歲）屬於次丁，在稅收中享受優惠條件。

至於土地稅，也並非耕種的所有土地都繳稅。一個正丁男子最多按照五十畝土地繳稅，而次丁男子則按二十五畝土地繳稅。正丁女子只繳二十畝的稅，次丁女子免稅。除了土地稅之外，還有戶調稅，規定正丁男子每年上繳絹三匹、綿三斤，次丁男子和正丁女子減半。上述稅收都是針對漢人，遠方的夷狄也需要繳納一定比例的稅收。

晉武帝改革計畫之完善，令人敬畏。如果這個辦法順利推行下去，那麼晉朝將成為一個持續數百年的強大王朝，不用等到唐代的出現，就將進入另一個太平盛世。但事實是，晉的安定局面只維持了十一年，隨後就進入著名的「八王之亂」時期。八王之亂造成社會解體，給各地的少數民族發跡的機會，隨著少數民族政權崛起，中國進入「五胡亂華」的時代，而晉武帝設想的財政改革，也無法繼續實踐。隨後的兩百多年，反而成為歷史上少有的財政混亂時期。

為什麼司馬炎雄心勃勃的改革計畫會失敗？為什麼西晉王朝如此短命？也許，從司馬氏透過禪讓得到天下的那一刻，一切都已經註定。在中國歷史上，禪讓是一件讓人既愛又恨的選擇。人們之所以喜歡禪讓制，是因為這意味著在朝代更迭時，沒有發生新舊皇族之間的戰爭，政權得以和平交接，整個社會所受到的破壞，不像武力奪權那麼大。但人們之所以擔心禪讓制，是因為禪讓之後的朝廷往往都比較羸弱、毛病不斷，這些問題終身伴隨著政權。而那些從徹底的亂局中，以武力脫穎而出的王朝，卻可能擁有更長的壽命。

禪讓得來的政權之所以短命，原因在於新政權雖然繼承前朝的統治權，卻也延續前朝政權累積的諸多毛病。政權內部結構盤根錯節，形成巨大的慣性，皇帝束手無策。這樣的政權不可能重

11 典出《晉書．地理志》：「太康元年，平吳，大凡戶兩百四十五萬九千八百四十，口一千六百一十六萬三千八百六十三。」

新設計政治和經濟制度，只能在前朝的基礎上做些許的改變。哪怕如司馬炎這樣有心改革的人，最終也會發現一切只是徒勞。

禪讓的弊病在晉代尤烈。當權力傳到晉皇室時，已經經過兩代禪讓，曹魏禪讓自東漢皇室，司馬氏在禪讓時，又幾乎將曹魏時期的問題都接收下來。而在東漢建立時，由於光武帝無力解決西漢時期留下的社會問題，必須概括承受。**延續這些無解的毛病，就註定西晉只是一個臨時性的政權**，非常容易失衡。

司馬炎推行土地改革立即遇到新的問題。他的改革試圖遍及全國，但其實只適用於北方曹魏控制的區域。由於這個區域經歷的戰亂最多，大量的人口變成流民，許多耕地變成荒地，土地多次易主，已經不可能恢復漢代的土地權屬關係，只有這樣政府才能夠統一規畫、分配。

而蜀漢和東吳，由於繼承東漢時期的土地權屬關係，每一片土地都有所屬之人。晉代雖然征服這些土地，卻沒有能力改變權屬問題，更無法大規模的重新分配。所以，晉武帝的改革無法推廣在江東和四川等地；就算在北方，土地改革進行得也不順利。

曹魏時代，為了快速生產糧食，實行大面積的屯田制度。屯田時，政府招募大量的流民，令其耕種土地，這些人稱為屯戶。按照當時的規矩，如果屯戶自己有牛，種地的糧食就和政府對半分；如果屯戶沒有牛，由政府提供牛，那麼種出來的糧食由屯戶分四成，剩下的六成給政府[12]。而政府則保證這些屯戶不需要繳其他的稅，也不用服兵役，屯戶的生活反而比普通的農民還要舒服。

東漢至魏晉：特權之國

到了後來，皇帝把政府控制的屯田，大批賞賜給官僚和世族，屯戶也隨著土地一併轉移給他們，這些屯戶就被稱為佃客。這時，**佃客就從依附於國家，變成依附於官僚和世族**。他們沒有登記在國家的戶籍上，也不需要服兵役，只需要繳納糧食給他們依附的世族。當佃客越來越多時，朝廷的稅收和兵源就會受到影響。

晉武帝司馬炎的土地改革，本來就是針對這些佃客，希望透過清理戶籍，讓他們重新繳稅給政府並服兵役。可是那些世族並不想放棄特權，而佃客也並不想隸屬於國家（那意味著服兵役，甚至多繳稅）。

晉武帝司馬炎的政權是透過禪讓得來，所以，他不得不對官僚、世族做出妥協，在他看似完美的**改革綱領裡，開了不少後門**。於是，除了規定普通人按照男子七十畝、女子三十畝分配土地外，王公大臣的土地則不需要遵守這個數字。對於官僚，晉武帝有另一套規定：晉朝的官員按照職位和考核分為九品，第一品官員可以占田五十頃，也就是五千畝。以後每品官員遞減五頃，第九品可以占田十頃，也就是一千畝。

官員不僅可以比普通人多占幾十倍的土地，他們的土地還能免稅。同時，官員親屬的土地也

12 見《晉書．傅玄傳》：「又舊兵持官牛者，官得六分，士得四分；自持私牛者，與官中分，施行來久，眾心安之。今一朝減持官牛者，官得八分，士得二分；持私牛及無牛者，官得七分，士得三分，人失其所，必不歡樂。」

都免稅，最多可以包括九族，最少也有三代。除了親屬之外，官員還可以庇護一定數量的佃客（農業）和衣食客（傭人）。比如第一品官員可以擁有五十戶佃客、三戶衣食客。

在法律上，晉朝把人分成至少三個階層：一是不需要納稅的官僚世族階層；二是不需要納稅的「客戶」階層，也就是佃客和衣食客等；三是納稅的普通人。官僚、世族階層的人數有限，但他們卻可以擁有眾多的「客戶」階層。當「客戶」階層人數一多，納稅的人就會大幅度減少。晉武帝雖然向官僚世族做出讓步，讓他們可以擁有土地和「客戶」，但只要數量不超過限制，政府還是擁有足夠的納稅人。

但是，由於晉朝權威不足，不能徹底執行法律，限田數量成為虛設，國家的納稅人口就越來越少。由於禪讓得來的權威性不足，晉武帝還採取另一個措施，他大肆分封司馬氏的諸侯王。希望透過家族勢力來鎮服各地的世族，維持晉祚。然而卻事與願違，這些諸侯王不僅沒有幫助皇帝維持帝國的秩序，反而利用中央的疲弱，捲入明爭暗鬥之中。

這種種措施不僅沒有解決西晉皇室的財政問題，隨後的八王之亂更是直接擊垮經濟，朝廷不可能再組織任何統一的軍事行動。八王之亂時晉惠帝逃出京城，在路上只剩下兩塊布和三千文錢，想吃一隻雞都做不到。

當北方和西方的胡人入侵時，各地諸侯只能自發的組織抵抗行動、自行解決財政問題。匈奴人劉曜圍困晉懷帝時，官員都挨餓，甚至出現人吃人的現象。這個王朝在一片混亂中轟然瓦解，晉武帝所推行貌似完美的土地改革，也隨即被放棄，成為歷史上又一個美麗的幻象。

查不清的土地，理不盡的戶籍

永昌元年閏十一月初十（西元三二三年一月三日），晉元帝司馬睿死在宮中。他死前已經心灰意冷，因為他建立東晉，卻以失敗者死去。在他死的這一年，這個世界已經無比混亂。在半年多以前，他的大將王敦剛針對皇帝發動戰爭，皇帝的軍隊完全戰敗，奮威將軍侯禮戰死、尚書令刁協在逃跑途中被賊軍殺害、鎮北將軍劉隗乾脆投奔北方的胡人石勒。

王敦占領首都後，晉元帝只好寫信給他：「如果你心裡還有晉，就息兵讓天下安定一會兒吧。如果你心裡已經沒有了，我就回我的琅琊（晉元帝當皇帝前，是琅琊王），退位讓賢。」王敦最後選擇暫時息兵。他當上丞相、掌管晉的軍政大權，加封武昌郡公，封邑達到一萬戶。不過，王敦還不滿足，從這時起便開始大肆殺戮對晉室忠誠的將領，在晉元帝的眼皮底下為禪讓做準備。

在東晉周邊，蜀地的賊寇張龍入侵巴東，北方的胡人石勒更是侵襲不斷，這一年他騷擾河南，攻陷太山、襄城，就連晉元帝的老根據地琅琊都歸順石勒。這一年，東晉還發生大瘟疫，疫區死亡率高達二、三〇%，晉元帝就在這一片淒涼中離世，將不確定的未來留給繼任者。

幸運的是，王敦沒有成功篡位，因此這個風雨飄搖的政權又存在近百年，然而東晉的未來卻已經被定型。

之後，這個不幸的朝代又經歷蘇峻和祖約叛亂、桓溫擅權、前秦淝水之戰、孫恩叛亂，以及桓玄短暫稱帝。東晉政權如同一葉扁舟，在風浪中顛簸，最終被劉裕的宋所取代。皇帝在這個孱弱的朝代中，已經成為可有可無的擺設，**司馬氏之所以存在，只不過是因為世家大族，商量不出個公認的領袖來取代他**，至於皇權則早就被剝奪得一乾二淨。

然而，東晉又是名士層出不窮的時代，他們語不驚人死不休，放浪形骸卻又滿腹經綸。同時，這還是個奢侈之風橫行的時代，各大族倚仗著巨額財富，史書寫滿其揮霍、宴樂，使人很難相信這是個戰亂和悲劇的時代。但戰亂就在身邊，北伐不斷失敗、權臣當道、北方和西部的胡人侵擾、內部的紛爭充斥，生活在當時的多數人絕對感覺不到幸福，可以說是少數人的天堂，多數人的煉獄。

這個時代有利於豪族、卻不利於皇權和老百姓。皇權之所以衰落，是因為東晉建立在原本屬於東吳的地盤上，甚至連原來的社會結構都沒有理清。北方陷入戰亂、晉元帝倉皇南逃，東晉只不過是他建立的流亡政權。

南渡後，元帝檢視國庫，發現裡頭只有四千多匹布。到後趙皇帝石勒向南進攻時，晉元帝以一千匹布懸賞石勒的人頭。在這個政權中，一切都是臨時措施，晉武帝制定的改革計畫早已經被放棄，因為東吳本來就缺乏土地，根本不可能給每個人都分配法律規定的數量。

在東晉時期，有兩個財政上必須解決的問題：土地和人。所謂土地，指的是朝廷所需的詳細土地資料，來作為課稅依據。東晉建國時，由於原本南方的貴族占據太多免稅土地，因此能夠課稅的資源本來就少。司馬氏南逃後，許多北方貴族也跑到南方購買和霸占土地，使得土地更加稀少，所以政府的首要任務，是清查能課稅的土地數量；所謂人，又牽扯到東晉時期的特有問題：僑民。由於蠻族占領北方，許多北方漢人都逃到南方，司州、冀州、青州、並州、雍州、涼州、兗州、豫州、幽州已經全部淪陷，徐州喪失一半。這些地區的人口大量南逃，全擠在揚州、荊州、江州、梁州、益州、交州、廣州幾個原本並不發達的州。

最初，這些南逃的人都盼著有天能夠回到北方、認為只是暫居在這。他們沒有戶籍，後來政府為了便於管理，頒發臨時身分證。那些原住民的永久身分證用黃色木片登記，稱為「黃籍」；臨時身分證則用白色的紙登記，稱為「白籍」。在白籍聚集的地方，按照他們在北方的居住地，設立許多僑郡和僑縣。這些僑郡、僑縣和北方的郡縣同名，但地處南方，只管人，沒有土地或者只有少量土地。僑郡、僑縣只有其名，沒有其實。

白籍的人除了世家和官員，大部分在南方都沒有土地，他們依靠打工為生，寄託在有土地的豪族門下，成為佃客。不過比起黃籍，白籍並非完全處於劣勢，由於他們沒有土地，不用向政府繳納土地稅；而政府為了優待這些從北方逃難的百姓，也免除他們的勞役。於是，這些人就徹底脫離體制，同時困擾著中央的豪族占地、佃客失控現象都更加嚴重。

東晉政府還曾經希望能夠收復中原，讓白籍人士回到北方，但當收復無望時，就必須考慮讓他們變成原住民、加入黃籍、貢獻稅收和勞役。除了白籍之外，還有一些連戶籍都沒有的人，被稱為「浮浪人」[13]。這些人口沒有固定工作、沒有戶籍，更難管理。因此，清查土地和人口成為東晉政府必須去做的事務。

13 可參考《隋書．食貨志》：「其無貫之人，不樂州縣編戶者，謂之浮浪人……」

土斷政策實施

晉成帝咸和五年（西元三三〇年），開始進行這兩項工作。政府在丈量土地方面有重要進展，雖然有許多免稅的土地，但仍然在大部分土地上推廣土地稅。東晉的土地稅稅率為十分之一，攤入土地中，每畝地納稅三升米。而在清查人口方面，政府連白籍都還沒有建立，首要目標就是先登記有多少逃難者。但是，隨土地丈量一起進行的土斷[14]卻無法徹底執行，由於東晉立國不久、許多人口還在遷移之中，所以無法納入固定的戶籍體系中。

到了咸康七年（西元三四一年），東晉政府再次進行土斷，仍是為了清查人口。政府也是在這時發明了白籍，將僑居人口註冊進去，而將原住民註冊為黃籍[15]。白籍出現後，引起南方原住民極大不滿，在他們看來，這些**外來人口不僅搶占他們的生存空間，還享有免役特權**。

黃、白籍制度成為東晉戶籍爭論的重點。為了應付白籍人口不納稅的問題，朝廷讓各地因地制宜、制定許多收稅方式，向工商業、土特產徵稅，避免因戶籍和土地問題造成稅收流失，也為了安撫擁有土地的黃籍人士。

晉哀帝繼位後，隆和元年（西元三六二年），為了減輕土地稅帶來的不公，皇帝將土地稅從每畝三升減為每畝兩升[16]。兩年後的興寧二年（西元三六四年），在權臣大司馬桓溫的主導下，正式開始整理戶籍[17]，這次戶籍整理被稱為「庚戌土斷」，主要是透過減少白籍人口，來擴大國家的稅基，並解決勞役、兵役人口不足的問題。同時，釋放世家大族庇蔭的佃客階層，將其編入國家戶籍。

此時恰逢桓溫準備第三次北伐，土斷被認為是解決人口和財政問題的雙重武器，所以執行的非常嚴格，對於敢隱匿戶籍者，嚴懲不貸。晉宗室彭城王曾因隱匿五戶而被治罪，政府也靠土斷暫時獲得戶籍和賦稅。然而，由桓溫強行推進的戶籍制度改革，卻在他死後因行政效率降低而變得鬆弛。更麻煩的是，隨著行政效率降低、士族壯大，東晉的稅收問題再次浮上檯面。由於豪族占田太多，剩下的土地，已經不足以養活整個龐大的官僚階層和軍隊。於此同時，在東晉的北方，一個強大的蠻族政權正在興起。

桓溫北伐時，在長安城外的灞上曾遇到過一位奇客，他在大庭廣眾之下，邊抓蝨子邊和這位權臣說話，這位奇客就是王猛。後來，王猛輔佐前秦王苻堅，把前秦從蠻族政權變成一個半漢化、有制度的文明政權。中國北方經過長期混亂後，終於進入制度重建時期。前秦的出現，給東晉施加莫大壓力，皇帝和群臣必須更加注重財政和軍事，避免在與前秦的對抗中處於下風。

晉孝武帝太元二年（西元三七七年），政府宣布不再按照土地收稅，改為依人頭收稅，王公以下每人每年三石糧食，只有服役者可以免稅。這樣改革的原因是，政府永遠查不清土地，因此乾脆放棄、改為更簡潔的方式，為了便於管理而以人口徵稅。在後來的唐代、明代，皇帝由於查不清人口數，只能把所有稅收都攤進土地，而在晉代正好相反，人口可以查清，反而土地卻更加

14 指整理戶籍。
15 參見《晉書．顯宗成帝紀》：「（咸康七年）實編戶，王公已下皆正土斷白籍。」
16 見《晉書．哀帝紀》：「隆和元年春正月壬子，大赦，改元。甲寅，減田稅，畝收兩升。」
17 典出《晉書．哀帝紀》：「三月庚戌朔，大閱戶人，嚴法禁，稱為庚戌制。」

困難。

改革的六年後，淝水之戰爆發。在這次戰役中，東晉以少勝多、粉碎前秦的攻勢，也使得中國北方再次陷入一片混亂，東晉也得以暫時喘息。不過，淝水之戰也為東晉帶來新的財政問題。為了對抗前秦，謝玄成立以北方流人為主的北府軍，因加強軍事使得財政再次吃緊。淝水之戰的兩年後，東晉政府開始加稅，每人每年的稅負變成五石糧食。

隨著稅收依據從土地改為人口數，再次凸顯出戶籍的重要。此刻，當政府稅收不足時，清查土地已經沒有用，只能找出多餘的人口來增加稅收。於是，到東晉最後一個權臣時，土斷變得再次重要。

晉安帝義熙九年（西元四一三年），太尉劉裕實行東晉歷史上，最嚴格的一次土斷[18]。在這之前，東晉遭遇桓玄叛亂和短暫稱帝，劉裕擊敗桓玄後，掌握軍政大權，並率軍南征北戰。發生土斷前，他已經向北滅了慕容氏的南燕政權，並平定南方的盧循兵變，正準備給西方的西蜀譙縱最後一擊，隨著疆域和財政開支不斷擴大，土斷因而啟動。

義熙土斷撤銷大部分僑郡、僑縣，將白籍人口大量併入黃籍。劉裕對於敢反抗的人，不惜以死刑相威脅。這次土斷之前，會稽的士族虞亮就因為藏匿千餘逃亡戶，被劉裕處以死刑。然而，東晉時期的政策特點是，不管政策有多嚴格都會留有後門。劉裕在制定政策時，也留下後門，由於劉裕背後的勢力是北府兵，而北府兵大都為徐州、兗州、青州的流亡人士，所以義熙土斷排除三州人聚集的晉陵（今常州）一帶。

只是，這時東晉已經快要滅亡，劉裕的改革與其說是幫助東晉，不如說是為篡位，打下一個好的社會基礎。土斷七年後，宋武帝劉裕廢除東晉恭帝司馬德文，自己當上皇帝。由此開場的禪讓大戲，在南朝越來越狹小的疆域內，一次又一次的上演。

南朝階級對立，形成漫長的終曲

西元四八五年，南齊武帝永明三年。由於南齊前後兩代君主提倡節約，與北方的北魏休戰維持和平，因此武帝期間出現一個小小的繁榮時期。然而就在這一年，在浙江西北部的桐廬，一位叫唐宇之的人卻準備造反，他造反的理由在現代人看來有些奇怪。

在那幾年，齊武帝正在嚴格調查人民的戶籍問題。自東晉末年以來、歷經南朝宋，中國的戶籍再次出現大混亂。東晉時期，只有顯貴的大家族（士族）才能擁有免稅、免役的特權，而士族的身分為世襲。可是，到南朝宋以後，許多原本沒有地位的人也靠做官、經商發財，他們甚至比士族更富有，卻沒有身分。因此，這些人趁著政局混亂時，買通地方官員、士族，由他們認親將身分從普通人（庶族）改為士族，而這種做法叫做「冒籍」。

當這些庶族成為士族後，得以免稅和免役，更多的窮人投靠他們、在他們的庇蔭下，也取得免稅、免役權。隨著作弊的人日漸增多，稅收變得更加困難。從南齊的開國皇帝高帝起，就非常關注戶籍混亂。齊高帝在休養生息的同時，決心整頓戶籍，他於西元四八〇年，下詔徵求整理戶

18 可參考《宋書．武帝紀》：「於是依界土斷，唯徐、兗、青三州居晉陵者，不在斷例。諸流寓郡縣，多被並省。」

籍的意見。

一位叫做虞玩之的官員上書提出看法，他建議皇帝設立專門的戶口檢查官員（校籍官），透過檢視黃籍，抓出那些作假的分子。為了防止校籍官懈怠，皇帝制定數量指標，要求他們每天都必須查出數起造假案。

虞玩之是位正直、負責的大臣，他個人生活簡樸，一雙鞋竟然可以穿二十年。在政治上也常因直言不諱而得罪人，他所提出的建議在當時來說最為有效，所以皇帝採納虞玩之的建議，設立了校籍官。雖然校籍官也會收受賄賂，可是由於有指標考核，還是能抓出大量的虛假戶籍者，而這些被抓出來的人，則被稱為「卻籍戶」。

另一位叫呂文度的官員，乘機給皇帝出主意：為了警示人們，皇帝應該將那些卻籍戶充軍，送到邊防接受再教育。這項提議迫使大量的卻籍戶紛紛逃亡，而唐宇之所在的浙江一帶，也有大量的卻籍戶面臨著被抓去充軍的風險，唐宇之故而利用這些人發動叛亂。

西元四八五年，叛亂爆發。叛亂者最初只有四百多人，但當他打出抵抗戶籍審查的旗號後，各地的卻籍戶紛紛趕來投靠，竟達到三萬多人。唐宇之率領部隊進攻桐廬、錢唐等地，第二年在錢唐建立吳國，自稱吳王。

在南齊皇帝和官員看來，唐宇之的行為十分荒誕。那些弄虛作假的卻籍戶，本來就是一群違法分子，而皇帝整理戶籍更是無可厚非。然而，為什麼這些違法分子，還會理直氣壯的反抗？而且還有這麼多人響應？

原因在於，**卻籍戶自認沒有犯罪，而是在抗議一項不合理的制度**。所謂「士族」和「庶族」

的區分，在他們看來就是一種落後、野蠻的制度。士族依靠出身就可以不繳稅、享有特權，而普通老百姓不管再怎麼努力，都無法進入那個圈子。那些冒籍者雖然是為了獲得特權，卻也明顯怨恨著這種制度。而皇帝雖然透過檢籍找出造假者、緩解府庫問題，卻也間接的維護早已不合時宜的士族制度。

所以，唐宇之想推翻的是不合理的戶籍制度，雖然叛亂很快就被鎮壓下來，但這也讓齊武帝意識到，政府的行動不能太過激進。之後，上書建議的虞玩之辭職，而齊武帝也不得不做出既往不咎的決定，不再追究在南朝宋的昇明（西元四七七年至四七九年）之前已經冒籍的人，也遣返發配邊關的人回來，這場整理戶籍的改革至此不得不草草收場。

唐宇之的叛亂也顯示出南朝制度的複雜，與東晉相比，**南朝的所有皇帝都不是士族出身，他們大都成長於寒門，從武職晉升到高位**，並透過禪讓獲得政權。他們其實並不喜歡士族、豪門，這些豪門把持著社會資源、卻不納稅，處處以特權為榮。但是，他們又不可能完全離開士族，因為那是文化和教養的象徵。於是，南朝就在「改朝換代、皇帝革新、經濟發展、皇帝變得奢靡、經濟衰退、改朝換代」這個週期中不斷輪迴。

南朝宋的開國皇帝劉裕被認為是一代明主，他打擊地方豪族勢力，試圖使皇朝有正規稅收、從寒門中選拔官員、整理全國戶籍，這一切使社會經濟進入一個上升期，也使得劉宋的皇帝都可以在較為寬裕的經濟狀況下執政。劉裕死後，國庫在文帝劉義隆時期還能支撐起王朝大規模的北伐活動，這是在整個東晉、南朝期間少有的新氣象。

但由於文帝北伐、連年征戰不斷，到下位皇帝孝武帝時又缺錢，於是又有新一輪的整頓吏治和財政。不過，這時劉宋的皇帝已經迅速墮落，變得荒淫無度、貪圖享受，導致劉宋一朝迅速進入衰退期。

南齊高帝蕭道成篡權建立南齊王朝後，首先做的又是整理財政。他的措施從節約開始，提倡取消宮廷裡的金銀銅玉，全部換成鐵器，希望藉此節省開支，之後又大規模整理戶籍。他的兒子武帝繼承這個方式，形成另一個繁榮期。

中國財政第一週期的尾聲——打掉重練

前兩任皇帝的節儉帶來繁榮，到了南齊的後幾位皇帝，又成為他們享樂的基礎，很快的，皇帝揮霍讓剛剛豐盈的國庫再次消瘦下去。梁武帝蕭衍篡位之後，又開始厲行新一輪的節約，但梁武帝又因為過於寵愛佛教、花太多錢在佛教上，因此梁朝的財政一直很不健康。加上梁武帝任人不當，發生影響巨大的「侯景之亂」[19]。

這次叛亂也代表著南朝的好時光已經過去，南梁到後期失去四川和江陵一帶最富庶的地區，實力大打折扣。到陳霸先建立陳朝後，南朝在實力上已經遠落後於北朝，縮小成為一個地方政權。它的士族始終活得那麼優雅，但財政和政治制度已經過於僵化，無法與北朝對抗。

從秦到南朝，帝國的財政系統一直不斷延續著，從秦代和漢初是試驗期，幾位皇帝試著建立一種新式的龐大帝國。人們在以前甚至不敢想像，能在這麼大的疆域內維持統一和繁榮。但經過幾代人的嘗試，到漢景帝時期，帝國不僅存在而且繁榮。

然而，漢武帝卻發現，帝國財政無法支撐類似戰爭之類的龐大開銷，他試圖引入一套國營壟斷體系，來解決問題。雖然這個辦法奏效，卻帶來更致命的新問題，就是壟斷會導致社會，永遠無法得到健康的發展，而官僚體系參與實際經濟營運後，使得社會經濟變得更加龐雜、混亂。當權力與經濟勾結時，社會僵化再次損害帝國財政。

王莽試圖解決社會不流動的問題，利用皇權強行擊碎社會階級，卻只擊碎自己的皇位和腦袋；東漢皇帝都只能面對現實，採取修補的做法。然而由於社會僵化，東漢一直無法有效組織財政，經過官僚侵蝕和外族入侵，引起國庫超支、最終分崩離析；三國時期，各個地方政權「八仙過海，各顯神通」，想盡一切辦法發展經濟，試圖成為最終的勝利者。而作為勝利者，晉武帝卻發現，他仍然敵不過慣性這個隱形殺手，即使有雄心勃勃的改革藍圖，卻永遠沒有結果。

在社會更加難以流動的東晉和南朝，繼續騰挪著最後的資源，他們在財政的緊箍咒下掙扎著，每一次都指望能放鬆一點，到最後，八百年的試驗終於結束。東晉、南朝之所以能夠維持長久，並不是因為它們強大，而是因為北方虛弱。對於北方來說，這是個蠻荒的時代，從游牧蠻族的部落制起，他們一點一點的學習、改造，在前秦時期第一次接受系統性的漢化，在北魏時期鞏固漢化成果，到北周時期才建立更加成熟的制度，並傳給隋、唐。

這個過程從懷胎到分娩，共持續了兩百多年，時間漫長得令人絕望，但由於這是全新的制度，沒有盤根錯節的利益衝突，也沒有無法化解的社會僵化問題，立刻顯示出其強大的優越性。

19 在梁武帝太清二年（西元五四八年），侯景勾結京城守將、武帝皇侄的蕭正德，舉兵謀反的事件。

最終，北方的颶風席捲南方，將自秦、漢以來累積八百年的垃圾，全都掃入風中，中國大步的進入第二次社會重建時期。

第二部

財政失控，帝國繁榮

第六章

唐德宗：吝嗇皇帝的中興悲歌[1]

當中央王朝從和平走向戰亂時，首先影響的是財政系統。一旦財政系統混亂，即便是皇帝也會變成可憐蟲。安史之亂發生後，中央收入降為原來的三分之一，能否收到足夠的稅收，以及能否把各地稅收送到皇帝軍隊手中，成為帝國存亡的關鍵。

唐肅宗起用財經大臣第五琦（第五為複姓），打通運輸道路、建立國營企業、將貨幣貶值，從而籌集到與安祿山、史思明作戰的經費；唐代宗繼續重用第五琦與劉晏，加強專賣制度、加強開發土地稅；到了唐德宗時期進行稅制改革，從複雜的租庸調改為簡單的兩稅法，使得中央的收入恢復到一定的程度。

財政恢復後，唐德宗決定鎮壓藩鎮勢力、恢復大唐盛世。但叛亂引起的財政崩潰再次襲來，唐德宗不僅無法恢復盛世，反而被趕出首都。他最終意識到當失去財政支持，一個皇帝會變得多麼窘迫，他已經不可能恢復當年的盛世，只能接受藩鎮割據的事實。因此，唐德宗的後半生迫於金錢壓力，變成守財奴，但他累積的財富因而成為唐憲宗完成中興的財政來源。

皇帝叫不動餓兵，罪己也收不回民心

唐德宗建中四年（西元七八三年），一場突如其來的兵變擾亂首都長安[2]。德宗執政時，已經是安史之亂的藩鎮割據時期，中國布滿大大小小的藩鎮（節度使），他們手握兵權、爭奪地盤，朝廷處於半失控狀態（唐代官職見二二六頁圖表6-1）。一年前，淮西節度使李希烈叛亂，唐德宗任命龍武大將軍哥舒曜為東都畿汝州節度使，率軍前往鎮壓。但哥舒曜在敗仗之後退守襄城，遭到李希烈圍攻。

唐德宗連忙召集新的人馬去救哥舒曜。西元七八三年冬天，位於長安西面的涇原節度使姚令言接受皇帝命令，率領涇原的軍隊向東前進、援救哥舒曜。第二天，涇原軍離開京城，到距離長安東面不遠的滻水，在此爆發兵變。涇原軍之所以兵變，與德宗時期的軍費制度有關。由於在藩鎮割據時期，皇帝手中的兵馬不足，要借助藩鎮的軍隊來打仗，**每次調動藩鎮的軍隊，皇帝都必須給予豐厚的補償**。

如果藩鎮只是在自己的統治區裡調動軍隊，那麼軍費由藩鎮負擔；如果藩鎮軍接受皇帝的命令、離開其統治區，那麼從離開的那一天起，皇帝必須支付給藩鎮一筆豐厚的軍事補貼，叫「出界糧」，每個士兵的花費相當於平常的三倍[3]。許多藩鎮為了拿補貼故意派出軍隊，不打仗卻專門拿津貼，因此朝廷的任何軍事行動都花費高昂，效果卻相當有限。

這一次，皇帝動用涇原軍，本應該按照規矩給軍隊高額的補貼。當士兵經過首都長安時，心裡也憧憬著美妙賞賜。然而，政府派來犒勞的官員京兆尹（相當於地區行政首長）王翃，只提供粗茶淡飯、一分錢都沒有拿出來，令這些飢腸轆轆的士兵感到不滿。當士兵離開長安時，都認為

1 本章涉及的時間範圍是西元七七九年至八〇五年。

2 見《舊唐書·德宗紀》。關於唐代的正史一共兩本，其中《新唐書》以思想和結構見長，《舊唐書》紀事雖然拖遝、囉唆，卻保留更多的原始材料。本書在引用傳記時多參考《舊唐書》，但引用各志則優先考慮《新唐書》。

3 可參考《新唐書·食貨志二》：「是時，諸道討賊，兵在外者，度支給出界糧。每軍以臺省官一人為糧料使，主供億。士卒出境，則給酒肉。一卒出境，兼三人之費。將士利之，逾境而屯。」《舊唐書·德宗紀》：「凡諸道之軍出境，仰給於度支，謂之食出界糧，月費錢一百三十萬貫。」

自己被皇帝欺騙。軍隊盛傳著謠言，說長安城裡有數不盡的金銀珠寶，全由皇帝一個人享受，卻置士兵死亡於不顧。上戰場的士兵越想越冤，決定不走了[4]。

士兵的「罷工」讓唐德宗大驚失色，此時的長安城已經沒有軍隊守衛，在山東地區（今河北、山東一帶）有四大藩鎮正在擁兵對抗中央，而在淮西則是李希烈作亂，為了應付他們，幾乎派出所有的軍隊。

德宗趕快下令安撫涇原軍，派人前去犒軍，賞賜每人兩匹帛，當賞賜下發時，反而讓士兵更加憤怒。皇帝如此吝嗇，不僅不值得替他賣命，還應該把他推翻、換個更大方的人才對。此時，涇原節度使姚令言已經無法控制軍隊，只能任由這些渴望掠奪財寶的士兵衝向首都。

涇原兵變爆發後，亂兵攻入長安、在皇宮外紮營，形勢已經非常危險，唐德宗匆忙調動他的禁衛軍神策營抵抗，可令他感到洩氣的是，禁衛軍竟然沒有抵抗，因為他們也不願為皇帝賣命。唐德宗只好帶著太子、諸王、妃子、公主一百多人，加上幾個願意跟隨他的宦官，從皇宮的花園北門出逃。這時他遇到由右龍武軍使令狐建率領的四百多位弓箭手，成為僅剩的護衛，與他一同逃難。

當天晚上，皇帝一行逃難到咸陽，匆匆吃了幾口飯後就繼續起程。第二天，皇帝到達奉天（今陝西乾縣）。德宗本來還嫌奉天太小，希望繼續西逃到鳳翔避難，誰知鳳翔隨即發生叛亂，唐德宗被叛軍團團圍住，困守在奉天小城。這是西元八世紀下半葉，唐朝皇帝第三次逃出長安。第一次是唐玄宗避安史之亂，第二次是唐代宗避吐蕃之兵，第三次則是唐德宗避涇原之禍。

比起皇帝，叛亂分子更受百姓支持

唐德宗在奉天孤苦無助，長安的叛軍卻迅速掌控局勢。攻克長安後，不知誰想到的主意，叛軍走在街上喊著：「都別怕，不用擔心，我們**免除你們貨櫃稅、間架稅！**」[5]他們的喊話立即受到長安市民的歡迎，這些市民非但沒有表現出對於大唐的忠誠，還毫不猶豫投入叛軍懷抱。

貨櫃稅和間架稅，是唐德宗發明的新稅種。所謂貨櫃稅，就是向長安的錢莊借錢、向糧商借糧。錢莊裡的錢都是儲戶的，但皇帝決定讓錢莊拿出四分之一來救濟，糧商也面臨著同樣的政策。命令下達後，整個市場一片譁然，商人紛紛罷市抗議；而間架稅則是向所有的房產收錢，每間房最高要繳納兩千文錢。

此稅法徹底激怒百姓，他們寧肯支持叛亂士兵，只求廢除這些苛捐雜稅。但是，市民和士兵不知道的是，皇帝這麼做也純屬無奈。此刻帝國的財政已經是捉襟見肘、拆東牆補西牆，即便搜刮聚斂，仍然滿足不了戰爭開支，皇帝之所以沒有賞賜士兵，也是因為國庫已經空了。叛亂的士兵最後找到一位叫朱泚（音同「此」）的人來做皇帝，朱泚擔任過盧龍節度使、太尉，由於弟弟

4 參見《舊唐書．姚令言傳》：「涇師離鎮，多攜子弟而來，望至京師以獲厚賞，及師上路，一無所賜。時詔京兆尹王翃犒軍士，唯糲食菜啖而已，軍士覆而不顧，皆憤怒，揚言曰：『吾輩棄父母妻子，將死於難，而食不得飽，安能以草命捍白刃耶！國家瓊林、大盈，寶貨堆積，不取此以自活，何往耶？』」

5 可參考《新唐書．食貨志二》：「趙贊復請稅間架，算除陌。其法：屋兩架為間，上間錢兩千，中間一千，下間五百；匿一間，杖六十，告者賞錢五萬。除陌法：公私貿易，千錢舊算二十，加為五十；物兩相易者，約直為率。而民益愁怨。」

朱滔參加北方四鎮的叛亂，他在長安附近被免職賦閒。朱泚自稱大秦皇帝，親率大軍進攻奉天。而在奉天的唐德宗部隊在圍困中缺衣少食，士兵向皇帝請求發一些禦寒的衣服，德宗拿不出來，只能把親王腰帶上的金飾拿下來賣掉，再補貼給士兵。

唐德宗在困境中，發出了著名的罪己詔[6]，不惜痛斥自己長在深宮，「不知稼穡之艱難，不恤征戍之勞苦」，將整個國家帶往災難之中，「天譴於上而朕不寤，人怨於下而朕不知。」這是中國歷史上皇帝最深刻的自責。大多數時候，皇帝總是將錯誤推給別人，明朝末代皇帝崇禎臨死前，還認為是別人辜負他，唐德宗的詔書卻不惜全部打掉自身威嚴，只怪自己。

他甚至赦免大部分發動叛亂的人，不管是北方四鎮還是淮西李希烈，一概既往不咎，只有稱帝的朱泚不在赦免之列。不過，朱泚的弟弟朱滔是北方四鎮的叛亂者之一，皇帝怕他擔心受到朱泚的連坐罰，宣布朱滔也會得到赦免，他還宣布廢除苛捐雜稅，發誓要做一個好皇帝。

在奉天被困數月後，唐德宗才有機會逃往漢中地區。在漢中幾個月後，朱泚叛亂被平息，他得以回到物是人非的長安。既然德宗在詔書中如此痛斥自我，那麼回到長安後，人們是否看到一個痛改前非的皇帝？答案是唐德宗的確變了，但他的變化卻令人心碎。

在這幾次叛亂之前，德宗皇帝是個雄心勃勃、勵精圖治，試圖恢復大唐昔日榮耀的君主，他罷黜專權的宦官、提倡節儉、摒棄不正規的稅收，試圖建立起健康的財政，並收回藩鎮權力、將其置於中央的監督之下。

可是**叛亂過後，皇帝卻不再信任任何大臣，重新依賴宦官掌權**[7]。他逃離長安已經證明，所有的大臣、所有的百姓都不可靠，會為了渺小利益拋棄整個皇朝。他也不再指望正規的稅收，變得貪婪無比、四處找錢，如果想打動皇帝，只有一個辦法：向他進貢比別人更多的錢財。

唐德宗在叛亂中得到的最大教訓，就是即便有著無數的美好計畫，如果沒有錢，還是什麼都做不成。他所謂痛改前非，就是變成守財奴。德宗終生為財政問題焦頭爛額，攫取著任何可以撈到的收入。他的形象顯得如此卑微，成為後來歷任皇帝的笑柄，提醒後代不要變成受困於錢財的守財奴。

德宗去世時，唐代的財政制度已經千瘡百孔，誰都無法糾正。但他給後代留下大量的財富，使得憲宗能夠利用這些錢，重新實現中央集權。也許，憲宗燒錢打仗時，有一個老守財奴的靈魂，正在天上欣慰的望著世間的風雲，欣慰、感慨一輩子的忍辱負重是值得的。安史之亂後，皇帝為財政付出的努力，如同一部血淚史，向人們訴說著帝國財政崩潰的心酸。

戰爭時期的加稅財政學

西元七五五年，安史之亂爆發。以唐玄宗為代表的盛唐時期正式結束。在叛亂爆發之前，唐代的財政失衡問題已經非常嚴重，只是掩蓋在表面的繁榮之下，而叛亂爆發之後，政府的財政問題，以令人瞠目結舌的方式暴露出來。

6　中國古代君主下發自我批評的詔書，旨在反省自己的過失，改變政策。

7　德宗前期想要除掉宦官攬權的弊端，但在統治後期由於不再信任大臣，卻唯宦官是聽，造成整個中晚唐宦官專權的局面。

在叛亂前的天寶十三年（西元七五四年），唐代政府統計總人口，一共有八百九十萬戶，近五千三百萬人[8]。但是叛亂之後，中央政府能夠控制的人口數量迅速下滑，幾年後的上元元年（西元七六〇年），只剩下一百九十三萬戶、一千三百萬人。戶數不到幾年前的四分之一，人口不到三分之一。更麻煩的是，在這一百九十三萬戶、一千七百萬人中，有一百一十七萬戶、一千四百六十二萬人（老弱病殘和特權階層）不需要繳納租庸調，只有七十六萬戶、兩百三十七萬人，承擔整個唐帝國龐大的稅收。

由於不可能大幅度增加每個人承擔的稅率，因此朝廷的收入銳減，大約為玄宗時代的三分之一。叛亂前後人口之所以差別那麼大，並不是戰亂中死這麼多人，而是因為政府已經失去控制力，許多人被排除在戶籍統計之外。

安史之亂不僅在軍事上打擊唐帝國，更大的衝擊在於切斷其行政和經濟命脈。唐朝的行政中心，仍然是首都長安所在的關中平原（今陝西地區），而經濟中心則變成東南方、以揚州為中心的江淮地區。揚州是唐代運河的南方起點，南方的糧食都彙集到這裡，再透過運河轉運到汴京（今開封），從汴京沿黃河、渭河到達長安，或者走黃河、洛河到達洛陽。

安祿山從范陽（今北京附近）起兵南下，占據中原地區，逐漸**切斷首都長安（行政中心）與東南地區（經濟中心）的聯繫**，因此東南的糧食無法到達長安。所以，戰爭爆發後，首先破壞的是帝國的動員能力，使其無法利用帝國的物資來供養軍隊、對抗叛軍。

唐玄宗在安祿山的逼迫下倉皇逃往四川，由皇太子李亨北上靈武稱帝、決心平叛，是為唐肅宗。在肅宗的領導下，唐朝進行一場生死改革，隨著中央財政收入減少為原來的三分之一，而軍費開支卻比之前還要龐大，唐肅宗必須拋開所有顧慮，想盡一切辦法，從能夠控制的區域內搜刮錢財。

為了解決經費問題，西元七五六年肅宗即位後，首先想到的是從商業上尋找補貼。在此之前，唐代的稅收主要針對農業，叫做租庸調，也就是對土地收取一定的租稅，再對農戶收取「調」（農產品稅，以麻布和絲綢為主），並徵發每年二十天的「庸」（勞役）[9]。

唐朝對商業一直採取開放的態度，商業稅的稅率很低，且不是主要稅種。正因為此，唐代的商業一直比較發達。為了支付軍費，肅宗派遣御使鄭叔清前往還效忠於朝廷的江淮、四川地區，一次向富商徵收二〇%的資產稅，即率貸。除了這兩個地區之外，效忠於中央政府的其他區域，商人也在集市和關卡中被徵收貿易稅，凡是一千錢以上的貨物都必須繳納。

對商人徵收重稅，是唐代稅制變化的初步嘗試。但這樣做仍然無法滿足龐大的軍事開支，皇帝必須另想辦法。這時，一位叫做第五琦的官員出現，他建議設立一個新的職務：**租庸使**。租庸使坐鎮經濟上最富庶的江淮地區，**責任是尋找一切稅源**，比如吳地的鹽、蜀地的麻和銅。租庸使

---

8 從附錄圖表2，見《通典．食貨七》，但須指明，各典籍記載數目略有差異。根據《舊唐書．玄宗紀》，天寶十三載（年），戶部見管州縣戶口：「管郡總三百二十一，縣一千五百三十八，鄉一萬六千八百二十九；戶九百六十一萬九千兩百五十四，三百八十八萬六千五百四不課，五百三十萬一千四十四課；口五千兩百八十八萬四百八十八，四千五百二十一萬八千四百八十不課，七百六十六萬兩千八百課。」

9 見《新唐書．食貨志一》：「凡授田者，丁歲輸粟兩斛，稻三斛，謂之租。丁隨鄉所出，歲輸絹兩匹，綾、兩丈，布加五之一，綿三兩，麻三斤，非蠶鄉則輸銀十四兩，謂之調。用人之力，歲二十日，閏加兩日，不役者日為絹三尺，謂之庸。有事而加役二十五日者免調，三十日者租、調皆免。通正役不過五十日。」

徵收完畢，並不直接將鹽、麻和銅運送到朝廷，而是就地賣掉，換成特產以高價賣到其他地方。

由於史思明已經占領運河樞紐，中央物資已經沒有辦法透過運河和黃河運送。於是，政府開闢另外一條道路，從長江走漢水到襄陽，再從襄陽繼續走水路到漢中，從漢中走陝西的鳳翔[10]。這條水路難度大、運力小，所以換成特產可以降低重量，既減少運輸成本，又能多賣錢。

租庸使的出現又導致另一個現象，原本唐代的正式官制以三省六部制為主，各位官員各司其職，但由於皇帝臨時需要，利用租庸使繞過正式官員直接辦事，就破壞政治制度。**從此以後，各式各樣的「使」職大批出現，這都是皇帝為了避開三省六部，而設立的事務性官員。到最後，政府公權力反而轉移到這些人手中**，將正式官員晾在一邊，造成龐大的冗員和辦公效率不彰，從而加劇財政困難。

皇帝開源百百種，賣官、賣度牒樣樣來

唐肅宗之後，掌管經濟的使職官員林林總總，蔚為大觀。《舊唐書》列出的有轉運使、租庸使、鹽鐵使、度支鹽鐵轉運使、常平鑄錢鹽鐵使、租庸青苗使、水陸運鹽鐵租庸使、兩稅使等。每個使職都擁有或大或小的權力，由皇帝直接授權，超乎正規的官僚體系之上[11]。

但僅依靠商業稅仍無法滿足政府需求。第二年，在鄭叔清和宰相裴冕的提議下，唐肅宗開始賣爵。只要向政府交錢，就可以得到皇帝頒發的證書，被授予一定的官勳稱號。除了賣爵之外，朝廷還販賣一切有變現價值的證書。

比如，唐代已經實行科舉制度，考生考取後就有相應的出身，在未來可以做官或者獲得社會地位，而在唐肅宗時代，人們只要交錢就可以獲得明經科出身。

唐代原有嚴格限制和尚、尼姑和道士的數量，因為他們都免稅，所以每個僧人都要持有度牒[12]。而唐肅宗出賣度牒，因此憑空增加許多僧道。另外，肅宗則向商人販賣免役權，免除他們的徭役。這些做法會導致長期問題，不僅讓許多不合格的人擠進官場，同時，免稅、免役權還會讓政府喪失更長遠的收入。唐肅宗借助回紇人收復兩京，但他發現國庫支出不僅沒有減少、反而增加，他不僅要養活唐代的軍隊，還要補貼回紇人。

此刻，全國各地的人都跑到朝廷來要錢。唐肅宗並不是個雄才大略的皇帝，他從小養在十王宅中，每天都為了躲避宮廷的各種陰謀詭計而戰戰兢兢，沒有機會接觸政治的實務面。戰爭所帶來的混亂，已經令他精疲力竭，他發現賣僧牒的收入才剛入庫，各種將領就紛紜而至，把錢搶得一乾二淨。不管如何拚命尋找財源，都無法滿足人們的需求。

朝廷的財政儲備，一般是放在名叫左藏庫的倉庫裡，財政支出和監督有著嚴格的規定。平常由太府掌管、尚書的比部審核。皇帝只是過一段時間接到一次彙報，卻無法控制具體的每筆開銷。第五琦看出皇帝的恐慌，建議將帝國的財政庫藏移到皇家的大盈庫。大盈庫一般是作為皇室

10 參見《新唐書．食貨志三》：「肅宗末年，史朝義兵分出宋州，淮運於是阻絕，租庸鹽鐵泝漢江而上。」

11 見《舊唐書．食貨志》：「開元已前，事歸尚書省，開元已後，權移他官，由是有轉運使、租庸使、鹽鐵使、度支鹽鐵轉運使、常平鑄錢鹽鐵使、租庸青苗使、水陸運鹽鐵租庸使、兩稅使，隨事立名，沿革不一。」

12 佛教和道教術語，古代中國為了管理僧道，允許他們出家所頒發的證明文件。

生活開支，因此皇帝能更容易控制。皇帝將國庫「私有化」，這進一步破壞唐代的財政系統[13]。

私鑄幣猖獗，月殺八百人禁不住

除了政府財政私有化，第五琦還推出影響深遠的兩項政策，也就是實行貨幣貶值和建立國營企業。這兩項措施終於破壞唐初寬鬆的經濟氛圍，回歸到漢武帝時期的傳統。然而，這兩項改革又不令人意外，當唐代政府損失三分之二的收入之後，不能僅靠賣爵、搜刮等短期手段，來解決長期的財政問題，必須找到大規模的財源，來應付下降的土地稅和戶籍稅。

在唐肅宗之前，除了高宗時期短暫打過貨幣的念頭，大部分的唐代帝王都盡量保證官鑄貨幣足值，以維持價格體系穩定。肅宗之前，社會上唯一流通的官方貨幣叫「開元通寶」，每一千枚重六斤四兩。

為了獲得額外的收入，肅宗發行一種新貨幣叫「乾元重寶」，這種錢的重量是千枚十斤，面值卻是開元通寶的**十倍**。也就是說，透過發行新幣，將貨幣貶值六．二五倍。第二年，肅宗再次出手，發行千枚重二十斤的「重輪乾元錢」。這種錢有兩道邊，每枚價值開元通寶**五十枚**，在乾元重寶的基礎上，再次將貨幣貶值二．五倍。貨幣貶值造成物價飛漲，開元通寶錢也在市面上迅速消失，一部分被藏在家裡捨不得用，另一部分被人拿去熔化，再偷鑄成重輪錢和乾元錢。社會價格體系的混亂，迫使肅宗不得不屢次調整幣值。

由於低估開元通寶的價值，皇帝第一次調整幣值，規定一枚開元通寶價值十文，而一枚乾元重寶價值三十文，一枚重輪錢價值五十文。這時候，「文」這個貨幣單位第一次被虛擬化。以前，每一枚貨幣就是一文，可現在流通的三種錢，最小的開元通寶也價值十文，卻沒有代表一文的貨幣。人們第一次有文是「貨幣單位」，不是貨幣本身的概念。

這次幣值調整引起進一步的通貨膨脹，各地的銅器都被人們偷偷拿去鑄錢，京城更是達到人人偷鑄的程度。為了防止私鑄，官府四處抓人，鄭叔清當京兆尹時，曾經在一個月內殺了八百人，仍無法止住這股風潮。上元元年（西元七六〇年），肅宗再次嘗試穩定幣值，將三種錢的幣值分別改為十文、十文、三十文，但仍舊混亂。

寶應元年（西元七六二年），唐肅宗死去，他的兒子代宗繼位。代宗繼位後，首先將改革的矛頭對準父親定下的貨幣體系。他下令將開元錢和乾元錢等值流通，並廢除重輪錢。

這次的改革得到民間配合，很快的乾元錢和重輪錢都退出市場，只剩下開元通寶繼續流通，民間經濟暫時從金融混亂中走出來。

初唐和盛唐時期是少有的商業開明時期，中央政府不設立國營企業、不參與鹽鐵的經營，只收取一定的稅額。到了肅宗時期，鹽鐵鑄錢使第五琦將目標定在鹽業上。乾元元年（西元七五八年），新鹽法推出，政府下令壟斷產區，招收遊民開採鹽業。由政府統一收購開採的鹽，不准私賣。後來，隨著安史之亂被平定，第五琦擔任各州的榷鹽鐵使，在全國範圍內（中央政府還能夠

13 可參考《新唐書．食貨志一》：「第五琦為度支鹽鐵使，請皆歸大盈庫，供天子給賜，主以中官。自是天下之財為人君私藏，有司不得程其多少。」

管轄到的區域內）實行鹽的專賣。

鹽鐵專賣是肅宗聚斂改革中最成功的一項。在專賣之前，每斗鹽只值十文錢，專賣之後漲到一百一十文，整整上漲十一倍，其中的差價就成為政府收入。更為誇張的是，隨著打擊私鹽和各種不斷龐雜的官僚機構，鹽的價格還將不斷上升。到了代宗時期劉晏掌管鹽鐵事務時，鹽的批發價最高已經達到三百七十文，而零售價格還要高一倍。當然，隨著鹽業專賣、緝私等制度變成常態，鹽業收入很大一部分都消耗在制度上，並沒有作為中央財政收入用到實際的地方。否則，鹽業在國家財政中的占比還會更誇張。

與漢代相比，**唐代的冶鐵業過於發達。從技術上，政府已經沒有辦法再壟斷經營**，基於這個原因，這個行業沒有出現壟斷。唐肅宗死後，安史之亂已經進入尾聲。唐代宗繼位後，開始考慮帝國財政的正規化問題。由於在鎮壓安史之亂中大量使用回紇兵，政府必須安撫回紇人，每年送十萬匹馬、百萬匹錦帛。在他的任上，吐蕃人也乘機從西藏進入青海、新疆、甘肅一帶，甚至在廣德元年（西元七六三年）占領長安長達十五日。加上皇帝無法掌控領土內所有的土地資源，政府開支仍然緊張。

但與他的父親不同，代宗更注重財政的延續性，除了吐蕃入侵京城的短暫時期外，大部分時間他都沒有實行劫掠式的財政措施。他放棄父親所有失敗的改革措施，同時保留下當年成功的改革措施，甚至推行到極致。而且，肅宗發現的兩位理財天才——第五琦和劉晏，也是代宗理財的左膀右臂。

鹽業：宮廷開支、軍餉、百官俸祿都要依賴它

代宗的改革重點落在兩個方面：加強專賣制度，和加強開發土地稅。代宗任用劉晏來管理鹽業壟斷。劉晏借助民間企業，建立一條官僚資本的產業鏈，由政府壟斷源頭，再由官商資本販運到全國各地，政府則為這些大商人提供免稅待遇。兩者的勾結使得政府把鹽業的控制權，延伸至全國各個角落。

在劉晏任上，政府的**鹽利**從一年四十萬緡漲到六百餘萬緡，增長十五倍，**占政府總收入的一半以上**。從宮廷開支到軍餉、百官俸祿，都要依靠劉晏的鹽業[14]。除了鹽之外，代宗還逐漸建立**酒業專賣**，於此同時，唐代宗在**開發土地稅**上也沒少動腦筋。在安史之亂前，唐代的稅制主要分成兩部分：一部分是著名的租庸調，另一部分人們了解很少，叫地稅和戶稅。

租庸調是依據人民的戶口來徵稅。唐代有著嚴格的戶籍系統，一個人一生要享受一次政府分配的土地待遇，他的戶口就要落在分配土地的地方。原則上來說每年都要在這裡納稅，不能離開戶籍所在地。但隨著戰爭爆發，許多人都流亡到其他地方，而一個人就算住到其他地方，由於戶籍還在原地，也不需要繳稅。

因為戶籍混亂，唐代宗更看重以居住地和土地來納稅，加強管理地稅和戶稅系統。在唐代宗

14 見《新唐書．食貨志四》：「晏之始至也，鹽利歲才四十萬緡，至大曆末，六百餘萬緡。天下之賦，鹽利居半，宮闈服御、軍餉、百官祿俸皆仰給焉。」

圖表 6-1　唐代官職示意圖

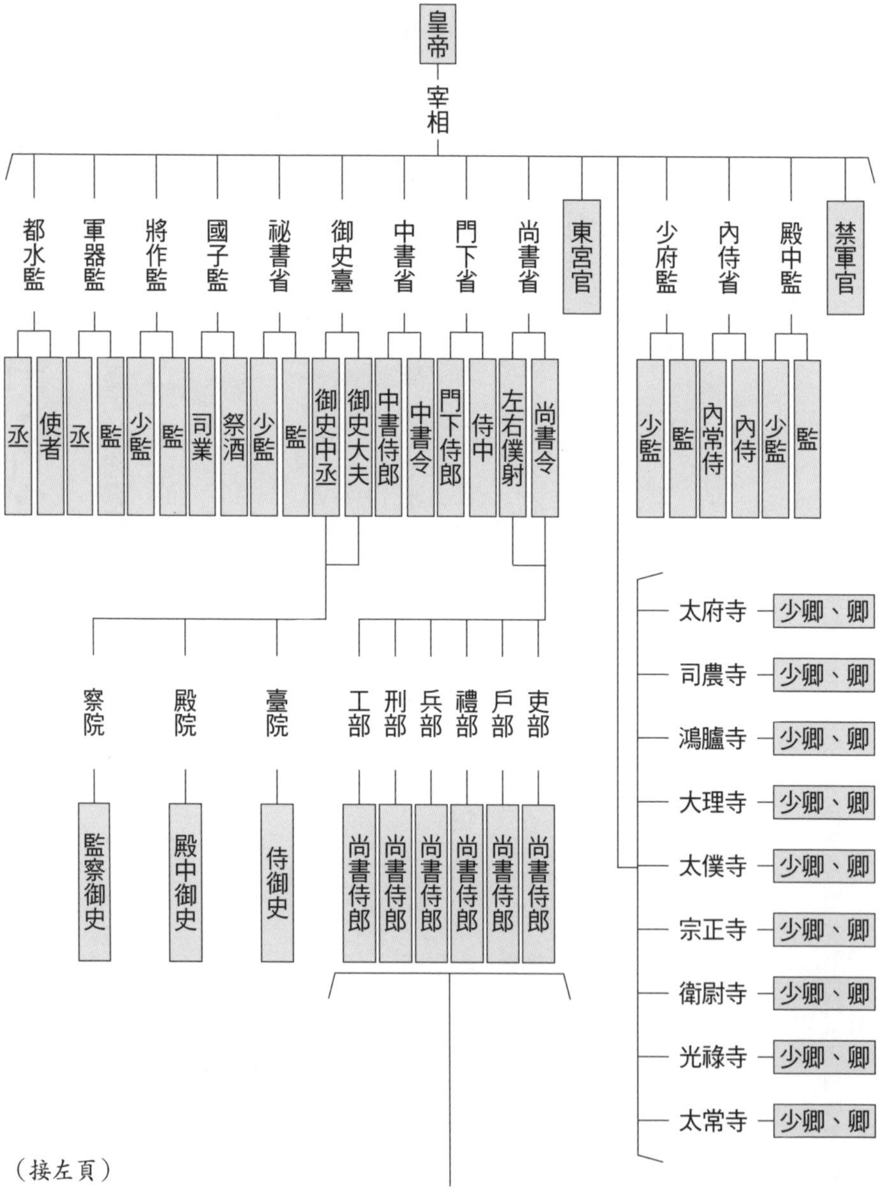

（接左頁）

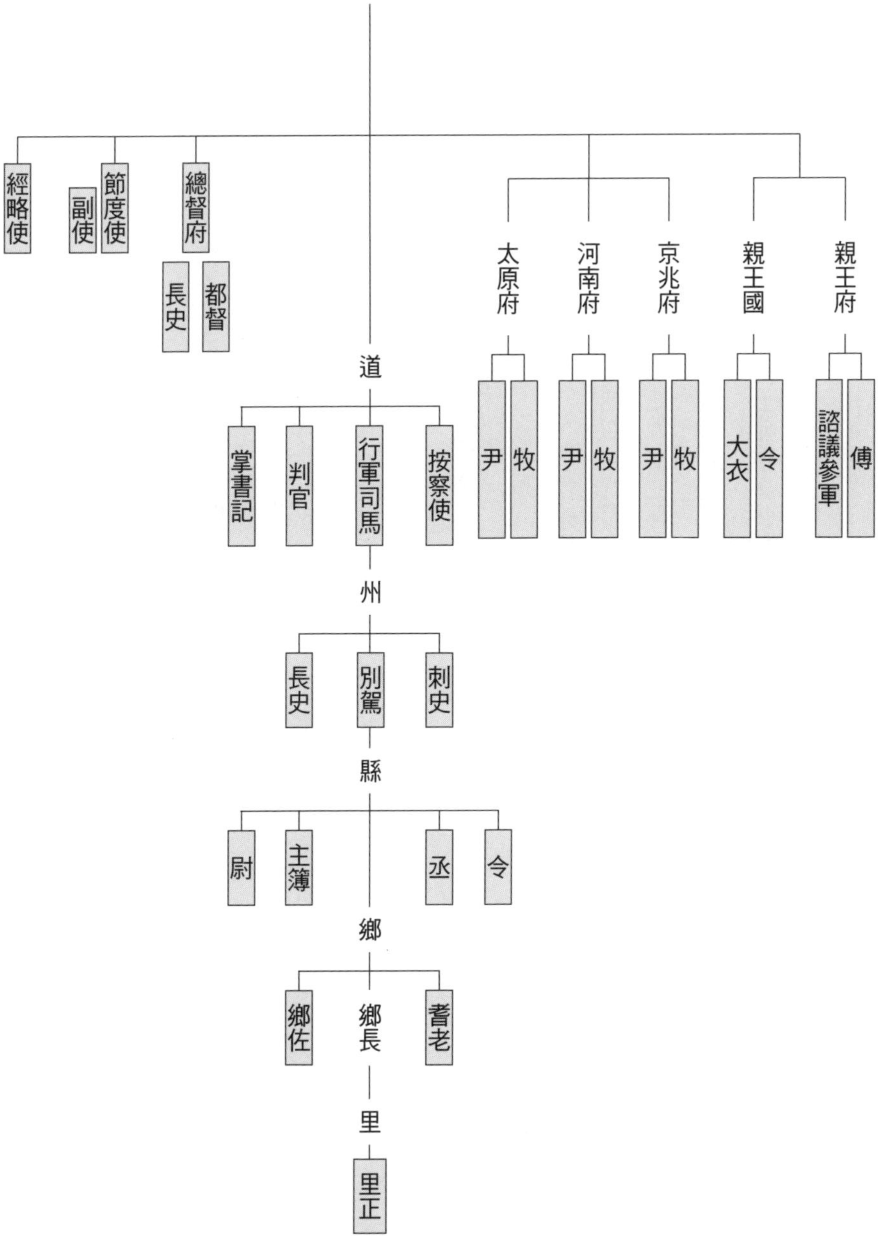
經略使
副使
節度使
總督府
長史
都督
太原府
河南府
京兆府
親王國
親王府
尹
牧
尹
牧
尹
牧
大衣
令
諮議參軍
傅
道
掌書記
判官
行軍司馬
按察使
州
長史
別駕
刺史
縣
尉
主簿
丞
令
鄉
鄉佐
鄉長
耆老
里
里正

時期，地稅的稅率比安史之亂前增加五倍。在唐玄宗的開元盛世時期，地稅的稅率是每畝兩升，但是到永泰元年（西元七六五年），政府試圖在關中推行每畝收成十分之一的新稅率，四年後，又確定為好地每畝一斗（十升），壞地每畝六升。過了一年，每畝又上加一升。除了地稅，戶稅系統也增加至少一倍。

除了地稅和戶稅之外，還有許多苛捐雜稅，最典型的是青苗稅。每年莊稼還只是青苗時，政府最初每畝收十文，到後來變成每畝收十五文、三十文。因為這些方式，代宗逐漸恢復財政平衡。然而，這種平衡是如此脆弱、禁不起折騰，而它面對的，卻是強大的藩鎮勢力和複雜的國內環境。

藩鎮割據，中央財政死穴

建中元年（西元七八〇年），唐德宗繼位。此時的大唐帝國，已經變成一具陌生的軀體，曾經屬於一個中央皇朝，而現在則四分五裂、缺乏統一指揮。安史之亂前，（藩鎮）節度使只存在於邊境地區，是為防範外族入侵而設。但在平定安史之亂的過程中，皇帝為了防止叛軍占領更多的地盤，在內地也建立藩鎮，授予節度使軍政全權。

內地的節度使最多時接近五十個，每個節度使都是不受節制的土皇帝。安史之亂前，唐代的地方行政結構，是地方分成州、縣兩個級別，州有刺史、縣有縣令，是負責地方行政工作的主要官員。而州縣的下屬官員主要由中央政府任命（在漢代是由郡縣長官任命下屬官吏，這是唐代和漢代的區別，也是往集權邁進一步），以防止州縣長官擁有過大的權力。

後來，政府又設立十到十五個道[15]，每個道設置一個觀察使，但這個觀察使並非行政官員，也不負責地方行政工作，而是監視州縣官員有沒有違法亂紀。政府在各地還有一定的駐軍，歸都督府管轄（相當於現在的軍區），都督府可以協調周圍的州縣資源，但不得干涉地方事務。

而藩鎮節度使就相當於兼有觀察使的監察權、都督府的軍事權，同時還有管轄幾個州的行政權。有的節度使還能任命下屬州縣官吏。當軍事、行政和監察權都集中於一人，且這個人還擁有任命權時，就等同於一個小規模的皇帝。

這些藩鎮節度使對中央政府的忠誠度各有不同。東北地區（今河北、北京一帶）的幾個藩鎮節度使，都曾經是安祿山和史思明的將領，唐軍將領僕固懷恩在平定史思明叛亂的過程中，允許他們投降朝廷，但事後給他們保留節度使的職務。這幾個節度使由此獲得東北地區的軍事行政大權，幾乎完全獨立於朝廷，只有名義上的隸屬關係。而江南地區的藩鎮節度使則更加擁護中央，但前提是中央必須默許他們，擁有很大的財政自由空間，可以保留大筆稅收。另外，各個藩鎮招募大量軍隊，軍費開支成為藩鎮和中央政府財政的重頭戲。

皇帝真正能夠控制的區域，是從西北的甘肅到以長安為中心的關中平原，再到河南南部，結束於江南、嶺南一帶，呈一個長條形。而河北、山東、北京的大片地區，以及淮西地區則被排除

15 見《新唐書．地理志》：「太宗元年，始命並省，又因山川形便，分天下為十道：一曰關內，二曰河南，三曰河東，四曰河北，五曰山南，六曰隴右，七曰淮南，八曰江南，九曰劍南，十曰嶺南……開元二十一年，又因十道分山南、江南為東、西道，增置黔中道及京畿、都畿，置十五採訪使，檢察如漢刺史之職。」

在外，甚至形成節度使的世襲制。

這種結構對朝廷最大的打擊，在於財政方面。雖然皇帝規定更高的稅額，但收入卻到不了中央手中。當時的稅收一部分需要留在州政府，也就是州刺史收稅後，提留下來用於本州的行政花費；一部分則交給節度使，供他養兵之用；最後一部分才上繳中央。經過層層剝削之後，中央所能利用的資金就十分有限。

除了經費不足之外，中央政府手中的軍隊也不足，除了有支比較精良的神策軍之外，其餘部隊幾乎都不能打仗。如果有征伐，必須依靠其他藩鎮貢獻軍隊。如果中央政府徵調藩鎮的軍隊，還必須提供軍事補貼（出界糧），每個士兵的花費相當於平常的三倍，代價高昂。皇帝為了節省開銷，甚至連好衣服都捨不得穿，一件衣服要洗染好幾次。即便如此，仍然無法滿足一次大規模的軍事需要。總結起來，唐代宗留給兒子的遺產是：

一、理財政的官僚系統出現更迭。以前的財政機構主要歸屬於戶部，而現在整個中央財政控制在兩個名稱古怪的使職手中。東都洛陽以及整個帝國的東南部地區，全部歸**轉運使**管轄；西京長安以及整個帝國的西部地區，由**度支使**掌管，擔任這兩個職位的就是劉晏和第五琦。

唐初的租庸調已經萎縮，戰爭中形成的鹽業、酒業專賣正在擴大，加上唐代宗逐漸摸索的地稅和戶稅，構成中央帝國的主要收入。

二、中央政府雖然收不到錢，但人民繳的稅並不低。由於藩鎮割據，加上地方吏治惡化，這些機構截取太多稅收，民間被壓榨得相當厲害，但朝廷並不了解民間疾苦。

三、藩鎮雖然不願將正規稅收交給中央，卻又樂意提供額外的「上貢」。各種名目的月供、年供源源不斷的送往長安。「上貢」對於藩鎮有好處，因為每上一筆貢，藩鎮都會以此為藉口、多一個名目向民間收錢，最終民間還是要承受幾倍的代價。

雖然皇帝知道財政走到這一步，既無法維持、代價也龐大，卻又因為離不開地方貢品，只能睜一隻眼閉一隻眼、裝作不知道。透過這種弊病叢生的稅收系統，朝廷在代宗離世時，可以暫時得到稅收平衡。但每個人都清楚，這種狀況不會維持長久，勢必改變，不是向好就是向壞。

西元七八〇年，大家迫不及待的等待著新皇帝登基。在當時的人們看來，他的祖父肅宗保住唐朝國祚，而父親代宗則完成平叛，並恢復初步穩定，到了德宗會繼續這種趨勢、貫徹中央集權、恢復大唐的穩定和繁榮。但是，德宗皇帝能否實現這個目標？

雄心勃勃的帝王和可憐兮兮的財政

唐德宗上臺後，立刻馬不停蹄的展開一系列的改革，他首先廢除皇室一系列的奢侈開銷，代宗雖然生性節儉，但因為相信佛教，在宗教支出上從來不知節省，他又喜歡人們上供，許多人藉著上供的名義來討好他。

德宗在太極殿繼位後的一個月內，下了至少七道聖旨，禁止一系列的進貢。這些貢品五花八門，包括東北（新羅、渤海）的鷹鷂、山南的枇杷、江南的柑橘、劍南的春酒，以及各地的奴婢、其他的珍禽異獸等。他還撤銷皇宮裡管理戲子的機構，戲子被解散、一百多名宮女被送回家，就連皇宮裡的三十二隻大象也回歸山林。

宦官在他父親任上，已經逐漸居於重要地位，德宗對待宦官也毫不手軟。他繼位不久，宦官邵光超藉著出差去淮西的機會，收淮西節度使留後（即代理淮西節度使）李希烈的七百匹綢緞。德宗發現後打邵光超六十杖，並發配充軍。從此以後，宦官再也不敢胡作非為。之後，德宗皇帝撤銷朝廷不必要的食客機構、削減宮廷開支，嚴令中央官僚不准從事商業經營活動，並廢除酒類專賣。

此時，已經浮現一個雄才大略的帝王形象，如果這種氣勢繼續下去，那麼，人們可以期待又一次的中興。畢竟，德宗時代距離玄宗盛世，不過只有三、四十年而已，人們太渴望社會復興。德宗皇帝並沒有讓人們失望，接下來的改革更加關鍵，也更顯示出皇帝的雄心。

在唐德宗上臺的第二年，他採納宰相楊炎的提議，推出影響深遠的兩稅法，徹底改革唐初的租庸調，兩稅法是指每年的稅分夏天和秋天兩次繳納[16]。後世往往誇大兩稅法的意義，認為這是從「對人收稅」，轉變到「對土地收稅」，也就是按人頭收稅，變成按照土地額來收稅。這個說法並不準確，兩稅法仍然要同時統計人口和土地，主要是因為先前的租庸調，經過一百多年已經累積太多問題而無法清理。

租庸調法包括三部分：地租（租）、勞役（庸）和家庭手工業品（調）。繳納時是以家庭為根據。每年，地方政府都會組織調查，給新生人口分一塊土地，收回已亡故之人的土地，統計一個家庭有多少畝需要納稅的土地、有幾個可以服勞役的年輕人、要繳納多少布或者帛，這些統計資料就成為納稅依據。

但是，隨著人口數量增加，政府已經沒有新的土地可供分配，而那些該繳回土地的家庭，也不願意上繳土地，因此資料開始失真。由於人們不願服役，人口資料也出現混亂[17]。

唐代的戶籍分為主戶和客戶，主戶就是百姓分配土地的地方，如果此人移居別地，需要登記為客戶。按照規定，主戶須繳納租庸調，而客戶不需要繳納。於是，許多人把手裡的土地賣掉、搬到其他地區，就不需要再繳稅，而購買土地的人也將土地隱藏起來沒有登記，這就造成大量稅收流失。

在楊炎的兩稅法中，不再區分主戶和客戶，也不再區分土地的性質，政府只確定人們現在的居住地和擁有的土地數量，以此作為納稅依據。當然，政府以後也不再承擔分配土地的責任。稅種則分為戶稅和地稅。所謂地稅，就是按照每戶擁有的土地數量繳稅；所謂戶稅，是一種財產稅，統計每戶的財產多少，按照一定比例納稅。

在制定財政計畫時，政府是以西元七七九年（也就是兩稅法前一年）的稅收額度，為參考基

16 典出《新唐書．食貨志二》：「至德宗相楊炎，遂作兩稅法，夏輸無過六月，秋輸無過十一月。置兩稅使以總之，量出制入。戶無主、客，以居者為簿；人無丁、中，以貧富為差。商賈稅三十之一，與居者均役。田稅視大曆十四年墾田之數為定。」

17 見《新唐書．食貨志一》：「蓋口分、世業之田壞而為兼併，租、庸、調之法壞而為兩稅。」

準。中央政府根據這個額度制定計畫、分攤給各個地方。這就類似於包稅制：地方負責徵稅交給中央。中央要求一定額度，地方政府可以多徵收，把剩下的留給自己，皇帝只要收到足夠額度，就不管地方的行為，這種做法也保障中央政府每年的歲入。

按照分配，中央政府每年可以得到錢九百五十萬緡、米一千六百萬斛，地方政府可以得到錢兩千零五十萬緡、米四百萬斛。但兩稅法並沒有讓民間經濟有根本性的好轉。由於一系列折算問題，加上地方層面徵稅失控，農民的稅收可能已經達到初唐的十幾倍[18]。

但兩稅法的意義在於，中央由此得到較為穩定的收入，大大加強說話的權力。如果按照這種趨勢走下去的話，那麼恢復中央朝廷控制力的夢想，又更近一步了。但就在這時，情況出現逆轉，而且過於心急的唐德宗做出一個錯誤的決定——削藩。

削藩操之過急，斂財自廢武功

唐德宗本應該等財政更加鞏固時，再著手對付地方的藩鎮勢力。要削藩，必須做好武力準備。而政府要發動戰爭，必須留給人民足夠的休養生息時間，也必須等大家適應新體制，讓糧食和金錢塞滿倉庫。在曹魏和西晉決定南征時，首先考慮的都是糧食儲備問題。但在唐德宗時代，事情的發展速度超出皇帝控制。

建中二年（西元七八一年），兩稅法實施的第二年，成德（位於今河北和山東境內）節度使李寶臣去世。在河北一帶，一共有四大節度使擁兵自重，都是「安史之亂」時期投降中央的叛亂將領，也是中央政府的大患，他們掌管的藩鎮是成德、魏博、淄青和盧龍[19]。德宗如果要削藩，首先就要對這四家下手。

按照代宗時期留下的慣例，必須安撫這些地位顯赫的節度使，默認他們的世襲權力，當老節度使死去後，朝廷就任命他指定的接班人（一般是兒子）來擔任新節度使。但這次，德宗採取強硬的態度——他拒絕任命。這也迫使成德與附近的魏博、淄青聯合起來向朝廷宣戰，參加叛亂的還有遠處的山南東道，一共四鎮。為了對付四鎮叛亂，唐德宗除了動用神策軍，還包括周邊數個藩鎮軍隊。神策軍需要軍費，而藩鎮武裝等著補貼，不管是哪種方式都得花錢，這就變成一場金錢的消耗戰。

然而，掌管金錢支出的度支[20]杜佑，卻悲觀的估計出當時國庫只夠幾個月的軍費[21]。如果

18 在西元七七九年定基準時，政府採用的是以金錢折算的方式。人們繳納的是實物（米和粟），可在統計時，按照市價折算成錢幣，以錢幣數字作為未來稅收的基準。而在未來繳稅時，又要將錢幣按照當年的市價折算成米和粟，農民真正繳納的，還是以實物為主。不幸的是，西元七七九年恰好是糧價昂貴的一年，所以算出來稅額很高。這一年過後，糧價一路下跌，加上政府故意壓低價格，農民繳納的實物實際上已經是當年的好幾倍。兩稅法實施時，其稅率就已經是唐初的數倍，中唐時期的稅率之重，可能已是初唐的十幾倍。

19 成德節度使治理恆州（今河北正定）、冀州（今河北冀州）、趙州（今河北趙州）、深州（今河北深州），魏博節度使治理魏州（今河北大名）、博州（今山東聊城）、相州（今河南安陽）、貝州（今河北清河）、衛州（今河南輝縣）、澶州（今河南濮陽）。淄青節度使治理山東中部和東部半島地帶。盧龍節度使治理今北京、天津及周邊的河北地帶，直到遼寧遼陽。

20 掌管財賦支出、調度的官。

21 見《新唐書．食貨志二》：「德宗以問度支杜佑，以為軍費才支數月。」

德宗能夠再等幾年，等朝廷的府庫更加充足，也許削藩的過程會更加順利。可現在一旦缺乏軍費，皇帝必須重開斂財的門路。

杜佑認為，為了再多支撐半年，必須向長安的商人借五百萬緡錢，於是朝廷命令戶部侍郎趙贊籌措借錢，雖然約定戰後還款，可是沒有人相信。在朝廷官吏的巨大壓力下，有的人受不了壓榨而自殺。但就算這樣，整個長安也只湊到八十萬緡，距離目標金額還差很多。

唐德宗為此還開徵貨櫃稅以及糧食貿易稅，最高稅率達到四分之一，使得整個長安罷市抗稅。市民守住路口、攔住宰相哭訴，可政府仍然徵收兩百萬緡。當首都宣布徵稅時，地方也開始行動，最先加稅的是淮南節度使陳少游，加稅的幅度是二〇％，德宗下詔全國推廣。

除了直接從市場上搶錢之外，德宗又打起常平倉的主意。常平倉就是官府調節糧價的倉庫，豐年時低價收購糧食，歉收時加一點價平倉賣出，相當於賑濟百姓。但這類的平準制度看上去很美好，實際上卻總是有大量消耗糧食的人，常把常平倉偷盜一空，而最大的耗糧者不是別人，正是皇帝和政府。

在德宗之前，全國的常平倉已經被政府偷空過幾次，到了德宗時要徵收一些特別稅，來重建常平倉。現在遇到打仗缺錢，正好把裡面的糧食拿走吃掉[22]。

之後趙贊又建議徵收除陌錢和間架稅。除陌錢的稅率，以前是每發生一千錢的交易額，就繳二十錢的稅，而現在增加到五十錢。所謂間架稅就是房屋稅，官員挨家挨戶去數房間，每個房間都要交稅，上等間兩千錢、中等間一千錢、下等間五百錢，隱匿一間的話就要打六十杖[23]。

城市裡有許多破落戶，祖上發達時購買過許多房子，家境衰落後，所有的動產和現金已經沒有，但房子還在。政府徵收間架稅時，這些破落戶首當其衝，他們其實已經很窮，卻因為房屋眾多成為繳稅大戶，許多人也因此被逼得自殺[24]。

連藩鎮也無力離開老巢搞叛亂

在社會被財稅壓垮的同時，皇帝的削藩過程卻一波三折、越拖越長。最初，皇帝的部隊占得先機，幾乎降服叛亂的藩鎮。然而皇帝錯估形勢，沒有及時收手，沒有意識到財政已經十分脆弱，一旦無法維持和平，不僅社會受不了，中央也無處再徵收更多的錢。

皇帝的強硬態度，讓本來與中央聯合的幽州節度使朱滔也擔心了，他害怕皇帝勝利後會對付自己。於是掉轉矛頭、加入叛亂的一方。幽州是東北方最強大的藩鎮，這個轉變不僅改變實力對比，還讓唐政府的財政狀況急劇惡化。使形勢更加雪上加霜的是淮西藩鎮，淮西地處運河要道，是帝國獲得南方糧食的樞紐。淮西節度使李希烈曾經幫助朝廷打敗反叛的襄陽，卻沒有得到足夠

22　詳細資料可參見《新唐書．食貨志二》：「自太宗時置義倉及常平倉以備凶荒，高宗以後，稍假義倉以給他費，至神龍中略盡。玄宗即位，復置之。其後第五琦請天下常平倉皆置庫，以畜本錢……屬軍用迫蹙，亦隨而耗竭，不能備常平之積。」

23　可參考《舊唐書．德宗紀》記載：「至是又稅屋，所由吏秉筆持算，入人廬舍而抄計，峻法繩之，愁嘆之聲，遍於天下。」

24　見《舊唐書．食貨志》：「衣冠士族，或貧無他財，獨守故業，坐多屋出算者，動數十萬。人不勝其苦。」

的好處，這時終於也參加叛亂，此舉也中斷江南糧食的供應。

建中四年（西元七八三年）八月，淮西節度使李希烈圍攻襄陽，唐德宗的兵馬還在北方，只好命令涇原節度使率兵前去救援。由於已經沒有錢補貼軍隊，因此涇原兵發生叛亂，攻克長安，唐德宗倉皇出逃。

直到西元七八六年，整個叛亂才歸於平靜。在戰爭中，除了皇帝感到精疲力竭之外，各個藩鎮也已經力不從心。當叛亂的藩鎮離開自己的地盤時，突然發現財政問題難以解決。在自己的地盤上，籌措糧食都為現成，可一旦進軍長安，就是遠距離的消耗戰，後勤工作必須跟上，否則就會進入衰退期，直至被消滅。

朝廷無法消滅藩鎮，而藩鎮也無法消滅朝廷，兩者是共存關係，只能認清形勢、尋找一個平衡點。當唐德宗認清形勢，遞出赦免的機會時，藩鎮經過一段時間的鬥爭，也發現不接受這個臺階的話，就會慢慢的消耗直至滅亡。最後兩相妥協，再次恢復平靜。只是，這次戰爭的代價實在太大，叛亂後中原遍地士兵、養兵費用失控，大量的人口逃籍，戶口減少三分之二[25]，財政狀況更是雪上加霜。

隨著戶口減少，也使得兩稅法帶來的問題越來越明顯。這個稅法需要足夠的人數來支撐，由於帝國徵收的總稅額不變，如果一個人逃走，那麼他的稅額要由其他人平均承擔。全國戶口少掉三分之二，意味著剩下三分之一人口的稅負要增加三倍。但加重稅負只會讓更多人逃亡，而逃亡的人越多，剩下的人稅負就更加沉重，這個惡性循環不斷抑制著經濟發展。中央政府對於這些問題一清二楚，這些事也曾被作為議題多次討論，但都因為財政關係被束之高閣，政府講道理時只在它缺乏稅收時，而講道理的唯一方式就是加稅。

父皇守財奴，兒子能中興

當戰爭結束時，已經註定唐德宗一生的悲劇。他曾經想重振帝國、建立可靠的財政制度，成為中興的明君。但才剛起個好頭就被現實擊敗。叛亂之後他回到長安，感慨著所有的人都背叛他。他曾經信任過大臣，卻發現在關鍵時刻他們都會離他而去。

他曾經試圖清除宦官，卻發現落難時只有竇文場、霍仙鳴等幾個宦官緊緊相隨[26]。他想讓皇室府庫充盈，可在逃難時卻連給士兵買衣服的錢都沒有。他意識到真正的錯誤，在於沒有做好金錢準備就貿然發動攻勢，於是他用整個後半生去彌補這個錯誤，不管正規還是非正規手段，只要能帶來錢財都好。

他曾經拒絕各地藩鎮的貢獻，因為他知道每一分貢獻，就代表從民間壓榨三倍到五倍的財富。但現在，他對任何貢獻都敞開大門，各個地方給皇帝的貢品絡繹不絕，節度使有的日進、有的月進，還有的故意把正稅當作給皇帝的私人進貢，皇帝都當作不知道，只知道人們帶給他

25 詳見《新唐書．食貨志二》：「朱泚平，天下戶口三耗其二。」

26 見《舊唐書．宦官傳》：「竇文場、霍仙鳴者，始在東宮事德宗。初魚朝恩誅後，內官不復典兵，德宗以親軍委白志貞。志貞多納豪民賂，補為軍士，取其傭直，身無在軍者，但以名籍請給而已。涇師之亂，帝召禁軍禦賊，志貞召集無素，是時並無至者，唯文場、仙鳴率諸宦者及親王左右從行。志貞貶官，左右禁旅，悉委文場主之。」

多少錢[27]。

有的人假託皇令增加課稅，或者扣押官餉，加收關稅、喪葬稅、蔬果稅。但只要能夠分得一杯羹，德宗都欣然接受[28]。為了增加收入，德宗還派宦官作為宮使（皇帝的使者），以幾乎白拿的價格來買東西，還要向百姓索取各種好處。只要這些宦官出動，就會嚇得街上的商戶紛紛逃走、關門。

白居易的新樂府詩《賣炭翁》[29]，寫的就是德宗時代的宮使，在詩中，宦官以「半匹紅綃一丈綾」的價格，拿走賣炭翁的千餘斤炭。德宗曾經取消過酒類專賣，可是到貞元九年（西元七九三年），卻下令對茶葉徵稅，只是因為每年茶稅能夠帶來四十萬貫的收入，而後來的皇帝則借鑑他的方法，乾脆開始專賣茶葉[30]。

也正是在德宗時期讓宦官進一步得勢。皇帝不信任外朝大臣，不敢把手裡唯一的軍隊（神策軍）交給大臣，只重用宦官、讓他們指揮軍隊。同時，德宗還派出宦官當監軍使，監督地方的軍事力量。即便是各個藩鎮也要給這些宦官面子，任由他們大發橫財。

唐代後期宦官問題更加突出，其中最重要的原因，在於皇帝無法駕馭整個官僚體系，只能倚重身邊人統治。因為德宗放縱官僚和財政體系，留下無數隱患，但即便換人，也很難做得比他更好。誰也沒有想到，這個貪財吝嗇的皇帝，竟然累積下龐大的家底，讓唐代的財政狀況得到改善。傳到他的孫子唐憲宗時，竟然能利用家底完成一次中興，一一降服主要的藩鎮勢力。

歷史將掌聲送給憲宗，卻沒有人意識到他再次耗空國庫，最終造成唐朝衰落。歷史將嘲諷留給德宗，卻沒有意識到**有德宗的吝嗇和摳門，才有憲宗的成功**。只有想到這層，我們才會對這個古怪的老皇帝多一分同情，理解他的無奈和苦心。

有人認為德宗之所以這麼窩囊，並不怪他本人，而應該怪他的曾祖父唐玄宗，正是玄宗皇帝時期累積下來的問題，導致安史之亂。戰亂之後，無論誰都無法控制局勢。其實，帝國的財政問題在唐玄宗時期，已經非常嚴重。玄宗不止一次受困於財政不足，想出種種方法去化解。而藩鎮制度就是他想到的方法之一，只是這不僅沒有解決問題，反而帶來了災難。但人們在責怪玄宗時，也應該看到這個根源在於更早種下的禍根，甚至唐代建國之初，就已經註定後來的結局。

唐初，統治者繼承北魏、隋代的傳統，設立土地公有制，建立一套過於複雜的財政制度。隨

---

27 《文獻通考·國用考》給出德宗皇帝後期執政最好的情景：「初，德宗居奉天，儲蓄空窘，嘗遣卒視賊，以苦寒乞襦，不能致，剔親王帶金而鬻之。朱泚既平，乃屬意聚斂，常賦之外，進奉不息，劍南西川節度使韋皋有日進，江西觀察使李兼有月進，他如杜亞、劉贊、王緯、李錡皆徼射恩澤，以常賦入貢，名為羨餘，至代易又有進奉。戶部錢物，所在州府及巡院皆得擅留，或矯密旨加斂，或減刻吏祿，或販鬻蔬果，往往私自入，所進才什二三，無敢問者。刺史及幕僚至以進奉得遷官。繼而裴延齡用事，益為天子積私財，生民重困，又為宮市。」

28 參考《新唐書·食貨志二》：「度支以稅物頒諸司，皆增本價為虛估給之，而繆以濫惡督州縣剝價，謂之折納。復有『進奉』、『宣索』之名，改科役曰『召雇』，率配曰『和市』，以巧避微文，比大曆之數再倍。」

29 白居易寫道：「賣炭翁，伐薪燒炭南山中。滿面塵灰煙火色，兩鬢蒼蒼十指黑。賣炭得錢何所營？身上衣裳口中食。可憐身上衣正單，心憂炭賤願天寒。夜來城外一尺雪，曉駕炭車輾冰轍。牛困人飢日已高，市南門外泥中歇。翩翩兩騎來是誰？黃衣使者白衫兒。手把文書口稱敕，回車叱牛牽向北。一車炭，千餘斤，宮使驅將惜不得。半匹紅綃一丈綾，繫向牛頭充炭直。」

30 參見《新唐書·食貨志四》：「初，德宗納戶部侍郎趙贊議，稅天下茶、漆、竹、木，十取一，以為常平本錢。及出奉天，乃悼悔，下詔亟罷之。及朱泚平，佞臣希意興利者益進。貞元八年，以水災減稅，明年，諸道鹽鐵使張滂奏：出茶州縣若山及商人要路，以三等定估，十稅其一。自是歲得錢四十萬緡，然水旱亦未嘗拯之也。」

著時間推移，這套制度變得千瘡百孔，讓每一個皇帝都頭疼不已。北魏最早建立的土地公有制傳統，跨越朝代的界限，造就唐代這個財政失控的中央帝國。一次「公有制」實驗，將它的影響傳到數百年之後。

第七章

北魏馮太后：照亮也葬送唐朝的土地改革[1]

中國歷史上影響唐、宋的一次著名改革，發生在北魏時代，由**馮太后與孝文帝主導，建立起土地公有制。它透過北魏傳承給西魏、北周，之後被隋朝繼承，最終成為唐代的制度模型**。北魏土地革命的核心是分地。每個人從出生開始，政府就會分配一塊土地，到他死後再回收。這實際上是一種公有制，農民只有使用權，沒有繼承權。

然而，土地公有制極易退化，因為農民並不樂於在死後將土地還給政府，他們的子女往往隱瞞不報、私藏土地。北魏的直接繼承者北齊，就由於無法查清土地數量，出現財政不足，而北魏的旁支繼承者北周，由於建立制度的時間較晚，將土地清查更為徹底，獲得更多的財政收入，這一點決定雙方的成敗（北朝至隋唐的土地分配，見二六六頁圖表7-2）。

隋代速亡之謎，實際上是一場「大躍進」運動。隋文帝取代北周後，建立一套嚴苛的土地和戶籍制度，要求對每個人、每寸土地都查清楚。這導致官員虛報土地數目，而且虛報的數量最高時，比實際高出十倍以上。由於徵稅機器效率太高，加上官員的浮誇作風，隋煬帝時利用強大的徵稅能力，展開大規模的工程和戰爭，最終拖垮民間經濟。

北魏太后的政策與愛情

北魏孝文帝太和十年（西元四八六年），是著名的文成文明太皇太后豐收的一年。她不僅找到推行改革的方法，還找到一位美妙的情人。太皇太后姓馮，出生於漢人家庭。中國古代對后妃的要求是貞淑沉靜，這和馮太后完全沾不上邊。太后情欲旺盛，權力欲極強。

她的丈夫文成帝拓跋濬在世時，夫妻恩愛、伉儷和諧。文成帝死時，皇后差一點自殺殉葬，幸虧人們將她救了下來。但她不甘心作為一個傳統寡婦，在輔佐養子獻文帝拓跋弘的同時，她在政治上乾淨俐落的除去權臣乙渾、臨朝聽政；而在感情上，她更是頻頻招納情人入宮私會，絲毫不顧忌他人的閒言碎語。

獻文帝實在看不下去，藉故誅殺太后的情人李弈。馮太后大怒，逼迫十八歲的小皇帝讓位給虛歲五歲的皇太子拓跋宏，是為孝文帝。於是馮太后變成太皇太后，獻文帝變成太上皇。五年後，馮太后乾脆殺死獻文帝，由自己控制帝國[2]。孝文帝時期，馮太后的風流韻事仍然層出不窮，皇帝對此不僅不反對，還與太后的情人和平相處，即便太后死後，也仍然善待他們[3]。

孝文帝太和八年（西元四八四年），北魏實行整頓吏治的班祿制改革。在這之前，北魏的中央官員都沒有俸祿，官僚階層依靠許多不正規的手段，如戰爭劫掠和霸占土地獲得收入。隨著戰爭結束，官僚階層沒有戰利品，就開始轉為騷擾民間。太后決定發薪水給官員，而薪水則來自民間徵收的一筆特別稅。

為了從民間徵稅，太后在第二年開始進行土地改革，將土地分給百姓耕種，才能獲得足夠的稅收。可是分地卻進行得不順利，因為必須先掌握戶籍資料。由於北魏的統治者還不知道怎麼去

1　本章涉及的時間範圍是西元三八六年至六一八年。
2　參見《魏書．皇后傳》：「太后行不正，內寵李弈。顯祖因事誅之，太后不得意。顯祖暴崩，時言太后為之也。」
3　太后死後，作為太后的情人，李沖在孝文帝手下仍然一直得寵。這一點可從《魏書．李沖傳》得到佐證：「文明太后崩後，高祖居喪，引見待接有加……高祖亦深相杖信，親敬彌甚，君臣之間，情義莫二。」

統計和管理戶籍，土地改革也就無法持續下去，稅收不能如期收繳，就無法給官員俸祿。如果繼續依靠劫掠的方式，那麼北魏就稱不上是個文明王朝，只是游牧部落的變形而已。

一位名為李沖的官員時任內祕書令、南部給事中，上表提出建議，認為先要建立起社會基層組織，在縣以下設立三級村民機構，由這些機構負責基層的戶籍和稅收管理。李沖容貌俊美又滿腹文采，讓馮太后眼前一亮，她明白自己不僅多了個好幫手，還有個好情人。此後，李沖在太后的寵愛之下，迅速升為政治明星，他的建議也成為太和改制的有力收筆。這次改制代表著北方文明的重建，也是**北方壓倒南方的起始**。

西元四世紀初，當南方的東晉和南朝政權苦苦掙扎於舊秩序之時，北方的中原、關中、河北地區卻處於五胡亂華後的混亂時期。胡人只熟悉草原規則，建立的國家與其說是政權，不如說是部落，原來社會中成熟的結構一一被打破、消滅，只能從無到有的逐漸建立新的結構。如同歐洲從中世紀逐漸過渡到文藝復興一樣，重建需要漫長的時間，但也帶來新的機會。北方擺脫漢代之後長達八百年的制度累贅，可以不背歷史包袱、重新設計一套新制度、輕裝上陣。

想站穩腳跟，就必須放棄草原思維

北方的重建在前秦[4]的苻堅時期，達到一個小高潮。苻堅任命漢人王猛，引入漢人的朝廷模式。然而王猛死後，苻堅在淝水之戰中失敗，前秦分崩離析，沒有足夠的時間鞏固制度化的成果。北方的第二次重建屬於孝文帝所在的北魏。道武帝登國元年（西元三八六年），淝水之戰三年後，鮮卑人重新建立代國。在此之前，這群鮮卑人曾經被前秦吞併，藉著前秦崩塌的機會，魏太祖道武帝拓跋珪再次崛起，改國號魏。

在孝文帝之前，北魏制度是種混合著游牧色彩和農耕文化的特殊模式，很多時候統治者仍然對牛馬、乳製品有著特殊的偏愛，他們的官僚階層與其說是官員，不如說是部落首領。但是，隨著日久接觸漢人，北魏的統治者已經意識到，作為馬背上的少數民族政權，要想站穩腳跟就必須放棄草原思維，學會新的農業精神。北魏的統治者與北方的其他許多少數民族政權不同，早期雖然也以血統為傲，但他們很早就學習漢族人的經濟發展方式，強調農業的重要性，試圖建立穩定的戶籍制度和耕作制度。

魏太祖在建國之初，就在北方採取屯田的方式生產糧食，保證軍隊的後勤供給[5]。為了鼓勵農耕，他一方面親自耕田作為表率，另一方面重新分配戰亂中空置的農田，並設立行政區劃，盡快的發展農業。

太祖之後的歷代皇帝也特別重視農業和戶籍。世祖太武帝時期開始整理戶籍，高宗時期有中央官員巡查地方的制度，顯祖（獻文帝）時期則廢除農業稅之外的雜稅、減輕民間負擔。一步步反映出北魏統治下的北方社會，從戰時狀態恢復到一個較為穩定的狀態。

延興元年（西元四七一年），孝文帝即位時，他的父親獻文帝已經是位虔誠的佛教徒，而雲

4　為五胡十六國的十六國之一。

5　詳細資料請參見《魏書．食貨志》：「方事雖殷，然經略之先，以食為本，使東平公儀墾辟河北，自五原至於棝陽塞外為屯田。」

岡石窟也已經在首都平城（今大同）開鑿十一個年頭。北魏的官僚系統進一步成熟，這時，作為漢人代表的馮太后，所進行的一系列改革，就成為鞏固制度成果的關鍵。

孝文帝活到西元四九九年，其統治期間的所有改革，統稱為「孝文帝改革」。改革可以分成前後兩個階段：第一階段是在西元四九〇年之前，由馮太后在世時主導，以改革經濟和政治制度為主；另一階段是馮太后去世後，孝文帝獨自主導，以漢化為主要特徵。

歷史上對孝文帝的評價不一，因為這兩階段的改革有分裂。雖然馮太后本人是漢人，她的措施卻並不激進，都是切合實際、以解決問題為主。

當馮太后死後，**孝文帝親自主導的改革，大都帶有很強烈的意識形態**，比如改漢姓、穿漢服、禁胡語等。這些改革（除了遷都）雖然看上去很激進，卻沒有太大的必要性，還很容易分裂北魏皇室。果然，在孝文帝之後，北魏的保守和改革兩派分歧更加明顯，最終造成不可彌補的分裂[6]。**由此，北魏無力統一整個中國，將機會留給隋唐。而隋唐最核心的經濟制度，在北魏一代就由馮太后設計好了**。

延興五年（西元四七五年），在太上皇獻文帝還沒有駕崩時，馮太后前瞻性的改革先拉開帷幕。由於北魏的地方官僚制度不夠完善，各級政府都以搜刮的方式向民間攤派稅收。縣一級的政府負責收稅，但是州和郡政府也不時跳出來直接向人民徵稅，意味著中央政府沒有形成合理的財稅體制。

馮太后下令，未來的稅收只能由縣政府徵收，由其他級的政府監督中央，再由中央政府統一調撥財政，供給各級政府使用[7]。這次改革使得皇帝逐漸建立一套中央集權的規則。然而它引起的新問題是，當各級政府沒有權力擅自徵稅，而是由中央統一調撥時，就必須承擔各級政府的辦公經費、官員薪水。

俸祿原是民脂民膏

到這時為止，北魏官員仍然沒有固定薪水。與後來的元代一樣，朝廷官員依靠戰爭和劫掠獲得第一桶金，占領大量的土地，再把土地租出去獲利，或者放貸實現財產增值。馮太后敏銳的意識到，這個做法無法長久維持。官員每天都在操心自己的錢財，就無心為國家付出全力。

太和八年（西元四八四年），她改革官員俸祿，主要是停止官商勾結現象，「罷諸商人，以簡民事」。讓官員從掠奪和資產經營中退出來、由政府提供俸祿，如此一來，就可以名正言順的懲處那些劫掠、貪汙的官員[8]。不過，俸祿改革又引出新問題。政府必須有足夠的收入，才有錢發薪水。為此又要改革稅收，政府向每戶多增收三匹帛、兩斛九斗粟的稅，充作官俸。

北魏原來每戶的稅收為帛兩匹、綿兩斤、絲一斤、粟二十斛，外加帛一匹兩丈存在州郡庫內，作為政府的戶調外收入。政府收官俸稅之後，調外費也加到兩匹。馮太后的做法，相當於要

6 北魏末年，導致王朝衰落的六鎮叛亂，其原因就在於對孝文帝遷都和漢化政策的反抗。

7 可參考《魏書．高祖孝文帝紀》：「癸未，詔天下賦調，縣專督集，牧守對檢送京師，違者免所居官。」

8 見《魏書．高祖孝文帝紀》：「祿行之後，贓滿一匹者死。」

民間付出一定的代價，來換取官員不再隨便掠奪民生，從而穩定社會。按照現代的說法，政府正式從「流寇」轉化為「坐寇」。

由於俸祿改革牽扯到增稅問題，如何擴大稅基，就成為太后接下來要考慮的問題。北魏時期，由於北方經濟剛從戰亂中恢復，許多土地都無人耕種，然而許多流亡的人民，卻沒有土地權可以耕種。

王莽、司馬氏都曾經盼望能徹底的改革土地，廢除土地私有制，改為公有制和均田制。可惜在他們的年代，由於土地關係錯綜複雜，根本不可能辦到。而北魏的統治者最初並沒有想到要改革，只是北方特殊的狀況，反而給予他們舞臺。

北魏時期，由於游牧民族剛在中原定居不久，對於漢文化充滿憧憬和敬畏，而漢代所整理的儒家典籍，更是被他們奉為圭臬。所以**漢儒理想中的土地公有制和均田制，歪打正著的在游牧民族手中復活**。太和九年（西元四八五年），大臣李安世建議，由政府主導土地改革，將天下的土地分配給人民。為此政府制定一系列的規章制度，來保證改革順利進行。

政府規定男子年滿十五歲，就可以從政府那裡得到四十畝的露田，女子減半，另外每戶凡擁有一頭耕牛，可以得到三十畝土地，但每戶的上限是四頭耕牛，超過此數的話，再多的牛也不增加授田。另外考慮到土地輪作制，可以多授一倍的田用於土地輪休。受田人去世後，政府將露田收回，授予其他人。而耕牛如果死去，政府也會相應收回因牛而分的土地。

除了露田之外還有桑田。當時，家家戶戶都需要養蠶，桑樹成為一種重要的資源。但是，桑樹需要長時間栽培、不適宜流轉，所以桑田的受田人死後，政府並不會收回，而是傳給受田人的子孫。最初時，桑田授予每人二十畝，要求種桑樹五十棵、棗樹五棵、榆樹三棵。不適合種桑的地區，每人只授田一畝來種棗樹和榆樹。

而生產麻布的地區還有麻田十畝，女子減半。除了這些田，還有每三口一畝的宅基地，三口人六百平方米（按：一八〇坪）的住宅，比現代人都寬鬆得多。另外，地方官員也有公田，刺史授予十五頃、太守十頃，治中、別駕都是八頃，縣令、郡丞六頃。官員離任時，必須將全部公田交付給他的繼任者。也可以想見在配田之初，百姓耕種土地的積極度上升，產量因而大大提高。

不過，隨著全國開始推行配田，政府發現自己根本摸不清楚經濟的底細。孝文帝初期剛取消州、郡、縣胡亂徵稅的局面，規定由縣統一處理。但是縣這個行政單位仍然太大，很難仔細管理每家、每戶。而統計田地和人口、分配田地、征繳稅收都需要龐大人力，才能做到準確無誤。可以說，均田制如果要實行得好，政府必須有個即時更新的資料庫，其中有人口、戶籍和土地的詳細資料。但是北魏粗糙的政府機構，無力建設這個資料庫。

到了太和十年（西元四八六年），後來成為太后情人的李沖，提出**最後一項改革：三長制改革**[9]。所謂三長制，就是在縣以下設立半自治機構，負責一部分中央政府的行政工作，同時也可以讓民間經濟自我管理。在任何一個穩定的時代，雖然皇權不下縣，但是，縣以下都存在類似的半自治機構。

9 見《魏書．李沖傳》：「舊無三長，惟立宗主督護，所以民多隱冒，五十、三十家方為一戶。沖以三正治民，所由來遠，於是創三長之制而上之。文明太后覽而稱善，引見公卿議之。」

北魏的三長制是：五家設一鄰長、五鄰設一里長、五里設一黨長。三長要求挑選當地有威望的人擔任，並享有一定的免傜役優惠。三長負責釐清土地和人口狀況，徵收土地稅和戶調。所謂戶調，就是除了糧食產出之外，以戶為單位來徵收的農產品，主要為布匹。

這個提議得到太后肯定，卻遭到其他官員激烈反對。中書令鄭羲說：「你可以不聽我的話，去嘗試你那套，但是失敗之後，一定會明白我說的才是對的[10]。」官員之所以反對，在於其實自己霸占土地、隱匿戶籍，如果政府透過立三長來統計資料，那麼受到損失最大的是官僚階層。整個社會在官員的帶動鼓噪下，也充滿不安。其實，任何變革的時刻，人們都更傾向選擇保守。

馮太后看到問題的癥結，堅決推行改革，結果證明成效非常大。在改革前由於是按戶納稅，許多人為了避稅，一個家庭往往聚集幾十口人。由於戶數太少，平均下來每戶達到二十多斛。沒有那麼多人口的貧困小家庭，根本無法繳稅。改革後大家庭拆成一夫一妻的小家庭，每對夫婦納稅帛一匹、粟二石，綿、絲等雜物也一併取消，對於窮人非常有利。

三長制讓土地改革順利推行下去，獲得土地的人民瞬間享受到好處，也不再質疑政策[11]。隨著確立**三長制，北魏得以查清統治範圍內的人口和土地資源**，政府因此有廣闊的稅基。查明稅基能使政權走向正規，但同時在集權時代，又是一把雙刃刀，政府收稅過於容易，就容易收過頭。比如隋代將人口數字落實得清清楚楚，收稅很容易，結果隋煬帝就花費無度。唐太宗和隋煬帝一樣東征高麗、破壞民間經濟，但由於**唐代查不清人口、難徵稅，反而對民間形成一定的保護**。

太和十四年（西元四九〇年），馮太后去世。孝文帝十分依賴馮太后，他屢次下詔悼念這位把他親手帶大的老太后，並守孝三年表達哀思。然而在政策上，因為依戀太后而讓他顯得更加偏激。取漢名、遷都、穿漢服、禁胡語等一系列政策，直接導致北魏朝廷內部對立。孝文帝死後，北魏又堅持二十五年，就捲入六鎮叛亂的漩渦中。依靠鎮壓六鎮叛亂而崛起的爾朱榮掌權，其後，高歡擅權，北魏分裂為東魏和西魏，又分別被北周和北齊取代。

北魏雖然亡國，馮太后的改革卻跨越朝代，被北齊和北周繼承。在土地分配問題上，北齊和北周大致採取北魏的做法，只是偶爾做些小修改。而隋代又繼承自北周，接納北周的財政制度，再將整個制度傳給唐朝。

北魏馮太后的改革透過一系列傳承，影響中國最偉大的皇朝。從制度上來看，**馮太后的功勞遠超過唐太宗，她是從北朝到南宋這一千年裡，影響中國歷史演進的第一人**。

國稅太有效率，會亡國

開皇十七年（西元五九七年），在漢文帝之後，歷史再次迎來普天下免稅。根據《隋書》記載，這一年「戶口滋盛，中外倉庫，無不盈積」。除去所有的花費之外，京城的府庫還放滿錢幣，多餘的儲藏甚至堆積到走廊上。由於沒有地方容納新的賦稅，隋文帝下令停止徵收這一年的正賦。

10 可參考《魏書．李沖傳》：「中書令鄭羲、祕書令高祐等曰：『沖求立三長者，乃欲混天下一法。言似可用，事實難行。』羲又曰：『不信臣言，但試行之，事敗之後，當知愚言之不謬。』」

11 見《魏書．食貨志》：「初，百姓咸以為不若循常，豪富並兼者尤弗願也。事施行後，計省昔十有餘倍。於是海內安之。」

歷史上將這次事件當成是隋代鼎盛的標誌之一，許多人將功勞給了隋文帝。這位皇帝厲行節儉，不僅本人省吃儉用，對待大臣也非常摳門。宮廷裡一切花費能省則省，因而累積大量財富。在登基三年後，隋文帝罷黜酒坊和鹽井稅，將帝國財政重心放在農業上，農業稅也比北周時期降低許多[12]。

從北魏到隋代，以北周的農業稅為最重，為每戶五石，到隋代降為每戶三石，唐代則降為每戶兩石。這一切措施令民間的日子更好過，經濟得以快速發展，成就一番盛世。然而，隋文帝的盛世又引人生疑。根據中國歷史發展經驗，**一個亂世中誕生的王朝，從開創到真正的盛世，往往需要五十年左右的時間**。

由於漢代一直實行休養生息政策，是所有朝代中恢復最快的，從漢高祖建國（西元前二〇二年）到漢文帝末年的盛世，也經過四十年的時間[13]；唐代建國（西元六一八年）之後，雖然很快進入所謂的「貞觀之治」，但貞觀之治更多是政治上的調整，經濟仍然蕭條，直到高宗時期，社會才開始富裕，進入盛世則是在建國百年之後。

而宋代從建國（西元九六〇年）到仁宗（西元一〇二二年登基）時期的太平盛世，用六十多年；明代從建國（西元一三六八年）到「仁宣之治」（始於西元一四二五年），也需要五十多年；清代從統治中原（西元一六四四年）到康熙後期社會繁榮，用了五、六十年，到乾隆時期則用百年以上。

只有隋代是個例外，以隋文帝免稅的西元五九七年為例，這時距離北周滅北齊只有二十一年、距離隋代替北周只有十七年、距離隋滅西梁（南朝梁的殘餘，北周的附屬國）只有十一年、距離隋滅南朝陳，到統一全國只有九年。在這些年裡，整個中國一直處於戰亂之中，加之北方突厥人不斷侵犯，根本沒有足夠的時間休養生息。戰爭結束的九年之後，隋代就到達繁榮的高峰，令人感到意外。

更讓人感到不可思議的是，隋文帝時期剛達到盛世，隋朝卻在他兒子隋煬帝的統治下，在各地的反抗中分崩離析。如何將隋文帝的盛世與隋煬帝的衰亡聯繫起來？這讓上千年來的歷史學家撓頭不已。然而，如果從帝國的財政角度去抽絲剝繭就會發現，**隋代的「鼎盛」是一種人為製造的泡沫**。所謂「繁榮」，不是民間經濟的繁榮，而是帝國府庫之繁榮。

為了逃稅，百姓結婚也不登記

隋文帝建立一套極其有效率的抽稅系統，**在民間經濟還沒有真正恢復時，就將資源源源不斷的從民間轉移到政府手中**，塞滿國庫。所以，本節開頭所描述的繁榮是虛假的，只是政府財政豐裕，卻並不意味著民間富足。

由於這個抽稅系統過於強大，到他的兒子隋煬帝時期，終於抑制不住花錢的衝動，以為府庫充足，於是四下征戰。但他的活動徹底抽乾民間，導致政府垮臺。人們都已經無法吃飯，各地紛

12 據《隋書．食貨志》記載：「先是尚依周末之弊，官置酒坊收利，鹽池鹽井，皆禁百姓採用。至是罷酒坊，通鹽池鹽井與百姓共之。遠近大悅。」

13 漢文帝上臺時，漢代剛經過呂后死時的混亂，經濟還很薄弱，直到他統治後期才進入繁榮。

紛叛亂，但當叛亂首領打開政府倉庫時，還可以看到堆積如山的糧食。

在三國的魏文帝時期，有不少郡縣新歸附魏國，這些郡縣老百姓的戶籍殘缺不全，逃戶現象嚴重，因此，皇帝希望能嚴格整理一次戶籍。這時，司馬懿上奏說，不能這麼做。正是由於敵國嚴密的控制社會，郡縣的老百姓離心離德，歸附魏國。魏國不僅不應該嚴查戶籍，反而應該寬容，允許政府和人民之間存在一定的模糊地帶[14]。

司馬懿作為當時最聰明的政治家，知道為了財政，政府必須建立戶籍制度讓老百姓納稅。可是，**為了不過度壓榨老百姓，戶籍制度又必須有些模糊**，如此一來，老百姓能夠逃避一部分苛捐雜稅。歷代帝王也都面臨著這個難題，既不能讓戶籍和土地統計過於混亂，以致於無法徵稅、導致政府失敗；又不能讓統計過於明白，否則徵稅必然過度，造成民間經濟凋敝。

隋代之前，在北齊和北周的爭鬥中，北齊屬於統計過於混亂的一類，導致國家滅亡。由於直接繼承自北魏政權，北齊的行政效率比北周更低，土地、戶籍問題上弄虛作假的成分太大，導致稅收困難。按照戶口繳納的租調最多時竟然少了六、七〇%。而由於政府規定未婚之人，只需要按照普通人家的半數來納稅，於是許多人為了逃避稅收，結婚卻不登記。

在陽翟這一郡，竟然大部分人都登記未婚[15]。北齊的皇帝也知道問題之嚴重，但由於控制力弱、想不出辦法，在財政困難時，甚至不得不削減百官俸祿，裁減人員編制。**北周**則將土地和戶籍政策執行得更透澈，並實行戰鬥力更強的**府兵制**，最終吞併北齊，再次完成中國北方統一。當政權傳到隋文帝時，這位節儉的皇帝建立比北周更嚴格的制度，民間經濟活動完全暴露在政府的目光之下，走上另一個極端。

隋代的土地，比二十一世紀的中國還大

隋文帝對於財政之用心，在還沒有當皇帝前就已經顯現出來。他擔任相國時，北周的大臣尉遲迥、王謙、司馬消難預感到他要篡權，一一起兵發難。在鎮壓他們的過程中，僅賞賜士兵的錢就上億，也讓隋文帝感受到財政的重要[16]。得天下之後，由於興修新的首都大興城，從山東地區（崤山以東的河南、山西等地）徵調大量民工。這個地區原屬於北齊，戶籍制度本來就不夠清晰，許多人逃避政府徵調，於是文帝心中有了清理戶籍的念頭。

正好在這時，北方的突厥人與隋朝的戰爭也逐漸升溫。突厥人在一位著名的首領沙鉢略號召下團結起來，擁有四十萬大軍。由於隋文帝對突厥人很傲慢，而沙鉢略的妻子千金公主又出自北周皇室，於是沙鉢略頻繁入侵隋代境內。

隋文帝為了對付突厥人，徵調大量士兵、糧草和運輸人員，社會經濟尚未恢復，政府的財政也開始吃緊。基於以上原因，文帝決心改善政府的收入狀況，而要改善財政，首先就是整理全國的戶籍和土地。

---

14 見本書第五章。

15 根據《隋書．食貨志》記載：「舊制，未娶者輸半床租調，陽翟一郡，戶至數萬，籍多無妻。有司劾之，帝以為生事，由是奸欺尤甚。戶口租調，十亡六七。」

16 見《隋書．食貨志》：「是時尉迥（尉遲迥之簡稱）、王謙、司馬消難，相次叛逆，興師誅討，賞費巨萬。」本節未注釋者，均引自《隋書．食貨志》。

原來的山東（崤山以東）地區，統一之前屬於北齊。由於北齊的政治結構直接繼承自北魏，留下太多弊端，稅收更加不合理，這裡的百姓為了逃避稅役，常常投機、更改年齡，以求獲得免稅權。隋文帝決定以這個地區為突破口，命令地方官員進行一次運動式的大檢查，把人們全都叫到官府，逐個當面核實年齡，發現有作假的，不僅本人受懲罰，就連所在地的里正和黨長[17]都要發配邊關[18]。

由於隋代（包括之前的北齊和北周）是按戶納稅，在北齊地區內，許多大家庭都有幾十甚至上百口人，這些人共同算是一戶，只納一份稅。隋文帝乘機打散大家庭，規定叔伯兄弟必須分家，避免逃戶現象。經過這次大檢查，政府從民間獲得四十四萬三千戶新勞力，人口也增加一百六十四萬。

調查山東地區十分成功，隋文帝為此感到非常滿意。群臣立即抓準皇帝的心思，渤海郡公高熲乘機上本，要求向全國推廣整理戶籍的經驗，同時要把這些成果改為制度。在高熲的建議下，隋文帝建立起一套更加嚴苛的戶籍制度。政府統一制定稅收戶籍冊發給各個州縣，而各州縣的戶籍一年一清理。**每年的正月初五，各地都要進行一次人口普查**。

經過隋代君臣的共同努力，隋代的戶籍制度達到前所未有的高峰。朝廷幾乎掌控社會的各個角落，沒有人能夠逃避稅收和勞役。可惜的是，為了引起皇上重視，官員開始迎合與浮誇虛報，在隋文帝的號召下，戶籍和土地資料都被誇大，而且誇大得很嚴重。

最能反映浮誇情況的，是隋代的土地資料。開皇九年（西元五八九年），根據政府統計，隋代的土地達到十九億四千萬畝。這個數字放在隋代，可能人們不會覺得異常，但如果放在現代，就是一個令人震驚的數字。

因為隋代的一畝是兩百四十平方步，每步六尺，每尺大約三十公分，換算下來，比現在的一畝多〇．一畝[19]。十九億四千萬畝換算成現代算法，大約是二十一億三千萬畝土地。而根據二〇一三年的統計資料，中國的耕地數量不到二十億三千萬畝。也就是說，**隋代的耕地面積竟然比二十一世紀的現在都大！**隋代的統治疆域比現在小得多，而官方的耕地數量已經超過現代，這怎麼可能？答案就是官員浮誇。

事實上，在漢唐時期，中國耕地數量大約在五億畝（現代畝）左右，明代之後才大幅度攀升。隋文帝的土地普查資料已經偏離實際資料的四倍。當皇帝重視農業，希望農業取得發展時，地方政府必然投其所好誇大統計資料，但這也意味著更高的稅收，使民間的負擔猛然加重。

這個嚴格的制度，帶來意想不到的收入。隋代初期各地的災荒頻發，關中地區人口眾多、土地不夠，還經常遭遇旱災，而在中原地區則經常有水澇災害。比如，開皇四年（西元五八四年），關中地區的大旱就導致農民顆粒無收，政府只能從山東地區運米來救濟，就連皇帝也跑到洛陽避災[20]。之後更是連年災害：關中大旱，山東大水。

17 官名。每一百二十五家設一黨長，負責檢查戶口、監督耕作、徵收稅畝、徵發徭役和兵役，其職位高於里長。里正和黨長相當於臺灣的里長、村長。
18 見《隋書．食貨》：「高祖令州縣大索貌閱，戶口不實者，正長遠配，而又開相糾之科。」
19 見附錄圖表1。
20 參見《隋書．高祖紀》：「甲戌，駕幸洛陽，關內饑也。」

隋文帝雖然生活節儉，卻常大興土木。他當皇帝之後，修建新的都城大興城，又在岐州北面建造仁壽宮，開挖一條從大興城到潼關的廣通河。這三大工程都耗費大量的物力和人力。隋煬帝之所以熱衷於建設更加宏偉的工程，靈感就來自於他父親的三大工程。

在建設仁壽宮時，開山填谷，工期緊迫，大批勞工死去，因而被扔到坑裡，僅蓋上土石了事。宮殿建成後文帝來視察，路的兩旁就堆滿死屍，由於臨時無法處理，監工的大臣楊素只能命人燒掉屍體[21]。

但即使全國有這麼多的災難，在徵稅機構的高效運作下，隋文帝仍然國庫滿盈，從來沒有空虛過。皇帝彷彿有發不完的錢，給百官的俸祿和功臣的賞賜優厚，對出征陳朝的將士的賞賜從京城的朱雀門開始，一直排到京城的南郊，一次就發放高達三百多萬段布帛。就算這樣，政府的錢仍然花不完。

皇帝動手腳：義倉不義

開皇十二年（西元五九二年），財政官員報告各個府庫都已經裝滿，再收稅就沒有地方可放。連隋文帝都感到驚訝，問他的官員：「我已經發這麼多賞賜，為什麼庫房還是滿的[22]？」事實上是皇帝已經在不知不覺間，從民間抽取過高稅收。但是沒有人這麼回答，大家只是敷衍了事。隋文帝沒有辦法，只好開闢左藏院，建立新庫房來繼續堆積物資。他在全國各地也建立一系列的大型倉庫，用於稅收轉運或者儲存，如衛州的黎陽倉、洛陽的河陽倉、陝州的常平倉、華州的廣通倉等。這些大型倉庫無不被填滿，即便在各地災難頻發的時期也都沒有空虛過。

雖然，文帝也發布一系列的詔書來降低民間稅賦，包括西元五九七年免除天下正稅，但一直沒有解決隋代民窮官富的現象，一邊是時常發生的災害、甚至出現人吃人的慘劇，另一邊則是堆積如山的政府收入。然而，由於這個錯誤信號，隋代的統治者始終沒有意識到民間疾苦，只是從增加收入出發考慮問題，從而導致災難發生。

隋文帝最後一項引發災難的政策是「義倉」。所謂義倉，是指人民儲存豐收年的糧食，到災難年用於救災的倉庫。開皇五年（西元五八五年），由於各地災難頻發，政府為了增強抗災能力，鼓勵民間開展自救，在豐年建立義倉，這種組織稱為「當社」。當人民向當社繳納糧食後，由專門委任的社司來檢查出入數字。由於隋代初年的運動風潮，各地很快都設立當社，倉庫裡的糧食堆積如山。

然而經過十年的運作，當社已經有著巨大弊病，各地當社的糧食都出現被盜用、浪費的情況。到出現災荒、需要用到糧食時，雖然倉庫的帳簿顯示糧食充裕，但打開倉門一看，並沒有多少庫存。

隋文帝看到這樣的景象，不僅沒有反思政策，反而認為義倉之所以失敗，是由於老百姓缺乏

21 見《隋書．食貨志》：「十三年，帝命楊素出，於岐州北造仁壽宮……役使嚴急，丁夫多死，疲敝顛僕者，推填坑坎，覆以土石，因而築為平地。死者以萬數。宮成，帝行幸焉。時方暑月，而死人相次於道，素乃一切焚除之。」

22 參見《隋書．食貨志》：「十二年，有司上言，庫藏皆滿。帝曰：『朕既薄賦於人，又大經賜用，何得爾也？』對曰：『用處常出，納處常入。略計每年賜用，至數百萬段，曾無減損。』

長遠考慮、隨意損耗糧食。義倉雖然為皇帝推行，卻由民間社會負責營運，皇帝對民間社會不放心，決定將義倉「公有化」。他下令所有民間義倉的糧食，都由各州政府統一設置的社倉來保管。同時，繳納義倉糧也變成一種強制稅收，百姓被分成上、中、下三個等級，上戶每年繳納一石糧食、中戶七斗、下戶四斗。

義倉制度從一種自願的社保變成強制稅收，而使用義倉的權力則收歸國有。不管各地出現什麼樣的災荒，只要官方不想發放糧食，那麼原本是要設計成救災的義倉就無權發放。到了隋朝後期，常發生官員在大災時，不敢打開義倉放糧的情況。義倉起不到應有的作用，徹底變成百姓的負擔。

國家富到逼人造反

大業五年（西元六〇九年），隋煬帝率領軍隊從大興（今西安）出發，進行一次著名的遠征。這可能是中國王朝的皇帝，唯一一次親自出征進入青藏高原的崇山峻嶺之中。

隋煬帝為了征伐吐谷渾，率軍從首都向西出發，進入甘南，再向西北進入如今的青海西寧一帶，從西寧北上經過大斗拔谷（今青海甘肅間的扁都口）。大斗拔谷位於青藏高原北沿的祁連山脈之中，是古代一條連接西寧與河西走廊的險峻小路。這裡風雪瀰漫、天昏地暗，煬帝與他的隨從失去聯繫，士兵也凍死一大半。翻越祁連山到達張掖後，隋煬帝接受高昌王麴伯雅的朝見，高昌王向隋煬帝獻出位於新疆的大片土地，皇帝在那裡設置四個郡：西海、河源、鄯善、且末，這是隋代疆土的鼎盛時期。

這年中國人口也達到高峰。當年統計的人口資料是戶數八百九十萬戶，人口四千六百零二萬人。日後，人們總是津津樂道於唐太宗的貞觀之治，但是如果從官方統計看，唐太宗貞觀年間，人口不過三百萬戶而已，相當於煬帝時期的三分之一。只有到唐玄宗的開元盛世時期，人口和戶籍才重新接近煬帝時期的資料。

隋煬帝是一位雄才大略的君主，在當皇子時，就曾經擔任過滅陳戰爭的行軍元帥。他的軍隊紀律嚴明。滅陳之後，陳朝府庫一概封存，本人不取一分。他當皇帝之後，也非常體諒人民，大業二年（西元六〇六年），曾經下令免天下租稅[23]。

在他執政的前五年裡，兩條大運河已經開工。隋代的三大運河工程中，一條廣通河連接首都大興與黃河，由隋文帝開鑿。剩下兩大運河都由煬帝開鑿，分別是連接黃河、淮河與長江的通濟渠，這條運河是隋唐時期的主幹道；從黃河北達涿郡（今北京附近）的永濟渠。這兩條大運河，特別是通濟渠成為帝國的生命線，將物資源源不斷的運往首都。到唐代，通濟渠更是成為帝國財政的命脈（見下頁圖表7-1）。

西元六〇九年，隋代的一切看上去還是那麼金光閃閃，雄才大略的皇帝、繁盛的人口、繁華的兩京，無不訴說著這個新型帝國的繁華。但是，誰也沒有注意到在帝國深處，有什麼東西正在被壓碎。

23 見《隋書．煬帝紀》：「辛亥，上御端門，大赦，免天下今年租稅。」

執政前五年，煬帝之所以能夠取得眾多成就，在於他的父親文帝，留下一個高效能的財政系統，需要多少稅收就可以獲得多少。即便他曾推出減稅措施，這個系統仍然一絲不苟的從民間壓榨出一點一滴的物資，送進官方的各個倉庫。特別是煬帝為了興建東都，又在附近修建大量倉庫，為了裝滿倉庫，官員已經將民間擠壓殆盡了。只是**這個高速的徵稅機器根本停不下來，就算在垮掉的那一刻，也不會發出警報**。

同樣是西元六〇九年，一個統計資料令人心驚，就是天下的田地達到五十五億八千五百萬畝。在文帝時期，十九億四千萬畝的資料已經誇大至少四倍，而煬帝時期的資料，距離實際情況差距十倍。統計資料上的失誤必然加大人民的稅負，在短期內，卻給皇帝帶來豐厚的收入。

第二年，隋煬帝決定親征高麗。由於此前一年，大部分軍馬都在西征中損耗殆盡，煬帝下令向天下富人徵集兵馬，抵充賦稅。龐大的軍隊集合後，向高麗進發。在軍隊的背後，帝國腹心地區的河南一帶正經歷著嚴重的水災。這時，終於傳出帝國財政崩潰的聲音。

隨著隋煬帝遠征失敗，災難造成減產、軍事行動造成加稅……所有壞事都湊在一起，使得隋

圖表 7-1　隋代修築之三大運河

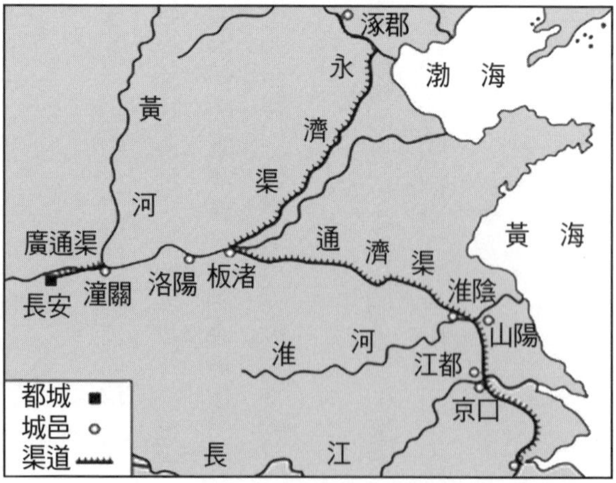

朝進入混亂時期。只是人們都還不明白，帝國如何從幾年前的歌舞昇平，迅速進入混亂和蕭條。一切資料都顯得那麼完美，所有畫面都透露著繁榮。

唐太宗曾經對黃門侍郎王珪，評價隋代的制度，「隋開皇十四年大旱，人多肌乏。是時倉庫盈溢，竟不許賑給，乃令百姓逐糧。隋文帝不憐百姓而惜倉庫，比至末年，計天下儲積得供五、六十年。煬帝恃此富饒，所以奢華無道，遂至滅亡。煬帝失國，亦此之由。凡理國者，務積於人，不在盈其倉庫。古人云：『百姓不足，君孰與足？』但使倉庫可備凶年，此外何煩儲蓄？後嗣若賢，自能保其天下，如其不肖，多積倉庫，徒益其奢侈，危亡之本也！」唐太宗算是看到些許本質。

直到隋朝滅亡，帝國倉庫仍然堆滿帛匹和糧食，與之對應的卻是民間遍地的餓殍。叛亂者每占領一個地方就開倉放糧，裡頭都滿滿的。在堆積帛匹的倉庫裡，人們甚至把帛當柴燒。隨著隋代的統一，社會的生產效率的確在迅速提高，只是社會的物資都被送到政府手中，又被束之高閣，或者被浪費掉。無論人們生產多少東西，都無法滿足朝廷的浪費行為。

資源錯配使得一方雄心勃勃，而另一方卻餓著肚子。這提醒人們在集權帝國時代，高效的徵稅機構貌似實現公平，但很可能意味著普遍貧窮，因為當稅都被政府拿走之後，留給老百姓的只剩下勞苦和飢餓。

然而，隋代的「大躍進」，並沒有警惕到後世。

圖表 7-2 北朝至隋唐的土地分配[24]

朝代	男：露田（口分田），人死後回收的土地	男：桑田（永業田），人死後不回收的土地	女：露田（口分田）	一夫一妻共分得土地畝數	宅基地	附注
北魏	四十畝，由於土地輪作，加倍授田為八十畝。	二十畝。	二十畝，輪作加倍授田為四十畝。寡婦授田不課稅。	一百四十畝。	三口給一畝宅基地，奴婢五口則給一畝。	丁牛一頭受田三十畝，限四牛。老弱殘廢減半。
北齊	八十畝。	二十畝。	四十畝。	分得一百四十畝。		丁牛一頭受田六十畝，限止四牛。
北周	男丁一百畝，有家室的則給一百四十畝。			分得一百四十畝。	十口以上給五畝，五口以下給三畝（其餘則為四畝）。	
隋	八十畝。	二十畝。	四十畝。	分得一百四十畝。	三口給一畝，奴婢五口給一畝。	
唐	八十畝。	二十畝。	寡妻、妾則各給三十畝。	一百畝。	良口三人以下給一畝，每增三口加一畝。賤口五口以下給一畝，每五口加一畝。	老弱殘廢四十畝。商業者口分和永業都減半，土地緊張的狹鄉不授予。

24 參見《隋書·食貨志》：「凡人口十已上，宅五畝；口九已下，宅四畝，口五已下，宅三畝。」

第八章

唐代：最簡單的財政，最複雜的問題[1]

唐代同樣採取土地公有制，並受公有制效率低下的困擾，雖然擁有繁榮的民間經濟，卻一直得不到充足的收入。為此，唐代採取一種奇特的養官制度，就是自我經營模式。皇帝撥給各個政府機關一定的土地和貨幣，要求各個政府將土地出租、貨幣放貸，把收上來的地租和貸款利息，作為辦公經費，而這些土地和貨幣分別叫做公廨田和公廨錢。

但因為政府機關不懂經濟，公廨錢貸出去往往收不回來，唐太宗只好設立「捉錢令史」，專門負責替政府放貸。捉錢令史出現後，引起大臣的集體反對，令唐太宗陷入朝令夕改的困境。武則天時期，由於政府無法把足夠的稅糧送到長安，陝西的關中平原也已經沒有足夠的糧食，能養活長安人口，皇帝只好不定期遷往洛陽居住，以減輕長安的缺糧壓力。

唐玄宗時期的財政更加緊張，因此，有兩個集團圍繞在皇帝周圍：賢相集團和聚斂集團。賢相集團強調減少政府開支、不增加農民稅負；而聚斂集團則迎合皇帝需求，想方設法增加收入。隨著財政壓力增加，皇帝最終倒向聚斂集團。

隨著北方邊事緊張，唐玄宗的財政已經養不起足夠的士兵，他只好設立節度使，將行政、司法、財稅、軍事權合一授給他。這種做法導致節度使權力過大，並引發安史之亂。

中唐以後帝國的財政，事實上已經從財政集權制變成財政聯邦制，唐代中央政府的稅收孱弱不堪，無力鎮壓藩鎮。為了解決此一問題，唐武宗發起滅佛運動，沒收寺院財產、強迫僧人還俗，增加收入和納稅人口。

行政效率低下，於是唐朝不致提前滅亡

貞觀十九年（西元六四五年），唐太宗終於步上隋煬帝的後塵，決定對高麗[2]開戰。唐太宗李世民一生兵馬倥傯，作為秦國公和秦王時，就參加隋末叛亂之後的統一戰爭。他親自率軍平定隴西（今甘肅省內）的薛仁杲（音同「稿」），擊敗並州、汾州（今山西省內）的宋金剛、劉武周，殲滅河南王世充、河北竇建德，戰功赫赫、威名遠播。成為皇帝之後，唐太宗派兵滅東突厥、擊吐谷渾[3]、併高昌[4]，繼續擴張勢力。但整體來說，太宗有意限制戰爭規模，避免軍事開支失控，以發展經濟為首要目標。

可是到統治後期，雄心勃勃的唐太宗終於抑制不住心中的衝動，準備完成隋煬帝未成的事業，也就是征服高麗。唐軍的三次出征，與隋煬帝的結局也十分類似，勞民傷財卻沒有進展。在西元六四五年的第一次出征，十萬大軍在太宗的率領下向東北前進。唐軍奮勇向前，取得部分勝利。然而，對方採取緊縮防守的策略，依靠冬天的天氣擊退唐太宗。這一次戰役唐軍的人員損失

1 本章涉及的時間範圍是西元六一八年至九〇七年。

2 此為高句麗的別稱（西元前三七年至六六八年），高句麗長壽王在位期間使用的國號。中國的二十四史中也把「高句麗」簡稱為「高麗」。為東北亞的古國，發源於今日中國吉林省一帶，鼎盛時期疆域曾覆蓋到朝鮮半島北部、滿洲及今俄羅斯濱海邊疆區的一部分。七世紀被唐朝和新羅聯軍所滅。

3 吐谷渾（音同「土育魂」），是西晉至唐朝時期，位於祁連山脈和黃河上游谷地（今青海）的一個古代國家。因統治地區位於黃河以南，統治者又被封為「河南王」，因此被南朝稱為河南國或河南，後不復見。

4 高昌位於今日的新疆吐魯番市，是古時西域交通樞紐。

不大，但軍馬損失八〇%，只好在冬天的大雪和泥濘中狼狽撤回。

兩年後，唐軍再次水陸並進，攻擊高麗，仍然沒有取得決定性的勝利。因為都無功而返，使得唐太宗更加執迷不悟。到了貞觀二十三年（西元六四九年），他決定再派三十萬大軍前去征討。為了做好準備，他在黃河上的陝州（今河南省內）和山東半島一帶大量儲存軍糧，又在南方聚集龐大的艦隊。

一部分征高麗的艦船，要在四川境內製造，再順著長江駛入東海、前往高麗；另一部分則先從四川境內採集木料、順江而下，運到浙江一帶製造，造船的錢由四川出，每艘船的成本大約為一千兩百匹縑[5]。

對四川加稅終於引起當地騷動，邛州、眉州、雅州的原住民開始造反。為了鎮壓這次造反，唐太宗又從現在的甘肅、陝西、重慶、湖北一帶調兵。於是，本來的東征高麗，已經變成一場全國性的大調兵，稍有不慎，就會引發帝國的全面危機。然而，唐太宗卻在這時去世，因此征服計畫也隨之擱淺。繼承皇位的唐高宗性格軟弱，不想打仗。將近二十年後，高麗內部衰落，才在總章三年（西元六六八年）被唐朝征服。

在征服高麗的過程中，李世民顯現出他真實的性格，拋開被神化的納諫因素，晚年的太宗已經變得奢侈傲慢，軍事行動也更加失控，**本質上與隋煬帝並沒有太大區別**。歷史會推崇他，其實是百姓對聖君的渴望。特別是到中晚唐後，由於人們不滿政治現況，就誇大初唐的政治清明。當吳兢的《貞觀政要》問世後，更沒有人懷疑太宗的治國能力了。但實際上，**使唐太宗免於落入隋煬帝結局的**，不是他故作姿態的納諫，而是**比隋代低得多的行政效率**，這點可以從唐代的人口統計資料上看出來。

隋煬帝時期，人口資料最高接近九百萬戶，人口則達到四千六百萬。由於隋文帝嚴格的制度，政府統計準確，沒有人排斥在戶籍之外。隋煬帝統計人口十年後，唐高祖武德年間（西元六一八年至六二五年），統計資料下降到只有兩百萬戶。也就是說在十年之內，中國人口減少七〇%。這個資料肯定有問題，原因在於唐代的統計粗疏，許多人成為逃籍戶，沒有出現在政府的花名冊上。到了唐太宗的鼎盛時期，全國的統計資料也只有三百萬戶，距離隋代的高峰仍然相差甚遠。

到了永徽三年（西元六五二年），由於前一年的戶籍增加十五萬戶，高宗志得意滿、覺得很了不起，隨口問他的戶部尚書高履行：「隋代有多少人，現在有多少人？」高履行回答：「隋朝大業年間，戶口有八百七十萬，今年我們有三百八十萬。」唐高宗驚訝於這個回答時，他也許不知道，幸虧自己的皇朝查不清戶籍，否則，高效的徵稅機器必然會破壞民間經濟。

唐代每戶徵稅兩石，而隋代每戶三石[6]，也就是說，唐代的稅率只有隋代的三分之二，加之統計人口只有隋代的三分之一，**唐代社會的整體稅負只有隋代的二〇%左右**。大量的財富留在民間，才能**促成所謂的貞觀之治**。

唐太宗在晚年也有花大筆錢的習慣，但是由於戶籍管理不完善，即便政府想多徵稅也找不到

5　指細緻的絲絹。
6　唐代數字見內文，隋代數字見《隋書．食貨志》。

人頭，這種模糊性間接保護到百姓。那麼，**為什麼唐代的戶口總是查不清楚？為什麼唐太宗無法建立一套高效率的體系？非不為也，是不能也。這與繼承隋代的土地制度有關係。**

一開始就官制紊亂

唐高祖稱帝前，只是隋代太原一代的地方官僚[7]，奪取天下後，政府機構、財政、土地制度，都直接繼承自隋代。在討論土地制度前，不妨先看唐代的行政、軍事制度，以及制度如何影響財政，產生進一步的流變。漢代的官制以三公九卿制為主，之後權力逐漸被從內廷分化出來的尚書臺所取代。到魏晉南北朝時期，尚書臺權力外化，皇帝認為尚書臺不好管理後，又倚重中書省。到中書省過於龐大時，皇帝又扶持門下省。

隋代時，文帝整治整個官僚系統，徹底拋棄三公九卿制，將尚書、內史（中書）和門下三省並置。而唐代繼承這個制度，改為尚書、中書、門下，構成中央官制的核心。其中，中書（內史）幫助皇帝起草詔令，起草好、由皇帝簽字之後，還要送到門下去討論，如果門下省認為詔令有問題，可以將詔令封還，即門下有封駁之權。詔令傳達下去之後，尚書省負責執行。

如果中書先起草，門下又封駁，這樣折騰上幾個回合，勢必會耽誤到不少時間。所以，皇帝在起草詔令前，在政事堂舉行中書和門下的聯席會議。各朝臣可以在會議上先討論，再進入起草階段。參加聯席會議的包括三省首長，三省各有正副首長一名，一共六名。隋朝時這六人均為宰相，也就是說隋唐的官制類似於委員會制，共同承擔宰相的職責。

到了唐代，由於尚書省只是執行機關，地位下降，因此逐漸退出聯席會議。當皇帝想讓尚書省首長參加會議時，會授予他「同中書門下平章事」的頭銜，才有資格參加會議。尚書省下設吏、戶、禮、兵、刑、工六部，每部又設四個司，共二十四個司。六部相當於現在的各個部門及委員會[8]，而下轄的司，則類似於現代部委下的局和署[9]。另外，還有處理專門事務的九寺五監，它們分別隸屬於六部，卻又獨立運作，地位類似於現在負責專門事務的地方機構。另外，在三省六部之外設立御史臺，它是最高的監察機構，負責監察百官並向皇帝進諫（見下圖與二二六頁圖表6-1）。

隋唐時期的地方官僚體制與漢代不同。後者採取以郡縣為主，而前者是以州縣為主。漢代的郡縣下屬官吏，可以由其長官來任命。隋唐時期不僅州縣長官是由中央吏部任命，下屬官吏任命權也是收歸吏部，使得地方政治更加依賴於中央。

圖表 8-1　唐代三省六部示意圖

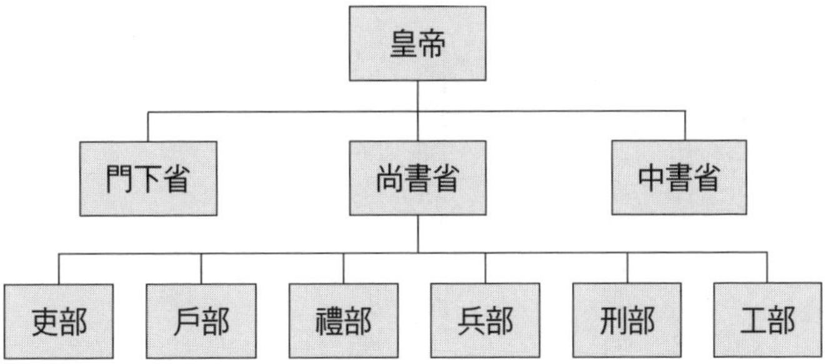

7 參見《舊唐書．高祖傳》：「十三年，為太原留守，郡丞王威、武牙郎將高君雅為副。群賊蜂起，江都阻絕，太宗與晉陽令劉文靜首謀，勸舉義兵。」

8 類似臺灣行政院底下的財政部。

9 類似於國庫署及國稅局。

唐代設置州的數量是隋代的兩倍，每個州刺史的權力都更小。除了州、縣之外，唐太宗將全國分為十個道，並派出觀察使不定期巡查。唐朝還實行府兵制，全國各地設有總管府（都督府），這些府本來只管軍事，不負責民事問題，地位卻在州之上。有的都督府駐紮在一個州內，同時管制周邊的數個州，形成一種複雜的結構。

太多人免稅，國防哪來經費？

這種結構在初唐時幾乎沒有影響民事，但其實類似藩鎮制的雛型。中唐之所以採用藩鎮制，除了安史之亂的因素之外，另一個因素就是唐代的州面積太小、數量太多，不便於中央直管。

不過，影響唐代政治最大的，是土地制度和財稅制度。這些制度繼承自隋代，卻貫穿唐代始終，造成諸多問題。唐代實行的是授田制，這是一種土地公有制，指一個人出生之後從政府那獲得分地，畢生從事農耕並上繳稅收，人死後，分地由政府收回再分配[10]。稅收制度則取租庸調。根據武德七年（西元六二四年）唐高祖時期制定的法令，租庸調的規定如下：

一、租：成年的男丁可以從政府處得到一百畝土地、傷殘人士得田四十畝、寡妻寡妾得田三十畝。如果是一家之主，還可以另外得到二十畝土地。在這些田裡，十分之二是世業田，其餘十分之八是口分田。當受田人死後，他的世業田由戶主繼承，而口分田則要交還官府，重新分配給別人。受田人按照每一丁男每年納粟兩石的標準，向政府繳稅。

二、庸：即力役稅。所有丁男每年為政府服力役（不是兵役）二十天，如果不服役，則可以繳納代役錢，每天絲絹三尺。如果多服役十五天就可以免除戶調負擔，多服役三十天則租和調都可免除。每年服役不得超過五十天。

三、調：即家庭手工業稅。各地根據產出的不同，向政府繳納不同的手工業產品。養蠶的地方每年每戶上繳綾絹兩丈，加上三兩純絲；不養蠶的地方繳納布匹代替絲絹，但是要加五分之一，同時再繳麻三斤。

四、雜項規定：嶺南各州不繳粟而繳米，上等戶每年一石兩斗、次等戶八斗、下等戶六斗、少數民族減半繳納。北方少數民族則繳納錢和羊。遭遇天災的地方，如果損失達到四成就免除租稅，損失六成則免除租和調，損失七成則租庸調全免。

按照唐代的規定，土地每年都要重新分配[11]，而每戶的財產也需要三年釐定一次[12]。由於政府把土地和戶籍結合在一起，所以稅負理應由分得土地的人承擔。然而在現實中，這些理想卻立

10 見《新唐書．食貨志一》。唐代土地分配制度可參考圖表7-2。
11 可見《新唐書．食貨志一》記載：「凡收授皆以歲十月。」
12 見《舊唐書．食貨志》：「凡天下人戶，量其資產，定為九等。每三年，縣司註定，州司覆之。」

刻出現扭曲。早在隋文帝時期，土地資料就被灌水[13]，這種浮誇必然加重人民的負擔，一旦政治鬆弛，立即出現嚴重的逃戶事件[14]。

唐代建國時的混戰，恰好是人民占有土地、逃避戶籍的高峰期。由於高祖採取寬簡政策，朝廷沒有和隋朝那樣高效率[15]。隋代分配土地時，許多流民第一次獲得土地，即便受田人去世，其家人也不願意交還土地。而到唐代初年，政府已經沒有足夠的土地，分配制度就慢慢執行不下去。越來越多的人脫離戶籍，越來越多的土地不是被政府回收，而是被私人偷偷在市場上買賣，形成地下市場。

人們尋找一切可能免稅、免役的機會，逃避戶籍的方法也是五花八門，有的人託關係拿到僧道的度牒，有的人占用軍籍，或者依靠豪族，充當色役[16]。許多有權勢的家族開始囤積土地，遠超規定的額度[17]。到了唐高宗時期，皇帝決定向土地地下市場開刀，下令禁止買賣口分田，由政府回收土地並重新分配。但因為皇帝的命令比不上利益誘惑，人們照樣買賣不誤[18]。

唐玄宗之前的皇帝，都為土地問題頭疼不已，屢屢下禁令不准買賣、試圖回收土地，但總是徒勞無功。玄宗則乾脆默認這個既成事實，徹底放鬆對戶籍和土地的管理[19]。到這時，唐代的土地國有制和分配制度已經名存實亡，由於**政府無法獲得準確的土地和戶籍數字**，稅收出現混亂，造成**唐代的財政一直不健康**。由於無法從正規管道收到足夠的稅款，皇帝只好另闢蹊徑。

正是從唐玄宗開始，各種臨時性的財務官員層出不窮，肅宗、代宗時期開始重建國有企業。為了節省開支，玄宗推出的節度使，葬送掉盛唐。

總結起來，從北魏到唐代的土地公有制和分配制度之所以失敗，源於它本身固有的巨大缺陷。在任何朝代，如此大規模的土地公有制都無法長期維持，農民最終會將土地占為己有，或者進入地下市場，流入權貴手中而無法收回。雖然政府在某些時間，可以強迫人們退回土地，但隨著官員怠惰，以及人情世故的變化，退地會越來越少，到最後朝廷不得不認可土地私有化。而唐初就是這一進程的起點。

中國從西元一九七八年改革以來，也在經歷同樣的變化。農村最初實行類似於唐代的制度，每當村子有孩子出生（有的地方要求是男孩），村裡就分配土地給孩子。但實行不久之後，這個制度就已經名存實亡，無地可分，回收制度成為畫餅，實際實行的是變相的繼承制。

13 這裡可以進一步猜測資料失真的原因：土地浮誇可能是皇帝強調對土地分配，由於地方政府拿不出土地來分給農民，只能在帳面上作假應付皇帝，而浮誇的土地資料又刺激稅收增長，使得民間受到壓迫。

14 根據萬國鼎《中國田制史》第三章二十九節所記：「均田制度均授民以田，而逃戶之多，乃以實行均田制度之北朝隋唐為最。」

15 參考《舊唐書．食貨志》：「高祖發跡太原，因晉陽宮留守庫物，以供軍用。既平京城，先封府庫，賞賜給用，皆有節制，征斂賦役，務在寬簡……」

16 為唐代各種有名目的職役和徭役，擔任某種色役的人可以免除課役或正役、兵役及雜徭，逐漸成為逃避正役、兵役及雜徭的手段。見《通典．食貨七》：「其丁狡猾者，即多規避，或假名入仕，或托跡為僧，或占募軍伍，或依信豪族，兼諸色役，萬端蠲除。」

17 參見《新唐書．循吏傳》：「永徽中，遷洛州。洛多豪右，占田類逾制。敦頤舉沒者三千餘頃，以賦貧民。」永徽是唐高宗的年號，只有六年，緊跟在太宗貞觀之後。但從行文上得知，土地問題在太宗時期就已經惡化。

18 詳見《新唐書．食貨志一》記載：「初，永徽中禁買賣世業、口分田。其後豪富兼併，貧者失業，於是詔買者還地而罰之。」

19 參見《新唐書．食貨志二》：「租庸調之法，以人丁為本。自開元以後，天下戶籍久不更造，丁口轉死，田畝賣易，貧富升降不實。」

元代的馬端臨感慨的說，唐玄宗開元天寶年間是唐代盛世，可是根據統計資料，天寶十四年的人口不過八百九十一萬戶，與隋代相當，而其中**不需要繳納稅收的**，就有三百五十六萬戶，比總戶數的三分之一還多。根據唐代規定，不需要繳稅的只有鰥寡、殘廢、疾病、奴婢、帶有餘蔭權的官品後代，這些人竟然能**占總人口的三分之一**，只能說明造假的人太多。

更滑稽的是，安史之亂爆發後，人口逃散得只剩下天寶年間的三分之一，而免稅戶已經達到總戶數的三分之二，納稅戶儼然成為少數，到這時土地公有制和分配制度，就連表面上的形式都無法維持。

奇特的自我經營式財政（要官員去放高利貸）

貞觀十二年（西元六三八年）的一場爭論，讓後人得以看到唐代財政的一次奇特危機。主角是一批特殊的公務員，他們遍布於京城七十多個衙門，形成一個集團。與其他靠科舉入仕的官員不同，這些人只有一個考核指標：放高利貸。

這些公務員的出現，令那些科舉出身的大臣感到恐慌，其中諫議大夫褚遂良就直言不諱的說：「從太學和各州送來的人才要淘汰一半，還有不少不合格的人，可是這群傢伙一年卻有六百多個等著授官，朝廷又怎麼能全部接收？更何況他們都是些粗俗的商人，會壞官場的風氣！」而唐太宗本人也不知道如何處理，他頻繁的改變主意，體現出中央政府的無奈。這時候，人們看到的不是一個雄才大略的皇帝，而是六神無主的可憐蟲。但是，是什麼危機能將唐太宗折磨得那麼可憐？這要從隋唐時期的財政政策說起。

在北魏孝文帝之前，朝廷官員沒有俸祿，只能劫掠財物、土地，再將財物放貸、土地出租來賺錢。北魏孝文帝改革後，官員雖有固定收入，卻無法完全終止放貸和出租土地的現象。當隋替代北周之後，放貸和出租現象已經變成一種特殊的制度——公廨田和公廨錢。中央政府給每個衙門，都配備一些土地和貨幣，由官員經營，賺的錢充作辦公經費。後來，由於隋代財政充足，廢除公廨錢制度，官員不再經營。

到了唐代，中央政府的財政狀況一直不健康，無法清查土地和戶籍，皇帝也不信任正規的財政模式。唐高祖從建國開始，就決心建立一套更獨立於稅收的自我經營式財政體系。所謂「自我經營式財政」，是種一勞永逸的模式：**各個部門**不需要政府每年撥給的辦公經費，只需要**在最初得到一筆財產，再利用這筆錢去盈利**，獲得的利潤就足以維持部門運轉。

唐高祖理想中的政府部門，就是各個企業用經營獲利，來維持行政運轉，這類似於現代中國採取的政商合一模式，政府就是企業，每級官員都有賺錢的使命。

在唐代，政府負責的經營專案是土地和貨幣。中央政府給每個部門配發一定的土地和銅錢，安排專門的人手去放貸和收租[20]。

除了公廨錢和公廨田之外，就連給官員發放俸祿，也有自我經營的概念。政府會根據官員的

20 請見《新唐書．食貨志五》：「京司及州縣皆有公廨田，供公私之費。其後以用度不足，京官有俸賜而已。諸司置公解本錢，以番官貿易取息，計員多少為月料。」

地位高低，授予他們一部分永業田，再根據職位授予一部分職分田。官員調任時，需要把職分田交回去，到下個崗位再重新分配，永業田則可以一直保留並傳給子孫。官員的職分田和永業田數量，都遠超過普通百姓的分田，如此一來，官員的收入就有保障，不再需要朝廷發給俸祿。

政府最大的開支除了養官，就是養兵。在養兵上，唐高祖沿襲西魏北周時期形成的府兵制。府兵制是種亦兵亦農的制度，由中央政府給每支軍隊授予一定的土地，士兵戰時為兵，平常務農。生產的糧食充當軍費，只有戰爭時期，士兵生產跟不上軍費所需，才會用政府的稅收填補。

難以使用的自我經營模式

當唐高祖設立「公廨田（錢）＋職田＋府兵制」的制度模式後，他認為政府所有大筆開支，都已經實現「自我經營」，不再需要朝廷投入，因此也就不需要完善財政職能了。人民是否願意登記戶籍、政府能否足額收稅，都已經不重要。高祖當皇帝沒幾年，還沒有完全平定全國就被兒子趕下臺。唐太宗繼承基業後，卻發現父親設計的這套「自我經營」模式並不好用。

最早的問題出在官員的俸祿上。還在唐高祖時期，官員就發現職分田和永業田不足以滿足開銷。一方面是由於他們消費力太高，另一方面則是因為經營土地並不簡單，從出租到收租，再到糧食運輸、儲藏和加工，其中任何一環出問題，官員的收入就要大打折扣。最後，皇帝除了分給官員土地之外，還是要發一部分俸祿。

接著出問題的是官員的職分田。隨著官員的職分田增多，屢屢發生侵占百姓土地的現象。貞觀十一年（西元六三七年），唐太宗下令不再按照規定，給官員分配足額的職分田，如果官員少分田，政府就從公廨錢的放貸收入裡撥出一部分，按每畝地兩升粟的價格給予補貼，算作他們的職分田地租，可這時公廨錢的問題又冒了出來。

在唐代初年，金融業並不發達，大部分人務農，借錢的只是少數商人。由於市場小，借錢成本也很高。在唐初，借款年利率在一〇〇％左右。由於利率太高，人們借錢大都是用在短期周轉上[21]。

唐代中央政府設立的公廨錢，分散在每個部門中。尚書、中書、門下三省，吏、戶、禮、兵、刑、工六部，每個部門除了有一定的官員編制之外，還有多位辦事員，稱為「令史」，相當於現在的職員。比如，門下和中書省各有帶令史頭銜的辦事員，有八十多位，而尚書省中，僅戶部一部就有一百七十多位。

他們大都負責打雜和文書工作，唐高祖讓這些人掌管公廨錢，負責放貸和收取利息。放貸本是一門專業工作，由非專業人士掌管時，不僅賺不到利息，連本金都賠了。所有的政府部門都放貸，市面上沒有這麼多人需要貸款，掌管放貸的人不稱職，也無法控制貸款的風險。如果僅依靠公廨錢籌措辦公經費和補貼官員，各個衙門會慢慢倒閉，官員都無法吃飯。

到貞觀十二年（西元六三八年）時，皇帝決定認真對待這個問題。他首先想到的辦法是撤銷

21　根據李劍農《中國古代經濟史稿》整理。西元六一八年（唐高祖武德元年）的放貸年利率為一〇〇％，到西元八四一年（唐武宗會昌元年）降到四〇％。

公廨錢。但撤銷之後，這些辦公經費和官員的分田補貼由誰來出？因此，唐太宗從全國找了七千戶最有錢的上等戶，逼這些富戶每年交錢、「定向資助」供養政府和官員[22]。但這種新辦法只實行三年，由於擾民過度受到太多批評。因此唐太宗只好再次下令廢棄這個做法，回到老路上去，並再次發放公廨錢，讓他們去經營。

這次，為了解決管理人員不專業的問題，唐太宗直接設置一個新位置，叫做「捉錢令史」，即專門管理公廨錢的辦事員。每個單位設置九人，每人掌管五萬錢（五十貫），透過向市場放貸獲取利息。

為了防止資金再次流失，唐太宗下令捉錢令史必須有盈利。他參考市場利率，認為每年是有可能獲得百分之百的回報，因此規定每個令史每個月，必須提供四千錢的利息（一年四萬八千錢，折合年利率九六％）。無法完成任務的就要受到懲罰，完成的給予獎賞。如果捉錢令史連續十二個月都達成目標，就可以升官。此法一出，立刻引發軒然大波，出現開頭爭論的一幕。褚遂良更是揚言，這會讓整個官場都變得庸俗、敗壞政治。

行政效率低，迫使皇帝用各邪門歪「使」來斂財

在唐太宗時期，整個三省六部的官員數量，只有七百三十位[23]，雖然太宗時期已經出現許多編外官，但是捉錢令史的編制還是過於龐大，中央政府一共七十多個部門，每個部門都有九個捉錢令史。如果每年有六百多人需要升官，官僚系統又怎能承受？在群臣的抗議下，唐太宗再次廢

除公廨錢、接管辦公經費，並逐步恢復發給官員職分田的做法，讓他們自己養活自己。但是，問題並沒有消失。財政不平衡仍然折磨著這一代明君。

貞觀二十二年（西元六四八年），唐太宗在經歷兩次失敗後，毅然決定再設置公廨錢，主要還是因為國庫收支不平衡。唐高祖已經設立自我經營式財政制度，要想擺脫公廨錢，就需要花很大的力氣重新設計制度。但唐太宗不擅長處理財政事務，只能一次次的嘗試老方法，試圖靠改進來成功。

但是，這個制度在設計上有太多明顯的缺陷。社會根本不需要這麼多貸款，而且總有段時間會貸不出去。如果貸不出去，捉錢令史只有兩種辦法，一是拿本金充當利息，期待下次能提高貸款利息、補回本金；另一種則是強迫商人貸款，並逼他們付利息。不管是哪種方法，到最後都持續不下去。

唐太宗死後，他的兒子唐高宗隨即廢除公廨錢，這已經是唐代第三次廢除公廨錢。更令人驚訝的是，高宗隨即第四次重建公廨錢制度。不過這次的做法有些不同，他透過多收一定的特別稅來獲得本金。

政府把這筆本金直接交給外面的高等戶（富裕人家）。至於高等戶怎麼使用這些錢——看是要放貸，還是扔在櫃子裡，皇帝全都不管，但是每個月必須按時把利息交上來。這也變成明目張

22 見《新唐書．食貨志五》：「十二年，罷諸司公廨本錢，以天下上戶七千人為胥士，視防制而收其課，計官多少而給之。」

23 參考《新唐書．百官志一》：「初，太宗省內外官，定制為七百三十員，曰：『吾以此待天下賢材，足矣。』」

膽的訛詐，高等戶只能自認倒楣，把它當作每年必須繳納的特別稅。

公解錢制度在屢次興廢中，經歷唐代的興亡。隨著唐代經濟發展，公解錢的利率也逐漸降低，從唐太宗時期的一〇〇%，降到開元初的七〇%、開元末的五〇%，到了晚唐時期，只有四〇%。它之所以出現，是因為唐代的財政制度始終效率低下，收入不足以養活日益龐大的官僚系統，最終迫使皇帝用各種邪門歪道的方式來獲得收入。但也由於政府對民間缺乏控制力，使得民間經濟出現極大的繁榮。在唐初，問題看上去還不大，隨著時間流逝，財政紊亂所引起的問題就越明顯。

到了玄宗初期，皇帝和大臣已經想方設法，開拓其他的方便管道來籌措資金，但又造成一系列制度失衡。比如，當政府需要更多士兵時，不是通盤考慮財政狀況，而是由於習慣、直接設立若干節度使，讓他們自己籌措軍隊、解決糧草問題。節度使總攬軍政大權，從而開啟安史之亂的閘門。

到了後期，唐代的官僚制度也開始崩壞。戶部逐漸被邊緣化，新設的轉運使、租庸使、鹽鐵使、度支鹽鐵轉運使、常平鑄錢鹽鐵使、租庸青苗使、水陸運鹽鐵租庸使、兩稅使等取代戶部，在正規財政機構之外斂財。正規財政是政府的一道緊箍咒，因為從民間要錢總是相當困難。政府採取正規財政之外的做法，都是為了方便。有的政府將貨幣減重，造成通貨膨脹；有的搞經營壟斷資源等。雖然唐代的財政制度促進初期的經濟發展，最終又造成失衡。

財政逼迫下的皇室搬家

西元七〇一年冬天，天冊金輪聖神皇帝武曌[24]回到闊別已久的京師長安。為了紀念，她將年號改成「長安」。這次她在長安待了兩年，就回到神都洛陽。此時，已經到武則天政治生涯的晚期，回洛陽兩年後就被迫退位、離開政治舞臺。西元七〇一年回到長安，對於年老的女皇帝來說，更像是一場一生的回憶，讓她找回記憶中的那個舊舞臺。

女皇一生的故事，可以說是一部在京師長安和東都洛陽之間的雙城記[25]。永徽六年（西元六五五年），武昭儀在京師長安被唐高宗立為皇后。唐代的京師東西長十八里一百五十步，南北長十五里一百七十五步。南北十四條街，東西十一條街，這些街道縱橫，將城區分成一百零八坊，城市共有兩個大市場。皇城在城市的西北角，稱為西內；皇城的東北方向則是著名的大明宮，稱為東內，高宗在位時已經把大明宮當作主要的居住場所。

後來玄宗在位時，又在大明宮的南面設立興慶宮，稱為南內。京師城外的北面是禁苑，苑城東西二十七里，南北三十里，東至灞水，西連漢代的長安城，南靠京師，北枕渭水。武昭儀冊立為皇后兩年後，她陪伴皇帝第一次前往東都洛陽。唐高宗在有生之年裡，七次從京師到東都居

24 曌，音同「照」，為武則天所創的新字。意為明空，掌管天下之意。

25《雙城記》（*A Tale of Two Cities*），作者為查爾斯·狄更斯（Charles Dickens）。描寫貴族如何敗壞、殘害百姓，最終人民因積壓仇恨，而導致法國大革命，以及革命黨隨後對前貴族採取的殘暴行為。而書名中的「雙城」指的是巴黎與倫敦。

住，每一次都由皇后陪伴。到了後來由於身體不佳，皇后開始幫他處理政事，上朝時垂簾聽政，與皇帝並稱「二聖」。

高宗時期洛陽的地位，已經與長安不相上下，它北據邙山，南對伊闕，洛水穿城而過。整個城市規模比長安稍小，南北長十五里兩百八十步、東西長十五里七十步。城中各縱橫十條大街，將城市分成一百零三坊，也有兩個大市場。洛陽的宮城與長安一樣，也在城市的西北角。宮城的西南有上陽宮，上陽宮西面又有西上陽宮。禁苑在都城的西面，呈不規則形狀，東面十七里、南面三十九里、西面五十里、北面二十里。

從長安到洛陽的大道，先是沿著渭水一路前行，當渭水併入黃河之後，又沿著黃河伸展，最後一段則翻山進入洛水谷地。路程在十天到十六天之間，但是，由於大道上布滿皇帝的行宮，皇室走這條路時遊山玩水，最短也需要二十天，有時甚至長達一個多月。

高宗皇帝第七次離開長安後，再也沒有活著見到京師。他的遺體裝在棺材裡運往長安，葬在乾陵。他的靈柩被送往墓地時，武皇后卻沒有陪伴在左右。皇太后決定留在東都洛陽執政，鞏固自己的地位。她也厭惡頻繁的在兩京之間來回遷徙，想找一個不需要折騰的地方。於是，新改名為神都的洛陽便取代京師長安，在這位太后兼女皇執政期間，成為唐代的政治中心。唐高宗與武則天執政時，遷徙並非完全出於自願，很多時候都是被迫的，因為長安所處的關中平原，已經無法養活整個龐大的中央官僚體系。

在西漢，由於官制相對簡單、養官成本小，政府在關中地區仍然可以獲得足夠的資源。但到唐太宗時期，內外官員的定額是七百三十人，唐太宗曾經說：「按照這些名額來招納天下的賢才，已經足夠了。」但隨後由於公事大增，太宗不得不增加許多編外的官員，稱為「員外」、「特置」，以及許多加上「檢校」、「兼」、「守」、「判」、「知」之類的官員，之後又有各種使職，官制更加混亂，遠超過當時的定額。

在太宗一代，仍然可以控制養官成本。貞觀二十二年（西元六四八年），中央政府官員俸祿是十五萬兩千七百三十緡錢。即便加上辦公費用，也不會過於龐大。由於關中地區自產糧食，每年只要從中原地區調運二十萬石糧食，就足以供應整個京師的消耗[26]。然而從高宗和武后，直到玄宗皇帝上臺之前的時期，是官僚系統膨脹最厲害的時期。顯慶二年（西元六五七年），**官員人數已經從最初的數百人，擴張到一萬三千四百六十五人，比起太宗初年已經增加二十倍**，而且每年新增一千四百人進入朝廷[27]。

這還不算誇張，唐代初年的宦官人數並不龐大[28]，到了中宗神龍年間（西元七〇五年至七〇七年），宦官人數已經達到三千人。**到玄宗時期，僅宮女就達到四萬人**，帶品的宦官已達三千人，更高級別穿紫衣的也有一千人。

開元二十一年（西元七三三年），（京師）官員數量達到一萬七千六百八十六人，其他**公務員（吏）更是多達五萬七千四百一十六人**，還有許多有官員資格、但還沒有授官的人（按：二〇

26 參見《新唐書．食貨志三》：「高祖、太宗之時，用物有節而易贍，水陸漕運，歲不過二十萬石，故漕事簡。」
27 根據《舊唐書．劉祥道傳》記載：「今之選司取士，傷多且濫；每年入流數過一千四百，傷多也……今內外文武官一品以下，九品已上，一萬三千四百六十五員。」
28 根據《舊唐書．宦官傳》，唐制有內侍省，官員六十名。另外設有五個局，各有宦官人數不詳。

一八年四月全臺灣公務人員人數約三十五萬人）。這些人加上皇族、官員子弟，以及各式各樣的僕人、供養人等，形成一個龐大脫離農業、且需要供養的集團。隨著官員人數以及都市規模擴張，長安的糧食日漸供應不來。唐代之前，隋煬帝已經發現中國經濟的變化，原是西漢時期最富裕的長安和關中平原，已經變得貧窮，曾經被視為蠻荒之地的江南地區，逐漸彙聚大量財富。

運河成為隋唐命脈

煬帝建立運河系統的初衷，就是要連接起江南富庶地區與首都。一旦首都資源緊張，可以便利的從江南調運物資。然而在唐代初期，人們發現南方糧食經過運河北上到達黃河後，再經黃河運輸到長安時卻困難重重。

當時的運輸路線是每年二月從揚州開船出發，四月之後才能透過淮河進入汴河（屬於大運河河道），由於這時候運河水淺，通行不便，要到六、七月才能到達運河與黃河交接的河口。可這時恰逢黃河的豐水期、無法通航，只能等到八、九月分黃河水落下去之後，再航行進入洛河（洛水）。把糧食從揚州運往洛陽，需要多耗費半年。從運河轉黃河時，由於江南的水手不熟悉黃河水性，必須雇用當地人，這也增加運輸成本。

把糧食運到洛陽，整個運輸工程只完成一半。從洛陽轉運到長安還有更大的麻煩。首先，要從洛陽用車輛或者牲口，把糧食馱運到陝州（今三門峽市陝縣），透過陸路繞過三門峽，再重新入黃河、入渭河，將糧食運往長安。為什麼糧食從運河進入黃河後，不直接沿著黃河一直西進直達渭河和長安，而非要經過如此麻煩的陸路轉運？因為黃河有天塹——三門峽[29]。

在古代，位於河南、陝西交界的三門峽，是造成黃河運輸困難的最主要原因。這個峽口位於崤山的懷抱之中，河中立有砥柱，水流湍急。當時坐船過三門峽，十艘有七、八艘會出事。因此走水路必須做好折損八〇%的準備，走陸路的成本又很貴，從洛陽到陝州的三百里，每運送兩石糧食就要花費一千錢，成本遠超糧食的價值。由於運輸成本太高，唐代的政府根本無法大規模運輸漕糧到長安。因此皇帝只能不定期的將政府從長安遷移到洛陽，連同所有相關人員一起過去，此時，長安的糧食需求就迅猛下跌。

隋文帝也採取過類似的方法，開皇四年（西元五八四年），關中地區大旱，隋文帝就只好跑到洛陽，唐高宗和武后也屢屢採用這個策略。咸亨元年（西元六七〇年），四十多個州出現災情，其中關中最嚴重，第二年正月受災最重之時，新的收成沒有下來，老的收成已經吃完。因此，皇帝立即決定打包走人，遷徙到東都避免與民爭糧。皇后跟著高宗皇帝七次遷徙，高宗一死，她立刻決定永久解決這個問題，在洛陽建立神都，不再回長安了。

武后的選擇也顯示出長安的窘迫地位。從西周時期，長安所在的關中平原就是最繁華的所在，但到唐代，隨著經濟的進一步發展，長安已經變成西北一隅，在經濟上喪失重要性。但是，由於它在政治上仍然是首都，政府必須利用行政手段大量向長安輸血，這造成政府巨大的負擔。

29　關於三門峽和漕運對唐代長安城的影響，可參考趙岡的著作《中國城市發展史論集》第三章。根據其測算，唐玄宗時期解決漕運問題之後，每年最高運量可養活五十一萬人，而唐代長安城人口達到六十萬。

武后時代，也是逐漸累積唐代財政問題的時代。她依靠遷都避免漕運問題，但其他財政問題都在惡化。在官僚系統上，唐高祖制定的一系列可笑的政策已經失效，而官僚的膨脹速度超過預期，政府需要更多的經費來維持運轉。

土地國有制和分配制度也執行不下去，隨著人口的增加，政府能回收的土地有限，土地兼併問題表現得更加明顯。而令唐代政府更加頭疼的是逃稅戶問題，一旦稅收加重，超過人民承受的範圍，人民立即逃走不再繳稅，而他們的土地也被更強勢的人兼併。

高宗時期的名將劉仁軌，曾在白江擊敗日本和百濟[30]的聯軍，他在上奏時卻說，自從開戰以來政府大肆徵兵，稍微有一點錢的人都靠賄賂逃避兵役，然而沒錢的人、哪怕是老弱之人也被充軍。

武后時期的大臣陳子昂更是屢次談到民間疾苦，如四川的官吏橫徵暴斂，導致大量人口拋棄土地、逃入山林；宰相狄仁傑談到，由於軍事徵召，河北地區出現大量人口逃離的現象。「近緣軍機，調發傷重，家道悉破，或至逃亡，拆屋賣田，人不為售，內顧生計，四壁皆空。」

武后時期也是府兵制逐漸衰落的時期。這種農戰結合的兵役模式，在建立之初極有效果，但是隨著機構老化，軍士惰性增加，必然如同國有企業一樣低效率，整個系統變得臃腫，士兵既不能耕地也不會打仗，軍事體系出現巨大的問題。武后看到問題所在，因此一上臺就準備整理財政。一開始她試圖查清稅基，避免偷稅、漏稅，普查工作取得一定的效果。

神龍元年（西元七〇五年），武后將帝位傳給兒子唐中宗的那一年，唐代的戶籍已經達到六百一十萬戶以上，比唐高宗初年增加兩百三十萬戶。

人口增加使得政府稅收相應增長，但比不上官僚隊伍膨脹的速度。為了防止忠於唐皇室的官員起兵反對她，也為了整治貪汙成風的現象，武后進行又一輪的集權。她撇開正規的官僚體系，借助親手提拔的酷吏、加大監察力度，並採用舉報加酷刑的方式，來讓官員俯首貼耳，減少貪汙，從而解決更加惡化的財政狀況。

但這些酷吏一旦掌權，就和武則天想懲治的官員一樣，變得不受約束、為所欲為，武則天只能扶持新一批酷吏來對付前一批，這樣的循環直至她下臺才結束。她死去時，唐代原本的官僚系統正在解體、宰相權力削弱，圍繞著皇帝形成新的小圈子。宮廷揮霍成風、養官成本增加、軍費開支擴大、官員行為缺乏約束，這是高宗和武后時代所遺留的問題。

帝國隱患逐漸累積，安史之亂終將爆發

天空初年（西元七四二年），水陸轉運使韋堅導演一齣「百船來朝」的精彩好戲，讓長安人大開眼界。在長安城外滻水旁的長樂坡，修有皇帝的宮苑望春樓，這裡突然開挖一個水潭直通滻水，過些時候，從渭水開來三百艘船、停在水潭外，長長的排開、首尾相接，綿延數十里。船上的人頭戴斗笠、腳穿草鞋、衣袖寬大，與長安一帶的穿著絕不相同，反而像是從南方來的。

就在人們議論紛紛、互相猜測時，皇帝已經到達望春樓，與他同行的還有許多文武大臣。皇

30 又稱南扶餘，為古代朝鮮半島西南部的國家，與高句麗、新羅三足鼎立，這段時間被歷史學家稱為朝鮮三國時代。

帝到達後，突然一聲令下、歌聲四起，三百艘小船如同活著一般，排著隊從水潭經過。每艘小船上都寫著州郡的名稱，彷彿它們是從全國四面八方彙集而來。

在船上，還擺放著各地的土特產品：廣陵的錦、銅器、官端綾繡；會稽的羅吳綾、絳紗；南海的玳瑁、象牙、珠串、沉香；豫章的瓷器、茶具和鍋；宣城的空青顏料、孔雀石綠；始安的蕉葛布、蟒蛇膽、翠鳥羽毛；吳郡的方文綾等，應有盡有。

就在人們被船上豐富的貢品吸引時，突然有人發現這支船隊的領隊有些怪異。這個人站在第一艘船的船頭，穿著短袖的衣衫、紅抹額，歡快的領著大家唱歌。兩側則是從京城招呼來的一百多個婦女，她們妝飾鮮豔、鳴鼓吹笛。有人發現領隊是陝縣縣尉崔成甫，而他所唱的歌叫《得寶歌》，歌詞也是為了這次表演創作，分成十段，風格喜慶。

當船隊來到望春樓下時，水陸轉運使韋堅走過來，取下船上代表的貢品獻給樓上的皇帝，用來分賜眾人，又送上百餘種食品。船隊邊奏樂邊表演，儼然一副軍民同樂的場面。同歡結束後，皇帝大肆賞賜，將新開鑿的水潭命名為廣運潭。這是唐玄宗時期典型的熱鬧場景之一，表現出盛唐時期的奢侈與繁華。

然而，它還有著另外的意義。對於玄宗而言，廣運潭和之前一系列的水陸工程，代表首都長安的糧食運輸問題已經解決。透過幾位大臣共同的努力，黃河天險成通途，增強帝國的運輸能力，關中地區不再缺糧。困擾高宗和武后幾十年的問題，在他的手上終於告終，而他也不用再定期到東都洛陽。

任何看到這一幕繁華景象的人都沒有想到，這已經是王朝盛世的晚期，再過十幾年，唐帝國就會在安史之亂的災難中步入殘年。即便是後人也無法理解，**為什麼開元年間尚是盛世，天寶年間就一派蕭條**。

在傳統的歷史書中，開元和天寶之間如同有道鴻溝，開元時期的玄宗英明神武，到天寶時期卻昏庸不堪，引起千古巨變。但事實上，唐玄宗的統治方式並沒有改變，也傳承下先王的統治，只是帝國的隱患在逐漸累積、失衡之下，終於在玄宗末年爆發。

為什麼會發生天寶變局？答案仍然是：財政。西元七一三年，唐玄宗粉碎武后之女太平公主的政治集團，為鞏固帝位改元開元，開創中國歷史上最有名的盛世。然而，新皇帝執政一開始，就面臨著諸多問題。在他之前，韋后和太平公主相繼擅權，這兩個女人治理經驗不如武后，擴大之前遺留的問題；她們**提拔大批不稱職的親信**，**進一步破壞官僚體制**，並給財政造成巨大壓力。而**府兵制的衰落**已經威脅到邊疆安全，特別是在吐蕃崛起之後，軍隊能否禁得起戰爭考驗已經成疑。

土地制度被破壞，使得**戶籍管理也逐漸混亂**，影響帝國的收入。另外，困擾帝國的漕運問題仍然存在，關中的糧食不足以養活龐大的帝國，但從中原運輸，又受到自然條件的阻礙。因此唐玄宗登基後，斥退冗官、減少皇室開支。在找到有效的軍事改革辦法之前，宰相姚崇制定保守的軍事原則：除非迫不得已，否則不進行戰爭。為了解決關中糧食不足的問題，皇帝學習武后的做法，不定期的遷往東都洛陽。在天寶之前，唐玄宗在洛陽居住的時間合計不下十年。

賢相集團終不敵聚斂集團

從開元初年始，玄宗任命一系列的賢相治理國家，姚崇、宋璟、蘇頲、張嘉貞、張說、張九齡等人先後拜相，他們為官清廉、政寬刑息、滿腹文采，形成少有的政治新氣象。然而，他們卻有共同弱點：能幫助皇帝節省開支，卻**不會增加收入**。所謂節省開支，指的是精減官僚機構、減少軍事行動。政府可以少花錢，但是隨著官僚機構擴大，能節省的開支也有一定限度。政府除了節流之外，還有著強烈的開源需求。

玄宗時期，每年的財政收入大約是租錢兩百餘萬緡、粟一千九百八十餘萬斛、絹七百四十萬匹、綿一百八十餘萬屯、布一千零三十五餘萬端。同時，玄宗時期的花費卻非常驚人，以他建立來收容皇族的十王宅和百孫院為例，十王宅每院配置四百宮人，百孫院每院也有幾十人，他們都必須由政府養活。官員和吏有七萬多人、宮人四萬多人，軍費也在連年上漲。

但是，所有宰相都不會幫助皇帝開源，他們的心裡還認為這樣就意味著剝削民間。因此皇帝需要另一類人幫助增加收入，也就是聚斂之臣。他們更懂得商業、更知道如何幫助皇帝賺錢。

於是，在正規的官僚系統之外，皇帝設置一系列的使職，來幫助他獲得更多收入。在開元賢相各領風騷的同時，玄宗周圍也形成不下於漢武帝時期的聚斂團隊，主要人物包括宰相裴耀卿、監察御史宇文融、太府卿楊崇禮，以及他的兩個兒子楊慎矜和楊慎名、戶口色役使王鉷（音同「洪」）、水陸轉運使韋堅，還有後來著名的宰相李林甫和楊國忠。除裴耀卿外，其餘每位都是典型的野心家。

唐玄宗身邊於是圍繞著賢相集團與聚斂集團。皇帝需要前者為他治理國家、撫慰人民，又需要後者幫忙尋找財源，這兩個集團從皇帝上臺之始就並存著。最初，唐玄宗還能在兩者之間，維持著微妙的平衡，讓他們各自發揮所長。但隨著財政壓力越來越大，聚斂之臣才能夠帶來更多利益時，皇帝最終倒向聚斂。

唐玄宗正是靠著聚斂之臣，解決從東方支援京師長安的重大工程。這項工程始於開元二十一年（西元七三三年），由當時的京兆尹裴耀卿主導。當年由於出現災情，玄宗從京師前往東都，而裴耀卿適時的提出解決運糧的方法。

他認為以往運糧最大的問題，在於從江南來的船在路途上必須等很久。由於運河水淺，從淮河經過運河到達黃河口，要等兩、三個月時間才能通過，而從黃河口進入黃河，又要等兩個月才能過去。他希望在每個等待的地方設立糧倉，船直接把糧食卸在倉庫裡就調頭，使用分級轉運的方式增加效率。

另外由於黃河三門峽一段很險、難以通船，裴耀卿在三門峽口的兩側都設有倉庫，運糧時先走水運到東庫，從東庫走陸運，經由十八里山路到西庫，再走水運從西庫到京師長安。整個行程只有十八里路是陸運，其餘都走水運，降低運輸成本。

裴耀卿還開闢一條北路，將糧食先運送到太原，再走水路進入黃河和渭河，這條北路也保證河東地區的糧食得以彙聚京師。透過裴耀卿的努力，玄宗時期稅糧的輸送能力，從每年幾十萬石增加到兩百三十萬石，足以供應關東地區。唐玄宗在後期，已經沒有必要不定期遷往東都。天寶年間，玄宗回到京師長安與楊貴妃纏綿，東都洛陽恢復陪都的地位。

裴耀卿功成身退，卻沒有想到這個做法給一批鑽營之人指明道路。開元二十九年（西元七四一年），陝郡太守李齊物決定開鑿三門峽，將峽谷河道中間的砥柱山鑿開一條船道，再在兩邊開鑿棧道用來拉船。他的目的是運輸時不用再轉陸路，全部走水運。

但不幸的是，由於開鑿過程中大量的石頭崩塌進河道，反而使河道更加險峻，只能等水漲時再拉船通過。這個方法勞民傷財也不實用，但是李齊物仍然上報表功。唐玄宗有些懷疑，派宦官下去調查，而李齊物透過賄賂封住宦官的口。而開頭提到的韋堅，在取代李齊物任轉運使之後，更是把關乎國計民生的大事變成僅供皇帝觀賞的遊戲，**整個漕運系統不停的運轉**，每年的運量已經達到四百萬石，**遠遠超出實際需要**。

逼迫逃稅戶繳稅，但納入玄宗私房

除了稅糧運輸系統之外，皇帝最頭疼的是混亂的戶籍制度和土地制度。避稅逃戶者太多，如何找到這些人、逼迫他們繳稅，成為政府的當務之急，而這個工作交給監察御史宇文融。宇文融請求清查全國的戶口和土地，統一納入徵稅範圍。獲得皇帝允許後，宇文融立刻任命二十九個勸農官到各地巡查。由於他性格嚴苛，各地官員出於畏懼，不惜報假數字來討好他，結果又造成新的逃亡戶。

不過，報給皇帝的數字卻非常漂亮：當年就增加八十萬戶人，以及同比例的無主土地。新增人口達到總人口數的一〇％。政府隨即按照數字派稅，當年稅收增加幾百萬貫。這讓他成功升官，但也遭到大量質疑。有人認為他的做法過於侵擾百姓，會讓人民變得更加貧困，讓更多人逃亡。但皇帝認為宇文融能帶來新的財源、不容許質疑，並將皇甫憬、楊瑒等反對人士加以貶斥。

宇文融升官，終於引發賢相集團與聚斂集團的正面衝突，宰相張說看不起宇文融，不斷的壓制他，宇文融則大肆詆毀張說。玄宗皇帝在這場鬥爭中，最終選擇宇文融。賢相集團主導的歷程已經接近尾聲。宇文融破壞政治氣氛極其嚴重，除了以聚斂之臣的身分官拜宰相之外，還設立一大批臨時官員（使職）穿梭於全國，滿足皇帝對於錢財的需求。

後來，皇帝在其他官員的堅持下，貶斥宇文融，但隨即就問宰相裴光庭：「在你們的要求下，我已經把宇文融治罪了。但他一走，國家財政就不夠用，你們誰能幫我呢？」宰相默然，但是這個問題已經變得如此尖銳。宇文融下臺後，由於他破壞正規財政系統和民間經濟，使得收入下降得更快，但是皇帝不認為問題是宇文融所造成，反而認為正是缺了他，才有這些問題。宇文融死後，皇帝還在懷念著他的好處。

但皇帝不用等太久，太府卿楊崇禮接替宇文融，開始從地方壓榨財稅。楊崇禮是一個清廉的官員，但正因為他清廉，反而給地方經濟造成更大的傷害。除了楊崇禮，他的兩個兒子楊慎矜和楊慎名也都是著名的理財官員。聚斂更甚的是名叫做王鉷的人，他善於搜刮財產，每年獻給皇帝的錢就達上百億，上貢的其他財寶也差不多值這麼多錢。更重要的是，他宣稱**這些錢都不是正式的稅收、不用存入國庫，而是存入唐玄宗的私庫**——百寶大盈庫，供唐玄宗私人支配。這就徹底破壞唐代的財政基礎。

當這些聚斂之臣得勢，控制唐玄宗的宮廷之後，他們之間的內鬥也越來越激烈。韋堅、楊氏兄弟、王鉷互相傾軋、互相告狀，而皇帝利用完他們之後，一一將其誅殺。最終的勝利者，屬於玄宗時期最著名的奸相李林甫。到此刻，財政已經積弱不振、無法自拔。賢相集團退位後，聚斂集團帶領著唐玄宗推出一系列政策，其中一項政策直接導致安史之亂，徹底葬送盛世王朝。

府兵成腐兵，侍官是屎官

天寶十二年（西元七五三年），如果你問當時天下最繁忙的人是誰，會有人告訴你，是宰相楊國忠。楊國忠的工作量超出一般人的想像。他身兼大大小小四十餘個使職，還擔任著帝國的右相，兼任吏部尚書、集賢殿大學士、太清太微宮使、判度支、劍南節度、山南西道採訪、兩京出納租庸鑄錢使。他掌管著帝國的財政、行政、軍政大權，並負責考核與任命官員，同時還監管四川地區的軍政、民政各方面事務。

楊國忠的辦事效率「奇高無比」，在他之前吏部選拔官員非常複雜，必須經過三道唱選，評比從春天持續到夏季才能選出來。但是楊國忠卻做得相當輕鬆，他在私宅裡選拔，再召集官員在尚書省的辦公室裡唱一次票，一天之內就選定完畢。

他也將國庫維護得「井井有條」，不讓它出現任何一時的短缺。直到安祿山兵起，各地物資仍源源不絕的送到京師長安，將府庫填滿。有一次，唐玄宗去左藏庫視察，看到倉庫堆得滿滿的，便對楊國忠推崇有加。

除了吏治和財政之外，楊國忠對於軍事也「有所涉獵」。在他的策劃下，唐朝對西南方的小國南詔，連續發動兩次大戰役，都是全軍覆沒。不僅如此，戰爭過後原本臣屬於唐朝的南詔國，全面倒向當時最大的威脅吐蕃。

但是，在楊國忠的彙報中，這兩次戰役都是唐朝大捷。為了扭轉人們私下對他的非議，他決定在軍事上再立功勳，將安祿山拿下。人們很難想像，唐玄宗晚期的宰相李林甫和楊國忠，怎麼能夠獲得如此大的權力。

除了唐玄宗沉浸在溫柔鄉之外，更重要的原因是，這兩人能夠滿足帝國所需。如果一切以財政來考核政績，政治權力就會被這些財政專家所把持。更致命的是，同樣是基於財政考量，唐玄宗做出的一項軍事改革，讓中央政府無法控制軍隊，再也無法回頭。

在唐玄宗時期，突厥已經成為明日黃花，不再構成威脅；回紇人還在遙遠的北方，尚未進入中央的視野。然而此時，在西方崛起的吐蕃卻成為帝國最大的威脅。統治中心位於今西藏的吐蕃人，幾乎與唐朝同時崛起，又同時崩潰。玄宗時期，吐蕃恰好也處於鼎盛時期，不僅占領今天的西藏，還向西進入巴基斯坦、阿富汗的山地地帶；東面進入四川西部，青海、甘肅一帶；北面則進攻新疆的部分地區。

吐蕃人的全面擴張，與唐朝存在著軍事對抗，尤其是從巴基斯坦，經過新疆延伸到四川、雲南的巨大弧形區域，威脅著朝廷。在對抗吐蕃時，唐玄宗發現，府兵制已經腐朽得不能打仗，府兵制要求士兵一直服役，到老才能退休。但由於兵招得不夠多，許多人都已經白髮蒼蒼還在駐守邊防。

唐代實行邊防輪換制度，內地的府兵過一段時間就換到邊防，但隨著制度越來越鬆散，輪換也成為虛設[31]，所以，玄宗登基後便開始軍事改革。在宰相張說的主導下，政府裁撤一批府兵、招募新兵，建立十二萬人的騎衛隊來守備京師。募兵制建立後，府兵制更成為累贅。到了天寶年間，就連當初精銳的騎衛隊也退化。

以守衛京城的部隊為例，他們本來是最有戰鬥力的軍隊，但是在安史之亂爆發前，這支號稱皇帝的侍官隊伍，卻早已經變成京城的恥辱，**人們罵人時就罵對方是侍官**。隊伍裡的人也是五花八門，富裕的變成商人、忙著做買賣，身強體壯的就靠玩雜耍、拔河來糊口，他們已經徹底脫離軍事訓練，到安史之亂爆發時，這些人甚至不知道怎麼穿軍裝，更別提打仗[32]。

面對邊境蠻族的挑釁，唐玄宗不得不另外組織部隊。他倚重於源自唐高宗時期的改革——節度使。高宗時期，由於在軍事行動中需要協調各方面的關係，高宗給一些軍事官員（都督）授予節度使的稱號。他們由中央派出，帶著皇帝的令符負責節制當地的軍事。但當時的節度使並不是正式官職，只是臨時的稱號。

節度使時代來臨

到了景雲二年（西元七一一年），由於西北方向需要用兵，皇帝授予涼州（今武威）都督賀拔延嗣新的名號——河西節度使。節度使成了正式官職。所謂節度使，不同於之前的都督，因為都督只負責軍事，不參與民事；也不同於地方的州刺史，因為刺史不管軍事，只負責民事；他還不同於觀察使，因為觀察使只有監察權，沒有軍事權和民事權。節度使將所有這些權力都合而為一，不僅負責招兵買馬，還要負責民事和稅收，同時還可以選擇下屬官員，擁有任命權和監察權[33]。

節度使的兵員也不再依靠府兵制，而是直接從民間募兵，因此**士兵和長官會結成非常強烈的忠誠關係，反而將皇帝邊緣化**。府兵制到了玄宗時代，已經無法應付西方和北方的軍事需求。於是，唐玄宗在邊境採取募兵制，也就是招募士兵、發固定薪水，不再需要他們種地。但是，朝廷沒有足夠的錢養活這些士兵。

根據統計，玄宗初年，中央政府每年的養兵費用只需要兩百萬貫錢。隨著邊境戰事、募兵成本增加，到玄宗中期，養兵成本已經高達一千萬貫，之後又增加到一千兩百六十萬貫[34]。而且這些錢只包括士兵的口糧、衣服以及零花錢，如果將運輸成本考慮在內，再將打仗時的軍事開支、

---

31 見《新唐書．兵志》：「自高宗、武后時，天下久不用兵，府兵之法浸壞，番役更代多不以時，衛士稍稍亡匿，至是益耗散，宿衛不能給。」

32 出自《新唐書．兵志》：「故時府人目番上宿衛者曰侍官，言侍衛天子；至是，衛佐悉以假人為童奴，京師人恥之，至相罵辱必曰侍官。而六軍宿衛皆市人，富者販繒彩、食粱肉，壯者為角羝、拔河、翹木、扛鐵之戲，及祿山反，皆不能受甲矣。」

33 詳細資料參考《新唐書．兵志》：「及府兵法壞而方鎮盛，武夫悍將雖無事時，據要險，專方面，既有其土地，又有其人民，又有其甲兵，又有其財賦，以布列天下。然則方鎮不得不強，京師不得不弱，故曰措置之勢使然者，以此也。」

34 根據《通典》記載：「自開元中及於天寶，開拓邊境，多立功勳，每歲軍用日增。其費糴米粟則三百六十萬疋段，給衣則五百二十萬，別支則兩百一十萬，餽軍食則百九十萬石。大凡一千兩百六十萬（開元以前每歲邊夷戎所用不過兩百萬貫，自後經費日廣，以至於此）。」

賞賜計入，那麼，軍事開支要比統計數字高得多。

隨著軍事開支出現幾倍，甚至十倍的增長，政府不可能獲得足夠的收入，來應付龐大的花費。唐玄宗決定進一步削減內地的府兵，由此邊境的士兵占全國士兵總數的大半。為了解決軍費問題，他又設立幾個節度使，授予他們行政權，讓他們在統治區域內自行搜刮。

這些節度使是安西節度使、北庭節度使（前兩個節度使位於今新疆）、河西節度使（位於今甘肅）、朔方節度使（位於今黃河北部大拐彎內外）、河東節度使（位於今山西北部）、范陽節度使（位於今北京、河北一帶）、平盧節度使（位於今北京以東的東北地區）、隴右節度使（位於今陝西甘南、青海一帶）、劍南節度使（位於今四川西部和雲南）。

雖然這些節度使並不能幫助皇帝減少開支，卻可以「隱形」財政。許多開銷都由節度使自行籌措，不再受皇帝管制，也不需要操心。為了保證節度使的忠誠，皇帝特別派遣可靠的官員，比如請一些在職或退職的宰相擔任或兼任節度使，因為這些宰相對皇帝忠心不二，也有足夠的社會資源來執行使命。

但是，隨著賢相集團崩潰，宰相職位被聚斂集團把持。他們不斷內鬥著，獲勝的人不會把節度使的職責交給那些失敗者。**李林甫成為宰相後，決定再進一步將節度使授予歸順的胡人**。於是，唐帝國邊境的軍政大權落入蠻族之手。

李林甫就能力而言，是個合格的宰相。他能夠透過高效的行政系統，完成皇帝的一切要求，特別是財政需求。另外，他還親自彙編一系列的法律典籍，比如中國歷史上著名的《唐六典》，就是在他任內所完成，但玄宗時期的宰相已經不同於太宗時期。

太宗時期的宰相有四個，是集團領導制，而玄宗時期是以一個人為主。能幹的李林甫享有過多權力、承擔過多事務，能制約他的力量也越來越小。只要他還在任，他親手並精心建立的政治平衡就能保持下去，整個政府就不會出現混亂。但一旦離任，這種平衡立即被打破，整個政府機構變得千瘡百孔、不可收拾。

在他的新方法下，安祿山、史思明、高仙芝、哥舒翰等一批外族名將，掌管起龐大的唐朝軍隊。在李林甫的機制中，外族將軍雖然掌握大權，但仍然尊敬李林甫本人。但在**李林甫死後、楊國忠為相，外族將軍不聽從他的指揮**，並與宰相出現嚴重的對抗。楊國忠試圖從最大的節度使安祿山下手、整治藩鎮。安祿山也意識到這件事，在楊國忠的逼迫下，自己不得不反。於是，一場悲劇發生了。

在安史之亂發生後，楊國忠依然保持著高效的工作。當各地的勤王、士兵紛紛趕到時，他首先考慮的不是如何保證軍隊戰鬥力，而是為軍隊花掉太多的錢而感到惋惜。他決定盡量不動國庫，而是另外找錢來幫助皇帝打仗。

他派侍御史崔眾到太原，出賣僧尼、道士的度牒，好籌錢上百萬緡。但此刻搜刮已經無助於維持帝國穩定，唐玄宗也把他的理財官員與寵妃一起拋棄在馬嵬坡（音同「維」）[35]。

35 馬嵬坡之變，天寶十五年（西元七五六年）所發起的兵變。楊國忠被殺，唐玄宗為了穩定軍心賜死楊貴妃。

滅佛籌軍餉，還製造通膨

會昌五年（西元八四五年），全國掀起一場轟轟烈烈的滅佛運動。唐武宗是一位虔誠的道教徒，從他登基那一天起，就崇信一位叫做趙歸真的道士，向他學習法術。此外，衡山道士劉玄靖、羅浮道士鄧元起等人，也在武宗的朝廷內當官，傳授長生不老之術。

在道士的影響下，武宗一直打壓佛教，但都是偶發性的行動。直到西元八四五年，武宗決定發動全面的滅佛運動。這年四月，武宗請管理僧道的祠部先進行一次調查，查出全國已經有四千六百座寺廟，四萬處僧舍（蘭若），**和尚、尼姑共二十六萬零五百人，占全國人口比約〇．五%以上**[36]。

到了七月，皇帝正式下達滅佛的法令。中書門下上奏，請求在每個大州留一座寺廟，有的寺廟裡有先皇、先賢的塑像，可以移入到這座保留的寺廟內，至於小州則不須保留佛寺。東、西兩都各保留十座寺廟，每座寺廟十個和尚。皇帝回答如果大州有精美的寺廟，可以考慮保留一座，如果沒有也不用保留。兩都可以考慮各保留四所，每所三十名僧人，其中上都長安的左半部保留慈恩寺和薦福寺，右半部保留西明寺和莊嚴寺。

除了皇帝允許保留的幾十所寺廟之外，其餘的寺廟都予以毀棄、僧尼全部還俗。導致在唐代一直繁榮的佛教，突然間遭到毀滅性的打擊。除了佛教之外，全國當時還有從中亞傳來的基督教（景教）和波斯的祆教。這兩個教派約有三千名僧人。武宗決定也不保留這兩個教派，三千僧人一起轉業。

然而三個月後，新的麻煩又來了。佛教除了是種信仰，還是慈善機構。在唐代，佛寺負責贍養老弱病殘人士，佛寺關門之後這些人沒有著落，大部分貧病交加、瀕臨死亡。滅佛成為人們批評皇帝的把柄。唐武宗只得命令京城和各州的政府撥出一定的土地，利用地租贍養這些人，將原本由佛寺主持的慈善機構變成公辦。當然，這個機構效率不會高，卻可以堵住批評者的嘴巴。

透過這一系列的措施，唐武宗加入一個短名單，歷史稱為「三武一宗」。在中國歷史上，大規模滅佛的皇帝一共四個，即北魏太武帝、北周武帝、唐武宗，以及五代時期的後周世宗。唐武宗第二年就遭到「報應」，他崇信的道士讓他不停的吃丹藥，這些丹藥的毒性太大，使他最終中毒而死。

新登基的唐宣宗隨即廢除武宗的滅佛措施。那時，由於老皇帝死去，許多僧人又偷偷的回到已經成為廢墟的寺廟之中。宣宗下令僧人回流，政府不得干涉。佛教徒只是從教義和因果報應的角度來看問題，從來沒有想到，給他們惹禍的其實不是信仰，而是財富。「三武一宗」滅佛的理由只有財政[37]，他們不在意佛經對錯，而是三樣東西：

---

36 武宗會昌五年（西元八四五年）戶數為四百九十五萬戶，缺乏口數，但以唐代人口的整體趨勢判斷，應該在五千萬左右。

37 我們可以把唐武宗的詔令當作自白書來看。在詔令中，他詳細談到自己對佛教危害的認識：「洎於九州山原，兩京城闕，僧徒日廣，佛寺日崇。勞人力於土木之功，奪人利於金寶之飾，遺君親於師資之際，違配偶於戒律之間。壞法害人，無逾此道。且一夫不田，有受其飢者；一婦不蠶，有受其寒者。今天下僧尼，不可勝數，皆待農而食，待蠶而衣。寺宇招提，莫知紀極，皆雲構藻飾，僭擬宮居。晉、宋、齊、梁，物力凋瘵，風俗澆詐，莫不由是而致也。」見《舊唐書．武宗紀》。

一、佛寺的人力資源。每個寺廟都充斥著年輕力壯的和尚，但他們不僅不勞動，還不納稅和服勞役，政府早就想打他們的主意。

二、佛寺的土地。根據傳統，佛寺的土地免稅。當政府徵稅過於嚴苛時，人們甚至把土地先送給寺廟，再變成寺廟土地的租戶，得到的收入反而比擁有土地時更划算，使得政府因此少許多收入。

三、佛寺的銅像。在唐代後期，由於政府壟斷鑄幣經營，既缺乏銅也缺乏錢，而**佛寺裡有大量的銅像可以用來鑄錢**。

在唐武宗之前，政府已經考慮過限制寺廟。比如和尚也要服兵役，寺院土地也要納稅，而寺院必須用土、石、木頭來做塑像，只准在鈕扣、飾物上用一點銅來裝飾。但這些方法受到太多抵制，無法順利推行。

唐武宗的滅佛運動徹底解決問題，可謂碩果累累。根據報告，中央政府獲得的收入不菲：二十六萬僧尼還俗，變成兩稅戶；同時，佛寺雇傭的十五萬奴婢也變成兩稅戶；另外，政府新增土地數千萬頃，都是最優質的土地。

至於佛像，沒有辦法給出具體的估計。但是，當皇帝下令把佛像鑄成銅幣，鑄幣機關竟然沒有辦法熔化這麼多銅像。當大量的銅幣湧入市場之後，全國的物價立即出現混亂。到宣宗時期，政府把一部分錢幣重新鑄成銅像，減少貨幣投放量[38]。宣宗恢復佛教後，並沒有將相關的土地資源重新分給佛寺，他享用武宗滅佛帶來的好處，卻避免滅佛的惡名，可謂一舉兩得。武宗的滅佛，也可以被看作是國家逐漸瓦解的一個環節。唐代歷經安史之亂後，雖然孱弱卻仍掙扎著，一時間恢復、一時間衰落，直到一百多年後才最終解體。

憲宗欲振乏力，盛世唐朝終結

唐德宗用一生聚斂財富，雖然制度已經敗壞到骨髓，但從表面上看，德宗累積的財富，又足以讓他的孫子憲宗再進行一次集權，憲宗也因此被稱為「中興皇帝」，他對藩鎮制度進行兩次重大改革，並在其統治的十五年間，讓大部分藩鎮重新聽命於中央。

元和四年（西元八〇九年），唐憲宗改革地方財政制度。在改革之前，地方向中央上繳財稅，州政府徵稅後，留一部分給自己、剩下的交給節度使，節度使留夠自己使用的量，剩下的才會上繳（或者進貢）給中央。

唐憲宗試圖限制藩鎮的徵稅權。由於每個藩鎮都下轄幾個州，而節度使選擇其中一個州作為

38 見《新唐書．食貨志四》：「及武宗廢浮屠法，永平監官李鬱彥請以銅像、鐘、磬、爐、鐸皆歸巡院，州縣銅益多矣。鹽鐵使以工有常力，不足以加鑄，許諸道觀察使皆得置錢坊。淮南節度使李紳請天下以州名鑄錢，京師為京錢，大小徑寸，如開元通寶，交易禁用舊錢。會宣宗即位，盡黜會昌之政，新錢以字可辨，復鑄為像。」

駐紮地（直轄州）。皇帝規定，**直轄州的徵稅權完全交給節度使，但是對於其他的非直轄州**，其財政收入則完全上繳中央，不再經過節度使[39]。中央政府這種自斷一臂、保全身體的做法，其實減少節度使的許可權。之前的節度使可以插手下轄的幾個州，現在只能管轄一個州，相當於將財政權降到和州同樣的級別，這自然引起節度使的不滿。

但由於憲宗時期的財政狀況，比德宗時期還要好，他堅持不懈、靠著靈活的合縱連橫策略，加上武力脅迫，將這項政策貫徹下去，讓大部分藩鎮遵從這個新規則。十年後，到唐憲宗執政末期，之前的規定有成效後，皇帝再針對藩鎮的軍事制度，採用與財政制度類似的規則。

節度使所管的直轄州，軍事權完全歸節度使統轄；而非直轄州的軍事權，則授予州的刺史，所以州刺史所轄軍隊，也不再聽從節度使的調遣[40]。**這是中央政府第一次將軍事權交給州刺史**，表面上看是加強地方分權，但由於是削弱節度使的軍事權力，因此藩鎮對抗中央政府的能力也大幅削弱。

在這兩次改革中間，唐憲宗也利用軍事行動，將當年侮辱他祖父的東北諸侯，一一納入控制之中。而對中央政府構成威脅最大的，除了東北諸藩鎮還有淮西。這個藩鎮地處運河要道，威脅著朝廷的漕運安全。在唐憲宗的支持下，名將李愬（音同「訴」）率領中央軍，雪夜奔襲，拿下淮西藩鎮的中心蔡州，拔掉這枚釘子。

根據統計，憲宗初期每年都上繳賦稅的有浙西、浙東、宣歙、淮南、江西、鄂岳、福建、湖南八個道，一共有一百四十四萬戶，只有天寶年間的四分之一。而政府財政需要養活的士兵卻達八十三萬，比天寶年間增加三分之一，平均每兩戶就要養一個士兵。京西北和河北地區由於軍隊太多，全部減免賦稅。而到憲宗統治結束時，全國戶數已經達到三百三十五萬，士兵人數九十九萬，大約三戶養一兵，比起當年已經好轉。

唐憲宗的削藩和集權措施取得驚人的成功，人們將他視為中唐以後最強大的君主。但人們忽視其中一點，每次削藩都要付出一定的成本。雖然憲宗時期整頓過財政，但遠稱不上健康。所以當憲宗訴諸武力時，那條左右德宗的財政規律又再次起了作用。在下任皇帝統治時，東北藩鎮又不服從中央領導，而帝國的經濟狀況，已經不允許再採取一次憲宗時代的大規模軍事行動。

經過幾代懦弱的皇帝和宦官專權之後，皇位傳到唐武宗，財政收入再次出現困難。武宗必須依靠武力，來**平定澤潞節度使的反叛**，這次平叛雖然成功，卻留下巨大的財政窟窿，**必須依靠滅佛來籌錢**。

整頓稅務促成唐代最後一個安定時期——武宗與宣宗時代，唐代戶口恢復到四百九十五萬戶。只是，這時所謂的「安定」，與財政匱乏始終是相伴而行。唐宣宗時期，全國兩稅、鹽酒茶的專賣收入，每年有九百二十二萬緡，但每年的開支卻要多出三百多萬緡，而其中的缺口只能靠寅吃卯糧、提前收稅來解決。末世的氣象初現，無法避免民間的反抗力量。

39 參見《新唐書．食貨志二》：「分天下之賦以為三，一曰上供，二曰送使，三曰留州。宰相裴垍又令諸道節度、觀察調費取於所治州，不足則取於屬州，而屬州送使之餘與其上供者，皆輸度支。」

40 根據《舊唐書．憲宗紀》記載：「丙寅，詔：諸道節度、都團練、防禦、經略等使所管支郡，除本軍州外，別置鎮遏、守捉、兵馬者，併合屬刺史。如刺史帶本州團練、防禦、鎮遏等使，其兵馬額便隸此使。如無別使，即屬軍事。其有邊於溪洞連接蕃蠻之處，特建城鎮，不關州郡者，不在此限。」

宣宗還在世時，浙東的裘甫叛亂已經爆發。為了鎮壓反抗，不得不投入更多的軍費，這也意味著對民間更大的壓迫，這又會帶來更大的反抗。所以，一旦財政入不敷出時，政府很容易陷入這個惡性循環中，再也掙脫不出來。各地反抗頻發時，憲宗改革的另一個弊端也顯現出來。他為了削藩，不惜降低整個朝廷的行政效率。比如，在藩鎮統兵時期，藩鎮為了自身生存，會加強士兵訓練。但唐憲宗削弱藩鎮力量，將兵權分散在各個州刺史手中，不僅兵力分散，州刺史也沒有動力維持軍隊訓練。所以當財政不足時，首先考慮的是扣押軍餉，減少軍事開支。

僖宗咸通六年（西元八六五年），越南北部出現叛亂時，中央政府不得不派兵鎮壓，可軍事開支縮減再次造成龐動兵變，政府進一步失控。隨著藩鎮制度衰落，唐朝統治者已經沒有力量防範全國反抗。

最後一擊來自於唐代的重臣高駢。黃巢叛亂時（僖宗），身處江淮最富裕地帶的高駢按兵不動，放走黃巢。中央政府失去江淮這塊最富庶的土地，也失去最重要的財政來源。

此時距離唐朝的滅亡僅是一步之遙，當官制無法保證統一，財政也無法養活這個龐大的官僚體系時，帝國將分崩離析，中國歷史隨後進入五代十國時期。

第九章

宋代：改革之殤[1]

宋代最著名的改革是王安石變法，但最令人惋惜的改革，卻是范仲淹主導的慶曆新政。慶曆新政與王安石變法一樣，目的都是解決財政不足的問題。說具體一點，就是「三冗問題」：冗員、冗兵、冗費。

范仲淹認為既然無法增加稅收，就減少財政開支。透過整頓官僚制度，減少官員和士兵數量，提升士兵戰鬥力，從而節省財政。但**范仲淹的改革被整個官僚階層抵制**，他們不願意成為裁減三冗的犧牲品，因此最終不了了之。當人們意識到，削減開支的方法不能成功時，就有另一幫人呼籲，靠增加收入的方式來改革，王安石就是最典型的代表。

宋代的三冗問題，源於宋代繼承從唐代到五代時期，不斷形成的龐大官僚階層和士兵隊伍，加上皇帝為了贖買權力，允許官員享受過量的福利，使得宋代的開支一直非常龐大。宋代也是官買官賣制度發展最完善的朝代，鹽、茶、酒、香、礬，加上其他奢侈品，都被納入官營體系，收取高昂的稅收，甚至將這些物資化成票據流通，成為中國金融最複雜的朝代。

王安石變法的初衷是增加國庫收入，並以此為出發點設計政策。他試圖使皇帝相信，改革既可以讓民間富足，也可以增加財源。結果卻擾亂民間經濟，遭到幾乎整個社會的抵制。王安石為了推行變法，不得不排擠大部分臺上官員，扶持自己的勢力，導致宋代的朝堂鬥爭失控，許多小人升官。此後，**派系鬥爭成為北宋晚期的主旋律之一**。

慶曆新政針對十事

慶曆三年（西元一〇四三年），宋仁宗接待一位重要的朝臣。這位大臣剛從邊境的戰場回來，在諫官歐陽修的推薦下，擔任參知政事（副宰相）的職務。皇帝之所以要見他，是向他請教富國強兵之道，而這位大臣就是范仲淹。

范仲淹被後世推舉為宋代官吏的楷模，甚至有人認為他的地位還在蘇軾、歐陽修之上。他的《岳陽樓記》傳誦千年、膾炙人口，其中「先天下之憂而憂，後天下之樂而樂」、「不以物喜，不以己悲」，以及他的《靈烏賦》中「寧鳴而死，不默而生」的名句，足以反映出中國文人的氣節。而他曾經因為不肯隨波逐流、秉筆直言，得罪皇帝和權貴而遭到數次貶官，又憑著政績數次崛起。在皇帝接見范仲淹之前，宋代恰好剛經歷過一次危機。

寶元元年（西元一〇三八年），西夏人的領袖李元昊稱帝。由於宋代皇帝不承認李元昊的帝位，雙方立刻發生嚴重的軍事衝突。在衝突中，李元昊幾乎一年一次大捷，在三川口、好水川、定川寨，共滅宋軍幾萬人。宋軍表現得極端無能、連吃敗仗。最後，在前線擔任守備的范仲淹、韓琦、文彥博等人，建立起一道較為牢固的防線，控制住西夏人的擴張。而李元昊由於消耗太大，也決定與宋和談。這次和談斷斷續續，到慶曆四年（西元一〇四四年）才達成協議：宋每年輸送給西夏銀七萬兩千萬兩、絹十五萬三千匹、茶三萬斤。

1 本章涉及的時間範圍，是西元九六〇年至一一〇〇年。

就在宋代與西夏發生戰爭的同時，原本與宋代維持和平的遼國也趁火打劫，要求增加歲幣。四十年前，宋、遼簽訂澶淵之盟，每年宋向遼納貢銀十萬兩、絹二十萬匹。到這時，遼威脅宋仁宗在戰爭、割地和增貢之間做出選擇。雖然知道這是遼國的無理要求，但宋仁宗還是屈服了，他派富弼與遼國簽訂新的合約：給遼國的歲貢增加十萬兩、絹增加十萬匹。

與西夏和遼的擴張相比，更讓人頭疼的是北宋政府自己的問題。政府內部已經是冗官充斥，軍隊規模龐大但是戰力疲弱。財政吃緊，戰爭的爆發使朝廷不得不大幅度提高稅收，民間經濟也受到影響。

根據掌管財政的三司使統計，戰爭爆發之前的西元一〇三八年，陝西、河北、河東三路的收入，分別為一千九百七十八萬、兩千零一十四萬和一千零三十八萬，而支出分別為兩千一百五十一萬、一千八百二十三萬和八百五十九萬，整體上還略有結餘。

宋代計算金錢的單位很特別。在收稅時，主要收的是金、銀、錢、帛、粟等，金銀以兩為單位、錢以貫（一千錢）為單位、帛以匹為單位、粟以石為單位。在統計時，不是把所有貢品折算成貨幣，而只是將各種物品的數量簡單相加，算出一個總數。各省的財政數字中包含所有的稅收，但人們無法折算，只能大概的比較。

到戰爭開始後的慶曆二年（西元一〇四二年），三路的財政立刻出現大幅度變動。其中陝西路由於是宋夏戰爭的主戰場，花費更大，稅負極其沉重，政府收入猛漲到三千三百九十萬，而支出也達到三千三百六十三萬。京師汴京（開封）的財政收入，從西元一〇三八年的一千九百五十萬，漲到西元一〇四二年的兩千九百二十九萬；支出則從兩千一百八十五萬，漲到兩千六百一十七萬。

面對外族逼迫、內部重重問題，皇帝痛改前非、發憤圖強。而在這時，從前線回來的范仲淹成為皇帝信任的對象。他詢問這位立了戰功的大臣，如何才能解決財政問題、加強軍事戰備，防止下一次危機。

范仲淹回答、之後退下對他人說：「陛下的確想用我了。但是，朝廷已經積弊太深，不是一朝一夕就能改變。」皇帝隨即再次向范仲淹請教富國強兵的良策。這次，范仲淹以書面答覆，這就是著名的**《答手詔條陳十事》。他提出十項改革建議**，分別是明黜陟、抑僥倖、精貢舉、擇官長、均公田、厚農桑、修武備、推恩信、重命令、減徭役。希望藉此改善冗兵、冗官、冗費、行政效率低的問題。

關於冗兵，新政針對性的提出恢復府兵制。宋代實行募兵制，兵員數額龐大，達一百多萬人，成為財政的巨大負擔。但由於戰爭頻仍，淘汰冗兵說起來容易做起來難，所以范仲淹更強調從機制上尋找解決方法，減少養兵花費，而府兵制寓兵於農，士兵自己種地養活自己，可以減少軍費開支。

在「修武備」一項中，他認為當前京畿衛士抽調邊關，造成首都兵力空虛，可以考慮先在京畿地區實行府兵制，再推廣到其他地方。皇帝應該招募五萬京畿衛士，這些兵三時務農，一時訓練，既可以實現糧食的自給自足，又可以保持強盛的戰鬥力。

關於府兵制的提議，一個有趣的現象是：在中國歷史上，既有實行府兵制的時期，也有實行募兵制的時期。實行府兵制時期，人們就想改革成募兵制；而實行募兵制時期，又想改革成府兵制。比如隋唐時期，人們看到先前的募兵制花費太高，所以用府兵制解決花費問題，這和范仲淹的初衷一樣。但唐代中期以後，人們發現府兵制雖然節約軍費，但士兵戰鬥力不強，為了打仗，還是得用募兵制。募兵制持續到宋代，由於控制不住花費，范仲淹又提出改為府兵制。

這種循環說明，軍隊戰鬥力與開支之間的關係，是個長期無解的難題，即便暫時能找到一個平衡點，也無法長期維持。范仲淹想從募兵制改為府兵制，可以當成是想再次尋找平衡關係，在北宋軍費太高的情況下，找到一個降低花費的方法。

針對冗官問題，范仲淹提出「明黜陟、抑僥倖、精貢舉、擇官長、均公田」，其核心是減少不合格官員的數量，削減因為家庭背景而當官的人數，同時改革官員選拔和考核體系，選拔出合格的官員。所謂「明黜陟」，指的是改革官員的選拔機制。宋仁宗時代形成官員定期「磨勘」的制度：官員按照資歷，文官三年升遷一次、武官五年升遷一次。范仲淹認為，這個制度使**官員根本沒有動力去追求政績，只須熬資歷**即可。必須改革磨勘法，根據官員實際能力和成績來提拔，淘汰掉那些熬資歷的不稱職者，形成良性的競爭關係。

所謂「抑僥倖」，指的是官員的恩蔭制度。宋真宗以來，皇帝要向大臣顯示恩惠，便大量分封官員子弟當官，由此有許多冗官。范仲淹算了一筆帳：一個學士以上的官員，在朝**任職二十年以上，竟然能幫助兄弟、子弟二十人在京做官**。如果不改變，官僚集團的膨脹速度會迅速吃空政府財政。

所謂「精貢舉」，是改革貢舉制度。由於朝廷的考試注重詩詞歌賦，所以招來的人才大都以辭章文采見長，缺乏真正的治理能力。范仲淹試圖改革貢舉制度，並在學校加強實務訓練；「擇官長」、「均公田」兩項，則是希望謹慎的選擇合格的地方官，避免不合格官員為禍民間。發給官員職分田，讓他們無後顧之憂、公正無私的工作，避免貪贓枉法。范仲淹藉著重新改革老化的官僚體系，精簡官員數目、提高素質，將有限的資源運用到這些合格的官員身上。

針對行政效率不佳，事情拖而不決，范仲淹提出「推恩信」、「重命令」兩項措施，要求朝廷不要總是變動命令，一旦發布命令就要執行到底；針對冗費，范仲淹提出「厚農桑」、「減徭役」。政府透過興修水利、政策鼓勵、減少稅收的措施來鼓勵農民，發展農業和手工業。同時，減少不必要的徵召、合併政府機構，節省用人、減輕百姓負擔，讓他們安心從事生產勞動。

范仲淹改革，難敵全國官威

宋仁宗仔細考慮這些改革綱領後，除了不予恢復府兵制之外，其餘的都下詔辦理[2]，北宋政府終於走上變革之路，史稱「慶曆新政」。

范仲淹是一個務實的人，他不提過於宏大的目標，不像後來的王安石那樣，想一次就改變朝廷體系。只想在現有框架下，重新調整好原來制度中已經亂掉的地方。因此也可以說，這是現實主義和保守主義的改革。范仲淹的改革暗含著這幾條原則：

2 詳細資料見《宋史．范仲淹傳》：「天子方信向仲淹，悉採用之，宜著令者，皆以詔書畫一頒下；獨府兵法，眾以為不可而止。」

一、政府雖然要收稅，但不是越多越好，財政應該量入為出，而不是量出為入。政府的職責是發展經濟而不是加強稅收。

二、政府不應該直接參與經濟活動來獲利，而應該只依靠稅收來解決財政問題。

三、政府的主要問題不是財政收入不足，而是規模快速膨脹，政府的規模降下來，花費自然減少。

改革的核心不是加強政府權力，和干預民間經濟，而是針對朝廷自身，要從自己身上割肉，減少政府干預市場。在中國歷史上，絕大部分改革都是為了開源，只有少數改革是為了縮小政府規模而推行，而慶曆新政就屬於後者。如果它成功，那麼北宋可能會統治得更長久；而如果它失敗，人們將會從另外的角度考慮問題：既然無法限制政府的規模，那麼就只能增加收入。到了這時，就該聚斂之臣上臺。

宋仁宗的詔書下達後，立刻引起人民的興趣，並對范仲淹的才華佩服不已。此前，宰相呂夷簡在任時，壓迫、驅逐一批良臣；范仲淹受重用後，富弼、韓琦等較為正直的官員隨即被錄用，與范仲淹共同籌劃改革方案。這時，人們十分期待他們的政策。

然而，政策下達之後，真正重要的是依法行政，這時事情卻亂掉了。為了裁撤那些不合格、依靠恩蔭制度上臺的人，必須實行嚴格的考績制度，但范仲淹沒有足夠的人手推行政策，下層機構也不願意配合。人們議論紛紛，認為改革涉及的層面太廣、內容太多，於是，不再看好范仲淹的改革[3]。

范仲淹上書皇帝，提出政出多門，每個衙門自己不做事，還不讓別人做事，要想推進改革，必須把更多權力集中在宰相手中。他要求輔政大臣監管兵事和財政，而將其他權力交給中書和樞密院這兩府，與輔政大臣共同執行改革。

這個建議牽扯到真正的利益分配，在經過討論之後，群臣建議皇帝否決范仲淹的提議，只授予他刑法的司法權。但范仲淹仍然不想放棄，既然有刑法的司法權，就決定藉此繼續推進改革。他派出按察使出巡各地，督促官員執行改革，同時打擊那些不為民辦事的官員。隨著越來越多的問題被揭露出來，他的改革終於激起整個朝臣反抗。

朝臣發現如果改革成功，首先是他們的權力會被限制。改革恩蔭制度之後，其後代當官沒有那麼容易，賺錢的機會也少，而磨勘制度變得嚴密之後，當官混日子也更加不方便。在此時，范仲淹知道改革已經進行不下去，他了解仁宗皇帝的弱點：性格仁慈，能受委屈，卻對付不了會哭鬧的官員。只要能與西夏維持和平，改革需求也不再那麼急迫。

慶曆新政實行一年多之後，范仲淹已經無力再推行。恰好這時邊境傳來警報，范仲淹和改革派大臣、樞密副使富弼一同申請戍邊。皇帝也已經厭煩改革，便任命范仲淹擔任河東、陝西宣撫

3　詳見《宋史．范仲淹傳》：「而仲淹以天下為己任，裁削幸濫，考核官吏，日夜謀慮興致太平。然更張無漸，規摹闊大，論者以為不可行。及按察使出，多所舉劾，人心不悅。自任子之恩薄，磨勘之法密，僥倖者不便，於是謗毀稍行，而朋黨之論浸聞上矣。」

使，賜予他黃金百兩，將他打發走。到邊關之後，范仲淹將這百兩黃金分給將士。

對於改革失敗，范仲淹是什麼心情，歷史沒有過多記載，其名作《岳陽樓記》中，那「不以物喜，不以己悲」或許恰好反映出他的內心。這時的他已經看淡成敗，只求問心無愧。北宋的第一次、也是最可靠的一次改革失敗了，讓人扼腕不已。如果改革成功，也許就不會有王安石那次傷筋動骨的變法。慶曆新政也有留下一定的成果：皇帝偶爾想起范仲淹的建議，就會清理一批冗官。但不久後，總會有新一批冗官，使得帝國財政仍舊在惡化。

北宋是中國歷史上一個特殊的時代。這是一個經濟發達的時代，也是一個財政混亂的時代。**宋朝擁有最複雜的官僚體系、最龐大且無用的軍隊、最全面的專賣制度、最先進也是最無賴的金融工具。**

宋朝的命運在建立之初就已經註定。雖然人們反抗過、改革過，但最終都無法對抗不斷累積的弊端，政府在不斷找錢的過程中消耗著力量、最終瓦解。而北方虎視眈眈的敵人，利用這個機會，吞併中國歷史上最獨特的王朝。

財政集權，杜絕地方造反

顯德七年（西元九六〇年），一支後周的軍隊從京師汴京北上，抗擊北漢契丹聯軍。他們紮在京師北面、黃河北岸上的陳橋驛，一場陰謀即將在這裡展開。當晚，陰謀的主角歸德軍節度使、檢校太尉趙匡胤，先喝酒將自己灌醉，回到帳中呼呼大睡。趙匡胤的弟弟趙光義和掌書記趙普，則在外策劃軍隊造反。到了五更時分，軍人情緒激動的來到陳橋驛的驛門，鼓譟著要求趙匡胤當皇帝，他們隨後前往趙匡胤的寢帳。趙光義和趙普乘機走進趙匡胤的寢帳，叫醒睡眼惺忪的趙匡胤。

趙匡胤從屋裡出來後，有人立即給他匹上一件黃袍，眾人山呼萬歲，簇擁著他向京師的方向前進。到了京師，士兵把宰相范質帶到趙匡胤的面前，范質一看大事不好，只得承認既成事實。趙匡胤控制京師，逼迫未成年的後周恭帝將皇位禪讓給自己。另一位後周權臣韓通聽說此事，立即往家的方向跑去，但還來不及關門，趙匡胤的手下王彥生就進屋殺光他全家。

後周太尉李筠、淮南節度使李重進在趙匡胤登基後，相繼叛亂。他們被鎮壓之後，趙匡胤顯得憂心忡忡。從中晚唐至五代十國的一、兩百年的時間裡，由於中央缺乏控制力，各地節度使成為地方實質上的統治者。他們擁有軍隊，從地方收稅來養兵，還有自己的官僚體系，已經完全獨立於中央。

雖然趙匡胤得到天下，但是如果不改變這樣的結構，很快又會改朝換代，如何坐穩江山成為必須先解決的問題。更棘手的是，他沒有機會建立一套全新的制度，透過和平禪讓獲得權力後，就必須安撫那些推舉他上臺、默認他當皇帝的人。禪讓的王朝總是帶著前朝弊端，想在這個基礎上，建立穩固的基礎更是難上加難。

幫助趙匡胤黃袍加身的趙普心領神會，他提出在政治上，削奪其權；在軍事上，收其精兵；在財政上，制其錢穀。雖然繼承唐、五代時期的基本政治架構，但是為了加強中央集權，皇帝在正常的官僚制度之上，外加許多監管措施，來防止官員擅權。唐代宰相的權力很大，但在宋代，為了分散宰相權力，還設置副宰相（參知政事）；兵權分出去，歸樞密院；財權也分出去，設置三司使，號稱計相。

在地方官制上，財權、軍權、行政權力也各自分離，官員皆由中央任命，並且相互牽制。除了設州縣之外，宋代在州之上還有叫做「路」的機構。路不算是一級政府，只是中央的派出機構，但又承擔政府的許多職責。就這樣，宋代成了中國歷史上官僚制度最複雜的朝代，各級機構盤根錯節，即便任何人想要反叛，也無法獲得足夠的權力。軍事上，為了對抗節度使的權力，五代時期已經形成樞密院領兵制度。樞密使在唐代由宦官、五代時期起由非宦官擔任，到了宋代已經成為類似當今的總參謀部部長[4]，掌管著軍事大權。

為了限制權力，除了樞密使之外，宋代還設置殿前司、侍衛馬軍司、侍衛步軍司組成的三衙。這三衙統領全國的禁軍和廂軍，負責軍事訓練。三衙負責練兵，樞密院負責調兵，而打仗時還要另設將帥領兵。路、州、縣各個地方政府，也設有各式各樣的軍事職務，負責當地駐軍的監管、協調和後勤工作。

宋代與唐初軍事體制最大的不同，是初唐採取府兵制，而宋代採用募兵制。募兵制是招募而來的職業兵，只負責打仗，不負責生產和屯田，他們由中央政府發放工資，優點是兵士的軍事素質高，缺點則必須全靠政府撥款養兵，費用高昂。

要想達到軍事上和政治上的集權，就要考慮該如何控制百姓，讓他們樂意幫助政府建立集權制度。**趙普的提議中，最核心的內容是「制其錢穀」**，從財政上剝奪其獨立能力，使其不得不依靠中央政府，這樣才能解決財政問題。「剝奪其權」和「收其精兵」就像綁住一個人的手腳一樣，雖然能夠制服他，卻也剝奪為皇帝效力的能力。只有「制其錢穀」，才能在不損害一個人戰鬥力的前提下，又讓他順服。

宋太祖為了**剝奪各個地方的獨立財政權**，派遣大量的「使」職官員下去。他規定地方財政事務，都由朝廷設立的轉運使掌控，而地方長官（節度使、防禦使、觀察使、留後、刺史等）均不管理財政事宜。

回想一下唐代後期，一份稅收要分成留州、送（節度）史、上貢（朝廷）三部分，而上貢的比例有時甚至不到十分之一，大部分的錢都被地方扣押了。有的藩鎮甚至乾脆不向中央繳稅，只是不定時的送一些貢品。

唐德宗當年的窘況彷彿是長鳴的警鐘，隨時提醒著宋代帝王。宋太宗趙光義更是直言不諱的說，整頓財政就要以唐為鑑。「前代帝王昏弱，天下十分財賦，未有一分入於王室。唐德宗在梁、洋，公私窘乏，韓滉專制鎮海，積聚財貨，德宗遣其子皋往求，得百萬斛，以救艱危，即時朝廷時勢可見矣。朕今收拾天下遺利，以贍軍國，以濟窮困；若豪戶猾民，望毫髮之惠，不可得也。」財政官員直屬於中央，地方官就沒有辦法插手帝國財政。

4 類似臺灣的國防部部長。

強幹弱枝——宋代財政狀況的主線

西元一九九二年，中國政府啟動新一輪分稅制改革。為了加強中央權力，在財政分配上偏向中央，地方需要花費就由中央轉移支付。而一千年前的宋代，也採取類似的做法，規定稅收必須都送到中央，即使由於交通不便無法送到，也必須封存在當地，不允許地方官員動用。因為擴大中央集權的比例，而形成幹強枝弱的局面，這是整個宋代財政狀況的主線。

皇帝設立三司使專管財務，使得財政官員的地位提升，並獨立於原有的行政系統之外，更加強皇帝對於財政的控制權[5]。宋太祖設立的制度如此成功，直到宋代末年，地方官員都無法與中央政府對抗。但是由於宋代在前代官制的基礎上，有太多因權宜關係而設置的職位，導致官僚膨脹的速度超過之前的任何朝代。由於軍權過於分散，沒有人為軍隊的實力負責，人們從軍只為養家糊口，戰鬥力糟糕得一塌糊塗。

冗官和冗兵，是宋代財政最大的兩個包袱，怎麼甩都甩不掉。在宋真宗時期，宋代的士兵大約為九十一萬兩千人，接受俸祿的宗室、官僚大約為九千七百八十五人；到宋仁宗寶元時期（西元一〇三八年至一〇四〇年），士兵人數已經達到一百二十五萬九千人，而接受俸祿的宗室、官僚為一萬五千四百四十三人；到宋英宗治平年間（西元一〇六四年至一〇六七年），由於天下太平，士兵人數終於降至一百一十六萬兩千人，接受俸祿的人卻增加。

宋仁宗時期的名臣蔡襄，曾經統計過皇祐年間（西元一〇四九年至一〇五四年）的稅賦收入和軍事開支。稅賦分為錢、絹帛、糧、草四項，其中軍事開支，分別占總收入的三〇%、一〇二%、七六%和八四%[6]。由於養兵、養官的包袱，宋代不得不大為增加國庫收入。**與唐代相比，宋代的農業稅和勞役都更加沉重。**

農業稅仍然以兩稅為主，但再次簡化：夏稅納錢，秋稅繳米。除了兩稅之外，又有無數的苛捐雜稅：農器稅、牛革筋角稅、義倉稅、進際稅、蠶鹽稅、曲引錢、納醋息錢、頭子錢等，名目相當繁多。繳稅又有不同的方式，一會兒繳錢，一會兒又折算成米，算來算去，政府就吃足其中的差價。

由於經濟發展，宋代的墾田數量超過前代。然而，與墾田數量大增並行的是逃亡戶增加。在群臣的討論中，逃亡戶一直是令人頭疼的問題。由於不繳稅的「形勢戶」太多，大量負擔都壓在普通戶的頭上，人們突然發現，依靠農業致富已經成為一種空想[7]。

5 參考《宋史．職官志二》：「三司之職，國初沿五代之制，置使以總國計，應四方貢賦之入，朝廷之預，一歸三司。通管鹽鐵、度支、戶部，號曰計省，位亞執政，目為計相。其恩數廩祿，與參、樞同。」

6 見《蔡忠惠公文集》卷十八。四項收入的具體資料為：錢三千六百八十二萬兩千五百四十一貫，絹帛八百七十四萬五千五百三十五匹，糧兩千六百九十四萬三千五百七十五石，草兩千九百三十九萬六千一百一十三束；四項軍事開支的具體資料為：錢九百九十四萬零一百四十七貫，絹帛七百四十二萬兩千七百六十八匹，糧兩千三百一十七萬零兩百二十三石，草兩千四百九十八萬零四百六十四束。

7 根據《宋史．食貨志上一（農田）》記載：「至道二年，太常博士、直史館陳靖上言：『……今京畿周環二十三州，幅員數千里，地之墾者十才二三，稅之入者又十無五六。復有匿里舍而稱逃亡，棄耕農而事遊惰，賦額歲減，國用不充。詔書累下，許民復業，蠲其租調，寬以歲時。然鄉縣擾之，每一戶歸業，則刺報所由。朝耕尺寸之田，暮入差徭之籍，追胥責問，繼踵而來，雖蒙蠲其常租，實無補於捐瘠。況民之流徙，始由貧困，或避私債，或逃公稅。亦既亡逋，則鄉里檢其資財，至於室廬、什器、桑棗、材木，咸計其直，或鄉官用以輸稅，或債主取以償逋；生計蕩然，還無所詣，以茲浮蕩，絕意歸耕。』」

如果一戶人家想多種幾棵樹，會發現樹還沒有長大，地方政府就已經調高他的戶等和稅賦，算完帳後還不如把樹砍掉划算。任何的變動財產，都可能成為政府加稅的理由，最終人們發現當遊民反而最省心。許多人不再從事農業生產，這也間接的促進工商業發達。

除了田稅之外，勞役問題也十分嚴重。在宋代，最令人頭疼的勞役是替官府出差的衙前，以及治理民間的里正。特別是衙前，本來是替官府出差的職位，按照現代人的理解，替官府做事應該可以賺錢。但在宋代，由於這種差沒有俸祿，還要被官員欺負，充當差役要倒貼錢，因此成為典型的苦差。為了找人充差，政府只能強迫富裕人家出人，但就算是富人，出衙前差也足以讓人傾家蕩產[8]。

即便這樣搜刮，隨著朝臣和軍事開支繼續膨脹，僅靠農業稅仍然無法滿足需要。北宋時期的農業收入，大約在五千萬到七千萬之間[9]，它的財政總收入，則在一萬兩千萬到一萬五千萬之間[10]，其中的差額則要靠國營壟斷事業來填補。所以說宋代發展出最複雜的官買官賣制度。

官買官賣遍天下，上下其手進私囊

慶曆四年（西元一〇四四年），一位叫做范祥的太常博士提出一個奇怪的建議，試圖解決困擾朝廷的軍事問題。由於與西夏戰爭造成國庫緊張，加上范仲淹改革失敗，中央政府已經沒有力量支援陝西邊境。

此刻，各地稅收已經加無可加，而各種專賣制度已經很嚴密，政府建立鹽、茶、香藥、奢侈品等專賣機構，控制著從生產到銷售的每個環節，最大限度的壓榨出利潤，供給朝廷養官和打仗。但政府仍然入不敷出，宋仁宗的滿朝名臣都束手無策。這時樞密副使韓琦，向皇帝推薦名不見經傳的范祥，而他提出的解決辦法是用鹽來養兵。

在范祥之前，宋代的食鹽專賣制度，是全國劃分成若干區域，每個區域內有一個食鹽產區，而這個產區的鹽只能在本區域銷售，否則就將受到嚴厲的懲罰。比如四川地區的井鹽，只能在四川和三峽地區銷售；浙江沿海的鹽只能供應兩浙地區；福建長清場的鹽主要供應福建；而解州（位於今山西運城）的解鹽，供應北方的廣大地區。

在每個產地，由政府組織或鹽農生產，但鹽農只能以極低的價格賣給政府，不得銷售給他人，政府再將鹽運往各地銷售。不過在店鋪銷售方面，規則卻相對鬆動，比如解鹽，在首都等核心地區，都是由政府直接建立零售機構，別人不得經營；有些偏遠的地區，政府的機構覆蓋不到，就准許商人從政府那批量購入再自行銷售。但是，批發商人也只能在指定地區銷售，如果越

---

8 見《宋史．食貨志上五（役法上）》：「初，知並州韓琦上疏曰：『州縣生民之苦，無重於里正衙前。有孀母改嫁，親族分居；或棄田與人，以免上等，或非命求死，以就單丁。規圖百端，苟免溝壑之患。』」

9 參見《宋史．食貨志上二》：「凡歲賦，穀以石計，錢以緡計，帛以匹計，金銀、絲綿以兩計，槁秸、薪蒸以圍計，他物各以其數計。至道末，總七千八十九萬三千；天禧五年，視至道之數有增有減，總六千四百五十三萬。其折變及移輸比壤者，則視當時所須焉。」

10 根據《宋史．食貨志下一（會計）》記載：「天禧末……天下總入一萬五千八十五萬一百，出一萬兩千六百七十七萬五千兩百……皇祐元年，入一億兩千六百二十五萬一千九百六十四，而所出無餘……治平二年，內外入一億一千六百十三萬八千四百五，出一億兩千三十四萬三千一百七十四，非常出者又一千一百五十二萬一千兩百七十八。」

界就要受到嚴懲。

即便鹽稅在現在政府的收入中，占的比例已經很小，卻還是從宋代流傳到現在，直到西元二〇一四年才取消鹽業專賣。雖然宋代政府已經透過食鹽專賣，獲得大量收益，但是到宋仁宗初期，食鹽專賣的收益，卻因為另一項臨時措施的出現而打折扣，這和政府運輸能力不足有關。

當時，與西夏接壤的西北地方，需要外部運進大量的物資和糧食，可是運輸要花錢，而政府沒有那麼多錢、無法把糧食運送到邊疆地區。因此政府想出一個主意：鼓勵商人往邊疆運輸糧食。淳化四年（西元九九三年），由於邊關糧草吃緊，宋太宗請求大商人，幫忙把糧食運送到邊防，**當邊關守將接收商人運來的糧草之後，就開一張證明**，載明捐贈物資價值多少錢，**由商人將這張證明帶回京師，政府再把錢撥給商人**。

商人之所以願意接受這個條件，是因為邊關守將會盡量高估糧食的價格，留給商人一定的利潤空間。另外，為了激發商人的積極程度，政府還規定商人結款時可以不要現金，而選擇一些政府壟斷的商品，最初主要是茶葉，因為壟斷商品的價值更高，也更受歡迎。

咸平五年（西元一〇〇二年），三司使王嗣宗進一步細化規則。政府付款給商人的是四〇%的香藥、三〇%的犀牛角和象牙，以及三〇%的茶葉券，商人可以用茶葉券去換茶。後來改為六〇%的犀牛角和象牙，以及四〇%的茶葉券。

到了天聖五年（西元一〇二七年），宋仁宗規定商人可以要求現金，也可以要求政府支付茶葉、香藥、象牙或者鹽、白礬[11]等供不應求的物資。從此，鹽進入商人的換購清單，朝廷不得不允許商人參與鹽業的壟斷經營。由於糧食價格被高估，商人可以用較少的糧食換得較多的專賣品，更有甚時，商人往邊關運送一束草，就可以獲得十二斤十一兩的高品質顆鹽。

此外，商人運輸貨物的品質並沒有保證，常為劣質品。更嚴重的是，隨著商人手中的專賣品越來越多，政府無法任意抬高專賣品的價格。隨著專賣品價格的降低，造成財政收入減少。官員紛紛檢討、認為這個臨時性的做法是弊大於利[12]。結果，宋代的軍費還沒有解決，財政收入又出現問題，可謂顧此失彼。恰好在這時，范祥推出他的鹽票改革。

范祥認為目前的食鹽專賣體系，和邊關運輸方式效率都太低，如果**將食鹽票券化**就能夠獲得更多的收益，同時可以解決運輸的問題。范祥發行一種叫做鹽鈔的證券，同時不再讓商人運輸糧食，而是讓他們直接向邊關運輸現款，按照當地市價購買物資。這樣一來，成本竟然比讓商人運輸物資要便宜得多。簡單的說，以前邊關糧草是政府安排統籌，價格高昂、品質低劣，後來改為公開招標，價格反而便宜下來。

而守將收到錢款後，會將相應數量的鹽鈔交給商人。商人持鹽鈔直接到鹽產地（鹽池）去提鹽，再到指定地區賣。政府不再負責運輸鹽，而交由商人自己負責。商人不需要再跑到京師，而是直接去鹽產地，也不能再要求犀牛角、象牙等東西，只能換鹽，政府的負擔也因此減輕。但這並不意味著商人虧本，因為鹽在宋代是搶手貨，商人都樂於收購。

到後來，商人甚至可以把鹽鈔當作貨幣使用。在宋代北方的大宗貿易中，鹽鈔就是一種通用

11 為礦物明礬石經加工提煉而成的結晶，是一種中藥材。

12 見《宋史．李仕衡傳》：「度支使梁鼎言：『商人入粟於邊，率高其直，而售以解鹽。商利益博，國用日耗。請調丁夫轉粟，而輦鹽諸州，官自鬻之，歲可得緡錢三十萬。』」

的交換媒介，商品可以以鹽鈔計價，並直接購買糧食、茶葉等物品。當鹽鈔成為商品交換媒介之後，政府就可以加量發行，獲得更大的利益，將鹽鈔逐漸貨幣化。最後，鹽鈔數量超過人們對食鹽的實際需求，只有到這一步，政府才算利用鹽業將利潤最大化。

范祥的設計雖然很好，卻沒有馬上得到皇帝的認可。又拖了四年，皇帝才終於下決心實行。一開始，鹽鈔制度遭到抵制，抵制范祥的大都是大商人。在此之前，他們把糧食運到邊關，可以高估糧食價格、投機取巧。但現在，價格已經被鎖死，雖然還能賺錢，但已經無法暴利。許多官員也不滿范祥，因為以前能夠和商人勾結，收回扣、鑽漏洞，現在這樣的機會變少許多。

在商人和官員的聯合抵制下，皇帝讓時任三司戶部副使的包拯（後人尊稱其為「包青天」）前往調查。鐵面無私的包青天研究後，得出商人和官員反對，是因為鑽漏洞的機會減少，但是實行鹽鈔制度，會大大減少國庫浪費，增加相應利潤，這項政策對政府有利。因此，鹽鈔得以繼續實行[13]。

事實證明，鹽鈔的確給政府帶來更多收入。到皇祐初年（西元一〇四九年），鹽鈔收入已經達到兩百二十一萬，四年後穩定在兩百一十五萬，這四年的總收入，比之前六年的總收入還多六十八萬。

更重要的是，以前政府還要支出一部分錢給商人，感謝他們把物資送到邊關。慶曆二年（西元一〇四二年），這筆支出就達到六百四十七萬，慶曆六年也有四百八十萬，由於商人不需要再來首都領錢，這些錢都省下了。根據記載，**僅鹽法一項，就已經滿足政府八〇%的邊疆軍事開支**，也讓皇帝嘗到官賣制度的甜頭。

政府壟斷經營與專賣，史上最甚！

宋代壟斷鹽業，就好像現代壟斷土地一樣，會產生令人瞠目結舌的收益。現代的中國地方政府僅依靠賣地，就能獲得一半以上的收入，有的地方甚至可以達到六、七〇%，如果把抵押土地帶來的經濟效益計算在內的話，有的地方甚至能達到八、九〇%。而宋代將鹽業票券化之後，也有著類似的效果。但這種效果卻有代價，因為整個流程都只建立在百姓對鹽的需求上，這畢竟有限，如果超額發行鹽鈔，就會形成巨大的泡沫，直到坍塌。

在實行鹽鈔制度之前，宋代政府甚至依靠強行攤派，規定每個人必須每年買多少鹽。後來，政府不再強迫人民買鹽，但是又發行太多的鹽鈔。只要商人給邊關送去糧食和錢，政府就發鹽鈔，根本不在意是否超額。

到了宋神宗熙寧六年，民間實際的用鹽量，只有四十二萬八千六百零一席鹽（每席為一百一十六．五斤），而陝西邊關發出的鹽鈔，達九十萬兩千七百一十六席，已經超過實際用量的一倍，**導致鹽鈔越來越不值錢**[14]。除了范祥改革之外，宋代的鹽業還經過多次改革，但整體思

---

13 包青天對范祥的評價一直很高，在范祥死後也為他的子孫爭取優待。《宋史．范祥傳》：「嘉祐中，包拯言：『祥通陝西鹽法，行之十年，歲減榷貨務使緡錢數百萬，其勞可錄。』官其子孫景郊社齋郎。」

14 《宋史．食貨志下三》：「明年，權陝西轉運使李稷言：『自新法未行，鈔之貴賤，視有司出之多寡。新法已後，鈔有定數，起熙寧十年冬，盡元豐三年，通印給一百七十七萬餘席，而鹽池所出才一百一十七萬五千餘席，餘鈔五十九萬有餘，流布官私，其勢不得不賤。』」

維都是要從民間獲取更多收入。

宋代的專賣制度大都經歷過類似的過程。中國歷史上政府壟斷經營和專賣的高峰，就出現在宋代，到最後，政府等於完全接收所有適合壟斷經營的專案。這些**專賣大都承自五代時期**，那時各個小朝廷為了應付軍費問題，不斷的尋找新的財源、開闢各種專賣制度。到了宋代，這些專賣制度大都沒有廢除，甚至更加發達。

宋太宗時期，實行鹽、酒等專賣。侍御史田錫就對財政，特別是專賣制度表達他的憂慮：「筦榷貸貨，網利太密，躬親機務，綸肯稍頻。臣所謂網利太密者，酒麴之利但要增盈，商稅之利但求出剩。或偶有出剩，不詢出剩之由，或偶有虧欠，必責虧欠之過。遞年比撲，只管增加，遞月較量，不管欠折。然國家軍兵數廣，支用處多，課利不得不如此徵收，筦榷不得不如此比較，窮盡取財之路，莫甚於茲，疏通殖貨之源，未聞適變。」而在太宗去世時，王禹偁等人再次直言：「冗吏耗於上，冗兵耗於下，此所以盡取山澤之利而不能足也。夫山澤之利，與民共之。自漢以來，取為國用，不可棄也，然亦不可盡也。方今可謂盡矣。」

人們以為太宗已經窮盡專賣之能事，但這只是個開端。到宋真宗時期，由於財政漏洞太大，鹽酒專賣已經不能滿足需求，於是**朝廷瞄準茶、礬、香等一切可以有壟斷收益的商品**。在壟斷的高峰時期，宋代的正規稅收只能提供三成左右的收益，更多則來自這些國營機構。由於許多的壟斷物資出自海外，比如犀牛角、象牙、珍珠、玳瑁、乳香等，皇帝甚至將專賣制度延伸到海外，為此制定嚴格的海關制度。

根據規定，一艘海外的帆船來到中國港口，必須先登記，繳納十分之一的物資作為稅收。納稅完畢之後，官員再拿出兩個名單：第一個名單上寫著只准政府採購的商品，如果船上有這些物資，必須全部賣給政府；第二個名單上是政府優先採購的商品，先保證政府所需，剩餘的才能賣給民間。政府採購的物品，統一進入官方的專賣系統，並以壟斷價格銷售。

但皇帝沒有想到的是，為了維持這種制度，必須雇傭大量的人維持運作，使得官僚集團也變得更加龐大，這些**官員在幫助政府營利的同時，也在謀取私利**。隨著專賣制度盛行，民間負擔於是更加沉重。到最後政府其實做的是虧本買賣，除了效率低之外，還產生許多冗員，財政問題也更顯著了。

宋仁宗死後，他的養子宋英宗有心改革卻英年早逝，繼而上臺的宋神宗，終於下決心面對財政危機，進行歷史上最著名的一次改革。

熙寧變法和元豐改制

熙寧元年（西元一〇六八年），一場本該發生在現代議會上的激烈辯論，出現在神宗的朝堂上。辯論雙方是翰林學士司馬光和王安石。這年，京師汴京接連發生地震，冀州一帶出現黃河決口[15]，而河朔也發生嚴重的旱災。為了救災，政府花了不少錢，因此官員請求神宗在例行的南郊典禮中，不要再頒發賞賜。按照規矩，典禮中皇帝應該給功臣賞賜金帛財物。

15　堤岸被水沖出缺口。

宋神宗覺得有些過意不去，請三位學士王珪、王安石和司馬光前來商量。三人中，學士承旨王珪資格最老、性格溫和，人們譏笑他平生只會做三件事：「取聖旨」、「領聖旨」、「已得聖旨」，是「三旨相公」。面對皇帝時，王珪果然適時的保持沉默；翰林兼侍讀學士司馬光則贊同提議，認為為了救災，需要節省其他開支。

這時，翰林學士兼侍講王安石，卻把話題引向另一個方向，於是就變成爭論財政思想。王安石說國用不足，不是財政緊縮的理由，不應該縮減政府的正常開支。錢不夠用，政府就應該更積極理財與開源；司馬光則嘲笑對手所謂的善於理財，不過是從民間搜刮物資的理由而已。

王安石認為善於理財，並不代表要從民間搜刮。聰明的官員不需要增加民間稅率，也可以增加收入、國用充足。而司馬光繼續反駁：天下哪有這種道理？就產出這些量的財物，不在政府手中，就在民間。所謂不剝奪民間財物，只靠理財生錢，不過是漢代桑弘羊使用過的花招罷了。雙方你來我往，爭議不已。

我們現在已經無法還原爭論的現場，從《宋史》保留下的資料看，司馬光的觀點更有說服力，但事實上王安石的觀點更能打動人。最後皇帝打了圓場，宣布他個人贊成司馬光的提法；但是作為皇帝，姑且按照王安石的意見。皇帝的態度，也已經暗示司馬光和王安石的命運。在辯論之前和之後，王安石與皇帝都有過密切交流，他完整的向皇帝講述整套變法的架構。爭論過後的第二年，王安石擔任參知政事，主導歷史上最有名的熙寧變法。

自從慶曆三年（西元一〇四三年）范仲淹的慶曆新政失敗後，人們就議論紛紛下一次改革該如何進行。范仲淹希望透過整頓官僚和軍隊，減少開支，這種方法相當保守。自從他失敗後，人們意識到裁減官員已經不現實了。

新政底下的朝廷鬥爭

宋神宗繼位後，將理財放在第一位。最初，他仍然採取傳統思路，命令翰林學士司馬光制定政策，以慶曆二年（也就是慶曆新政的前一年）為標準壓縮朝廷開支。但司馬光研究幾天，承認這個工作無法在短期內完成。他對皇帝說：「國用不足，在用度大奢，賞賜不節，宗室繁多，官職冗濫，軍旅不精。必須陛下與兩府大臣及三司官吏，深思救弊之術，磨以歲月，庶幾有效，非愚臣一朝一夕所能裁減。」當司馬光等堅守傳統的官員，承認無法驟然完成使命時，恰好有另一個人跳出來，宣布有妙法能夠讓帝國財政起死回生，也就難怪宋神宗偏向於此人。當王安石掌權時，宋代改革就從節省財政開支，變為增加財政收入。

王安石並不是典型的理財專家，而是懷有夢想又缺乏實務經驗的人。他自始至終相信，在幫助政府增加錢財的同時，可以發展民間經濟。他曾向宋仁宗遞交過萬言書，詳述改革思想，然而宋仁宗並沒有重視他的提議[16]。到神宗時期，年輕皇帝急於扭轉財政頹勢，王安石無所畏懼的性

16 見《宋史．王安石傳》：「於是上萬言書，以為：『今天下之財力日以困窮，風俗日以衰壞，患在不知法度，不法先王之政故也。法先王之政者，法其意而已。法其意，則吾所改易更革，不至乎傾駭天下之耳目，囂天下之口，而固已合先王之政矣。因天下之力以生天下之財，取天下之財以供天下之費，自古治世，未嘗以財不足為公患也，患在治財無其道爾。』」

格，恰與皇帝的期望不謀而合。

從熙寧二年（西元一〇六九年）起，王安石推出一系列的變法條文。核心概念就是加強中央集權，利用政府力量來指導、參與經濟，振興經濟後得到更多收入。但唯一的問題是只要政府參與具體的經濟營運，必然會降低整個市場的效率，造成經濟衰退。政府的確可以增加稅收，但會以民間的損失為代價。在王安石眼中，這是把餅做大的變革，但實際上卻是一場分餅大戰，政府分得多，民間必然分得少。只有理解到這點，才能從更深的層次上，理解熙寧變法為何失敗。

這場變法影響深遠，因為王安石在鬥爭過程中破壞官制。在熙寧變法前，朝廷集中一批優秀的大臣，比如歐陽修、韓琦、富弼、司馬光、「三蘇」（按：蘇洵、蘇軾、蘇轍）等人，但這些人大都不認同王安石的變法。司馬光是典型的保守派，反對新法最甚。雖然他提不出立即見效的方法，但極力反對新法，認為精簡政府機構、減稅才是正確的方式。

司馬光和王安石為了讓對方下臺，不惜徹底打趴反對者。宋朝的官鬥越演越烈，已經不再以是非為標準，變成純粹拉幫結派。蘇軾等人的想法更為務實，他一方面認為王安石的主張大都不可行，另一方面覺得有些具體的改革措施不錯，同時他不贊成激烈的官鬥。在所有宋代朝臣中，蘇軾的見解和姿態一直高人一籌，但王安石不分青紅皂白的將這一派的人士也一併打倒。

在打倒這兩派之後，王安石必須另外選擇新一批官員執行改革，但是隨著正直大臣紛紛離職，能選擇的只有鑽營之徒。這些人雖缺乏成熟的政治主張，卻不缺乏自我意識，很快就學會利用新法為自己牟利，更加敗壞新法、加速其失敗。另外，王安石的集權主張，讓這些人能更容易利用手中的權力，這也使得權力缺乏制約，問題也一直持續到北宋終結時。

熙寧變法：激進派的理想化制度

從具體條文上來講，大部分變法內容都在以前的歷史中出現過，並非原創。王安石制定的均輸法，是為了節省政府的運輸能力，允許主管官員（發運使）更靈活的處置稅收，比如將大米賣掉換成特產，特產的重量更輕，也就節省運輸能力。這個做法是漢武帝時期，由著名的理財大臣桑弘羊提出。在漢代，這種做法就已經出現過問題：由於發運使的權力太大，攪亂市場，因此產生囤積居奇、強買強賣等各種不法行為。

青苗法也是前人的制度，不過王安石擴大其規模。所謂青苗法，是政府給農民發放青苗貸款的法律[17]。當土地裡還是青苗時，可能是農民最缺錢的時刻，因為他們可能已經把去年的存糧都吃光，可是今年的糧食還沒有下來，青苗還沒有熟。有的農民甚至把留作種子的那點糧食都吃掉，連地都無法種。這時官府如果出面，將錢貸給農民，等糧食熟了再讓農民還回來，這樣官府可以獲得一部分利息，而農民也不至於餓死。這個想法看上去很不錯，可是在執行的時候，會因行政效率低和粗暴而失敗。

如果中央政府不強行推動，各地政府就懶得理睬。因此**朝廷必須下達指標強行推行**，如果官員無法完成指標，就要受到懲罰。可是，**一旦下達額度指標**，每年必須貸出去多少、收入利息多少，**這個額度就必然被濫用**。本來一百戶農民只有五戶需要貸款，但地方政府效率太低，無法找

17 見《宋史．王安石傳》：「青苗法者，以常平糴本作青苗錢，散與人戶，令出息二分，春散秋斂。」

到真正需要的這五戶，反而強行把錢貸給不需要的人，好趕快完成指標。到最後，地方政府就**變成強制貸款、強行收租**，只想儘快達成目標額度。這就像現在的GDP攀比[18]，或者財政攀比，最終的成本都轉嫁到民間，而借貸的效率反而更低。

同樣的問題還出現在市易法上[19]，政府想建立叫做市易務的機構，利用這個官方交易平臺來平抑物價，這在理論上十分完善。但只有到現代，人們才意識到其中的漏洞：**官方主導的流通市場，必定是「剪刀差」橫生**、低買高拋的好地方，最終會讓企業和關係戶賺大錢，不僅不會降低市場的波動性，反而增加不穩定性。

為了降低軍事開支，王安石還訂立保甲、保馬和將兵之法。要求裁撤不合格的軍隊，同時在民間建立保甲組織，相當於是民兵資源定期進行軍事訓練。民兵不花政府錢，可以降低財政壓力。另外，軍馬以前是官方養殖，現在也要把軍馬放到農戶家養以減少成本。但是，北宋時期由於職業分工的發展，農民搞軍事訓練不僅不會有效果，反而耽誤種田，可謂勞民傷財。

開封府有人為了逃避保甲，不惜斷指自殘。知府韓維上奏談到這事，王安石卻認為，這是士大夫針對他的陰謀，就算有這種事情，也說明有愚民被士大夫挑動，政府不應該因為這樣就放棄變法[20]。王安石的想法跨越千年，影響著現代的官員，因為當民眾對抗拆遷時，他們也認為這是少數人不懂得發展的道理，而做出的愚蠢舉動。

王安石制定的政策，並非毫無可取之處，如果慢慢的實行、而不是一下子全部推出，是可以取得一定的成效。比如農田水利法，政府的確應該承擔一定的公共工程，解決灌溉等農業發展的基本需求。中國歷史上，治水的名臣輩出，經驗豐富，但是這項法律必須落實在地方層面，各個地方有水利需求，才會有效果。如果以運動的方式來做的話，必然會因徵調太多的勞力，而干擾民間。

另一個可能帶來的叫方田均稅法。如果執行得當，對於政府和民間也都有好處。由於宋代長期存在土地不公的問題，還有許多人逃稅，使稅收負擔都集中於窮人。透過重新丈量和登記土地，可以讓稅收更加平均。但是，除非像北魏存在大片荒地才可行，如果像宋代這樣，所有土地都已經被人占去，那麼不管怎麼調查，總會有遺漏的土地。所以執政者要了解到，完全調查清楚根本不可行，必須考慮調查成本和民間承受程度，適可而止。

而王安石希望全面丈量土地，還設計新的單位叫做方（一百萬平方步），將土地重新劃分為五等，並重新釐定稅收藉以開源。在執行這項浩大的工程時，民間的敵意終於越來越深，人們擔心清查土地過後，稅收會加重。隨著各地的抵制和惡評，這項法律最終被擱置。經過清查的土地已經達到兩百四十八萬四千三百四十九頃，約占當時耕地面積的三分之一。

而在熙寧變法中，最令人感到可惜的是免役法，它本來是最可能成功的一項。由於宋代有著繁重的勞役，已經影響人民的正常生活，特別是衙前和里正這兩個差事，可以使人傾家蕩產。而

18 指不顧自己的具體情況和條件，盲目與高標準相比。

19 見《宋史．王安石傳》：「市易之法，聽人賒貸縣官財貨，以田宅或金帛為抵當，出息十分之二，過期不輸，息外每月更加罰錢百分之二。」

20 參考《宋史．王安石傳》：「開封民避保甲，有截指斷腕者，知府韓維言之，帝問安石，安石曰：『此固未可知，就令有之，亦不足怪。今士大夫睹新政，尚或紛然驚異；況於二十萬戶百姓，固有蠢愚為人所惑動者，豈應為此遂不敢一有所為邪？』」

王安石制定這項法律，是想讓人民繳納一定的錢獲得免役，再用免役的錢去雇傭勞役。這符合當時的需求，分工且細化職業。從執行面來看，由於把戶籍分成五等，按照財富輸錢，也將主要的出錢方鎖定在富人身上。最窮的人不需要納稅，而中間戶也獲得足夠的利益。

根據杭州知府蘇軾的觀察，杭州的三等戶人家一般八年輪流一次差事，出差役兩年，再休息六年。如果按照免役法的規定出錢免役，那麼每年需要出三、四千，八年合計約三萬錢左右。如果必須服役的話，那麼兩年的服役費用約為七萬多（沒有俸祿，倒貼生活開銷）。即便不算時間成本，僅從金錢上衡量，免役法也給他們帶來巨大的利益。但隨著兩派不斷爭鬥，不論是王安石的改革派，還是司馬光的保守派，都不再站在政策本身來看問題，變法之爭也因此演變成黨爭。王安石下臺後，新上臺的司馬光不顧大量的反對聲浪，硬是廢除免役法，使得變法碩果僅存的正面成果也消失。

改革不僅不成功，還造成極大混亂

王安石拜相之後，宋仁宗時期累積下來的名臣一一被拿下：呂公著、韓維、歐陽修、文彥博、富弼、韓琦、司馬光、范鎮，都被排擠；御史劉述、劉琦、錢顗、孫昌齡、王子韶、程顥、張戩、陳襄、陳薦、謝景溫、楊繪、劉摯和諫官范純仁、李常、孫覺、胡宗愈等，也都因為反對王安石變法而離任。而王安石的黨人卻只有呂惠卿、蔡確、章惇等少數人，他們都經過黨爭的訓練。宋代的朝廷規矩也出現極大的變化，人們在朝堂上鬥個你死我活，拋棄一切原則。

熙寧七年，在兩位太后的要脅下，宋神宗罷免王安石。但熙寧九年，又重新任用他為宰相，直到一年後再次罷免。即便王安石離開朝堂，他的政策也沒有被廢除，此時朝廷已經沒有人能夠撥亂反正，也沒有人能夠堅持新法。更重要的是，新法雖然給民間帶來混亂，卻實實在在的增加國庫收入。

根據記載，熙寧六年官方透過青苗法，收入大約為兩百九十二萬貫利息[21]；熙寧九年的資料顯示，該年免役的收入為一千零四十一萬貫、買役支出僅為六百四十九萬貫，兩者的差額就是政府收入，約為三百九十三萬貫[22]。市易法的收入則是每年不到百萬貫。

除了這三項法令之外，其餘政策對財政的貢獻微不足道。但這些錢大體上可以緩解一部分的財政壓力。**王安石下臺之後，宋神宗的改革卻沒有停止**。他正在探索另一條路：節省資金、提高行政效率的官僚改革。元豐三年（西元一〇八〇年），宋神宗在王安石黨徒蔡確的幫助下，推出著名的「元豐改制」，調整冗官問題。

王安石變法的過程中，吏治問題已經十分嚴重。中央法令無法讓地方執行；而官方機構的重疊、牽制增多，使得皇帝無法有效的統治。元豐改制的目的就是裁撤冗餘機構、合併事權、提高

21 見《宋史．食貨志上四》：「六年，戶部言：『准詔諸路常平可酌三年斂散中數，取一年為格，歲終較其增虧。今以錢銀穀帛貫、石、匹、兩定年額：散一千一百三萬七千七百七十二，斂一千三百九十六萬五千四百五十九。』」

22 參見《宋史．食貨志上五（役法上）》：「是歲，諸路上司農寺歲收免役錢一千四十一萬四千五百五十三貫、石、匹、兩；金銀錢斛匹帛一千四十一萬四千三百五十二貫、石、匹、兩，絲綿兩百一兩；支金銀錢斛六百四十八萬七千六百八十八兩、貫、石、匹；應在銀錢斛匹帛兩百六十九萬三千二十貫、匹、石、兩，見在八十七萬九千兩百六十七貫、石、匹、兩。」

效率。為此，皇帝整理唐代的行政檔《唐六典》，重新設計頂層官制，試圖重建三省六部制，去除多餘的機構，將管轄的事務重新裝入六部的框架裡，使中央權力回歸宰相手中。

這對財政機關而言，它下降宋初形成的三司使權力，將財政權重新回歸戶部，由戶部統一領導。許多省、臺、寺、監的臨時性官員不是被裁撤，就是被歸併到正規系統之中。為了避免官員任用過濫，中央還將官員納入二十五等的官階，便於升遷和發放俸祿。

這次改革是宋代中期的皇帝為了提高行政效率、減少朝臣干擾的一次嘗試。但從實行開始就帶來極大混亂，時間一長，各種冗官重新出現、依附在改革後的官場上。到了宋徽宗時代，已經看不到改革所帶來的任何效果。

第十章

紙幣：溫水煮宋朝青蛙的遊戲[1]

宋代為世界金融史貢獻最早的紙幣：交子。但同時也貢獻另一大奇觀：惡性通貨膨脹。紙幣造成惡性通膨，其源頭可以追溯到宋代，直到現代仍然是各國政府斂財的主要手段之一。

最初紙幣之所以發展，為民間抵禦政府不當政策的結果。當時，四川是宋朝政府規定的鐵錢區，在這個區域內沒有銅錢流通，只有笨重、廉價的鐵錢。除了四川之外，陝西則屬於銅錢和鐵錢混合使用區，而剩餘的地方才是銅錢區。

在四川，由於鐵錢價值太低，有商號發明不記名的交子。人民可以把鐵錢存在商號中，由商號開交子作為存款證明。民眾可以用來交易，不管誰持交子到商號，都可以按照票額領取鐵錢。交子最初在民間發行，隨後由於有些商號倒閉的關係，引發信用糾紛，政府開始限制民間發行，最終改為政府統一發行。

官方發行交子之初，實行準備金制度。但隨後開始加大印鈔量，準備金制度被破壞。這時候的交子已經成為不可兌換鐵錢的紙幣。一旦政府掌握利用印鈔籌款的祕密，紙鈔就成為最隱祕的斂財術，神不知鬼不覺的從民間吸走大量財富。

紙幣猛於虎

西元一九四八年八月十九日，國共內戰已經走到後期。為了解決嚴重的通貨膨脹問題，國民政府發行一種新型貨幣——金圓券，來取代已經貶值的法幣。按照規定，金圓券的發行總額為二十億元，並且有儲備用的黃金作為後盾，每一兩黃金兌換兩百元金圓券、每一兩白銀兌換三元、一枚銀幣兌換兩元、一美元兌換四元。由於法幣已經嚴重貶值，政府要求民間用三百萬元法幣兌換一元金圓券。

然而，政府受迫於嚴重的財政缺口，三個月後就取消限額發行，印鈔機「嗡嗡」開動、一刻也沒停。到了西元一九四九年一月，發行超過兩百億元，三月即達到兩千億元；到五月，竟然發行六十八兆，超過限額的三．四萬倍。鈔票發行過量引起的巨大恐慌，又讓紙幣加速貶值，一石大米的價格漲到數億元。

這次超級通膨是國民政府垮臺的重要因素。然而，這卻不是中國歷史上唯一的大通膨。從古至今，中國最不缺乏的就是紙幣泡沫化。西元一九四九年之後，中國也曾發生過大通膨。從西元一九四九年到一九五〇年三月，全國一共出現四次通貨膨脹，糧食、金銀、面紗、工業原材料等價格輪番上漲，原因是財政收支不平衡。根據統計，當時的收入相當於糧食三百零三億斤，而支出卻達五百六十七億斤，赤字達到兩百六十四億斤。

政府為了平衡收支，將大批紙幣拋向市場。自西元一九四八年十二月人民幣發行，到一九四九年年底，一年內通貨增加一百六十倍，至一九五〇年二月更增加到兩百七十倍。結果物價橫飛，人們紛紛囤積糧食、爆炒金銀。中央政府決定打擊投機取巧之人，禁止私藏銀圓。

到了西元一九五五年，第二套人民幣取代第一套人民幣，規定第二套的一元，兌換第一套的一萬元。雖然這次通膨沒有國民政府發行時猛烈，但在幾年內貶值一萬倍，也可以稱之為一次大

---

1 本章涉及的時間範圍，是西元九九三年至一一〇〇年。

型通膨。而在臺灣史上，也出現過嚴重的通貨膨脹，當局必須發行另一種貨幣「新臺幣」，來取代「臺幣」，用一元新臺幣兌換四萬臺幣。

當我們以為紙幣通膨是現代才有的問題時，歷史卻說明從宋代紙幣誕生之初，就承擔著政府製造通膨、從中獲利的重任。由於北宋使用交子、鹽鈔、鹽引等多種信用工具，物價橫飛。從真宗景德四年（西元一〇〇七年）到仁宗皇祐元年（西元一〇四九年），四十年間物價漲了五倍；到政和元年（西元一一一一年），漲了十二倍。之後物價開始崩潰，紙幣貶值率達到幾十倍，最後政府不得不直接將部分紙幣批次作廢，使得持有這些紙幣的人們瞬間傾家蕩產。

由於南宋更加依賴紙幣，並透過偷偷加印來解決金融問題，結果出現更嚴重的貶值，原本一貫的紙幣竟只值銅錢五、六十文，貶值大約二十倍。更嚴重的狀況出現在金朝，金朝的紙幣展現「連續迭代」的能力。一種紙幣失敗，就立即用另一種紙幣頂上；新紙幣不行，再換一種更新的紙幣。使得整體的通貨膨脹率，即便保守估計也達到數千萬倍，跟國民政府時期比起來，算是有過之而無不及。

金朝的紙幣最初叫交鈔，出現於海陵王貞元二年（西元一一五四年），到貞祐二年（西元一二一四年）時，每貫紙幣只值一文銅錢，貶值一千倍。於是，政府禁止錢幣流通，並全部改為用鈔，這也造成市場混亂。隔年，政府決定改個名字，叫「貞祐寶券」，但依然無法提振人民的信心。兩年後（興定元年，西元一二一七年），隨著貞祐寶券成為垃圾票券，政府決定發行一種「貞祐通寶」來替代貞祐寶券，兩者的兌換比是一比一千，將鈔票貶值一千倍。

為了保證貨幣價格，政府規定四貫貞祐通寶與一兩銀子等值。但很快就因發行量過大，使得貞祐通寶也出現大幅度貶值，導致一兩銀子變成可以兌換八百貫紙幣。再過四年（興定五年，西元一二二一年），政府再次發行新紙幣，稱為「興定寶泉」，與貞祐通寶的兌換比是一比四百，規定每一兩銀子值兩貫的興定寶泉。

隨後，興定寶泉又出現大貶值，政府只好再等兩年後（元光二年，西元一二二三年）再次發行「元光重寶」和「元光珍貨」。到天興二年（西元一二三三年）又發行「天興寶會」，此時距離滅亡已經咫尺之遙。到了金朝末年，由於財政失控、紙幣快速貶值、通膨嚴重，更無力抵抗社會和軍事危機。

之後的元朝、明朝也都有過惡性通膨，這個傳統一直持續到現在。縱觀中國紙幣發展史，可謂是「紙幣猛於虎」也。只要政府壟斷發行紙幣的權力，不管人民如何防範都沒有辦法制止。當財政收支出現不平衡時，只要開啟印鈔機就可以解決問題，這種誘惑誰也無法抵擋。隨著二十世紀各國都進入紙幣時代，原本屬於中國專利的通膨現象，也蔓延至全球。這時回到源頭去看一看，便會了解紙幣的緣由和發展，更有助於掌握未來世界的走向。

「錢荒」引出的紙鈔創新

大約在宋仁宗天聖元年之前，益州知府寇瑊（音同「真」）接到數起金融詐騙案。這些詐騙手段非比尋常，在此之前還沒有出現過，這個手法是透過存款憑證完成。

當時，益州（成都）市面上有十六家富裕的錢莊，聯合發行一種存款憑證，每當有人將錢幣存入店鋪時，就發給儲戶一張紙作為存款憑證，叫做交子。交子為統一印製，上面印著風景人物，以及各個店鋪特殊的印記、押字，避免偽造。當人們拿錢過來，店鋪就在事先印好的交子上填寫數額，交給儲戶。儲戶只需付少量的手續費，便可以隨時提取現款。

這樣聽下來，交子貌似和現代普通的存款憑證沒什麼區別。但是這種紙卻有著另一番魔力。由於市場已經認可交子，人們可以把它當錢花，去市場買東西。賣家收了交子之後，可以去錢莊領錢。甚至賣家也不願意去取錢，因為持有交子更方便、金屬錢幣太沉，而一張紙既不占地方，也沒有重量。

不過問題來了，發行交子的十六家富商中，有幾家由於經營不善，花掉存款人的錢，所以，他們發行的交子也無法完全兌現。人民發現後便上門要求兌錢，這幾家富商開始四處躲避，即便抓到，最多也只能兌換七、八〇%，而非全額。

寇瑊到任後接到數次報案，決定清理交子亂象。他發現這些富商來歷不小，持有政府頒發的特許經營權，也就是說政府特許他們發行交子，給他們詐騙的機會。寇瑊不准這些富商再發行新的交子，也毀掉印刷母版，舊的交子也正逐漸退出市場。寇瑊將此事作為政績寫入報告中、上呈皇帝。卻沒想到引起朝臣激烈的爭論，有些人甚至指責他干擾市場。

恰好這時，薛田取代寇瑊擔任益州知府。薛田和轉運使張若谷在調查過後，發現交子不能作廢，否則將在整個四川地區引發巨大混亂。為什麼交子對四川如此重要？

如果看得長遠一點，就會發現交子是一千多年以來，民間社會對中央集權下的金融體系，所做出的反叛行為。同時也解決從漢代以來，一直困擾著民間的問題——錢荒。自從漢武帝將鑄幣權收歸國有後，政府效率不佳使得民間缺錢。而在中國古代，這種現象叫做**「錢荒」**，**指與經濟規模相比，鑄幣的數量總是不足，品質也十分糟糕**。

每個朝代之初，貨幣的品質最高，但由於政府的造幣能力不足、錢幣數量有限，人們無法得到足夠的貨幣交易。到了朝代末年，所謂的銅錢大部分都已經不是銅，而是銅、錫、鐵和各種合金的混合體，甚至脆弱到一摔就碎的地步。當局靠著鑄幣從民間抽取過多資源，卻總是生產不出足夠的貨幣數量。

以唐朝為例，唐代已經是個經濟發達的時代，但是貨幣數量卻始終不足，政府沒有能力鑄這麼多錢，卻又禁止民間鑄造，因此民間只能偷偷鑄錢。唐代的貨幣是唐高祖發行的開元通寶錢，每一千枚錢幣重六斤四兩。民間鑄幣品質要差得多，他們只能偷跑到山裡，用小爐子熔化銅塊，模具的品質也比不過官錢。但由於缺錢，民間社會連這樣的錢幣也接受。

到了高宗時期，私鑄行為已經非常嚴重，因此他下令不准惡錢流通，但屢禁不止，只能聽之任之。玄宗時期，宰相張九齡曾經提議開放民間鑄幣權，只要品質合格，不管誰鑄的都可以流通，除了提高民間鑄幣的品質，也能緩解錢荒。可惜皇帝最終沒有採納他的建議[2]。

隨著唐代商業的發展，即便納入所有不合格的錢幣，仍然滿足不了金融需求。在沒有辦法的情況下，**老百姓只能用帛來交易**。在唐代幾乎家家戶戶都養蠶和織帛，帛是種最常見卻具有一定

2 見《新唐書．食貨志四》：「二十二年，宰相張九齡建議：『古者以布帛菽粟不可尺寸抄勺而均，乃為錢以通貿易。官鑄所入無幾，而工費多，宜縱民鑄。』」

價值的商品，同時也是政府接受的納稅工具。久而久之，帛也變成民間接受的貨幣，在沒有銅錢的地方，人們就用帛來代替銅錢。可惜帛有保質期，時間太長就會變脆和損壞，它也無法分割的太仔細，否則就失去使用價值。

安史之亂後、到憲宗時期更加缺乏現金，老百姓手頭有了銅錢也捨不得用掉。政府要求人民不得私自貯藏銅錢，除了留夠手頭花用，其餘都必須上繳，逼得人們流通貨幣，而不是藏在家裡的地板下。民間為了對付銅錢短缺的問題，發明將一吊錢扣除八十文的做法。如果交易時付現金，一吊錢只需要付九百二十枚，也就是打九二折。

由於銅錢過於稀少，各地方政府還採取限制貨幣流通的方法，**規定商人不得攜帶錢幣離開轄區**。所以當商人無法讓錢在全國流通時，也就抑制商業。這時**民間就發明一種躲避的方法：飛錢**。它是一種匯兌方式[3]，人們在成都把錢交給當地的匯兌商，由該匯兌商頒發一張憑證，拿著憑證，就可以到長安的匯兌所取錢。人們不用在途中攜帶現金，避免路上關卡的困難。

飛錢算是民間利用技術，嘗試突破行政管制。飛錢最需要的技術是雕版印刷術，而在唐末正是印刷術突破的時候，商人恰好利用這一點。而宋代交子就是借鑑飛錢，解決宋代特有的金融管制問題。

銅、鐵、塩交……宋代七巧板式的幣制

如果在宋仁宗早期，一名商人要在全國做生意，會由於政府設置的種種障礙，面臨許多現代

人無法想像的新鮮事。比如一位住在成都的鹽商想去陝西賣鹽，再把收入帶到京師汴京購買房產。那麼他應該怎麼做？按照現代人的想法，他可以直接從成都批發鹽，送到陝西賣掉，再把錢帶到京城。但是在宋代，卻要經歷無數波折，他必須耐心的完成以下步驟：

一、政府規定食鹽不得跨界銷售，雖然四川也產鹽，但是四川的鹽嚴禁進入陝西地區。這位商人只能帶著錢，到陝西所在的鹽區去批發。

二、不同區域使用不同的錢幣。四川是鐵錢使用區，只准使用鐵錢。鐵錢相對於銅錢要沉重得多，因此，四川鐵錢在其他地方也不被接受。他不能直接帶上錢出發，而是必須持巨量的鐵錢到成都的錢商，換取匯款憑證。之後再帶著憑證前往長安，從當地錢商手中拿到陝西的錢。

三、即便拿到陝西的錢，他還是無法直接去批發鹽，因為鹽是由官方所壟斷。由於宋仁宗早期還沒有推行范祥的鹽業改革，所以必須拿著錢先去購買糧食等軍需物資，再把糧食送到邊關，讓邊關守將開一張憑證，證明他對帝國國防的貢獻。北宋政府之所以這麼折騰鹽商，是因為政府運輸能力不足，希望商人都有愛國精神，幫助政府把糧草送到邊關。所幸北宋疆域有限，邊關地

3《新唐書．食貨志四》：「時商賈至京師，委錢諸道進奏院及諸軍、諸使富家，以輕裝趨四方，合券乃取之，號『飛錢』。」

區距離長安也不遠，只需要走幾百里。

四、離開邊關後商人得到憑證，但這只是生意的開始，他還得越過陝西、前往首都（京師汴京），把憑證兌換成鹽票，這些鹽票類似於配額指標，註明能夠購買多少鹽。

五、商人帶著鹽票，前往鹽產地提鹽。北方的鹽產地主要在山西解州，這裡生產的鹽叫解鹽。於是商人離開首都後，又馬不停蹄趕往山西領鹽。

六、當商人從解州領鹽之後，還只能在指定地區銷售。陝西屬於指定地區之一，因此他帶著鹽從山西再回到陝西。

七、假設他夠幸運，順利的賣掉手中的鹽，拿到陝西的貨幣之後，會發現錢幣裡既有銅錢，也有鐵錢，因為陝西是鐵錢、銅錢混合區，但是京師汴京卻只使用銅錢。如果他把陝西的鐵錢帶到汴京，不僅毫無用處還可能違法。只好再找一次匯錢商，把手裡的銅錢和鐵錢都換成憑證，再去汴京取錢。

八、當商人帶著匯兌憑證，從陝西再次到達首都，他的旅行才告一段落。整個過程是三過長安（陝西），兩到京師汴京，一進山西，一到邊關，才完成這貌似簡單的生意。當他取錢後、買了房子，躺在首都舒服的宅邸時，回想起一路的艱辛，或許這些感慨能讓他「詞興大發」，填幾首詞出來。

上面的例子足以描繪出北宋圍繞著金融、國防、鹽業等壟斷行業，所產生的複雜貿易體系，所以說北宋是中國金融體系最複雜的朝代之一。在北宋之前，統一的帝國只有一種金融制度，但是北宋卻是七巧板式，每個地區都有著不同的特點。如果不去追究更多的細節，北宋可以劃分成三大區域：四川地區是鐵錢使用區、陝西是混合使用區、剩下的地區是銅錢使用區[4]。

物價橫飛，民眾拉整車錢購物

唐朝滅亡之後，國家分裂成五代十國，這些地方政權都各自發行貨幣。由於戰爭不斷、銅錢不足的關係，有的地區開始發行鐵錢。中國發行鐵錢的歷史也很悠久，在東漢開國時，四川地區曾被名叫公孫述的軍閥占領，他發行大量鐵錢來解決金融問題[5]；到南朝梁武帝時期，再次大規模發行鐵錢，貨幣堆積如山、物價騰貴，人們拉著整車的錢去買東西，有時甚至連具體的數目都

4 見《文獻通考．錢幣考》：「銅錢一十三路行使：開封府界，京東路，京西路，河北路，淮南路，兩浙路，福建路，江南東路，江南西路，荊湖南路，荊湖北路，廣南東路，廣南西路。銅鐵錢兩路行使：陝府西路，河東路。鐵錢四路行使：成都府路，梓州路，利州路，夔州路。」

5 根據《後漢書．公孫述傳》記載：「是時，述廢銅錢，置鐵官錢，百姓貨幣不行。」

不算，只看有多少串[6]。

由於鐵不是稀有金屬，與銅的比值相差很大，所以鐵幣重量也比較重。所以說發行鐵錢只是窮於應付、而不得不採取的辦法。到了五代十國時期，位於四川的後蜀由於貨幣不足，也發行鐵錢[7]。後蜀的孟氏在四川發行鐵錢後，規定民間須將鐵錢和銅錢，按照一定比例混合使用，也就是一吊錢中必須有一些銅幣、一些鐵幣，試圖用這種方式彌補銅幣問題。

當北宋併吞後蜀之後，朝廷乘機掠劫四川地區。地方官為了上貢，將大部分的銅錢都運出四川，所以本來的銅、鐵幣混合區，只剩下鐵幣[8]。由於北宋初年，全國還沒有統一，而銅礦大都位於境外的其他國家，銅幣鑄造量不足。因此，政府趁勢決定將四川變成鐵幣使用區，不准銅幣流入，也不准四川的鐵幣流出。這項特殊政策，製造全世界罕見的鐵幣區，而陝西的情況又與四川不同。

在北宋初年，陝西和北宋其他部分領土一樣，都使用銅幣。但隨著西夏崛起，宋夏間的戰爭連綿不絕，而陝西則是戰場的主要後方。到宋仁宗時期，因經費不足，朝廷考慮採用四川的方法，鑄造一批鐵錢投向市場，將陝西從銅錢區變成銅、鐵錢混合區。

除了鐵錢問題之外，陝西還有大小錢問題。在鑄幣過程中，政府為了獲取更多的利益，不僅鑄造和銅幣一比一兌換的鐵幣，還鑄造所謂的大錢。大錢也分銅和鐵兩種，每一枚大錢可以兌換十枚正常的錢幣（稱為小錢）。這時，陝西就有銅錢大錢、銅錢小錢、鐵錢大錢、鐵錢小錢四種貨幣[9]。後來河東路（山西中南部和陝西部分地區）也採取類似做法，通行銅鐵大小錢。

陝西（和河東）地區變成銅、鐵錢混合區之後，立即引發混亂。在這四種錢幣中，最不值錢的是當十[10]大鐵錢，所以民間競相私鑄這種鐵錢。後來，官府意識到比值並不合理，改為一枚大錢當三枚小錢，後來改為當兩枚小錢，民間才慢慢接受大錢。可雖接受大錢，卻還是排斥鐵錢，因此後來變成兩枚鐵錢只能當作一枚銅錢用，甚至三枚鐵錢換一枚銅錢。著名大臣歐陽修曾經去河東路考察過當地的幣制，回來寫〈乞罷鐵錢劄子〉向朝廷彙報。他的結論如下：

一、河東有分別位於晉州和澤州，鑄造鐵錢的錢監。兩監共鑄大鐵錢四萬四千八百餘貫（折合小鐵錢四十四萬八千餘貫），小鐵錢十一萬七千七百餘貫。

二、晉州鑄造大鐵錢的利潤（用銅錢買鐵，再鑄成鐵錢，其面值與成本之比）有十五倍之餘，鑄造小鐵錢的利潤只有一倍有餘。澤州鑄造大錢利潤二十三倍有餘，小錢利潤兩倍。

6 可見《隋書．食貨志》：「至普通中，乃議盡罷銅錢，更鑄鐵錢。人以鐵賤易得，並皆私鑄。及大同已後，所在鐵錢，遂如丘山，物價騰貴。交易者以車載錢，不復計數，而唯論貫。」

7 根據《文獻通考．錢幣考》記載：「西川、湖南、福建皆用鐵錢，與銅錢兼行。」

8 參考《宋史．食貨志下二》：「蜀平，聽仍用鐵錢。開寶中，詔雅州百丈縣置監冶鑄，禁銅錢入兩川。」

9 見《宋史．食貨志下二》：「軍興，陝西移用不足，始用知商州皮仲容議，采洛南縣紅崖山、虢州青水冶青銅，置阜民、朱陽二監鑄錢。既而陝西都轉運使張奎、知永興軍范雍請鑄大銅錢與小錢兼行，大錢一當小錢十；又請因晉州積鐵鑄小錢。及奎徙河東，又鑄大鐵錢於晉、澤二州，亦以一當十，助關中軍費。」

10 古代錢幣的一種，幣值以一當十。始於南朝梁元帝承聖元年（西元五二二年）一枚銅錢當十枚鐵錢。

三、鑄造小鐵錢並不划算，雖然看上去有一、兩倍的利潤，但扣除人工成本和管理成本，加上鑄造的數量有限，不怎麼能盈利，所以不值得鑄造小鐵錢。

四、由於鑄造大鐵錢的利潤很高，人們紛紛鋌而走險私鑄，官府屢禁仍不能制止，最終反而擾亂市場。

因此，歐陽修請求廢除河東地區的鐵錢。雖然結論是經過仔細考察而得，卻不會改變皇帝的行動。當財政吃緊時，政府幾乎不可能放棄任何一筆收入。除了這兩個特殊地區之外，其餘地方主要使用銅幣。北宋的銅幣發行量龐大，好的時候可以達到漢、唐的幾倍至十倍。宋神宗元豐三年，曾經最高達到五百零六萬貫，也就是五十億枚錢幣，說明北宋經濟的發達[11]。

但即便是這麼大的發行量，政府都沒有試圖減少鐵錢、回歸銅錢，因為永遠都覺得不夠用。龐大的戰爭、貪婪的冗官，讓北宋的財政左支右絀，無力解決任何問題。發展到這個時候，四川的民間力量開始甦醒，創造紙幣來解決各種鐵錢難題。

交子：民間播種，政府收穫

宋太宗淳化四年（西元九九三年），四川發生王小波、李順之亂，造成四川鑄造廠不得不停工。在這之前，四川每年都鑄造數十萬貫的鐵錢；停工後，民間立即出現錢荒。

在叛亂之前，四川人就一直苦於鐵錢之不方便，探索著更加便捷的支付方法。在宋代，四川是全國經濟最發達的地區之一，經濟規模僅次於江南。可是鐵錢大錢每貫重達十二斤，小錢每貫也重達六・五斤[12]；購買力也小得可憐，**一匹絹的價格大約是二十貫鐵幣**[13]**，也就是一百三十斤重。一個女人如果要出門買一匹絹，需要額外帶一個壯漢當背夫**，這人不是為了拿貨，而是為了拿錢。

特殊的存款憑證由此而生，人們直接拿來日常交易。這種存款憑證與唐代的飛錢類似，本質卻不同。飛錢只是種匯款工具，需要匯款人本人到異地領取；這種新憑據卻是在本地使用，並且具有匿名特性，已經接近於現代鈔票。因此叛亂發生後，由於錢荒的關係，使得存款憑證突然間變得更加流行，參與的錢莊數量也大大增加。

私人錢莊發現可以偷偷的多發行幾張、供自己使用，多發的憑證並沒有人存錢，也沒有準備金；只要人們不要同時兌換，就不會有露餡的風險。但當所有錢莊都偷偷增加發行量，就產生風險了：總會有不謹慎的錢莊發行過度，到最後無法兌現。只要有一張票據沒有兌現，其他持有者聽說後就會趕來兌錢，這時就會發生擠兌行為，造成市場混亂。

11 詳見《文獻通考・錢幣考》：「（元豐三年）諸路鑄錢總二十六監，每年鑄銅、鐵錢五百四十九萬九千兩百三十四貫。內銅錢十七監，鑄錢五百六萬貫；鐵錢九監，鑄錢八十八萬九千兩百三十四貫。」

12 參考《宋史・食貨志下二》：「大錢貫十二斤十兩，以准銅錢。嘉、邛兩州所鑄錢，貫二十五斤八兩，銅錢一當小鐵錢十兼用。」

13 見《宋史・食貨志下二》：「淳化二年，宗正少卿趙安易言：嘗使蜀，見所用鐵錢至輕，市羅一匹，為錢兩萬。」

到真宗時期，這些事件引起益州知府張詠的注意。他進行小規模的改革，將發行憑證的錢莊限定在最有錢的十六家，並形成一定的聯保機制，增強金融穩定性。在這時，這種憑證已經有了名字：交子。不過由於是私人發行，後來被稱之為「私交子」。

交子已經逐漸成為老百姓生活中的一部分，他們再也不想回到以前的鐵錢時代。但是，由於十六家發行商財力不同，有的錢莊管理得好，能夠隨時滿足民眾的提現要求；有的管理不善，就無法提領現金。加上發行交子所帶來的複雜問題，使得有些發行商逐漸沒落，有的成為優勝者。

沒落的錢商無法拿出足夠的現金，只能付出七、八〇%，也就是帶一貫的交子來，錢莊只能付七百到八百現款；有的錢莊甚至乾脆閉門不出，讓人民無法領取現款。

當越來越多官司時，政府開始第二次審視起交子這一問題。此時已經是宋仁宗初年，擔任益州知府的是寇瑊。他決定廢除交子，並勸說錢商王昌懿等人關閉交子鋪，並逐漸把錢退給存款人。然而，當他將這個問題上報給皇帝時，卻引起朝廷內關於交子存廢的大討論。

寇瑊是代表廢除交子的一派，但在上呈報告後就被調往別處，接替他的是薛田和轉運使張若谷[14]。兩人在調查後，反而提出相反意見。薛田認為由於交子便於使用，想要廢除已經不現實了。如果政府明文廢除，只會將交子逼到檯面下，更難管理。

認同此觀點的，還有後來的交子務負責人孫甫，他說：「交子可以偽造，錢亦可以私鑄，私鑄有犯，錢可廢乎？但嚴治之，不當以小仁廢大利。」可是薛田和張若谷雖然不贊成廢除交子，但也並不贊成私人發行，不如將交子收歸官營，由政府賺取利潤，又讓民間享受交子的便利。

於是官方將交子國有化。同一年，薛田成立益州交子務，負責發行紙幣，此時的紙幣又與民間自己發行時不同。以前每張紙的金額不同，需要現場填寫；到了政府發行時，會事先印好一貫到十貫的數字，這和**現代的紙幣完全一樣**。

早期交子限地區發行，一離開即為廢紙

我們要先知道，交子並非憑空發行。每發行一貫的交子，必須有一定的準備金。最初一界（使用期限每兩年或三年一界）交子印行的數量，是一百二十五萬六千三百四十貫，而官方為此準備三十六萬貫的準備金[15]。雖然不是足額的保證金，但考慮到百姓不會同時提現，三十六萬貫已經足夠保證金融穩定。

其次，交子有界的限制。每界三年，到第四年頭則發行新一界的交子，同時將舊交子收回並銷毀，保證市面上總共只有一百二十五萬貫的流通量，避免通貨膨脹。另外，交子只在四川使用，不得出四川界，在四川作為鈔票，但在其他地方只是廢紙。最後，交子是實行鐵幣本位制，它標明的面值都用鐵幣來衡量。

宋代是金融創新的朝代。除了交子之外，在北方、特別是陝西地區，使用的鹽鈔也是種信用票據，即用鹽來計算財富。可以說鹽鈔就是用鹽作為準備金的貨幣。薛田和張若谷將交子發行權

---

14 參見《宋史．食貨志下三》：「轉運使薛田、張若谷請置益州交子務，以榷其出入，私造者禁之。仁宗從其議。界以百二十五萬六千三百四十緡為額。」

15 見《文獻通考．錢幣考》：「大凡舊歲造一界，備本錢三十六萬緡，新舊相因。」

收歸政府，結束交子最具活力的時代。

在十六家「私交子」時代，雖然存在著一定的風險，但隨著市場淘汰不合格的參與者，那些優勝者將有非常高的信譽，和足夠的實力來保證金融穩定。市場競爭雖然殘酷，卻又非常有效，能產出最優質的產品。**許多人認為只有國營才能保證品質，但是官方壟斷發行之後**，交子是否更可靠？它是否能夠避免貶值問題？有時，政府的確想保證品質，但**大多時候不僅做不到，還偷偷的利用紙幣斂財**。

執政者最隱蔽的斂財術

紙幣為什麼會貶值？如果將角度放眼世界的話，會發現紙幣發行的方式能分為兩種。一是與某種金屬貨幣聯繫。在二十世紀之前，世界上所有使用紙幣的國家，都會將紙幣和金、銀或者銅錢聯繫在一起，規定一元鈔票相當於多少金屬貨幣，人們隨時可以拿紙幣兌換。

只有在少數戰爭時期，政府會管制金銀、限制紙幣兌換，但是戰爭結束之後，政府總是想方設法恢復與金銀的兌換比率，實行自由兌換。在這個時期，由於紙幣和金屬貨幣可以互相兌換，因此不會貶值。只是到二十世紀，特別是二次世界大戰後，人們才發明出不與金屬貨幣聯繫的紙幣系統。

到了現在，各國發行的紙幣都在浮動，只不過實行幾十年，卻已經造成普遍的通貨膨脹，即便是美國，其平均通膨率也是使用紙幣前的數十倍。而不管是威瑪政府[16]時期的德國、國民政府、俄羅斯，還是辛巴威，都出現過更加令人瞠目結舌的情況。對於世界而言算是新經驗，而在中國卻已是老智慧。

交子出現之後，政府就已經有利用紙幣籌錢的實驗，它在北宋時期還很小心翼翼，到南宋時期則加速並失控。而與南宋一河之隔的金國，則由於太認真效仿，使得市場如同脫韁野馬般，直接進入超級通膨狀態。

最初，四川官方的確想讓交子成為有信譽的金融工具。官方在長時間裡也都遵守一百二十五萬六千三百四十貫的限額，沒有加印或偷印鈔票，交子被整個社會普遍接受。由於鐵錢過於笨重，許多人甚至寧可多出點溢價，也要持有交子。雖然宋真宗與遼國簽訂澶淵之盟，每年向遼貢銀十萬兩、絹二十萬匹，但因為長期和平幫助經濟發展，政府並沒有破壞金融穩定的動機。

而到宋仁宗寶元元年（西元一〇三八年），西夏李元昊稱帝，事情出現變化。由於仁宗不承認西夏人當皇帝，雙方進入戰爭狀態，財政入不敷出，無暇顧及當初審慎規畫的金融政策。到仁宗慶曆年間，邊關吃緊，朝廷讓商人把物資送往前線，卻拿不出現錢支付，因此讓四川多發行六十餘萬貫的交子去支援陝西。這是交子第一次走出四川在陝西試行，但多印的交子沒有準備金支持，所以無形中破壞金融秩序。

慶曆年間也是鐵錢在陝西逐漸流行的年分，因此也陷入與四川一樣的困境。到宋神宗時代，由於西夏戰爭的消耗，財政更加困難，中央政府決定直接在陝西實行紙幣。這次不是用四川交子

16 指西元一九一八年至一九三三年，德國採用的共和憲政體制，於德意志帝國在第一次世界大戰中戰敗後成立。

援助陝西，而是陝西設立獨立的交子務發行紙幣。但當時四川有較為充分的準備金，陝西卻沒有，所以發行並不成功，而且還因此影響人民使用鹽鈔，可謂得不償失。所以政府停止在陝西印刷交子。

四川交子發行的規則是發新收舊，每隔三年發行一次新紙幣，規定人民必須拿舊紙幣，按照原價兌換成新紙幣，但是需要繳納三十文的工本費，藉以維持市面上流通的數量。

熙寧五年（西元一〇七二年），為了應付財政危機，中央政府再次打起交子的主意，命令四川多發行一界交子，卻並不按慣例回收老一界的交子[17]。於是市面上兩界交子並行，紙幣數量一下子擴大一倍，但準備金卻並沒有增加。轉眼之間，政府就將相當於十二億枚錢幣的財富，從民間轉移到自己手中。

此舉造成市面上的紙幣貶值，一貫交子已經換不來一千枚錢幣，只能兌換到大約九五折的價格。於此同時，隨著紙幣數量增多，四川交子逐漸擴散至北方，開始在陝西流通，更進一步影響鹽鈔的生意。為此政府下令禁止在陝西使用四川交子，將通貨膨脹的壓力留在四川境內。

此時，皇帝更加清楚了解紙幣的性能，即使沒有準備金、偷偷的超量投放紙幣的話，百姓既不會發現，也沒有力量阻止；就像在酒裡加水一樣，只要不過度摻水、限制在一定程度之內，沒有人會在意。

這對於政府不啻一條通往天堂的道路：只要動一動印鈔機，就能立馬緩解國庫危機，那這樣何必興師動眾，加強什麼正規稅收？但執政者沒有意識到，用紙幣斂財的確能在短期吃香喝辣，但長期這麼做，經濟就會失控。

宋哲宗紹聖元年（西元一〇九四年），政府又多發行十五萬貫交子；元符元年（西元一〇九八年），又多發四十八萬貫。這些紙幣都是拿來應付陝西邊境的開支，而之前禁止陝西使用交子的法律，也已經不再有效[18]。

從這時起，因印刷紙幣不再受數量約束，交子在四川和陝西地區越來越氾濫。到宋徽宗時期，在蔡京的主導下，這些紙幣和鹽鈔對經濟造成強大的破壞，引起**世界上第一場新技術所帶來的金融大泡沫**。

---

17 見《文獻通考．錢幣考》：「五年，交子二十二界將易，而後界給用已多，詔更造二十五界者百二十五萬，以償二十三界之數。交子之有兩界自此始。」

18 參考《文獻通考．錢幣考》：「紹聖元年，成都路漕司言：『商人以交子通行於陝西而本路乏用，請更印製。詔一界率增造十五萬緡。』」《蜀中廣記．方物．錢》引費著《錢幣譜》：「紹聖元年增一十五萬道，元符元年增四十八萬道，祖額每界以一百八十八萬六千三百四十為額，以交子入陝西轉用故也。」

第十一章

金融大崩潰

——宋朝的印鈔奇觀[1]

北宋末年，朝廷財政幾乎年年赤字，財政收入甚至只夠滿足支出的四分之三。當群臣束手無策時，只有一位大臣可以解救皇帝於水火之中，這個救星就是蔡京。他的斂財手段包括將紙幣從四川引向全國，發明一種叫做「錢引」的貨幣，推行至全國大部分地區；加大食鹽票據化，把鹽票當作第二貨幣使用。

蔡京透過這些做法，實現中國政府第一次利用現代金融工具，從民間抽取巨額利潤，大量紙片飛進市場，掠走民間的真金白銀和糧食。這個做法造成市場金融系統崩潰，當金兵入侵時，政府再也籌不到更多的財富來抵禦外辱，北宋滅亡。

南宋末年，當皇帝不得不靠印鈔票度日時，再次出現惡性通膨，南宋紙幣「會子」出現八十幾年後，印刷數量已經擴張到六十多倍。到金融崩潰時期，更加瘋狂的印鈔行為讓紙幣徹底失去信譽。為了挽救紙幣信譽、替政府籌措資金，賈似道在南宋末年進行大規模的土地改革，重點是政府從富戶手中購買多餘的土地，把土地作為公田。之後，再出租公田、獲得租金收入，就可以養活軍隊和用於戰爭。

但由於朝廷沒有足夠的財力購買土地，只好印製鈔票。此外，公田也經營不好，反而嚴重的破壞社會經濟。這次買回公田以及之後引發的混亂，剝奪南宋最後生存的機會，它再也無力抵禦北方入侵。

能臣蔡京的金融投機

宋徽宗崇寧元年（西元一一〇二年），皇帝下令召集幾個工匠入宮。在宮城的南門內，有一大群宮殿合稱為大慶殿，這裡是皇帝平日上朝、大宴群臣的地方，而宮殿群的正衙殿叫文德殿，文德殿的南門叫端禮門。幾個石匠帶著一塊刻好的碑，立於端禮門外。由於這裡是朝臣上朝必經之地，顯得非常醒目，官員每天從此路過，都可以看到上頭內容。

碑文為皇帝親筆書寫，上面有一百二十個人名，分為宰相一類，以文彥博為首；官小些的侍從，以蘇軾為首；更小的餘官，以秦觀為首；內臣，以張士良為首；武臣，以王獻可為首。這些人是皇帝認定的「元祐奸人黨」的成員，把他們的名字公之於眾，是為了說明皇帝的決心：凡是活著，永不任用；凡是死的，追奪封號，殃及子孫。

皇帝之所以大動肝火，是由於王安石變法之後派系鬥爭所帶來的惡果。支持變法的宋神宗死後，九歲的宋哲宗當上皇帝，此時由宣仁太后（英宗的皇后）執政，司馬光、范純仁等反對變法的舊黨重新上臺，廢除新法。

元祐八年（西元一〇九三年），宣仁太后死去，哲宗親政後，召回新黨的章惇等人，恢復新政、打擊舊黨。哲宗死後、宋徽宗繼位，此時掌握政局的是向太后（神宗的皇后），向太后再次召回一批被章惇等新黨貶斥的舊黨成員。但向太后只執政幾個月就去逝，宋徽宗得到親政的機

1 本章涉及的時間範圍，是西元一一〇〇年至一一七九年。

會，他立即著手制定政策，大肆打擊舊黨，就連新黨的章惇、曾布也曾因反對宋徽宗繼位，而受到打壓。執政第二年，宋徽宗已經羽翼豐滿，隨即推出黨籍碑，禁止元祐黨人以及其後代在京城任職，徹底與舊黨決裂。

但這只是開頭，宋徽宗一直持續不斷打擊舊黨。立碑兩個月之後，他禁止元祐黨人的學術著作。次年（西元一一〇三年）四月，徽宗毀掉呂公著、司馬光、呂大防、范純仁等人在宮廷裡的全部畫像，同時下令銷毀三蘇、秦觀、黃庭堅等人的文集。到了九月，皇帝仍然感到不過癮，命令全國各地都要刻《元祐奸黨碑》，並時時刻刻注意不要傳播他們的學說，否則嚴懲不貸。

到了第三年（西元一一〇四年）六月，皇帝的措施再次升級，他重新整理元祐奸黨的花名冊，從一百二十人調整到三百零九人，新黨的章惇等人也列入名單。這次的碑文由司空尚書左僕射兼門下侍郎蔡京書寫，發往全國摹刻、以儆效尤。這也暗示著未來（二十年）的北宋政權，將進入蔡京時代。

宋代歷史上最著名的奸臣有兩位，分別是北宋的蔡京和南宋的秦檜。但與秦檜不同的是，蔡京從本質上來說，是個偏重於財政的「能臣」。他任上所有複雜的改革，都是為了幫助皇帝獲得收入。在當時，由於**其餘大臣對於帝國財政已經無能為力，所以皇帝才不得不倚重蔡京，將髒活、累活一併丟給他**，讓他主宰政壇二十年。與其說蔡京是奸臣誤國，不如說是宋徽宗揮霍無度，讓蔡京不得不改革，但最終因失敗而葬送北宋王朝。

宋徽宗上臺時，由於前代積弊已深，冗官、冗費問題達到危險的地步。雖然宋神宗試圖改革官制（西元一〇八〇年，元豐三年），限制官員人數、落實事權。但在神宗死後的元祐年間（西元一〇八六年至一〇九四年），人們又開始抱怨官員太多，不僅比改制後幾年有所增加，比改制前也增加許多[2]。而到徽宗時期，官員更是多如牛毛，在短短的二十年裡，比起元祐時期，又增加數倍[3]。宣和元年（西元一一一九年），政府官員人數已經達到四萬六千多人[4]，比宋仁宗時期擴大三倍。

在這種龐大壓力下，戶部的財政收入根本沒有辦法滿足支出，**幾乎年年都有赤字**，甚至收入只能滿足支出的四分之三[5]。但就在戶部仰仗皇帝解決問題時，**皇帝花錢的能力卻越發強大**，宋徽宗的揮霍程度也位居宋代皇帝之首。他愛好廣泛，品味高雅，建立不少亭臺樓閣，又因為喜歡藝術，讓各地進獻花石綱。賢臣都已經被貶斥，沒有人告訴皇帝，他的愛好已經對國家造成負擔。

---

2 見蘇轍《元祐會計錄·收支敘》對比皇祐和元祐年間（兩者之間相差三十幾年）的官員情況：「臣請曆舉其數：宗室之眾，皇祐節度使三人，今為九人矣；兩使留後一人，今為八人矣；觀察使一人，今為十五人矣；防禦使四人，今為四十二人矣；百官之富，景德大夫三十九人（景德為諸曹郎中），今為兩百三十人矣；朝奉郎以上一百六十五人（景德為員外郎），今為六百九十五人矣；承議郎一百二十七人（景德為博士），今為三百六十九人矣；奉議郎一百四十八人（景德為三丞），今為四百三十一人矣；諸司使二十七人，今為兩百六十人矣；副使六十三人，今為一千一百一十一人矣；供奉官一百九十三人，今為一千三百二十二人矣；侍禁三百一十六人，今為兩千一百一十七人矣；三省之吏六十人，今為一百七十二人矣。其餘可以類推，臣不敢以遍舉也。」

3 詳細資料根據《宋史·食貨志下一》記載：「克公抗言：『官冗者汰，奉厚者減，今官較之元祐已多十倍，國用安得不乏。』」

4 從洪邁的《容齋隨筆·宣和冗官》可知：「今吏部兩選朝奉大夫至朝請大夫六百五十五員，橫行、右武大夫至通侍兩百二十九員，修武郎至武功大夫六千九百九十一員，小使臣兩萬三千七百餘員，選人一萬六千五百餘員。」《皇宋通鑑長編紀事本末·官制》則記載，政和二年官吏共四萬三千餘人。

5 詳見《宋史·食貨志下一》記載：「戶部侍郎范坦言：『戶部歲入有限，支用無窮，一歲之入，僅了三季，餘仰朝廷應付。』」

蔡京的斂財術

皇帝的周圍形成了大型的享樂圈，他們以搜刮民間、滿足皇帝為首要目的，卻從來沒有考慮過財政的承受能力[6]。而替政府籌措資金的責任，就壓在宰相蔡京的頭上。蔡京上臺時，帝國的一切形勢都對他有利，除了官場內鬥造成的青黃不接外，就連宋神宗時期的官制改革（元豐改制）也對他有利。神宗之前，由於官職過於分散、政出多門，沒有人能夠做事。改革官制雖然成果有限，卻將許多權力集中在皇帝和宰相手中，更方便蔡京弄權。

另外，交子、鹽鈔等金融工具的發展，也讓蔡京能運用更多工具。王安石變法仍然為傳統改革，以整理農業稅、發展傳統產業為主。而隨著金融工具越來越豐富，蔡京利用金融措施，更加便捷的操縱社會經濟、獲得收入，手段更加多樣化。

崇寧三年（西元一一〇四年），蔡京拉開改革帷幕。這年，北宋中央政府決定利用紙幣來籌資，**擴大交子的使用範圍**，將原本不使用紙幣的區域納入紙幣區。最先被納入的是京城西邊的京西北路（今安徽北部、河南大部）。中央政府仿效在四川的做法，在京西北路設立印鈔機構、發行交子。此時發行交子不是為了方便貿易，而是為了財政需要，因此背後也沒有準備金支撐。

第二年，蔡京決定將紙幣經驗推廣得更遠，便下令發行一種叫「錢引」的紙幣。老交子仍然在四川地區使用，**而錢引則在除了閩、浙、湖、廣之外的地區流通**，其中福建（閩）因為是蔡京故里，才免於遭殃[7]。由於錢引背後沒有準備金，還有這些地區正在推行另一種紙質憑證——鹽引，故而被各地抵制，政府最後不得不暫停發放紙幣、任其自生自滅。

而對民間影響最大的通膨現象，發生在四川地區。四川地區紙幣發行得最為成熟，人們早已經習慣使用它。宋徽宗崇寧元年（西元一一〇二年），蔡京在四川開始濫發紙幣，要求在四川地區增加交子的發行量，造三百萬貫交子，同時也允許陝西使用四川交子。這次的發行有準備金，政府計畫撥付一百萬貫錢幣，作為準備金（是否落實並不知道）[8]。

然而，隨著陝西用兵增加，到了第二年，朝廷隨即下令再印一千一百四十三萬貫交子，第四年又印五百七十萬貫，到大觀元年（西元一一〇七年），又增印五百五十四萬貫[9]。這幾次增發都沒有準備金，因此出現通貨膨脹。

在政府發行交子之初，總發行量也只有一百二十五萬六千三百四十貫，僅這幾年的發行量已經超過原來的二十倍，而且大部分都沒有硬質貨幣做後盾。交子的價格在市面上，已經跌到一貫只值十幾文錢，金融開始崩潰。

蔡京一看形勢失控，連忙規定新交子與舊交子，不再按照一比一兌換，而是四貫舊交子只能

6 參見《文獻通考．國用考》：「靖康元年，言者論天下財用，歲入有常，須會其數，宜量入為出。比年以來，有御前錢物、朝廷錢物、戶部錢物，其措置裒斂、取索支用，各不相知。天下常賦多為禁中私財。」

7 詳細資料根據《宋史．食貨志下三》所記：「時錢引通行諸路，惟閩、浙、湖、廣不行，趙挺之以為閩乃蔡京鄉里，故得免焉。」

8 參考《皇朝編年綱目備要》：「蔡京上奏：茶馬司將川交子通入陝西，民已取信。今欲造三百萬貫，令陝西與見錢、鹽鈔兼行，仍撥成都常平司錢一百萬貫充本。」

9 可參考《建炎以來朝野雜記．甲集．四川錢引》：「崇觀間，陝西用兵，增印至兩千四百三十萬緡（崇寧元年增兩百萬，二年又增一千一百四十三萬，四年又增五百七十萬，大觀元年又增五百五十四萬），由是引法大壞，每兌界以四引面易其一。」

兌換一貫新交子。由於交子三年一界，每隔三年，人民必須把手中的舊交子換成新的。所以這種做法，本質上是將交子一下子貶值四倍，持有者瞬間損失七五%的財產。這使得人們開始懷疑交子、覺得它已失去信用，為此，蔡京決定將交子改名，在四川轉而發行錢引。

錢引與交子只有名字不同，實質是一樣的，蔡京以為這樣就能騙過市場。但隨後，錢引也發生大規模貶值。另外，全國其他地區的交子和錢引都不能互相兌換，只有四川可以，於是，全國的紙幣都越界進入四川地區，增加貶值壓力。

在這種情況下，政府最後下令，以前發行的紙幣（對應於四十一界到四十三界），不管是錢引還是交子，**政府都不再兌換**，讓它們自生自滅。政府按照舊的額度，重新發行一界新錢引[10]。政府明目張膽的違規，**將所有持舊交子的人都洗劫一空**，他們當初是因為方便，才將所有財富都換成紙幣，到最後，政府開一下印鈔機，就挾帶走大量財富，留下懵懂、不解又傾家蕩產的人民。朝廷獲得巨利的同時，失去民間信任，亦徹底掏空民間經濟的活力。

鹽鈔一多，泡沫經濟就來

除了瞄準紙幣之外，蔡京也沒有放過以食鹽為本位的鹽鈔。在他執政時期，中央政府的鹽業收入（也是財政收入最重要的一部分）恰好經歷一次危機：中國最重要的產鹽區——山西的解池，由於水澇問題產鹽量下降。由於鹽鈔要求商人都到解州的鹽池去兌換鹽，這件事就不僅影響政府的鹽業專賣收入，還讓那些持有解鹽鹽鈔的商人也無處可換，形成一次小危機。

蔡京便及時找到東北和東南地區，所出產的末鹽（解鹽為顆鹽，即顆粒狀的鹽，而其他地區大都為粉末狀的末鹽）來代替解鹽，幫助政府度過困難。同時，他規定商人持有的解鹽鹽鈔，可以拿到東南兌換末鹽。另外，鹽鈔還可以兌換乳香、茶葉、度牒等物品，擴大使用範圍。經過這些措施，鹽鈔反而更加流行，蔡京漂亮的處理完這次危機。

然而，蔡京處理危機時，也因此看到鹽鈔的潛力。在改革當年，商人向中央政府繳納一百六十四萬貫，而政府產鹽的成本卻只有十四萬貫，淨賺一百五十萬貫[11]。在以前，只有北方解州鹽使用區才實行鹽鈔制度，這種制度由政府壟斷食鹽生產，大商人從政府手中批發後賣給民間；而南方則實行完全的政府專賣，從食鹽生產、運輸到零售都由政府掌握。蔡京廢除東南末鹽的專賣機構，在全國實行鹽鈔制度，原本只在北方實行的食鹽票據化運動，就遍及全國。

在宋代，只要政府掌控鹽業供給，鹽商就會幫助政府炒高鹽價。而鹽價高昂更激發鹽商的熱情，政府也可以發行更多鹽鈔。當然，人們對食鹽的需求有限，鹽鈔一多，人們遲早會發現儲存的鹽根本吃不完，那就是泡沫破裂的時刻。因此，蔡京想方設法的避免泡沫破裂，他**不斷的讓鹽鈔貶值，增加商人換鹽的難度**。比如，本來鹽商把錢交給政府後，就可以獲得鹽鈔，但有些早年的鹽鈔沒有使用，就已經發行新鹽鈔，朝廷就規定舊鹽鈔必須折價，買鹽時最多只能使用三〇%

10 見《宋史．食貨志下三》：「三年，詔錢引四十一界至四十三界毋收易，自後止如天聖額書放，銅錢地內勿用。」

11 見《皇宋通鑑長編紀事本末》卷一二一：「自去年九月十七日推行新法東北鹽，十月九日客人入納算清，至今年九月三日終，收趁到錢一百六十四萬八千六百二十六貫三百六十八文，本錢一十四萬七千七十三貫，息錢一百五十萬一千五百五十三貫三百六十八文。」

的舊鈔，其餘都必須是新鈔，或者是搭配一部分現金。

政府不斷利用這方法，控制鹽鈔數量。為了增加收益，蔡京還設置各式各樣的出貨障礙和苛捐雜稅，做大利潤。在高峰時期，每年收入達到兩千萬貫以上[12]。而在政府收入之外，則是大幅度下降食鹽品質。由於食鹽價格高昂，許多山區能夠吃得起鹽的人家，十戶不過三戶。鹽商手中則累積大量鹽鈔，卻因各種規矩和障礙兌換不了。即使是和朝廷友好的富人，也可能沒踩準位置而傾家蕩產，朝為富翁，夕掛黃粱[13]。除了鹽業之外，蔡京在茶葉等方面，也發行一種紙質憑證——茶引（又分為長引和短引）。

蔡京幫助中國政府利用現代金融工具抽取巨額利潤。**交子、錢引、鹽鈔、茶引，層出不窮的紙片將社會財富從民間送到政府手中**。這些紙片的力量如此之大，以致人們都反應不過來，也沒有任何能力反抗，最終被政府吃乾抹淨。不僅是宋代，在任何時候，只要政府掌握著印紙鈔的權利，就必然會製造通貨膨脹和財富再分配，在攫取巨額收入的同時，製造著一個又一個誘人的官商泡沫。

從王安石開始的理財實驗，到蔡京時期達到高峰，只是整個金融系統已經在實驗中分崩離析。當北方戰事興起時，政府已無力再籌集戰爭經費。北宋雖然亡於金人之手，但真正令它衰弱到無法抵抗外敵的原因，不在於外界、而是**內部資源已經被剝奪到極致**，不管面臨多大的刺激，都已經無力回應。靖康元年（西元一一二六年），宋徽宗讓位於兒子欽宗，蔡京也同時被貶離京，途中餓死於湖南長沙。就在第二年，金人攻破北宋首都，俘獲徽、欽二帝，北宋滅亡。

南宋的金融崩潰

宋寧宗開禧三年（西元一二〇七年）十一月，南宋權臣韓侂冑正準備上殿奏事，這是他內外交困的一年。一年前，他作為宰相、發動針對金國的北伐（史稱「開禧北伐」），想收復失地、恢復疆土。這是南宋建立八十年來，多少臣子盼望已久的時刻。他的支持者中不乏赫赫有名之人，如著名詞人陸游、辛棄疾，以及大思想家葉適等人。

可是，北伐開始後出現的情況卻出乎宰相意料。由於宋軍準備不足、金軍早有綢繆，宋軍吃幾場敗仗後，內部的主和派開始大肆行動，攻擊宰相輕舉妄動，在朝堂上給他巨大的壓力。韓侂冑決定反擊，他與右丞相陳自強策劃，讓林行可擔任諫議大夫，彈劾他的政敵禮部侍郎史彌遠、參知政事錢象祖、李壁等人。這天，他邊思考著問題，邊走向上朝的大殿。

南宋人把陪都杭州稱為「行在所」，為了表示簡樸和非正式，皇帝的宮殿也比北宋汴京簡單很多，這裡也仿照汴京起很多殿名，比如垂拱、大慶、文德、紫宸、祥曦、集英等，但是，這六

---

12 詳細資料參考《宋史．食貨志下四》：「新法於今才兩年，而所收已及四千萬貫，雖傳記所載貫朽錢流者，實未足為今日道也。」

13 據《宋史．食貨志下四》記載：「崇寧間，蔡京始變法，俾商人先輸錢請鈔，赴產鹽郡授鹽，欲囊括四方之錢，盡入中都，以進羨要寵，鈔法遂廢，商賈不通，邊儲失備；東南鹽禁加密，犯法被罪者多，民間食鹽，雜以灰土，解池天產美利，乃與糞壤俱積矣。大概常使見行之法售給才通，輒復變易，名對帶法。季年又變對帶為循環。循環者，已賣鈔，未授鹽，復更鈔；已更鈔，鹽未給，復貼輸錢，凡三輸錢，始獲一直之貨。民無貲更鈔，已輸錢悉乾沒，數十萬券一夕廢棄，朝為豪商，夕儕流丐，有赴水投繯而死者。」

個名字其實都指向同一個大殿，只是根據不同的事情換一下名稱而已。在韓侂胄到達之前，他的黨羽陳自強和林行可已經在殿外等候，而他的政敵錢象祖也出現在門口。

就在韓侂胄接近大殿時，旁邊突然有個人將他拉住，這人是負責宮城保衛的官員，名叫夏震。韓侂胄還不明白發生什麼事，周圍又出現三百名士兵，這些士兵在夏震的率領下，將韓侂胄帶進宮殿旁的玉津園。夏震拿出聖旨，宣讀韓侂胄的罪狀，隨後便命令士兵將他斬殺於皇帝的花園之中。

宋代是古代少有的對官員寬容的朝代，而韓侂胄之死，和當年岳飛之死一樣，屬於寬容政策的例外，也說明當時形勢之複雜。這個事件是由他的政敵史彌遠一手策劃，事前，史彌遠已經在楊皇后的支持下，得到皇帝罷免韓侂胄的詔書，藉著這個詔書將韓侂胄殺死。第二年，在宋金議和之際，皇帝撬開韓侂胄的棺木，將他的人頭送給金國、完成合議。南宋同意每年上貢銀三十萬兩、絹三十萬兩給金國，同時支付戰爭賠款三百萬貫。

轟轟烈烈的開禧北伐，以失敗為告終。開禧北伐不僅是一次軍事失敗，更對南宋經濟和財政，造成難以恢復的影響。南宋北伐前，藉著隆興和議（宋孝宗隆興二年，西元一一六四年簽訂）已經獲得四十年的和平時光。北伐始於開禧二年（西元一二〇六年）五月，但到當年十月，宋軍就兵敗如山倒；十二月，四川地區又發生叛亂，該地區也在平叛期間遭到嚴重破壞。在此之前，四川地區是宋代的主要財源之一；而之後，四川進入動盪時期，不僅無法輸錢給中央，反而需要朝廷投入大量兵力維持秩序。

這一系列的事件，讓宋代徹底跌入財政崩潰的漩渦中，久久無法掙脫。於是，政府擴大印鈔量，南宋好不容易維持住的金融系統，再次陷入紊亂。與北宋相比，南宋政府加印紙鈔對金融的破壞更大，因為紙幣的使用範圍比以前更加廣泛。北宋時期，雖然四川地區發行紙幣，但全國大部分地區仍然是金屬貨幣區。而到了南宋，藉著北宋末年蔡京的改革，政府開始在全國發行紙幣，並大幅度減少銅幣的鑄造量，紙幣成為南宋貨幣最主要的形式。

導致銅幣鑄造量減少的因素很多：一是銅開採能力的衰弱；二是政府混亂，無法組織起更大規模的鑄幣機構，由於生產量縮小和低效率的關係，發行銅幣甚至是種虧本行為[14]；三是政府過於依賴紙幣，故意減少發行量。北宋銅幣最多時一年發行五百萬貫，但南宋銅幣發行量，長期在每年十五萬貫左右[15]。

由於缺乏銅幣，政府不得不大量發行紙幣，來滿足民間貿易需求。宋代政府喜歡在區域之間，設立各種貿易障礙，導致發行南宋紙幣時也變得支離破碎，在全國出現好幾種不能互相流通的紙幣。

政府在東南地區發行一種叫「會子」的紙幣，也是一波三折。最初，政府試圖按照四川的方式，在江浙一帶發行交子但沒有成功。後來，政府突然發現，民間已經在自發使用一種叫做會子的媒介[16]，於是，政府禁止民間發行會子、改由官府經營。

14 見《建炎以來朝野雜記．甲集．鑄錢諸監》：「贛饒兩監新額錢四十萬緡，提點官趙伯瑜以為所得不償所費，遂罷鑄錢。」
15 參考《宋史．孝宗紀》：「丁酉（淳熙三年十一月），定鑄錢司歲鑄額為十五萬緡。」
16 據《建炎以來朝野雜記．甲集．東南會子》所載：「當時臨安之民復私置便錢會子，豪右主之。」

會子與四川交子的不同之處在於，**會子是以銅幣為儲備的紙幣（交子是以鐵幣為儲備）**，理論上來說，會子與東南地區盛行的銅幣，兌換關係應為一對一，會子也僅限於東南地區發行，也就是南宋最主要的經濟區。由於區域限制，就算有人把東南地區的會子帶到四川去，也沒有辦法使用，更沒有辦法兌換當地的鐵錢；而在四川地區，南宋一共使用三種紙幣，其中一種是北宋末年取代交子的錢引，這也是影響最大的一種。除了錢引之外，還有一種叫做「鐵錢會子」的紙幣，但流行的地區很小、影響也不大。另外，四川還有以銀為儲備的「銀會子」，理論上用這種紙幣可以與銀兌換。

中國被「現代貨幣」劃分為四個金融區

南宋時期，還有兩個特殊的區域，分別是兩淮地區和湖北一帶。這兩個地區原來也使用銅錢，但由於金國太靠近這兩個區域、也需要靠貨幣幫助經濟，因此從這些邊境地區，大量走私銅錢到北方。所以，為了防止金國把銅都運走，南宋規定這兩個地區不再使用銅錢，而改為鐵錢。兩淮和湖北使用鐵錢後，也對應發行「淮交」和「湖會」，兩種貨幣都以鐵錢為儲備。但是，**淮交和湖會都不能越界發行，雖然都是鐵錢儲備的紙幣，但淮交不能拿到四川使用，四川的錢引也無法拿到兩淮使用**。

南宋透過這種方法，將全國劃分成四個金融區，分別是最大的東南區、次大的四川區，以及較小的兩淮和湖北區域。這些地方各自使用不同的鐵錢和銅錢，並發行各自的紙幣。其中東南會子和四川錢引的影響力最大，而尤以東南會子為最。

東南會子最早發行於宋高宗紹興三十年（西元一一六〇年）[17]。這一年，皇帝命令戶部侍郎錢端禮，根據以前紙幣的流通經驗設計會子；第二年設立處理會子的機構（會子務）；第三年透過《偽造會子法》，嚴厲鎮壓偽造行為，處以死刑。由於官方發行紙幣的經驗不足，在發行之初沒有控制額度，於是，會子出現第一次貶值。到宋孝宗乾道二年（西元一一六六年），皇帝開始用現金回購一部分超發的會子。兩年後，會子正式採用和當年交子類似的方法——分界發行，從這時起會子正式成為南宋主幣（見三八二頁圖表11-1）。

按照規定，會子每一界的發行量為一千萬貫，以三年為一界，到期後以舊換新，保持市面上流通量始終為一千萬貫。但南宋貨幣的發行制度，始終不如北宋的四川地區，常常朝令夕改、一切以財政狀況為依據。朝廷最初規定一界的發行量為一千萬貫，但這個額度很快就控制不住。

宋孝宗淳熙三年（西元一一七六年），朝廷規定每界會子的展期為三年，每三年發行一界，每界使用六年，市面上會同時運行兩界會子，鈔票的發行量將擴大一倍。到了宋光宗紹熙元年（西元一一九〇年），再次規定會子回收展期為三年，每三年發行一界，每界使用九年，市面上三界會子同時運行，導致鈔票發行量已經達到最初的三倍。這也暗示著失控即將到來。

17 見《宋史．食貨志下三》：「三十年，戶部侍郎錢端禮被旨造會子，儲見錢，於城內外流轉；其合發官錢，並許兌會子輸左藏庫。」

發行紙幣非常容易，但回收卻困難重重

西元一二〇六年韓侂胄的開禧北伐慘澹收場，這也對南宋經濟造成不可彌補的損失。由於財政出現巨大漏洞而無法彌補，所以政府加大印鈔力度。會子最初發行時只有一千萬貫，開禧北伐時期，會子的總發行量已經達到一億四千萬貫，比當初擴大十四倍。加上在四川發行八千萬貫的錢引[18]，兩者加起來達到兩億兩千萬貫。

隨著發行量大增，劇烈的通貨膨脹迎面而來，中央意識到通膨的危險，於是考慮減少紙幣的流通量，這就牽扯到另一個秘密：**發行紙幣非常容易，但要回收卻困難重重**。如果要回收鈔票，在當時唯一可行的做法，就是官方拿出庫存的硬質貨幣，買回紙幣並銷毀。所謂的硬質貨幣，主要是金銀。但是，政府在發鈔的過程中，的確換回不少物資，可這些物資也隨即被花光，在空空如也的國庫內，沒有多少硬質貨幣儲備。

政府檢視家底後，發現國庫裡還剩下一點金銀。另外，政府還可以賣一部分僧侶的度牒。中國古代的僧侶一直享有免稅權，持有度牒者不管是不是和尚，都可以享受免稅待遇。按照每兩黃金兌換六十貫紙幣，每兩銀子兌換六．二貫，每道度牒價值一千兩百貫計算，政府手中的資產，一共可以換回一千三百萬貫紙幣，約占全國流通量的五%。如果把這些金銀和度牒，集中投放在四川，則可以收回四川半界的錢引（四川有三界錢引並行，一共八千萬貫）。

但這次回收工作卻引發民間恐慌，人們聽說政府要回收紙幣，立刻想到以後紙幣都不流通，結果紙幣價格從每貫價值四百個鐵錢，一下子跌到價值一百個鐵錢，這引起極大的混亂[19]。但不

管怎樣，回收紙幣這件事說明，宋代政府還是有責任感，並非道德敗壞的剝削階級，只是無法有效管理如此龐大的帝國。在更惡劣的情況下，政府會選擇更為極端的做法，比如發行新會子取代舊會子。在發行新會子時，規定兩貫舊會子才能兌換一貫新會子，當所有舊會子都按照這個比例兌換新會子時，市面上的鈔票數量就會減少一半，從帳面上做到減少流通量。

雖然朝廷暫時回收一部分會子，但由於財政系統已經遭到破壞，於是，很快又不得不靠印鈔來解決問題。到宋理宗紹定五年（西元一二三二年）前後，僅會子的發行量已經達到三億兩千九百萬貫，這還不算上四川錢引[20]；到宋理宗淳祐六年（一二四六年），會子的發行量已經達到六・五億貫[21]。

政府就在**「財政困難、瘋狂印鈔、惡性通膨、朝廷感到害怕、想辦法回收紙幣、發行新紙幣，強行以折價收兌舊紙幣」**中不斷輪迴。到了用第十八界新會子，取代第十六界舊會子時（這時是兩界會子並行），政府規定不再使用十六界會子，而十八界會子一貫相當於十七界會子五

18 據《建炎以來朝野雜記・乙集・四川收兌九十界錢引本末》所示：「先是，四川錢引以兩年為界，每界書放之數止於一百二十五萬……至嘉泰末，兩界書放凡五千三百餘萬緡，通三界所書放視天聖祖額至六十四倍。嘉定初，每緡止直鐵錢四百已下。」據此計算，一百二十五萬的六十四倍為八千萬。

19 見《宋史・食貨志下三》：「嘉定初，每緡止直鐵錢四百以下，咸乃出金銀、度牒一千三百萬，收回半界，期以歲終不用。然四川諸州，去總所遠者千數百里，期限已逼，受給之際，吏復為奸。於是商賈不行，民皆嗟怨，一引之直，僅售百錢。制司乃諭人除易一千三百萬引，三界依舊通行，又檄總所取金銀就成都置場收兌，民心稍定。」

20 可參考《宋史・食貨志下三》：「紹定五年，兩界會子已及三億兩千九百餘萬。」

21 參見《雪窗先生文集・丙午輪對第二劄子》：「楮之為數，近如版曹所奏，舊者已及四十二千萬，新者已及二十三千萬，方來者、偽造者，蓋又不知其幾。」

圖表 11-1　南宋會子發行及貨幣指數

年代	紙幣數量（貫）	指數
宋高宗紹興 31 年至宋孝宗乾道 4 年（西元 1131 年至 1168 年）	1,000 萬（自 300 萬起，增加了 700 萬）	100
宋孝宗乾道、淳熙年間（西元 1165 年至 1189 年）	2,000 萬	200
宋孝宗淳熙年間（西元 1174 年至 1189 年）	2,400 萬	240
宋寧宗開禧年間（西元 1205 年至 1207 年）	1.4 億	1,400
宋寧宗嘉定年間（西元 1208 年至 1224 年）	2.3 億	2,300
宋理宗紹定 5 年（西元 1232 年）	2.29 億	2,290
宋理宗紹定 6 年（西元 1233 年）	3.2 億	3,200
宋理宗嘉熙 4 年（西元 1240 年）	5 億	5,000
宋理宗淳祐 6 年（西元 1246 年）	6.5 億	6,500
宋理宗景定 4 年（西元 1263 年）	日增印 15 萬	

*本表引自漆俠《宋代經濟史》。原表分為四列，今捨去「材料來源」一列。

貫，直接將貨幣貶值五倍[22]。到了西元一二四七年，政府又決定要跳出這個惡性循環，規定不再回收市面上流行的兩界會子（第十七界和十八界），並永遠使用它們[23]。這等於宣布政府已無力回收會子，只顧繼續印鈔票、任其貶值（見三八五頁圖表11-2）。

到南宋末年，政府的和糴政策（也就是拿紙幣在市場強買、強賣糧食）又把更多的紙幣注入民間經濟中，結果人人談紙幣色變，這種具有魔力的紙已經喪失信譽。賈似道當權後，為了挽救南宋政府的財政和金融狀況，做了最後一次努力。除了回買公田之外，還發行一種新的紙幣「關子」，取代已經喪失名義的會子。

在用舊會子兌換新關子時，規定直接廢棄第十七界會子，第十八界會子三貫可以兌換一貫關子[24]。賈似道本來是為了重新樹立朝廷權威，但強制作廢、強制兌換的措施，直接讓政府徹底喪失民意，人民再也不會相信任何紙幣的魔術。最終，南宋的金融體系徹底崩潰。

南宋的金融崩潰發生在蒙古人叩關之時，當政府最需要財政收入，來組織軍隊打仗時，卻由於金融崩潰沒有錢養兵。金融破產還影響到每家、每戶，使得人民不再相信政府、也不願為它賣命。從這個角度說，南宋會滅亡，不僅是軍事失敗，更是財政崩潰導致這個中央王朝無力維持。

22 據《宋史全文》卷三三記錄：「令措置十八界會子，收換十六屆，將十七界以五准十八界一券行用。」
23 可見《宋史．食貨志下三》：「七年，以十八界與十七界會子更不立限，永遠行使。」
24 見《宋史．賈似道傳》：「復以楮賤作銀關，以一準十八界會之三，自製其印文如『賈』字狀行之，十七界廢不用。銀關行，物價益踴，楮益賤。」

賈似道：滅亡前的土地改革

大約是在宋理宗景定三年（西元一二六二年），由宰相賈似道主導、最後一次大型改革正在悄然展開。幾年前，南宋與北方蒙古族的戰爭，已經進入到白熱化階段。在元憲宗大汗蒙哥的進攻下，南宋節節敗退，欲和不能。西元一二五九年，蒙哥死去，蒙古陷入大汗之位的內爭之中，南宋獲得最後一次喘息機會，緊鑼密鼓的做著戰備。

賈似道查看朝廷剩餘資源時，發現國庫空空如也。南宋的金融體制已經形同虛設，政府發行太多紙幣、無力控制物價。稅收也同樣空虛，大量的農民破產，導致政府收入銳減。更糟糕的是，隨著蒙古的威脅越來越大，官方卻需要更多的糧食，為打仗做準備。南宋政府既沒有錢，又想多收購糧食，不得不依靠收購公糧政策，即「和糴」。

所謂和糴，是指政府強行向民間攤派購買糧食。本來購買糧食需要花錢，但由於是政府，所以能以極低的價格，強迫農民大量出售。最初購買時還是用錢幣，後來則改成紙幣，再後來紙幣都給不全、常常虧錢。於是和糴成為農民一大負擔。以開慶元年（西元一二五九年）為例，這年和糴糧食達到五百六十萬石，全部用紙幣購買，甚至超過全國正規的糧食稅收。

南宋時期，人們對於和糴的批評不絕於耳，紛紛譴責這個可以讓人傾家蕩產的政策。同樣是在宋理宗時期，大臣劉克莊也曾抱怨說，以前全國一年和糴只有一百五十萬石，現在，僅吳門一個郡就被迫交出一百萬石，全國更是不知已經增加幾倍。浙江中部本來屬於富裕的地區，可是現在就連巨富，十家也有九家變成窮光蛋。

圖表 11-2　南宋紙幣貶值情況

年代	紙幣幣值變化（一貫紙幣兌換的銅錢數量）	指數
宋孝宗乾道 4 年（西元 1168 年）	1 貫＝770 文	100
宋孝宗淳熙 12 年（西元 1185 年）	1 貫＝750 文	97.4
宋光宗紹熙 2 年（西元 1191 年）	1 貫＝500 文	65
宋寧宗慶元元年（西元 1195 年）	1 貫＝620 文	80
宋寧宗嘉泰初年（西元 1201 年）	1 貫＝600 文至 750 文	78～97
宋寧宗嘉定初年（西元 1208 年）	1 貫＝385 文（頓損其半）	50
	1 貫＝600 文至 700 文	78～91
宋寧宗嘉定 4 年（西元 1211 年）	利用 2 舊紙幣對 1 新紙幣折半	50
宋寧宗嘉定 8 年（西元 1215 年）	1 貫＝620 文	80
宋理宗端平元年（西元 1234 年）	1 貫＝429 文	56
宋理宗端平 3 年（西元 1236 年）	1 貫＝240 文	31
宋理宗嘉熙 4 年（西元 1240 年）	按照 5 舊紙幣對 1 新紙幣兌換	20
宋理宗淳祐 12 年（西元 1252 年）	川引 1 貫＝150 文	19.5
	廣西 1 貫＝200 文至 210 文	26
	比紹定二年貶值 4 倍	13.4
宋理宗景定 4 年（西元 1263 年）	按照 5 舊紙幣對 1 新紙幣兌換	35
宋度宗咸淳 3 至 4 年（西元 1266 年至 1267 年）	川引 1 貫＝150 文	5.32

＊本表引自漆俠《宋代經濟史》。原表分為四列，今捨去「材料來源」一列。

大臣吳潛則說起兩淮地區的情況。在兩淮，一家人有兩百四十畝土地已經算是富裕人家，但是政府除了收稅之外，一家編排的和糴額度竟然達到一百四十四石，這還沒算上徵收時要把兩石算成一石這件事，導致數額立刻又翻倍。

除了數額之外，還有各式各樣的名目，比如呈樣、罰籌、堆尖、腳剩等，每種名目又斂去若干，到最後竟然要上繳三、四百石，家裡幾乎顆粒無剩。

在政府大量使用紙幣與民間交易、糧食又緊缺的同時，鈔票卻充塞於市場，出現惡性通貨膨脹。賈似道看到，在官家逼迫之下，隨著農民破產，政府財源將會很快枯竭，到時元兵襲來，軍隊由於缺乏供給，根本無法抵禦外敵。如果要改變這種局面，就必須全面改革，南宋最後一次拯救財政的努力——回買公田，就是在這個背景下展開。

所謂回買公田，指的是政府從富戶手中購買多餘的土地，把土地作為公田。之後再把公田出租，獲得租金並以此養活軍隊、支持戰爭。當政府有公田後，只需要經營好公田，就不用再把過重的稅收與和糴負擔強加於人民。吊詭的是，南宋政府剛建立時，手中有大量的皇莊和公田，但隨著朝廷不斷缺錢，慢慢把這些公田都賣給私人來補貼財政。到賈似道時期，早就沒有公田可賣。因此，賈似道決定反其道而行，把公田再買回來。

為什麼要回買公田？他認為這樣對政府和社會都有好處，吃虧的只有特權階層。在改革之前，特權階層把持大量土地，卻由於種種勾結行為很少納稅。賈似道試圖利用回買公田，逼迫特權階層放棄一部分土地、交給政府。按照中國古代傳統，一個人最多只能種一百畝土地，再多就超過限制。但宋代整體的政策是不抑兼併，加上制度鬆弛，使得土地集中於官僚手中。

以前政府強行攤牌、購買糧食的做法，倒楣到的是老百姓，由於窮人最沒有權力，於是，最終由窮人承擔大部分損失。如果能夠從富豪和官僚手中購買公田、保證收入，就可以減少干擾貧困的下層民眾，也不須再用糧食攤派強購。由於和糴都用紙幣購買糧食，只要不再執行此政策，也就不用發行這麼多紙幣，也有助於控制通貨膨脹。既能籌措軍糧，又能避免通膨，這就是賈似道一舉兩得的憧憬，他的良方很快獲得皇帝認可，並迅速實行。

賈似道是奸臣？宋理宗一清二楚

最初只是在廣西一帶，小規模推行屯田以獲得收入。由於皇帝重視，廣西的屯田進行得十分成功，於是開始推廣至全國。首先突破的是浙西路，這裡是賈似道的根據地，因此最容易控制。他帶頭捐獻出一部分土地；第二年，根據政府統計，平江、江陰、安吉、嘉興、常州、鎮江六郡，已經購買三百五十餘萬畝公田，皇帝大喜過望，回買公田已經取得階段性成果。然而，如果從民間角度觀察，則又是另一番景象。

按照規定，在自願的原則下，回買公田政策只購買大地主多餘的土地，不涉及中、小地主，盡量減少對民間的強迫。但由於官員為了完成指標，只能向民間攤派，結果到最後變成每家、每戶除了兩百畝豁免之外，其餘的三分之一土地都要賣給政府，其做法和攤派購買糧食時一樣。後來，當指標壓更緊時，連百畝之家都被逼賣地，**原本官方想透過富戶籌款，卻變成一次不幸的全民運動，動搖到整個社會根基。**

更嚴重的是，政府並沒有足夠的錢款來購買土地。所出價格都是壓低、再壓低，上好的土地以不到二〇%的價格被強行買走。各地官員在賈似道的逼迫下，紛紛「八仙過海、各顯其能」，想盡一切辦法從民間搜刮土地，有的甚至用肉刑對付那些膽敢抵抗的人民。即使這樣，政府還是沒有錢支付所有公田。一開始是想以銅錢來支付，但由於銅錢緊缺，乾脆改成紙幣支付。如果賣的田多，那麼政府還會給五%的銀子，剩下的用紙幣、度牒等東西湊數；如果賣的田少，那麼就全都給紙片。這種做法讓少地的窮人更加無助。

除了紙幣之外，政府的支付方式還五花八門，比如和尚的度牒，也被當成鈔票發給田主，再加上些虛官和各式各樣的頭銜等，稍微有點價值的東西都被拿了出來。而且，這些東西還不准轉賣，有時就等於廢紙一張。紙幣和各種奇怪的紙片，源源不斷的流入民間，原本為了整治濫發紙幣，最終卻注入更多紙幣。

在民間混亂和莫大抱怨聲中，官員紛紛上書譴責賈似道的政策。賈似道一看大事不好，連忙請求辭官，然而令人們感到錯愕的是，宋理宗不僅不反對賈似道的做法，還立刻安慰起他來。他說：「從你當初提建議開始，就有人說不能這麼做，那時候我就已經阻止他們的抱怨。現在，實行公田之後，不管是公家還是私家都富足，我們這年的軍餉全靠你的辦法，才有著落。如果因為別人的抱怨就放棄，雖然滿足他們的一時之快，可是誰來幫我籌措國家財政？」

皇帝貶斥那些批評賈似道政策的人。事後，人們常常以「皇帝沒罪、奸臣誤國」的觀念來責罵賈似道，卻不知道這個國家已經掉進財政陷阱，而無力自拔，只求下一刻平安，管不了更多了。皇帝明知道得一清二楚，也了解此政策所造成的惡果，他已經無法考慮的這麼長遠，只能全力支持宰相斂財。至於民不聊生，已經不會再引起他任何同情。

但是，就算賈似道再怎麼努力，仍然無法徹底改變宋代的財政狀況。接下來的問題出現在公田上。當政府購買公田後，就要組織人員進行屯田生產。最初政府設立一些屯田機構進行管理，但由於官僚惰性，根本沒辦法有效組織，反而嚴重浪費掉資源，最後只好將這些土地出租給佃戶耕種。隨著更加壓榨佃戶，許多人根本不租政府土地，拋荒原本的良田，使得社會的總財富減少，從而影響到朝廷的財政收入。

當皇帝發現無法解決財政問題時，又有人商議把土地還給原來的主人，於是群臣在蒙古兵叩關時，還紛紛討論怎樣把土地還給私人。但蒙古人已經不再給皇帝繼續折騰的時間，他們「幫助」南宋結束窘迫的財政難題。

在蒙古人的鐵蹄下，趙宋三百年來因財政而折騰、和複雜的財政制度，都迅速化為雲煙，但它們的斂財經驗，特別是金融方面的新經驗，卻成為寶貴財富，流傳給後世的皇朝。

第三部

邁向最完美的集權機器

第十二章

元代：財政的能力，支撐不了帝國的野心[1]

這是一個元代版「四萬億」[2]的故事。蒙古人早期財政以掠奪和放貸為主，將領靠打仗掠奪財富，再交給中亞色目人幫助打理，利用放貸獲得收入。為了將戰時的掠奪財政，變為和平時期的正規稅收，大臣耶律楚材幫助蒙古人建立土地稅制度。但這種制度常遭到破壞、也與耶律楚材針鋒相對，色目人介紹包稅制給蒙古人，也就是將地方稅收包給一個負責人，收取定額，由負責人想盡一切辦法敲詐該地，除了將定額交給蒙古人外，多出來則歸包稅人所有。

令探險家馬可・波羅（Marco Polo）驚嘆的紙幣，也成為蒙古人掠奪的工具，元代紙幣一直處於貶值中，並不斷發行新幣來取代舊幣，將其貶值。在掠奪財政、包稅制、紙幣斂財的共同作用下，**元代成為最孱弱的朝代之一**，一直缺乏真正的經濟恢復和盛世時期。

元代末年，雄心勃勃的丞相脫脫為了振興大元王朝，開始大規模改革。他想利用政府花錢來帶動經濟發展，這是元代版本的「四萬億」。然而，這個計畫的前提是必須有錢可花，當政府手中沒錢時，就只好偷偷印製鈔票來籌措財政。脫脫的做法導致民間經濟紊亂，和金融大崩潰，隨著各地反元起義興起，脫脫的改革沒有拯救到元朝，反而結束這個朝代。

宰相脫脫：蒙古人的凱因斯[3]

元順帝至元六年（西元一三四〇年），一場針對權臣伯顏的陰謀正在展開。元末曾經出現幾次爭奪皇位的鬥爭，這些參與人都有個源頭，他們都屬於太子真金（元世祖忽必烈的兒子）三個兒子的後代。伯顏在最後一次爭奪中，幫助元武宗（真金次子的長子）的兒子、元文宗圖帖睦爾登上皇位。從此，元代的皇位留在元武宗的後代手中，直到滅亡。

到武宗孫子元順帝統治時，伯顏更是透過殺害其他大臣獨攬大權，天下人只知有伯顏，不知有皇帝。他推行非漢化政策，重用蒙古人和色目人，甚至提出要滅絕漢族大姓，防止他們反抗。為了鞏固地位，伯顏提拔侄子脫脫擔任御史大夫一職，沒想到就是侄子脫脫將他趕下臺。與伯顏的擅權相反，脫脫從一開始就預料到權臣的下場，故意與伯父保持距離，並在得到皇帝信任後，設計將權臣貶斥。

西元一三四〇年，趁伯顏出去打獵的機會，脫脫與皇帝合謀，控制京城的衛戍部隊和城防系統，並頒發詔書貶伯顏為河南行省左丞相。此次宮廷政變在脫脫的策劃下，以不流血的方式圓滿結束。這次政變顯示出脫脫為人的幹練與堅決，在經過元代混亂的宮廷和政治鬥爭後，人們渴望和平發展。第二年年初，脫脫成為帝國的中書右丞相，他的一舉一動都寄託著時人的期待。

如果要選擇一位最能代表元代氣象的人物，也許既不是人們耳熟能詳的耶律楚材、關漢卿和趙孟頫，也不是那些蒙古帝王，而是脫脫。在歷史上，成吉思汗的武功不容置疑，趙孟頫的文采也值得推崇，但**能兼備所有能力的全能選手，則非脫脫莫屬**。

他在擔任丞相期間，徹底扭轉前任伯顏的蒙古化政策。伯顏希望元朝回歸蒙古傳統，重新回

1 本章涉及的時間範圍，是西元一二〇六年至一三六八年。

2 二〇〇八年，中國政府為了應對金融海嘯，於當年十一月推出擴大內需、促進經濟平穩增長的十項措施。初步計算，到二〇一〇年底投資超過四萬億（兆）。

3 約翰·梅納德·凱因斯（Jhon Maynard Keynes），英國著名經濟學家，創立現代總體經濟學的理論體系。

到蠻荒性格，但脫脫知道要統治這麼大的帝國，非得有套完整的官僚制度不可，像伯顏那樣為了回歸野性，破壞正規官僚制度的政策，是沒有出路的。他尊重漢人權利，恢復科舉考試，為伯顏迫害的宗室親王和大臣平反，採用儒術治國。

一時間內，元代政壇出現一片新氣象。同時，他興修過水利、制定農業發展計畫，顯示出他對於經濟發展，擁有純熟的理解力。更難得的是，脫脫並不僅是個官僚型的人物，還頗有文學造詣。中國的「二十五史」中有三部是在元代編撰，分別是**《遼史》**、**《金史》**和**《宋史》**，之前只有唐、宋兩代大規模的史書編修，可以與元代相比，而**主導這三部史書編撰的正是脫脫**。

不管是制定政策還是編修史書，都只展現出脫脫作為文官的素質。實際上，他還是個很有能耐的將軍。**元末各地叛亂，脫脫組織軍隊圍攻張士誠**，並協調天下的兵馬，屢屢得勝。雖然歷史無法假設，但人們還是認為，如果不是脫脫恰好於此時被罷相，他有機會鎮壓各地騷亂、延長元朝壽祚，讓朱元璋繼續休息。相比於其他的競爭者，脫脫才是最能代表元代才氣的人物，也是歷史上少有的全能者。

可是，令人驚訝的是，**恰好在他任內，全國上下的小騷亂變成大暴動**。在他之前，元代雖然進入不穩定時期，卻還沒有出現失控，而他擔任丞相之後，各地的紅巾軍、強人紛紛揭竿起義，元朝進入疲於奔命的鎮壓時期。

這就**不得不提到他的經濟刺激計畫**。簡單的說，脫脫信奉政府主導經濟，是位幾百年前的凱因斯主義者。他認為官方主導項目、大力花錢，能夠刺激帝國疲弱的經濟、走向繁榮。但在這之前必須有足夠的資金，因此脫脫就只好靠印紙幣來集資。結果一不小心過量，造成嚴重的通貨膨脹，成為壓死駱駝的最後一根稻草：社會經濟失控，各地騷亂隨之擴大。

這個元代凱因斯主義的故事，顯示出集權政府的困境：為了籌措建設資金，僅靠普通稅收難以滿足需求，還需要靠金融手段，但最終毀掉社會經濟的，往往是過於野心勃勃的金融擴張。因此，這個元代發生的「四萬億」故事，從元初就已經鋪設好結局。

帝國極龐大，稅制極簡單——且粗暴

西元一二六〇年，忽必烈稱帝，同時也是蒙古帝國消失的一年。元世祖忽必烈宣布繼承蒙哥汗，成為大蒙古國的新一任大汗，此舉立刻在蒙古人的世界裡引發軒然大波。蒙古帝國一共擁有窩闊臺汗國、欽察汗國、察合臺汗國、伊兒汗國這四大汗國，都由成吉思汗的子孫統治。

在忽必烈之前，四大汗國與各個親王家族共同選舉大汗。大汗這個職位，擁有整個蒙古帝國的最高權威。隨著忽必烈上臺，除了他控制的窩闊臺汗國之外，其他三大汗國均不承認他的權威。因此，蒙古帝國分裂成四個地區性的國家——元朝就是其中之一。

元代雖然是類似於中國各個朝代的集權帝國，卻由於曾經是世界帝國的一部分，在中國歷史上，留下許多不可磨滅的印記。首先，元代與其他朝代不同的，是政府選官的範圍為全世界。在成吉思汗和察合臺汗時代，蒙古人最信任的理財專家大都有景教、伊斯蘭教的背景，他們組成一個色目人集團，為蒙古人管理著龐大的財產。

蒙古王公在當時沒有固定的薪俸，他們依靠打仗從各處劫掠不少財產，這些財產大都是黃金和白銀，王公讓色目人為他們打理財產。此前，歷代貨幣以銅幣為主，而在西方則以銀為主。**蒙古人在這點上繼承西方的理念，為中國境內白銀普及做鋪陳。**

蒙古帝國分裂後，中國歷史進入元代。雖然元代統治的疆域已經局限於現在的中國、朝鮮和蒙古國，但忽必烈等人任命的官員中，還有很大一部分來自東亞、中歐。由於蒙古人有理財和文字（蒙古人繼承中亞字母，來書寫蒙古語）的需求，所以，中亞的穆斯林一直處於上等階層。

寵信中亞人這件事，甚至影響蒙古人在中原建立更加穩固的財政基礎。最初，蒙古的財政是走到哪、搶到哪，搶來的東西就是帝國的財政基礎。到了第二任大汗窩闊臺時代，契丹人耶律楚材任中書令，為蒙古人制定財政計畫和政治結構。耶律楚材建立一套類似於中原的財政體系，依靠向農民徵稅來獲得收入，當時的稅收主要包括農業稅和財產稅。這件事情讓蒙古人喜出望外，他們意識到除了掠奪之外，還可以從占領地獲得持久的稅收。

但是，隨著蒙古軍事行動擴大，大汗需要更多的錢，各個王公更是需要立刻拿到現金。這時，中亞的理財專家再次登場，把**耶律楚材給邊緣化。他們向大汗提供更方便的選項：**蒙古人不需要操心所謂的稅制結構，只需要將徵稅權包給他們即可。

所謂包稅制，就是**帝國將稅權包給包稅商**，他們可以利用各種方式，從地方榨取稅收，並每年向帝國貢獻定額，剩下的收入都歸包稅商。這個制度帶給帝國便利，大汗和皇帝不用費心就有固定的收入，卻讓包稅商無所不用其極的從地方上榨取財富。這種方法能將短期效益最大化，卻破壞帝國長期的經濟發展和徵稅能力。

大蒙古帝國時期的財稅政策，就在正規稅制和包稅制間搖擺不定。可見游牧民族要建立完整的社會架構、維持長期的統治有多艱難。到了大汗蒙哥時代，帝國的稅收結構已逐漸建立起來。當時稅收項目包括人頭稅、農業稅、商業稅，附加一定的徭役。在中原，徵稅以農業稅為主，它類似於宋金時期的兩稅法，一年收兩次稅。大汗窩闊臺時期，也是蒙古的官僚制度逐漸成形的時期。蒙古人的人口非常稀少，卻控制如此廣闊的疆土。所以，其實蒙古人在所有被征服地區，都算少數民族（除了蒙古本部之外）。

在最初征服時，蒙古人對每個地方只派出很少的代表，行使宗主權，這個代表叫做達魯花赤。西元一二三一年，大汗終於在中原地區借鑑遼國和金國的經驗，建立一種類似於漢人政權的結構。在遼國，皇帝創立一種叫做「兩面官」的制度，指的是皇帝在不同地區，實行不同制度。在游牧區實行游牧民族的法制；而在農耕區，則採用宋代的農耕社會制度。其官僚系統也分成主管游牧民族的北面官，和主管農耕社會的南面官；而在軍事上則以北面官為主，南面官主要負責民政。

金國繼承遼國的兩面官制，同時又加強漢化制度的正規性，仿照唐代設立尚書、中書、門下三省。不過，由於三省制結構過於複雜，金代統治者掌握不好，所以三省制結構就逐漸被一省制取代。**金代海陵王時期，廢除中書、門下兩省，只保留尚書省，此做法影響後續的元、明、清三代**（金代官職，請見四〇一頁圖表12-1）。

另外，為了便於地方治理，**金朝還建立行臺尚書省（行省）**，指的是按照中央政府（尚書省）的模式，在各地建立複製機構，**完成對地方的統治**。

行省的官員設置與中央類似，構成單獨一級政府。透過設立行省，這些由外來民族建立的政權，就能更牢固的控制漢人、施行異族統治。

蒙古征服金國之後，繼承金國已經探索出來的方法，只是將尚書省改為中書省，但實質並沒有變。行臺中書省則與蒙古人的達魯花赤制度天然契合。蒙古新征服一個地方，會選擇暫時保留這個地方的行政結構，同時派出幾個代表在當地組建新的機關，代表中央的中書省，來指導當地部門的工作，而這個機關就叫行中書省。

在忽必烈上臺之前，蒙古人已經透過摸索，在中國建立一套較為完整的政治結構：中央為中書省和下轄的六部，地方為行臺中書省。後來除了中書省之外，又設立樞密院掌管軍事，御史臺負責監察，這一省、一院、一臺構成蒙古時期的權力制衡結構。但不幸的是，雖然制度逐漸成形，但元代脆弱的財政卻貫穿始終，皇帝始終無法獲得足夠的收入，來支持他的戰爭和浪費。

忽必烈的稅收，無法支撐他的野心

與其他朝代不同，蒙古人的元代始終缺乏與「文景之治」、「開元盛世」、「仁宗盛治」類似的盛世時期，除了缺乏行政管理經驗、政治架構過於簡單、財政結構過於粗暴之外，還和元代的開國皇帝忽必烈有直接關係。任何朝代想要發展出盛世，都要有一個較長的休養生息時期，但元代是個例外。建國者忽必烈從上臺起就一直窮兵黷武、揮霍無度，破壞元代經濟。

第一個反映在戰爭。忽必烈上臺之後，就因為爭奪大汗的位置，而和其弟阿里不哥打了一場內戰。忽必烈經濟封鎖阿里不哥所在的蒙古本部，讓他無法與外界交換物資，最終孤立並打敗

圖表 12-1　金代官職示意圖

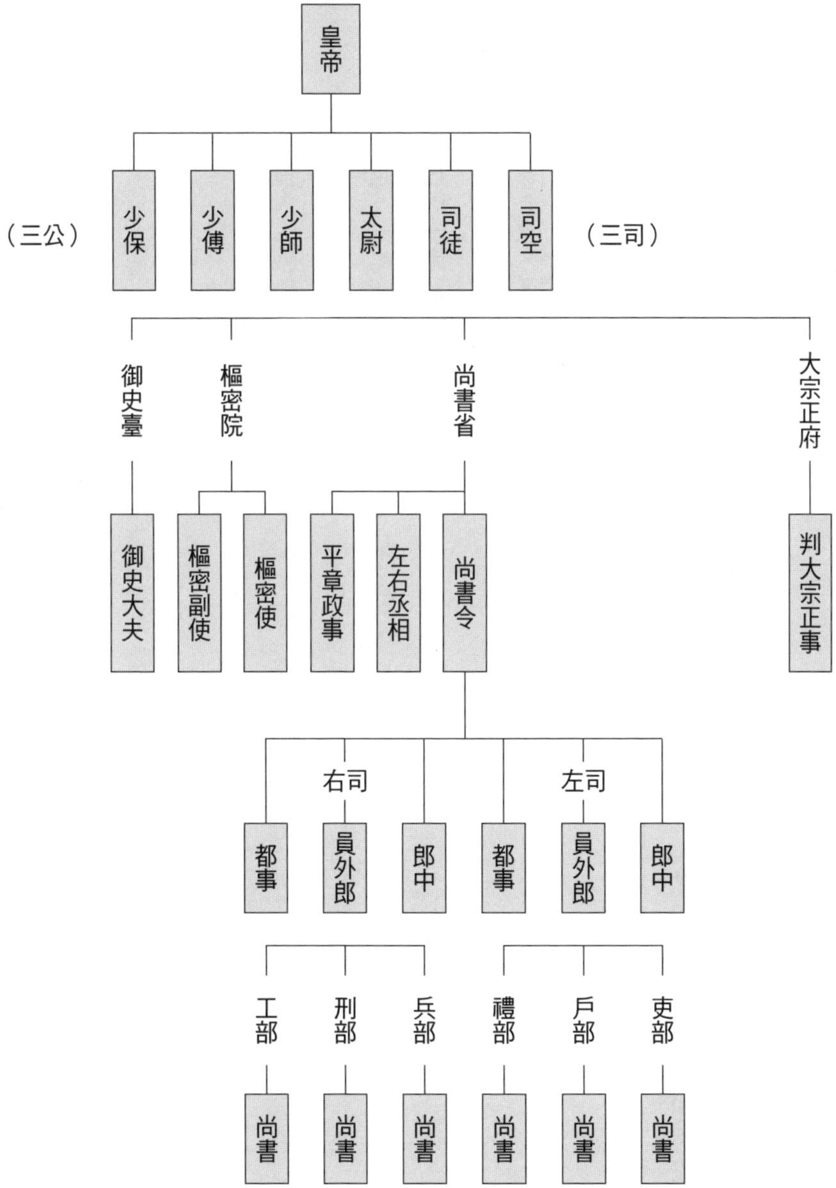

他。但這次戰爭卻使得統一的蒙古解體，從此忽必烈雖然獲得虛的稱號，卻再也無法從其他汗國獲得必要的支援。

之後，忽必烈征服朝鮮和中國南部，加上之前的吐蕃和大理（位於今雲南省），基本上建立現代中國的版圖。但這些戰爭，特別是和南宋的戰爭曠日持久，使得元代財政一直處於危機狀態，根本沒有時間整理財政和發展經濟。除了這些以勝利告終的戰爭之外，**忽必烈時期還打許多徒勞無功的敗仗**，遏制了蒙古人在各個方向的進攻氣勢。

在日本，蒙古人的戰船被颱風襲擊，致使兩次遠征都慘澹收場，造就日本不可入侵的神話，也讓本來就不寬裕的財政徹底失控；在越南，蒙古人試圖征服越南南部的占婆，最初是想從海上進攻，但占婆人退入山裡打游擊戰。後來為了運送更多的兵力和後勤物資，要從越南北部的安南國借道，被拒絕後與安南進行三次戰爭。蒙古人三次被擊敗，損兵折將，這也幫助越南的民族主義獲得進展；在緬甸，蒙古人占領蒲甘王朝的首都、大肆劫掠，但是他們沒有實力進行長期占領，只能撤退將機會留給撣人（緬甸民族名）。這次表面上的軍事勝利，無法掩飾虧損的事實；而在爪哇，遠征軍也遭到慘敗。

總之在忽必烈時代，蒙古人的擴張已經到了極限，**四處失敗增加財政負荷**。由於無法建立起穩定的財政結構，崩潰很可能是早晚的事。其次，**政治結構不完整，導致很難從中國南部徵收稅款**。至元十三年（西元一二七六年），蒙古征服南宋，但卻一直沒有確實控制這個中國最富庶的地區。

按照常理，蒙古人滅宋之後，應該努力建立能控制整個社會的行政架構，並藉此獲取常規稅收，保證民間經濟的繁榮。但忽必烈長於軍事，不看重經濟和政治，也無暇關注。元朝只能靠各式各樣的臨時措施獲得收入，但隨意的政策又破壞民間正常的經濟活動，導致人民反抗。

到元代後期，南方的零星反抗不斷的冒出來，而政府很難找到有效的鎮壓手段。軍事征服又加重財政負擔，掉入財政和社會崩潰的漩渦。再次，發行的紙幣缺乏必要的準備金制度。元代之所以不願意致力於建設長久有效的稅收結構，在於**政府找到比抽稅更加便捷的方式**——印鈔票。

元代和宋代一樣，有著發達的紙幣系統。紙幣曾經讓馬可．波羅驚嘆不已，把這一切都寫進書裡。但印紙幣卻有著不可避免的缺陷：政府缺錢時總會超額印製，造成普遍的通貨膨脹，相當於徵收額外的通膨稅。

忽必烈時期，元代發行兩種鈔票。元世祖中統元年（西元一二六〇年），政府發行叫做「中統鈔」的紙幣[4]。中統鈔又分為兩類：一類是中統元寶鈔，這種鈔票以銀為儲備，理論上可以用紙幣兌換銀；另一類是中統交鈔，以紗為儲備，理論上可以用紙幣兌換紗。

宋代的紙鈔是以鐵幣和銅幣為儲備，而元代以銀和紗為儲備，看出銀的地位上升和銅的地位下降。另外，宋代鈔票有地點限制，比如北宋交子只在四川使用，南宋會子只在江南使用，而元代鈔票則是全國通用。元代鈔票也不像宋代那樣有界的劃分，而是發行完就不再回收，並且沒有規定發行量。

4 見《元史．食貨志》：「世祖中統元年，始造交鈔，以絲為本。每銀五十兩易絲鈔一千兩，諸物之直，並從絲例。是年十月，又造中統元寶鈔。』

兩類貨幣發行後，以銀為儲備的中統元寶鈔成為主角，並在全國通行。但很快就因財政緊張濫發中統鈔，所謂的儲備也成為空談。西元一二六〇年，中統鈔共發行七萬三千三百五十二錠。西元一二六五年，發行量為十一萬六千兩百零八錠。西元一二七六年，由於和南宋、日本交戰，導致財政出現虧空，發行紙鈔一百四十一萬九千六百六十五錠。這時，通貨膨脹已經開始形成。

西元一二八七年，忽必烈利用色目人桑哥（著名的吐蕃僧人薩迦八思巴的弟子）開啟新的斂財之旅。這一年發行所謂的至元寶鈔，這種寶鈔和中統鈔的兌換比例是一比五，五錠中統鈔只能兌換一錠至元鈔。這一下子就將舊鈔貶值五倍，不僅引發市場混亂，還讓紙鈔逐漸失去信譽。

另外，政府為了搜錢，不得不求助於專賣和其他斂財制度。桑哥以斂財著稱，他提高專賣價格和商稅，直接打劫民間貿易系統。桑哥手下的吐蕃僧侶楊鏈真伽為了尋找財富，甚至打開南宋皇帝的陵墓，引起民眾極大的憤恨。除了桑哥，還有回族人阿合馬、中書右丞盧世榮等，也是有名的加稅、專賣和斂財專家。

在元代，甚至連竹子都實行專賣，藉口是防止敵方得到竹子製造弓箭。最後，除了這些方式之外，元代的運河系統和郵遞系統也耗費大量物資。由於**首都北京難以自給自足**，因此皇帝和宮廷所消耗的物資，不得不從南方運輸過來。元代最初是利用海運，將南方的糧食運送到北方，後來在西元一二八九年開通運河，改走內河運輸。但是，維護運河的成本非常高昂，光是維持首都的正常消耗，就需要竭盡全力。

令馬可．波羅感到吃驚的驛站系統，也要靠當地人提供馬匹，而元代的王公貴族總是濫用這些郵遞系統。驛道上的大部分業務，都是和政府無關的私人業務，他們占據太多資源，開銷都轉嫁到維護驛站的當地人頭上。當忽必烈去世時，整個元朝已經千瘡百孔。正是因為開國的皇帝，繼承蒙古人開疆拓土、好大喜功的傳統，他們在獲得整個帝國之後，沒有恢復經濟和整理財政，於是帝國進入中年階段。

搖擺的政治和元朝的衰落

元代的另一個問題是，皇帝統治的時間大都不長，他們如同匆匆過客，雖然制定著不同的計畫，但在死後又被推翻，由新皇帝重新制定新的計畫，根本沒有時間落實這些政策。另外，忽必烈是典型的漢化派，但在他死後子孫卻陷入兩難：到底該保留蒙古傳統、部落制，還是擁抱漢人文化與官僚制？蒙古人對這個問題總是朝三暮四，上個皇帝願意採納中原統治方式，下一個立即決定恢復蒙古文化。這使得元朝不僅沒有長遠的規畫，還隨時出各種臨時性的措施來破壞財政。

忽必烈死後，成宗鐵穆耳統治十四年，算是中期統治最長的皇帝。他在位時期，元代經濟有所恢復，但隨後就進入徹底的失控期。即便是鐵穆耳時代，也只是掩蓋掉問題而已。官僚數量膨脹、賞賜無度成為這個時代的通病。在忽必烈死去那年，鐵穆耳就開始賞賜之旅。根據有據可查的資料，為了穩固人心，他一年內共送出金四千兩、銀十六萬七千九百兩、鈔票二十三萬三千一百錠[5]。

5 根據《元史．成宗本紀》記載相加，有許多賞賜未寫數字，故本數字是保守估計。

他一邊大幅賞賜，一邊是虧空國庫[6]。**為了要錢，還將目光轉向鈔本銀，也就是準備金**——印紙鈔的後盾。元代初期，鈔本銀雖然不足，但畢竟政府還設立一定的儲備。而忽必烈時期為了戰爭，曾挪用過準備金。

至元三十一年（西元一二九四年）是財政困難的時期，成宗下令，將存放在全國各地的九十三萬六千九百五十兩準備金，只留下十九萬兩千四百五十兩，剩下的全部運往首都[7]。之後準備金好不容易有所恢復，到大德二年（西元一二九八年），成宗下令再借二十萬錠[8]。到大德三年（一二九九年），元政府已經有一半的財政是出自鈔本[9]。

另外，大德五年（西元一三〇一年），元朝發兵攻打位於泰國的八百媳婦國[10]，又造成軍事負擔失控。第二年，政府不得不大量發行紙幣，至元鈔發行量達到創紀錄的兩百萬錠[11]。到了武宗海山統治時期，他不僅想恢復蒙古人的榮耀，還要養活日益龐大的官僚機構，而四處花錢的做法令財政危機更加明顯。海山開始進行改革，透過裁減官員數目來節省開支，並加強政府的理財能力。但實際上，不僅沒有減少機構，皇帝一不小心又會增加新的機構。

由於中書省僵化、辦事效率低，武宗希望**恢復尚書省**，由尚書省專門負責理財[12]。但**保留中書省**的同時，又平白多出一個尚書省，反而讓**官僚階層越來越龐大**。另外，他模仿元世祖忽必烈再次發行新鈔票，叫做「至大銀鈔」，同樣按照忽必烈的老規矩，又將舊鈔票貶值五倍，規定至大鈔和至元鈔的比值也是一比五，和中統鈔的比值是一比二十五。雖然叫銀鈔，其實準備金已經不足，於是武宗乾脆下令，以後不准紙幣兌換金銀，民間也徹底禁用金銀[13]。

至大三年（西元一三一〇年），至大鈔的發行總量達到一百四十五萬錠，折合中統鈔三千六百三十萬錠，印鈔量比前三年翻七倍。再加上一定的增稅措施，從這時起，元代就已經進入末期。仁宗雖然在武宗死後，廢除他的所有改革措施，但影響已經深入社會的骨髓，即便廢除也於事無補。

到了文宗時期，由於皇位爭奪戰，元代的政治結構更加脆弱、接近於解體，中央也失去對地方的控制力。最後一個皇帝順帝上臺時，元代經濟近於失控，人們都意識到再不改革就要完蛋了。伯顏作為右丞相時，採取降低鹽稅和普通稅的方法，讓民間經濟少受騷擾、減緩社會的反

6 這一年，中書省一共發出兩次警告，請皇帝少賞賜點錢。第一次警告「朝會賜與之外，餘鈔止有二十七萬錠」。第二次警告時，表示「餘鈔止一百十六萬兩千餘錠。上都、隆興、西京、應昌、甘肅等處糴糧鈔計用二十餘萬錠，諸王五戶絲造作顏料鈔計用十餘萬錠」。扣除後剩下七十六萬餘錠。

7 見《元史．成宗本紀》上記錄：「詔諸路平準交鈔庫所貯銀九十三萬六千九百五十兩，除留十九萬兩千四百五十兩為鈔母，餘悉運至京師。」

8 關於本段於《元史．成宗本紀》和《元史．食貨志》均有記載。「帝諭中書省臣曰：『每歲天下金銀鈔幣所入幾何，諸王、駙馬賜與及一切營建所出幾何，其會計以聞。』右丞相完澤言：『歲入之數，金一萬九千兩，銀六萬兩，鈔三百六十萬錠，然猶不足於用，又於至元鈔本中借二十萬錠，自今敢以節用為請。』」

9 見《元史．成宗本紀》：「中書省臣言：『比年公帑所費，動輒巨萬，歲入之數，不支半歲，自餘皆借及鈔支。臣恐理財失宜，鈔法亦壞。』」

10 為蘭納王國（Anachak Lanna），是歷史上曾經控制泰北地區的王國。

11 參見《元史．食貨志》：「五年，至元鈔五十萬錠。六年，至元鈔兩百萬錠。七年，至元鈔一百五十萬錠。」

12 詳見《元史．武宗本紀》：「甲申，詔立尚書省，分理財用。命塔剌海、塔思不花仍領中書。以脫虎脫、教化、法忽魯丁任尚書省，仍俾其自舉官屬，命鑄尚書省印。」

13 見《元史．武宗本紀》：「金銀私相買賣及海舶興販金、銀、銅錢、綿絲、布帛下海者，並禁之。」

抗[14]。但由於他在民族政策上是守舊派，加強民族區隔、取消科考，避免蒙古人進一步漢化。這增加社會矛盾，也讓經濟措施沒有起到應有的效果。

這時，隨著元順帝地位的鞏固和脫脫執政，他們開始全面審視帝國財政。丞相脫脫更希望透過改造，利用政府力量來發展經濟，將帝國帶出政治和財政危機。

雄心勃勃的經濟刺激計畫，但錢呢？

脫脫為相時，面臨的是急需恢復、經不起折騰、四處都是叛亂火苗的帝國。面對這些問題，很多人都會顧此失彼，但脫脫有強大的信心，試圖透過加強政府權力來改變孱弱的局面。他擔任過兩次右丞相。第一次在至元六年（西元一三四〇年）到至正四年（西元一三四四年）。在此期間，他的主要工作是扭轉伯顏前期的政策，重開科舉考試、向漢人開放官制。同時為了說明元代的正統和持續性，他主持編修遼、金、宋三代的史書。

在第一次任期中，他還試圖解決南方糧食運往首都的問題。由於元代重新開鑿的京杭大運河，在營運不久後就出現嚴重的淤塞問題，不得不重新使用海上航線。在鼎盛時期，元代南糧北運的規模在每年三百萬石以上。但在脫脫執政時，已經下滑到兩百六十萬石到兩百八十萬石之間[15]。脫脫為了保證大都的糧食供應，試圖開鑿一條從大海到北京的水運系統，讓海上糧食能夠不間斷的直達北京，但最後以失敗告終[16]。

雖然失敗，但不能因此否定他的眼光獨到。如果不解決糧食問題，元大都無法長久維持。後來在黃河氾濫和武裝割據的時期，元的漕運和海運都被中斷，大都的經濟也就完蛋。不過，這次的失敗仍反映出脫脫的經濟思維：利用一定的大工程解決帝國的根本問題，扭轉經濟頹勢。

至正四年（西元一三四四年），脫脫下臺，繼任的宰相不僅沒有解決問題，反而使問題更加惡化。至正八年（西元一三四八年），黃河又發生決口[17]，導致運河系統不堪一擊，北方糧食更加短缺。同時，各地的反抗活動也越演越烈。這一切使皇帝再次想起最有才華的大臣脫脫，於是在至正九年（西元一三四九年），第二次任命脫脫擔任宰相。脫脫仍然滿懷信心，試圖用更大規模的行動來實現中興。

這次他的政治思想更加成熟、手段也已經純熟，他的措施包括以下幾個方面：

14 根據《元史．伯顏傳》紀錄：「至元元年，伯顏贊帝率遵舊章，奏寢妨農之務，停海內土木營造四年，息彰德、萊蕪冶鐵一年，蠲京圻漕戶雜徭，減河間、兩淮、福建鹽額歲十八萬五千有奇，賑沙漠貧戶及南北饑民至千萬計，帝允而行之。」

15 見《元史．食貨志》：「由海道以給京師，始自至元二十年，至於天曆、至順，由四萬石以上增而為三百萬以上，其所以為國計者大矣……至正元年，益以河南之粟，通計江南三省所運，止得兩百八十萬石。二年，又令江浙行省及中政院財賦總管府，撥賜諸人寺觀之糧，盡數起運，僅得兩百六十萬石而已。」

16 參見《元史．河渠志》：「至正二年正月，中書參議孛羅帖木兒、都水傅佐建言，起自通州南高麗莊，直至西山石峽鐵板開水古金口一百二十餘里，創開新河一道，深五丈，廣二十丈，放西山金口水東流至高麗莊，合御河，接引海運至大都城內輸納……毀民廬舍墳塋，夫丁死傷甚眾，又費用不貲，卒以無功。繼而御史糾劾建言者，孛羅帖木兒、傅佐俱伏誅。」

17 據《元史．河渠志》記載：「至正四年夏五月，大雨二十餘日，黃河暴溢，水平地深二丈許，北決白茅堤。六月，又北決金堤。」

一、透過整頓吏治減輕人民負擔，發展經濟。這是歷代政府都會有的措施，特別是到帝國後期、吏治更加混亂，這是強勢的宰相都會用的手段。

二、大規模的興建水利工程。由於黃河氾濫，如果要解決北方的糧食問題和運輸問題，必須先治理黃河。脫脫有效的組織數十萬勞工治理黃河，並取得良好的效果。

三、由於北方的糧食問題嚴重，脫脫提出一勞永逸的解決方案：在北方種植產量更高的稻米。他專門從南方請來熟練的稻農，由政府出資來教北方的農民如何種植稻米。在整個國家都處於危急狀態時，脫脫仍然大力投入做這些基礎、有長遠效果的措施，說明他認為帝國是可以治理好的[18]。

四、為了維持穩定而建立龐大的軍事系統。由於黃河氾濫、災荒加重，各地官吏爭相採取非常規方法獲得收入，反抗也層出不窮，並且不斷擴大規模。為了對付這些反抗，脫脫盡可能建立起一整套高效率的制度，來確保調兵正常。

總之，脫脫的思維很明確，利用政府的一切資源鎮壓一切反抗力量，讓社會暫時保持穩定；另一方面，加快改革進度，加強基礎建設和經濟指導。這兩方面都需要投入大量金錢。我們還不敢確定，當時朝廷是否有明確的理論基礎，即透過政府花錢的方式帶動經濟，但他們肯定相信一旦政府出手刺激、控制和指導，就可以讓問題馬上好轉。

然而，**好想法沒有帶來好結果**。這些政策不僅沒有起作用，**反而加速元朝滅亡。因為脫脫忽略一個重要的問題：錢從哪裡來？**

飛轉的印鈔機和社會崩潰

脫脫的所有措施都需要花錢。對於元代入不敷出的國庫來說，又如何承擔得起這些工程？如果這發生在漢代或者唐代，是真的沒有辦法解決。因為漢、唐時期的貨幣是金屬，相當稀少，即便是皇帝，如果國庫沒有錢也無法增加開支，更無法實行野心勃勃的計畫。這就是為什麼在脫脫以前，各個王朝無法大規模刺激經濟的原因：不是不想，是沒有能力。

但到元代，由於紙鈔已經出現，可以從無中創造出有，當然也會帶來巨大的災難。某天政府醒來，會發現已經沒有人接受發行的紙鈔，這就會造成整體性的崩潰。南宋末年，朝廷在討論金代崩潰的原因時，認為除了軍事上不敵蒙古人之外，還有濫發紙幣導致社會經濟崩潰。即便能夠看到金代滅亡的原因，南宋到最後還是重蹈覆轍。

那麼，脫脫又能否利用好手中的工具，發揮其長處、同時避免害處？脫脫籌錢的方式為加強

18 見《元史．脫脫傳》：「屯田京畿，以兩人兼大司農卿，而脫脫領大司農事。西至西山，東至遷民鎮，南至保定、河間，北至檀、順州，皆引水利，立法佃種，歲乃大稔。」

國有企業，也就是鹽、茶的專賣，以及增加農業稅和商業稅。這些項目大部分已經被前面的政府榨乾，所以沒什麼特別之處。

當傳統途徑提供不了這麼多發展資金時，脫脫就打開印鈔機、加印鈔票。至正十年（西元一三五〇年），為了籌措資金，脫脫以貨幣改革的名義啟動印鈔之旅。他設計一個整體性的改革方案，在這之前元代幾乎沒有銅幣，只使用紙鈔。脫脫認為，正常情況應該是錢幣和紙鈔同時流通，大額的用紙幣、小額用銅錢，為此，他發行一種叫做「至正通寶」的錢幣進入市場[19]。

乍看之下這種概念相當進步，有紙幣、硬幣，已經類似於現代的貨幣制度。但是，仔細看就會發現這只是個幌子，真正目的是印紙幣來解決財政問題。除了錢幣之外，脫脫還發行一種叫做「至正交鈔」的新紙幣，規定至正交鈔和至元寶鈔的兌換比是一比二，將原來的紙幣貶值一倍。相對來說，脫脫沒有像前人那麼心急，將貨幣貶值那麼多。

貨幣改革後，第一次就印兩百萬錠[20]，用以支付工人、士兵的工資，以及採購。同時，這些紙鈔都沒有準備金，也就是說，如果人們把鈔票都拿去兌換金屬貨幣，會發現根本沒有那麼多錢可以兌換。當脫脫在北方發展農業時，政府再次需要鈔票，於是又立刻加印五百萬錠[21]。這下不僅沒有幫助經濟，反而導致兩個結果：

一、不管最初怎麼小心，**惡性通膨**還是如期而至。在物價上漲超過十倍、價格失控的情況下，政府為了解決採購和發薪問題，只好慢慢的加印鈔票。最後鈔票要用車船裝運，運往四方，但因購買力太小，即使紙幣散落得到處都是也沒有人撿，如同廢紙一般[22]。這也成為人民對政權喪失信心的最主要關鍵。

二、**政府工程占用太多勞動力**。修黃河、運河的人很多，為了維持政策穩定，許多民眾亦脫離勞動，於是種地的人變少，產量也減少，造成經濟結構扭曲。同時由於天災，村莊的人手不足，使得抵禦能力也下降。

宣判脫脫的經濟計畫走到盡頭的，是無情的軍事動亂。由於民不聊生，山東、浙江、江蘇、湖北等地先後叛亂，於是脫脫組織人馬進行征討。在即將征討、突破南方的叛軍張士誠時，脫脫突然被罷免。這次罷相反而讓人民忘記他此前的作為，紛紛同情、認為如果不罷免他，也許元朝能夠拖延得更久一些。

脫脫被罷免後，元朝就已經瓦解了。這個社會不是被敵人所征服，而是從內部自動瓦解。中央無法控制全部疆域，南方各個小政權紛紛獨立、不再聽話。皇帝的政令無法到達長江以南，在

19 參見《元史・食貨志》：「其以中統交鈔壹貫文省權銅錢一千文，准至元寶鈔兩貫，仍鑄至正通寶錢與歷代銅錢並用，以實鈔法。至元寶鈔，通行如故。」

20 見《元史・順帝紀》：「十二年春正月丙午朔，詔印造中統元寶交鈔一百九十萬錠、至元鈔十萬錠。」

21 根據《元史・順帝紀》記載：「西自西山，南至保定、河間，北至檀、順州，東至遷民鎮，凡系官地及元管各處屯田，悉從分司農司立法佃種，合用工價、牛具、農器、穀種、召募農夫諸費，給鈔五百萬錠，以供其用。」

22 參見《元史・食貨志》：「行之未久，物價騰踴，價逾十倍。又值海內大亂，軍儲供給，賞賜犒勞，每日印造，不可數計。舟車裝運，軸轤相接，交料之散滿人間者，無處無之。昏軟者不復行用。京師料鈔十錠，易斗粟不可得。既而所在郡縣，皆以物貨相貿易，公私所積之鈔，遂俱不行，人視之若弊楮，而國用由是遂乏矣。」

北方也僅被限制在京郊地區。在這樣的狀況下，遲早會有人取代這個癱瘓的政府。當朱元璋成為群雄爭霸的勝利者，也就自然而然的接手下來。

當然，不能完全責怪脫脫是元朝滅亡的主因。不管對誰來說，元晚期註定是個悲劇，滅亡不可避免，但脫脫的計畫卻加速滅亡。他留下來的教訓是：一個富有進取心的政府，往往需要花大筆錢，這使得它必須盡可能的撈錢，而最簡單的方法就是加稅和印紙鈔，倘若過量的話，最終會導致經濟衰退甚至崩潰。

如果這件事情發生在朝代中期，會抑制經濟和讓社會衰落，但發生在朝代末期，就會直接崩潰，與個人的人格、品行無關。

第十三章

明代：如何建立最嚴密的集權皇朝[1]

明代擁有著最嚴密的集權手段，也擁有著最笨拙的財政工具。前代的許多財政經驗，到了明代卻都成為累贅。由於皇帝對金融一竅不通，發行的紙幣沒有準備金的概念，因此都成為空頭**紙幣，在明代初期就已經崩潰**，變得一文不值。

民間為了避免物價暴漲，不接受政府發行的紙幣，而是自發性採用白銀作為貨幣。這是抵制政府掠奪的行為，**紙幣被拋棄後，由於政府缺乏製造通膨的能力，明代反而成為金融秩序最穩定的朝代之一**。

宋元時期發達的對外貿易，到明代也被做成虧本買賣。明太祖注重農業、敵視貿易，禁止中外普通貿易，只准外人以進貢的名義前來，而又給予進貢者過高的獎勵，導致各國紛紛朝貢。當政府無力支付賞賜時，又開始禁止朝貢，導致日本人只好鋌而走險開始私下貿易，因此被稱為倭寇。而明英宗被俘虜的土木堡之變[2]，也是因貿易問題而引發。

明代財政嚴重依賴土地，使得政府難以增加財源收入。明代規定嚴格的戶籍與土地清查制度，卻由於行政效率低，最後流於形式。到了明中葉後，已經無法查清戶籍與土地。明後期的大學士張居正為了整頓財政，試圖改革稅法，賦予政府加稅的權力。**萬曆後期**隨著戰爭來臨，這些權力逐漸被濫用，使得**明末在一片加稅聲中滅亡**。

玩不轉鈔票的皇帝

在非洲之角的索馬利蘭（Somaliland），有一處人造奇觀[3]。當人們到達索馬利蘭後，首先會被滿街堆放的鈔票吸引。在街道旁，幾乎每個做生意的小販除了擺出貨品之外，還有專門的鐵皮手推車櫃，車櫃外面是一層鐵絲網，透過鐵絲網可以看到櫃裡一疊疊鈔票。

這些鈔票的面額分為五百、一千和五千先令三種（西元二〇一四年時的狀況），其中五千先令的鈔票還很少，流通到市場的以一千為主，五百次之。每一千先令價值不到人民幣一元[4]，一遝（一百張）鈔票比不上一張面值一百元的人民幣。人們到市場上買東西，往往需要帶上厚厚的好幾疊鈔票；哪怕只是吃頓飯、坐一趟車，就要花上好多張甚至是半疊鈔票。

在市場裡還有許多換錢商，他們把鈔票擺在地上，形成龐大的鈔票堆，最大的長寬高各有一公尺左右，重量超過一噸。換錢商聚在一起，龐大的鈔票堆在他們面前，誰的財富多，望一望誰的鈔票堆更大，就一目了然。但如果把一噸重的鈔票換成美元，能放在手掌心就拿走。

來到索馬利蘭的人，看到當地巨大的鈔票堆，都疑問為什麼政府不印面額大的鈔票，以方便人們攜帶？比如，從比值上來說，越南的越盾比索馬利蘭先令更不值錢，三越盾才能兌換一索馬利蘭先令，但由於越南政府發行許多大額鈔票，民間並不會出現鈔票太重、不好拿的問題。

然而，索馬利蘭缺乏有效的中央政府，來對通貨膨脹做出反應。當一種新鈔票第一次發行時，政府一下子印刷太多的鈔票，本來準備未來分批投入市場，結果當新鈔票大量投入時，又

1 本章涉及的時間範圍，是西元一三六八年至一六四四年。
2 明英宗朱祁鎮，北征蒙古族瓦剌慘敗被俘的事變。
3 此處敘述為本書作者於西元二〇一四年八月，遊歷索馬利蘭時見到的情景。
4 人民幣一元兌新臺幣四．六元，乃參照西元二〇一八年三月十三日臺灣銀行公布之匯率。

引發市場上新一波貶值，結果新印刷的鈔票還沒有投放完，就已經貶值。因此，政府必須硬著頭皮，將新印刷的鈔票全投入市場，在市場消化完畢後，才有可能印刷更大面值的鈔票。不過，鈔票貶值的速度超過政府的反應速度。

在索馬利蘭，市面上許多一千先令鈔票都是全新的，一疊一百張的鈔票全是連號，人們使用時也是按疊算，不用拆開。如果按照正常的磨損速度，在十年內，這批鈔票仍然不會退出流通市場。了解原因後，許多人都會啞然失笑。但不幸的是，中國也曾經出現過這個現象。當其他國家還沒有聽說過紙幣，宋、金、元時期就已經發生過鈔票貶值。不過，到鈔票如廢紙時，這三個朝代都已經進入滅亡時期。

而在明代中前期，鈔票就成為廢紙堆，出現與索馬利蘭類似的景觀。甚至比索馬利蘭還不如，鈔票堆積在市場，人們連看都不看[5]。宋元時期，人們對於紙鈔的原理有概念，因此發行紙鈔時會有準備金，可以隨時兌換錢幣或者銀子。此外，它們也都有較為嚴密的準備金制度，只是到後來因財政壓力，才偷偷的挪用準備金。但因為這些運作都還有一定的規則，故而能夠保證紙鈔在崩潰前，還能正常流通一段時間。

而明太祖朱元璋雖然對權力鬥爭有著豐富經驗，卻對金融、財政、貿易一竅不通。加上他強調後代必須完全遵從他設計的制度，因此明代的財政制度從建立時起，就是最保守、落後的，這導致明代建立不久後，紙幣制度就已經崩塌。民間由於不信任政府，所以使用白銀作為貨幣，不再理睬政府的紙幣了。

沒有經濟概念的開國君王，金融一起頭就崩潰

在開國後、統一全國之前，明太祖就開始著手建立新的金融體系。最初，他效仿唐宋鑄造一批銅錢[6]。但由於戰亂，銅礦開採陷入停滯，政府只能強迫民間銷毀銅器，上繳用來鑄幣。這種做法引起民間不滿。

洪武八年（西元一三七五年），明太祖仿效元代發行紙幣，叫「大明寶鈔」，幣值分為一貫、五百文、四百文、三百文、兩百文、一百文六等。明代的紙幣經過精心設計，在幣面上除了書寫「大明寶鈔，天下通行」、「中書省（後來改為戶部）奏准印造大明寶鈔與銅錢通行使用，偽造者斬，告捕者賞銀二十五兩，仍給犯人財產」等文字之外，還考慮到許多人不識字，便用圖畫的形式表明面額，在鈔票上畫上錢串的圖樣，每畫一串，代表一百文。在一貫的鈔票上畫十串，五百文畫五串。

根據皇帝的設計，一百文以上的交易使用紙幣，一百文以下的使用銅錢。他規定幾種仲介物的比值，每一貫鈔票對應於一千文錢、銀一兩；每四貫鈔票對應於黃金一兩。不僅寫出紙幣與銅錢的匯率，還算出來黃金、白銀、銅錢的比值，強行鎖死幾種物品之間的匯率。明太祖認為只要

5 見《明憲宗實錄》卷二七記載：「（成化二年）時鈔法久不行，新鈔一貫時估不過十錢，舊鈔僅一、二錢，甚是積之市肆，過者不顧。」此時，距離朱元璋開國僅過一百年，明朝的壽命才走完三分之一。

6 參考《明史・食貨志》：「太祖初置寶源局於應天，鑄『大中通寶』錢，與歷代錢兼行。以四百文為一貫，四十文為一兩，四文為一錢。」

利用權威規定紙幣價值，並用嚴刑峻法強迫民間接受，就可以確保流通。與宋元時期比起來，大明寶鈔的缺陷非常明顯：

一、**寶鈔完全沒有準備金**制度，所有的紙幣都是不可兌換的。雖然朝廷公布紙幣與黃金、白銀、銅錢的兌換比率，但是只在民間拿真金、白銀換紙幣時有效。

也就是說，如果一個人持有一兩黃金，到政府就可以按照官方比率，換回四貫的紙幣。但是，他如果不想要紙幣、想拿回黃金，政府卻不予理睬。僅此一點，紙幣就成為朝廷壓榨民間的工具。但如果民間決定保留黃金、白銀，不兌換成紙幣？明太祖最終想出辦法：發布禁令，民間不得以金銀進行交易，也不准以物易物，必須使用紙幣和銅錢，違反的就是犯罪。禁止金銀交易，而銅錢的數量又很稀少，民間就只有使用紙幣這個選擇了[7]。

二、印製寶鈔沒有數量限制，寶鈔也不再分「界」。最初，寶鈔也沒有以新換舊的說法，人們把鈔票用舊、用爛就失效，直到後來才規定可以以舊換新。

三、紙幣之所以通行，最重要的保證是政府允許民間用紙幣納稅。然而明太祖卻動手腳，規定朝廷花錢時盡量多使用紙幣，**收稅時要求人民不能都使用紙幣**。比如民間繳納商稅，只能七〇%用鈔票，剩下三〇%用銅錢或者金銀[8]。民間為了湊齊繳稅用的黃金、白銀和銅錢，必須花高價購買，結果紙幣立刻大貶值，這也使得皇帝收稅時，更加偏好硬質貨幣。記載提到即便一貫紙幣只值一文錢，皇帝還是強迫民間按照原可以兌換兩分五釐銀子的標準（此標準高估紙幣一千倍），上繳銀子作為稅款[9]。

因為皇帝投入過多紙幣，最後只用二十年的時間，就擊潰明代寶鈔制度。到了洪武二十七年（西元一三九四年），每貫寶鈔只能兌換一百六十枚銅幣，貶值已經超過六倍[10]。又過了五十年，寶鈔已經是廢品，堆在街上都沒有人要。當紙幣制度已經徹底崩潰後，民間不再顧及皇帝禁令，轉而使用白銀作為交易媒介，一度使明代的金融制度陷入混亂。

在宣宗時期（西元一四二六年至一四三五年），皇帝仍然堅持祖宗的法度，認為用銀買賣是種犯罪行為，下令禁止民間用銀。交易用銀一錢，就罰鈔千貫，如果官吏貪贓一兩銀子，就要追繳紙幣一萬貫，還要繳納免罪鈔。但這時的銀禁令已經是時代的尾聲。到**英宗正統時期**（西元一四三六年至一四四九年），**皇帝終於放鬆禁令，朝野都可以名正言順的使用銀子**。此後雖有時調動，但實際已進入銀本位時期。

奇怪的是，明代寶鈔雖然崩潰得很快，可是卻一直存在。由於明代是個對祖宗制度無限尊崇

---

7 見《明史．食貨志》：「禁民間不得以金銀物貨交易，違者罪之；以金銀易鈔者聽。」

8 根據《明史．食貨志》記載：「商稅兼收錢鈔，錢三鈔七。」

9 根據《明史．食貨志》記載，英宗天順時期，「是時鈔一貫不能直錢一文，而計鈔徵之民，則每貫徵銀兩分五釐，民以大困」。

10 參見《明實錄》卷二三四：「詔禁用銅錢。時兩浙之民，重錢輕鈔，多行折使，至有以錢百六十文折鈔一貫者。福建兩廣江西諸處，大率皆然，由是物價湧貴，而鈔法益壞不行。」

的朝代，一旦朱元璋建立制度後，沒有人敢廢除。因此到後來，寶鈔就成為禮儀性的東西。每當逢年過節，皇帝就會裝模作樣的將寶鈔發放給大臣作為賞賜。大臣明知道寶鈔已形同廢紙、沒有市場，也要感激涕零的接受下來，也因此大明寶鈔一直存在。

紙幣對於明朝人民來說，唯一公平的地方在於它不僅坑老百姓，對官員也毫不手軟。實際上，官員是主要受害者之一。明太祖出身貧寒，因此對官員也一直實行低俸政策。明初一品官的月俸，大約只有一百石糧食，但這還算幸運，因為隨後明太祖便決定把一部分俸祿折算成鈔票，官員薪水就走向縮水旅程（見左頁圖表13-1）。

鈔票發行後五年（洪武十三年），皇帝規定一品官的俸祿為每年一千石，同時給鈔票三百貫。剛發行鈔票時，一貫鈔票合米一石[11]，相當於年俸為一千三百石糧食。

十二年後（洪武二十五年），一品官改為月俸，每月八十七石糧食。由於鈔票貶值，此時的俸祿只發糧食，但數量已經有所縮水。到了明成祖時期，開始大量由鈔票支薪，高官給四分米、六分鈔票，小官給六分米、四分鈔票。隨著鈔票貶值加劇，官員俸祿大打折扣，到了宣宗時期，一品官的月俸只有四十六石米，隨後的英宗時期只有不到三十五石，憲宗時期只有二十石米，不如一個唐代的七品官。

由於官員俸祿太少，他們只能想其他辦法來補貼家用，這也是**明代官場腐敗的重要原因**。到了後期，官員也忍受不了這種剝削，因此呼籲皇帝加速普及銀本位制度。由於政府無法保證紙幣的信譽，民間只好找最方便的仲介物來代替紙幣，完成交易。

中國的銀本位還產生一個奇怪的現象，當時歐洲和中東都再次進入鑄幣時期，而在歷史上鑄

11 據《明史．食貨志》記載：「洪武時，官俸全給米，間以錢鈔兼給，錢一千，鈔一貫，抵米一石。」

圖表 13-1　明代官員俸祿受紙幣的影響

（單位：公石米。其中 1 明石約折合 1.737 公石。）

官級	洪武 13 年	洪武 20 年	宣德 8 年	正統 9 年	成化 7 年
一品	116.32	93.41	45.94	34.80	21.02
二品	98.42	65.50	32.21	24.40	14.73
三品	80.53	37.58	21.76	14.00	8.35
四品	62.63	25.77	14.86	9.60	5.80
五品	33.10	17.18	12.70	6.40	3.86
六品	18.79	10.74	8.01	4.75	3.46
七品	14.32	8.05	6.69	3.56	2.59
八品	10.74	6.98	5.79	3.08	2.23
九品	8.50	5.91	5.90	2.61	1.90
從九品	8.05	5.37	5.37	2.54	1.73

幣發展最完善的中國，卻正好相反。民間用銀並非是以錢幣的形式使用，而是**夾成碎塊稱重**。雖然銀為交易仲介，卻缺乏統一規定，使得貨幣形式變得更加落後。

雖然有種種不方便，但當全國普遍採用銀本位之後，民間經濟卻因此受到保護。漢代政府學會用鑄造假幣，從民間抽取鑄幣稅；宋代以後的政府，屢次使用紙幣籌集財政資金，破壞民間經濟的繁榮；明代政府把紙幣玩崩潰之後，不得不回歸天然的貴金屬銀，銀子的供應量只和儲量、開掘能力有關，政府不能控制。

結果，明代政府雖然失去一張王牌，卻出乎意料的有新收穫：由於**民間金融系統脫離政府控制，經濟因此變得更加健壯**，反而經得起政府的折騰。不管是外敵入侵、內政敗壞，對於民間經濟的破壞力都大幅下降。銀本位制保護民間的繁榮，無意之間也讓這個原始、僵化的帝國，存活近三百年時光，或許連朱元璋當初也始料未及。

思想落伍，虧本的對外貿易

明代是個笨拙的朝代，開國皇帝明太祖朱元璋出身和尚，對於經濟、金融、商業均一竅不通，因此建立的制度常形成許多令人啼笑皆非的現象。

從唐代以來，對外貿易對中國經濟有重大影響。特別是到了宋代，建立一系列的海外關稅制度和專賣制度，和國外貿易賺錢。然而，明代雖然試圖繼承前朝的對外貿易政策，卻由於無知反而無法賺錢，還做一單、賠一單，形成巨大負擔，最後只能選擇閉關鎖國了事。

在宋代，不管是中央還是地方官員，都十分期待海外船隻到來。在沿海各省，一旦發現有外國船隻，地方官員便立刻蠢蠢欲動，他們向上級申請開支，再派人到船上邀請船長、船員參加政府聚餐以表示歡迎。地方官員與海外商人也稱兄道弟，儼然一派祥和的景象。

為了歡迎海外商人，政府甚至立法保護那些出事的船隻。當有船遭遇颶風而漂到海灘時，如果船主不在時，地方政府負責保護船隻的財貨[12]。甚至船主死亡，他的親人來認領，政府也要幫助他們完成交接。皇帝甚至親自下空白詔書，讓他的使者帶著詔書到南海諸國，根據情況填寫，招攬生意到中國來[13]。

當然，在這重商氛圍下，為政府帶來不小收入。在宋代，海外關稅的稅率是十分之一，一艘船停靠海岸，經過官府登記後，將十分之一的貨物繳納給政府，剩下的再拿來貿易。除了正常的稅收之外，宋代還實行官賣制度，不允許民間買賣海外商品，只能由政府收購，比如玳瑁、象牙、犀角、乳香等物品，都是專賣品。

即便必須專賣，但由於價格較為合理，因此形成政府與外商雙贏的局面。如果政府不打算收購專賣之外的其餘物品，則由外商和中國商人交易。雖然不是完全的自由貿易，卻由於受到各級官員的鼓勵，運作得十分順利。但是到了宋代後期，隨著政府加強斂財、便於管理的關係，集中

12 見《宋史．食貨志下八》：「七年，令舶船遇風至諸州界，亟報所隸，送近地舶司榷賦分買。」

13 參見《宋史．食貨志下八》：「雍熙中，遣內侍八人齎敕書金帛，分四路招致海南諸蕃。商人出海外蕃國販易者，令並詣兩浙司市舶司請給官券，違者沒入其寶貨。淳熙二年，詔廣州市舶，除榷貨外，他貨之良者止市其半。大抵海船至，十先征其一，價直酌蕃貨輕重而差給之，歲約獲五十餘萬斤、條、株、顆。」

廣州、泉州等幾個重要港口，並禁止其他地區接待外國商船，為了避免中國商人走私，還限制其船隻前往海外。

在宋元時期，皇帝仍然能夠從貿易中獲取利益，雖然在制度上加以限制，實際上卻仍然是鼓勵貿易。官員深刻的領會中央的精神，因此，上述限制並沒有對貿易造成太大的損害。但到了明代，這個笨拙的朝代繼承宋元時期的制度基礎，卻沒有繼承宋元時期的貿易精神。由於明太祖強調農業、輕視商業，因此各個邊境的官吏不僅不鼓勵貿易，反而限制貿易。他們認為與海外貿易並不是互利行為，而是皇帝的一種恩賜。

在這種思想下，他們並未發展出一套海外貿易規則，也沒有想過從中獲益。在宋代，每艘船隻的到來，都意味著一筆豐富的利潤，但明代不對海外船隻徵稅，也不准自由貿易。朝廷認為外國人就是仰慕中國文化，才前來朝貢，因此把所有海外的商團，都當作外交使團而非貿易商[14]。

即便是商人也必須偽裝成外交使者，才能獲准將貨物輸入中國。之後，還**不能自由買賣，只能統一交給政府，當作貢品押往北京**[15]，而皇帝則會賞賜許多錢財，這些錢不僅足以價值和貨物一樣高，還比透過自由市場買賣賺得更多。在皇帝看來，外商到來只是進貢、領取賞賜；但在外商看來，這是中國特有的貿易方式，雖然古怪卻可以獲利豐厚。至於私下的海外貿易，則是完全禁止。這就使得官方壟斷海外貿易，成為現代壟斷貿易的一個先例[16]。

除了東南沿海之外，面向中亞內陸的西北地方，也有建立一套類似的規則。從西域來的商人帶著貨物到達邊境後，必須在嘉峪關（位於甘肅省境內）外等待。當外國使節經過時，商人會要求加入使節隊伍、冒充使節的隨從，然後才能入關。

由於有名額限制，跟隨使節的商人又分成兩個層次：那些最大的商人，被允許和使節一起到北京，將貨物獻給皇帝，皇帝會回禮數倍賞賜；而小一些的商人則允許在邊貿市場，或更靠內地一點的城市裡賣掉商品，雖然賺得少一些但也滿足。

因此，外貿對於明朝來說，不僅不賺錢，還是個沉重的負擔。由於賞賜價值總是超過貨物本身，買賣越多，政府反而越賠錢。此外，當商人跟隨使節進入內地後，一路上的吃住和安全都由各地官府負責，照顧這些使節（商人）團也需要耗費大量經費。不管是海外的國王，還是商人都很喜歡到中國朝貢，並不是因為有多麼尊重明朝政府，只是因為交易很划算。

沉重的朝貢貿易，還導致皇帝被俘虜

許多國家甚至鑽制度漏洞來牟利，最會利用漏洞的是日本人[17]。日本是個資源匱乏的國家，能夠拿得出來的商品只有工藝品、木材、刀具等少量物品。而明代最歡迎的卻是東南亞的奢侈品，對於日本商品本來就不感興趣。同時，日本還十分擅長貿易，明代限制港口數量和貿易次

14 參見《明史．食貨志》：「海外諸國入貢，許附載方物與中國貿易。」

15 詳細資料根據《明史．食貨志》記載：「初，入貢海舟至，有司封識，俟奏報，然後起運。宣宗命至即馳奏，不待報隨送至京。」

16 見《續文獻通考》卷二六：「洪武二十七年正月命嚴禁私下諸番互市者。」

17 《明史．食貨志》中提到：「琉球、占城諸國皆恭順，任其時至入貢。惟日本叛服不常，故獨限其期為十年，人數為兩百，舟為兩艘，以金葉勘合表文為驗，以防詐偽侵軼。」

數，根本滿足不了日本商人的需要，所以他們冒充的朝貢團絡繹不絕，並大量夾帶走私物品，一份貢品之外，會有十倍的走私品藏在船中，而貢品價格也被虛報，因為他們希望獲得高額賞賜。

當明代政府發現問題之後，便大幅度壓低日本貢品的價錢，甚至只給到他們希望價格的六分之一；同時**規定日本人不得頻繁的進貢，每十年進貢一次**，每次只允許兩艘船、兩百人。對於其他的國家，中央往往規定兩到三年一貢，單獨規定日本人顯然是種嚴厲的懲罰。**為此，日本隨即對中國的沿海地區，展開貿易和海盜攻勢，中國進入倭寇頻發的時期**[18]。倭寇頻發進一步刺激皇帝下達禁海令，禁止人民下海貿易，並正式斷絕除了進貢之外的其他貿易形式。

在西北方，明代的這套進貢方式也帶來嚴重的問題。發生於明英宗正統十四年（西元一四四九年）的土木堡之變，就與貿易有關。這一年，皇帝在大太監王振的慫恿之下，御駕親征，與屬於蒙古人遠支的瓦剌人（現在叫做衛拉特人）作戰。二十萬明軍在太原附近，與瓦剌人接觸後撤退至北京。

在北京的西方和北方，自古以來有兩條主要道路：一條經過紫荊關（位於河北省）到達河北易縣，另一條經過居庸關（位於北京市）到達北京昌平，屬於古代有名的「太行八陘」的最後兩條。王振猶豫該從哪條路撤回北京時，喪失最後逃跑的機會，軍隊撤退到土木堡時，被瓦剌人團團圍住。此時，明軍距離居庸關還有百里之遙。

土木堡處於高地之上、水資源缺乏，皇帝的大軍飢渴難忍，掘地兩丈都找不到水。瓦剌人的首領先佯裝撤退，等到明軍準備向南撤退時，再殺個回馬槍，徹底擊潰二十萬明軍，大太監王振、英國公張輔等大臣都戰死了。皇帝在太監喜寧的陪同下，向瓦剌首領也先投降。人們感慨土木堡之變讓漢人政權蒙塵，卻想不到這也是由明代奇葩的外貿政策所引起。

在東南方，日本人鑽朝貢漏洞讓明朝感到頭疼，而在西北方則是瓦剌人。由於瓦剌人喜歡中原地區的奢侈品，對於綾羅綢緞、茶葉等物品的需求都非常大，而他們能提供的只不過是些皮毛製品和牲口。如果雙方有正常的自由貿易，一定無法滿足瓦剌人的需求，所以朝貢時如同一陣風一樣，**瓦剌的王公貴族爭先恐後的向明朝納貢，用不值錢的東西換取賞賜，並逐漸發展成類似於勒索**的形式。

瓦剌人的朝貢隊伍也越來越龐大，從最初的幾十人到後來達到幾百人，最後，則有數千人之多。以前一年一次，後來則一年兩次。每次來路上各個地方衙門就要出人、出力，提供馬匹車輛、樓堂館所，地方政府也叫苦連天[19]。朝廷賞賜的花費越來越高，最後皇帝受不了，就變相的允許瓦剌人在邊境處做一部分貿易，不用把所有貢品都帶往北京。即便這樣，還是有大量的瓦剌人擁入。

在土木堡之變的前一年，瓦剌人的首領也先，又派號稱三千人的大型朝貢團前來，明英宗終於忍無可忍。他嚴格核對人數，發現貢團的規模只有宣稱的五分之一，於是叫人按照實際情況付

18 見《續文獻通考》卷二六：「嘉靖二年，日本使宗設、宋素卿分道入貢，互爭真偽，市舶中官賴恩納素卿賄，右素卿，宗設遂大掠寧波。給事中夏言言倭患起於市舶，遂罷之。市舶既罷，日本海賈往來自如。海上奸豪與之交通，法禁無所施，轉為寇賊。」

19 見《明史．瓦剌傳》記錄：「每入貢，主臣並使，朝廷亦兩敕答之；賜賚甚厚，並及其妻子、部長。故事，瓦使不過五十人。利朝廷爵賞，歲增至兩千餘人。屢敕，不奉約。」

帳[20]。這個做法激怒了也先，第二年他派出龐大的騎兵，而明英宗在太監王振的慫恿下決定親征，這才爆發土木堡之變。縱觀明代的外貿史，是場加強控制卻越來越扭曲的歷史，最初政府想控制貿易，又想安撫外國人，將宋元時期的制度弄成古怪的朝貢制度，因而造成更多的問題，不僅無助於財政，反而變成財政漏洞、越來越滑稽。

由於財政失控，中央越來越敵視商業和貿易，最終進入閉關鎖國時期。當鎖國政策固化到人的腦子裡時，整個社會對海外世界都充滿偏見和敵視，直到現在仍然沒有完全消除。

欺壓江南，意外造就狀元巨賈輩出

西元一三六七年（元朝滅亡的前一年），割據吳越一帶的吳王張士誠在平江（蘇州）被朱元璋打敗。在被押解前往應天府（南京）時，他選擇上吊自殺，不辱於對手。張士誠死後，朱元璋統一江淮，為北伐元朝打下基礎。然而，對於長江下游蘇（州）、松（江）、嘉（興）、湖（州）地區的百姓來說，苦日子卻到來了。

當元代末年全國各地頻發叛亂時，張士誠維持蘇、松、嘉、湖地區的安定，輕徭役、薄賦斂，很受人民愛戴。在他死後，朱元璋怨恨這裡的百姓愛戴張士誠，不及早歸順他，因此下令對這個地區施加重稅。在明代，官田的稅率平均為一畝繳糧五・三五升，民田的是三・三五升，重租田的是八・五五升，而罰沒充公的土地（沒官田）的租稅最重，是十二升。但即便是最重的沒官田，也和這個地區的稅率無法比。

在這個地區，朝廷盡數罰款、沒收富人豪族的土地，算作官田、照田租收稅。在中國古代，租和稅是兩個概念，**稅是由國家來收**，一般占產量的十分之一到三十分之一之間。**而租則是沒有土地的人，向有土地的人租地**，一般租金是產出的一半左右。沒收土地是將原本要繳納給國家的稅，改成租國家土地所繳納的租金，繳納金額至少上漲五倍。

隨後，司農卿楊憲仍然認為，考慮到浙西土地的肥沃程度，錢還是收太少，再次奏請皇帝將租稅加倍。三番五次加稅之後，蘇松地區的租稅額最嚴重時，甚至達到一畝繳納兩百到三百升（二、三石）的地步，是普通農田稅率的四十到六十倍[21]。

洪武十三年（西元一三八〇年），朱元璋在全國進行減稅，蘇松嘉湖地區也受益。按照新的規定，原來稅率在每畝四十四升到七十五升的，減稅五分之一；每畝三十六升到四十四升的，一概減到三十五升。但即便按照這個稅率，當地百姓仍然無法承受。根據統計，蘇州一府的秋糧產出，在兩百七十四萬六千石左右，來自民田的糧食只有十五萬石，其餘的都成了官田。而蘇州一府繳納的稅收，有時甚至比一個省的稅收都高[22]。

---

20 參考《明史．瓦剌傳》：「時朝使至瓦剌，也先等有所請乞，無不許。瓦剌使來，更增至三千人，復虛其數以冒廩餼。禮部按實予之，所請又僅得五之一，也先大愧怒。」

21 據《明史．食貨志》記載：「初，太祖定天下官、民田賦，凡官田畝稅五升三合五勺，民田減二升，重租田八升五合五勺，沒官田一斗二升。惟蘇、松、嘉、湖，怒其為張士誠守，乃籍諸豪族及富民田以為官田，按私租簿為稅額。而司農卿楊憲又以浙西地膏腴，增其賦，畝加兩倍。故浙西官、民田視他方倍蓰，畝稅有二、三石者。」

22 《明史．食貨志》中提到：「時蘇州一府，秋糧兩百七十四萬六千餘石，自民糧十五萬石外，皆官田糧。官糧歲額與浙江通省埒，其重猶如此。」

但朱元璋以為把土地都收歸官田、抬高農業稅，是在懲罰蘇松嘉湖地區，卻於無意中造成另一種現象：**當人們的土地被過度剝削之後，許多人乾脆放棄土地、去城裡經商**。這些人有充足的商業頭腦，又有著較高的文化修養，結果，江浙一帶不僅變得更加富裕，也主宰著皇朝文化。

在明清兩代，江浙一共出兩百零二名狀元，僅蘇州一府就獨占三十五名，彷彿嘲笑著明太祖的詛咒。

朱元璋即便在天有靈一定也不明白，為什麼當初的懲罰反而成為機會。他的腦子裡只有農業，並把主要的稅收建築在農業之上。明代是個農民意識最強的朝代，朱元璋試圖建立最嚴密的戶籍和土地制度，用這種方式來約束整個社會。但不幸的是，這套制度過於嚴密，除了朱元璋，沒有人能夠玩得起來。等他死後，這套繁瑣的制度反倒成為繼承人的枷鎖，令他們疲於奔命卻徒勞無功。

難以實行的黃冊和魚鱗冊

明代的財政制度主要依靠兩種資料來收稅：**針對戶籍的黃冊和針對土地的魚鱗冊**。前者相當於現在的戶口名簿，後者相當於土地簿。洪武十四年（西元一三八一年），明太祖下令天下的府縣進行一次人口普查，這次普查的結果要編訂成黃冊，作為征派賦役的標準[23]。

他把農村分成許多叫做「里」的單位，每一里有一百一十戶人家，其中十戶稅額最高的擔任里長，剩下的一百戶每十戶為一甲。城市中的里又稱「坊」，在城邊則稱「廂」。根據規定，每一里編一本黃冊，冊子裡不僅登記人口資訊，還登記每戶的財產和土地資訊。然而，僅有黃冊還是不夠的，雖然黃冊上記載每戶有多少土地，但是許多人在登記時不會說實話，隱瞞大量的土地。為了清查全國土地的狀況，政府必須派官員到每塊土地去丈量大小，並找出土地所有者，再把這些資訊統計起來，計算出每家、每戶有多少土地。

在編訂黃冊六年後，明太祖再次下令丈量全國土地，編訂魚鱗冊。這是帶有圖示的土地登記冊，畫出土地的形狀、分隔和歸屬，因為看上去如同魚鱗，所以叫魚鱗冊。建立黃冊和魚鱗冊是兩項雄心勃勃的工程，在當時，要依靠人力一一統計全國的土地和戶籍，就需要耗費好幾年時光。到了洪武二十六年（西元一三九三年），由於明初行政效率高，明太祖順利的完成這項浩大的工程。全國戶籍共計一千零六十五萬兩千八百七十戶，六千零五十四萬五千八百一十二人；土地面積則達到八百五十萬七千六百二十三頃。這次透過清查土地，全國在冊的土地面積增加了一倍，大大增加稅收。

明太祖更是規定，黃冊和魚鱗冊每隔十年就要徹底清查一次，以便政府掌握真實的資料，但在當時幾乎不可能實施。以第一次清查為例，從洪武十四年開始人口普查，到洪武二十六年人口土地資料統計完畢，期間花了十二年的時光。明初，由於太祖的苛刻和嚴謹，官員戰戰兢兢、盡職盡責，花十二年才完成統計。倘若之後行政效率降低，後來的皇帝又怎麼可能完成十年一次的

23 見《明史．食貨志》：「每十年有司更定其冊，以丁糧增減而升降之。冊凡四：一上戶部，其三則布政司、府、縣各存一焉。上戶部者，冊面黃紙，故謂之黃冊。年終進呈，送後湖東西二庫庋藏之。」

浩大工程？

明宣帝宣德元年（西元一四二六年），在太祖人口普查三十年後，再次普查人口和土地資料，這次得出的資料卻讓人大吃一驚。人口在經過明成祖時期的高峰之後，已經回落到只有九百九十一萬八千六百四十九戶，五千一百九十六萬一百一十九人[24]。而土地普查只剩下四百一十二萬四千六百二十六頃，不足明太祖時期的一半。從這時到一百多年後的萬曆年間，土地資料一直在四百多萬頃左右，直到張居正清查土地，狀況才有所改觀。

土地資料下滑嚴重，意味著政府財政收入也出現困難。**為什麼人口會下降，而土地資料更出現如此大幅度的下滑**？在明代，就曾多次討論這個問題。比如人口問題，成祖和宣宗時期的大臣周忱就認為，戶口下降是由於人們投靠豪門，成為佃戶；或冒充匠戶，去兩京謀生；或四處做生意、或四處流浪，甚至居住在船上、沒有固定住所，因此無法調查[25]。

關於土地資料下滑，嘉靖八年時的大臣霍韜認為，從洪武元年到弘治十八年，大約是一百四十年，大部分都是太平時代，按說土地數量應當增加，可是天下的土地反而減少一半多，其中湖廣、河南、廣東減少得最多。這些失去的土地不是撥給王府貴族，就是被刁蠻的狡猾民眾偷偷藏起來。而廣東這個地方沒有諸侯王府，不是刻意隱瞞，就是被賊寇占據[26]。

簡單來說，由於土地和稅收直接相關，比起隱藏戶籍，人們更有動力隱藏土地。另外，隨著一部分人的流動，土地也進入市場，但在市場上交易的土地往往會做手腳，使其避免進入黃冊。而記錄土地狀況的魚鱗冊則更加混亂，由於魚鱗冊繪製麻煩、需要很高的技術，政府官員更有理由擱置它，導致魚鱗冊的統計資料嚴重失真。如果從現在的觀點來看，明代的資料退化更為必然，因為任何全國性系統，都需要嚴格執行和複雜計算，在依靠人力和畜力來維持經濟的時代，其複雜程度已經超出官僚能力所及。

照抄、貼上，有白冊、黃冊、大畝、小畝

明代經濟快速發展、人口流動程度超過漢、唐，政府也不限制土地兼併，因此資料統計的複雜程度，比前朝還困難許多。而明太祖為了鞏固政權，避免子孫後代亂改法令，又制定中國歷代最僵化的行政體制。當明太祖還活著時，這套行政體制是為他量身打造，因此顯得得心應手。但等他死後，卻沒有一個人能夠完全駕馭這套制度，行政效率難以再和以往一樣。到後來，有的人死去幾十年，名字照樣出現在黃冊裡，至於魚鱗冊則更是亂七八糟。

由於明太祖規定，每十年必須查一次戶籍和土地，後來的皇帝必須遵守老祖宗的規矩，但是又想偷懶，就重抄上次的資料。所以在明代的土地調查資料中，出現好幾次令人瞠目結舌的雷同。比如，明武宗時期一共進行兩次普查，一次發生在正德五年（西元一五一〇年），第二次發

24 詳見《明史．食貨志》：「太祖當兵燹之後，戶口顧極盛。其後承平日久，反不及焉。」
25 見《明史．食貨志》：「戶口所以減者，周忱謂：『投倚於豪門，或冒匠竄兩京，或冒引賈四方，舉家舟居，莫可蹤跡也。』」
26 據《明史．食貨志》記載：「自洪武迄弘治百四十年，天下額田已減強半，而湖廣、河南、廣東失額尤多。非撥給於王府，則欺隱於猾民。廣東無藩府，非欺隱即委棄於寇賊矣。司國計者，可不究心？」

生在正德十四年（西元一五一九年），這兩次的資料都是四億六千九百七十二萬三千三百畝，分毫不差。

上述狀況說明皇帝根本就沒有統計，同樣的情況還發生在世宗嘉靖皇帝，以及明末天啟和崇禎年間的調查中。由於資料不準確，官員已經不可能再按照黃冊徵稅，因此**有的人就另造一本叫做白冊的戶籍**，裡頭登記的資料比黃冊上的更準確。黃冊是拿給上級看的，所登記的戶籍和土地數量都較小，計算出來的總稅額也較輕，而白冊是用於實際征派賦役，戶籍和土地都更準確。透過這種方式，上級給地方官員的壓力沒有那麼大，而地方官員仍然可以獲得較為準確的資訊。

不精確的**土地資訊**，**還產生「大小畝」的說法**，是指黃冊登記的畝數，和實際土地的畝數有差別，一塊地可能有十畝，但是在黃冊上只登記五畝。在黃冊上登記的數字叫大畝，用來向上級報稅，而實際上的數字叫小畝，用來徵稅。朝廷只知道大畝的資料，卻摸不清小畝的數據。在民間、官吏的共同努力下，明代的財政如同一團亂麻，隱藏在迷霧之中。

大明為何如此「安定」？

明代自從開國者朱元璋死後，就已經僵化到無法容納任何一次改革的程度。即便皇帝再銳意改革，也會發現可能性被限制住，只能順著慣性隨波逐流，等待最後的清盤。即使是人們常談到的張居正，也沒有能力進行一次完整的改革，他只是在隨波逐流中做一次小小的掙扎，想將失控的社會拉回正軌，卻又引起另外的失控。

開國皇帝朱元璋是個制度天才，讓所有人都感覺動彈不得，連反抗的餘地都沒有。雖然稅收結構很原始，卻也為工商業保留一定的發展空間。這是個無法進化的政權，與進步、創新無緣，卻又因穩定而長期存在。朱元璋設計的制度之所以穩定，得自於吸取元代的經驗和教訓，保留那些利於穩定的因素。他繼承元代的行省制度，中國古代實行地方兩級政府制，到了宋代逐漸過渡到兩級半，**元明時期正式變成三級政府**。

三級政府比兩級政府更能幫助集權。在兩級政府時代，僅次於中央級的州（郡）的數目越來越多，後來發展到數百個，中央無法直接管理；而三級制則在州（府）之上，設立省級的機構，由於只有十幾個省，所以政策傳達更有效率，形成金字塔型的管理結構，更能掌控地方。

明代的三級政府還包含一系列更加銳利的武器。雖然人們將明代的次一級政府叫做**行省**，但這只是個約定俗成的稱謂。它**由好幾個衙門組成**：主管行政的衙門，叫做承宣布政使司；主管軍政的叫都指揮使司；主管監察和刑罰的叫提刑按察使司。承宣布政使、都指揮使、提刑按察使三個官員**之間並沒有隸屬關係**，直接由中央調遣以避免三方相互勾結（見下頁圖表13-2）。

此外，與三級政府結構對應的，還有三級考試制度。一個讀書人如果想中進士，必須過好幾關才能獲得最高學位。首先，他要在縣裡參加縣試，通過後再去府裡參加府試，兩次考試都通過後就被稱為「童生」。擁有童生資格的人，才可以參加由各省學道組織的院試，合格者被稱為「秀才」。只有中秀才的人，才被國家正式認可為讀書人、享受一定的禮遇。中國的讀書人中，許多人終生無法通過秀才這一關，白髮蒼蒼仍然是個老童生。

有了秀才資格後，他可以去省裡參加鄉試，通過後成為「舉人」。有舉人的資格，才能去京城參加會試。會試通過後還要參加殿試，分三甲放榜，有了進士的身分，而進士第一名叫做「狀元」。

這套考試制度運作下來，甚至比現在的小學、中學、大學還要複雜，考生折騰於縣、府、省會和首都之間，交通成本也非常可觀（見左頁圖表13-3）。

人們常對科舉產生偏見，認為考試制度是一種「毀人不倦」的制度。但其實真正的問題不在於科舉，而是集權社會裡，沒有第二條可以光宗耀祖的途徑。所有的人擠進這座獨木橋，才造成單一化的意識形態。因

圖表 13-2　明代官職示意圖

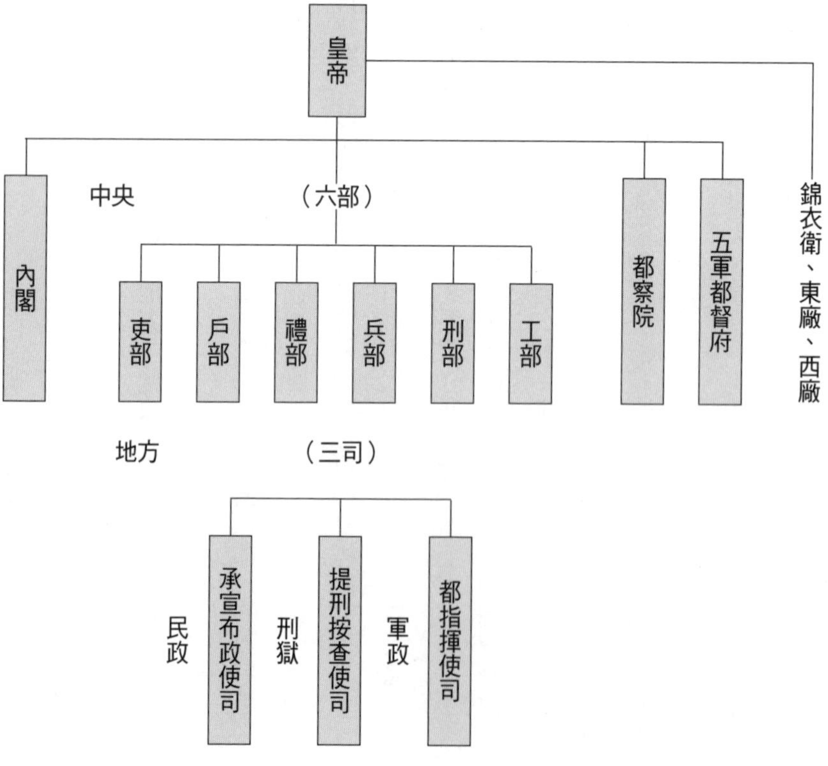

為明代科舉制十分完善，也徹底重塑中國的社會結構。從漢代至魏晉，往往產生許多傳承數百年的大家族，而官員名額大部分被這些家族壟斷。

在唐宋時期，雖然科舉制已經起作用，但在社會上還是由大家族掌握經濟優勢，沒有完全成功扭轉當官靠家族的習俗。**到明清時代，科舉制可以將地方人才源源不斷的送到中央，只有科舉一條路可以當官致富，所以使得地方上的大家族萎縮**，反而形成另一個傳統：富不過三代。

圖表 13-3　明代科舉制度示意圖

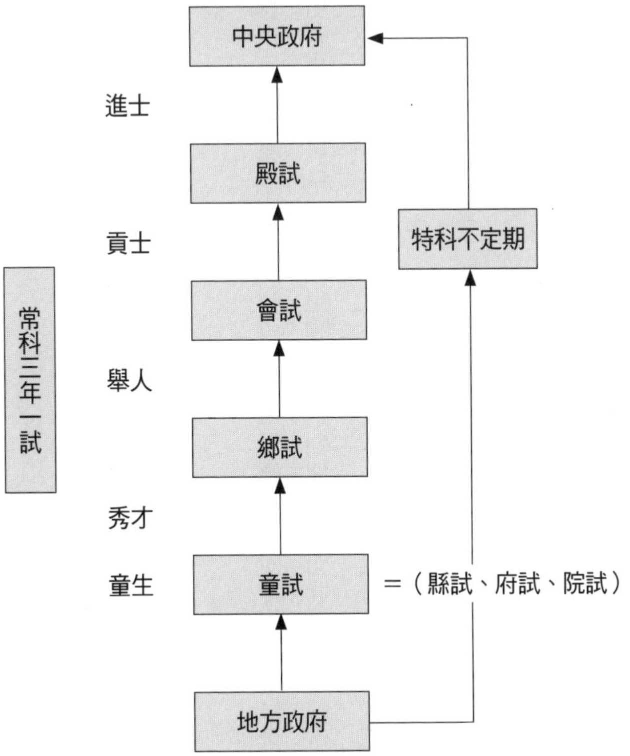

明代透過科舉徹底打碎凝滯的社會結構，民間分散成一個個原子、互不隸屬，皇上的權威不會受到任何挑戰，徹底形成中央集權模式。明太祖繼承元代制度，又吸取其若干教訓，將元代的

開放型社會，變成保守和封閉的社會。為了避免像元末官僚失控的現象，明太祖盡可能回收百官的權力，不管是大事還是小事都必須由皇帝定奪。

洪武十三年（西元一三八〇年），朱元璋藉口中書省丞相胡惟庸造反，大肆迫害開國功臣，並乘機取消中書省。由**皇帝直接領導六部，六部長官都要向他直接報告**，所有事務都由他親自定奪，就這樣產生一個超強的集權體制[27]。套用到現代，相當於取消英國首相，讓英國女王直接領導各部的大臣。

除了中書省外，大都督府和御史臺也一起被廢除，它們是軍事和監察的首腦機構。皇帝集所有權力於一身，不再信任任何人，加上明初大肆屠戮功臣，因此當時瀰漫著一股肅殺的氣氛。君權獨斷，鑄就整個明代的政治氛圍。但是，當明太祖廢除大都督府、中書省和御史臺後，又如何能一個人制定這麼多的國家管理政策？

集權國家的事務多如牛毛，這些機構本來都是制定、執行政策的專業機構，而今只剩下皇帝一個人，就算工作一整天也無法做完所有事情。於是，明太祖開放一系列地位更加低賤、更容易控制的機構和人，來替他做事情。明太祖在洪武十五年（西元一三八二年）設立若干**大學士**，幫助皇帝起草詔書，商談國事；在廢除大都督府後，由中、左、右、前、後等**五軍都督府**主管統兵，統轄全國各地的軍事衛所，五軍都督再向皇帝負責。而如果需要調兵的話，五軍都督也沒有許可的權力，因為調兵權是歸屬兵部，以防軍事部門與皇帝抗衡。

在監察方面，明太祖建立**都察院**，以取代被廢黜的御史臺；並建立**錦衣衛**，負責監察官員，形成特殊的特務統治模式。錦衣衛與東廠（成祖開始）構成明代最臭名昭彰的廠衛組織，後來也成為特務組織的榜樣（西廠是憲宗設立，到了武宗劉瑾又設立內行廠）。

當明太祖為了加強皇權而投入許多精力時，就將財政和經濟方面考慮得過於簡單。他曾經想學習元代的紙鈔制度，卻由於不懂得背後的基本原理，讓紙鈔很快就貶值。由於對外貿無知，也無法建立一套有效的外貿體系。他理想中的社會，就是人人務農、人人繳納農業稅。在這個架構下，農業人口主要承擔的稅收為田賦和丁賦。其中田賦實行兩稅法，分夏稅和秋稅兩次繳納，而丁賦則是農村人口的勞役稅。

明代：最原始的財政制度模式

由於**農業稅簡化到極致**，在張居正之前，政府甚至連運糧都不負責，全由民間選擇的糧長，負責運到朝廷的倉庫。當田賦和丁賦不足以滿足財政收入時，政府便利用**食鹽專賣**，獲得另一部分的收入。除了鹽之外，**茶葉也實行專賣**。在西北和西南地區，茶葉貿易可以換取一定的馬匹資源。剩下還有一小部分，依靠傳統的商稅來作為補充，這部分包括在全國設立關卡收稅，以及市場上需要繳納的買賣稅、營業稅等。

整體而言，明代的財政制度，已經退回到中央集權帝國最原始的模式，能夠徵收的都是最簡

27 見《明史·職官志》記載：「自洪武十三年罷丞相不設，析中書省之政歸六部，以尚書任天下事，侍郎貳之。而殿閣大學士只備顧問，帝方自操威柄，學士鮮所參決。」

單、容易施行的稅項，一一摒棄從唐代以來的發展與革新。在這個體制下，政府稅收幾乎是固定的，由於土地數量、人口數量、人們對鹽的消費量都沒有什麼變化，所以在兩百多年裡，稅收也不可能出現大改變。

在明代，真正感受社會進步和經濟發展的不是農業，而是工商業。隨著貿易興起，江南的許多地方已經進入商業社會，特別是在蘇州等農業重稅區，人們已經放棄依賴土地，轉變成城市人口，依靠服務業、加工業維生。雖然工商業也被列入政府稅收範圍，但徵收商稅並不成功。由於商人做買賣每年盈虧不一，繳稅差別很大，朝廷很難正確估算出每年的商業稅額。

在經濟逐漸活絡的社會裡，這架笨重的行政機器卻用最僵化的方法來管理財政，這就是死結所在。於此同時，財政開支卻日益變得龐大。由於開國之時官員數量並不多，皇帝本人也是節儉的人，因此他認為只要政府保持這個規模，現在的稅額已經綽綽有餘。但沒有想到的是在他死後，政府規模立即膨脹。他的孫子建文帝希望削藩，可是隨即被叔叔燕王朱棣打敗，朱棣（明成祖）立即遷都北京，同時將一批重要的朝臣留在南京，一下子將中央官僚的數量擴大一倍。

明成祖還是個好大喜功的皇帝，他北征蒙古、南攻安南（今越南），還派出大型船隊到印度洋耀武揚威，花費巨大，使得財政狀況也開始吃緊。明成祖之後，朝廷不再對外擴張，但這時官僚系統卻更加膨脹起來。

洪武時期，全國的官員加起來只有兩萬四千人，到一百年後的明憲宗時期（西元一四六五年至一四八七年），擔任武職的已經超過八萬人，文武官員總計有十多萬人[28]。

除了官員之外，朱姓的各種宗王也占據大量資源，嘉靖年間（西元一五二二年至一五六六年），宗王作俸祿的粟米達八百五十三萬石，超過全國供應北京糧食（四百萬石）一倍[29]。朱元璋按照小農思想所建立的制度，徹底停擺，財政狀況變得十分吃緊，後來的皇帝不斷的掙扎，卻又受制於祖宗制度，無法進行變革，只能將就著。

更加雪上加霜的是，世宗嘉靖年間起倭寇和北方的蒙古、女真等勢力又開始活躍，政府不得不動用軍隊對付他們，軍費開支陡增，使得國庫已經被耗空的明朝，就更應付不過來了。

張居正「變法」，只重稅收和樽節，輕經濟發展

西元一五二二年，萬曆皇帝（神宗）登基，造就屬於首輔張居正的時代，進入人們認為的「改革」時期。不過，在**了解張居正的「改革」之前，不妨先放眼全球，看一下世界都正發生什麼事情**。

當時西方世界正處在迅速變化的過程中。在歐洲，西元一五七〇年，俄國沙皇伊凡（Ivan）

28 見《明史．劉體乾傳》：「歷代官制，漢七千五百員，唐萬八千員，宋極冗至三萬四千員。本朝自成化五年，武職已逾八萬。合文職，蓋十萬餘。今邊功升授、勳貴傳請、曹局添設、大臣恩蔭，加以廠衛、監局、勇士、匠人之屬，歲增月益，不可悉舉。多一官，則多一官之費。」

29 詳細資料參見《明史．食貨志》：「嘉靖四十一年，御史林潤言：『天下之事，極弊而大可慮者，莫甚於宗藩祿廩。天下歲供京師糧四百萬石，而諸府祿米凡八百五十三萬石。以山西言，存留百五十二萬石，而宗祿三百一十二萬；以河南言，存留八十四萬三千石，而宗祿百九十二萬。是兩省之糧，借令全輸，不足供祿米之半，況吏祿、軍餉皆出其中乎？』」

雷帝摧毀諾夫哥羅德（Novgorod）。這座城市在中世紀一直是北歐的中心，隨著它被摧毀，莫斯科的崛起已經成為必然；一五七一年，西班牙國王菲利普二世（Philip II）聯合義大利各國的艦隊，在希臘勒班陀（Lepanto）擊敗鄂圖曼土耳其帝國的海軍。勒班陀戰役是一個轉捩點，意味著穆斯林失去地中海的控制權，基督徒成為海洋霸主、亦是世界霸主。

同樣是西元一五七一年，倫敦的皇家交易所也正式開張，這意味著世界正在從農業立國，轉向商業擴張，複雜的金融工具和商業理論正取代道德和禮儀，成為決定政權命運的主要因素；在亞洲地區，西班牙人於一五七一年攻克馬尼拉，逐漸形成新的殖民帝國。菲律賓可以說是位於中國不遠的堡壘，但中國人卻對此無動於衷。

西元一五七二年，在美洲地區，南美印加帝國最後的君主圖派克・阿瑪魯（Tupac Amaru）被西班牙人捕獲並殺害，遺存的美洲帝國徹底消失。於此同時，西班牙人正加速開採美洲的銀礦。西元一五七三年，西班牙船隊從美洲地區運送白銀，經過菲律賓馬尼拉，第一次前往中國換取瓷器和絲綢。在未來，波托西（Potosi，位於波利維亞）的白銀，將更大批的運往中國，幫助民間金融業的發展。

西元一五六九年，葡萄牙道明會（Dominican Order）的修士加斯帕・達・克魯斯（Gaspar da Cruz），以自身見聞為基礎出版《中國志》（*Tratado das cousas da China*），敘述中國的官僚體系、社會，提供歐洲人關於明代的新消息，但是此時，中國人對於歐洲仍然近乎無知。

這就是張居正改革時期的世界背景，這時再去看張居正的努力，就會發現根本稱不上改革，只是在能力所及的範圍內做些更動，幫助這個衰老的王朝更方便的收稅罷了。

但是，誰也不能低估在一個盤根錯節、處處受限制的社會裡做事的難度。不管有多大的雄心，能夠做的都相當有限，而張居正已經做到極致，也付出慘痛的代價。從性格上來看，張居正並非享有清譽的官員、而是隨波逐流的現實派。在擔任首輔前，他和權臣的關係都很不錯。擔任重臣後，也並不掩飾以權謀私的行為，他的兒子在科舉中分別中狀元、榜眼引起社會質疑，而他卻毫不在意。另外，明朝官員的俸祿一直都很低，有時還常被剝削，因此延伸出許多官場醜聞，張居正對此也同樣習以為常，因為他沒有治理這些根本問題的雄心壯志[30]。

明朝是由太監治國，**張居正**也絲毫不考慮這其中的危害，只要對自己有利就行。作為大學士首輔，他**和太監打成一片**，保證太監支持他的政策，至於制度本身與他無關。所以，張居正是個在現實中明哲保身的人，他只是瞅準機會做些「理順式」的變革，這指的是由於皇朝已經運行兩百年，許多問題已經亂成一團，他並不是要處理掉這些亂象，而是解開一部分問題，讓制度運行得流暢一些。這是一種姑息療法，不是從根本上解決問題。

考成法淘汰冗員，一條鞭清查稅籍

在張居正的時代，最大的問題莫過於財政收支，因為冗官問題已經非常嚴重，行政效率也越來越低，全國一半以上的土地都被隱藏起來、並未記錄在冊。嘉靖二年（西元一五二三年），御

30 見《明史．張居正傳》：「居正自奪情後，益偏恣。其所黜陟，多由愛憎。左右用事之人多通賄賂。」

史黎貫曾經向皇帝報告，明初的兩稅收入就能達到麥四百七十多萬石、米兩千四百七十多萬石；而一百多年後，稅收反而減少，麥少九萬石，米則少兩百五十多萬石。在兩稅收入減少的同時，官員報告說：「宗室之蕃，官吏之冗，內官之眾，軍士之增，悉取給其中。賦入則日損，支費則日加。」

由於老是查不清戶籍和土地，舊有的規矩過於複雜、不利於徵收，必須想出新的辦法，因此張居正變法，也從裁汰冗員、清查人口、土地這兩方面入手。他採取一種叫做「考成法」[31]的措施，試圖淘汰一批冗官，他事先給每個官吏做一份帳簿，上面列出要處理的事情，並上繳一份到上級部門備案，當官吏按照帳簿把事情處理完，再到上級部門核銷。如果官員無法完成，就無法到上級部門核銷，到時上級部門拿出單子一看，就知道誰不稱職。

透過此淘汰機制，張居正一方面裁減冗員，另一方面刺激官員更賣力的幹活。之後，他開始準備幫助政府增加收入，也就是清查人口和土地。萬曆六年（西元一五七八年），明代的戶數達到一千零六十二萬一千四百三十六戶，共六千零六十九萬兩千八百五十六口，這兩個數字接近明太祖時期的水準，也和前幾年的調查沒有太大區別。但這裡的口數只是納稅人口的數量，並非實際人口數，根據後人估算，明代的人口應該突破一億人。

張居正下令全國分三年丈量土地，在此之前，人們想盡辦法隱藏土地面積，比如針對不規則面積的土地，只要簡化計算方式就可以縮小實際面積。張居正下令引入最科學的方法，「用開方法，以徑圍乘除，畸零截補」，務必得到真實的資料。這次測量得到的土地數，為七百零一萬三千九百七十六頃，比明孝宗時期的資料多三百萬頃，這讓政府有改革的堅實依據，卻因地方涸澤而漁的作風，埋下隱患[32]。

一條鞭法並非張居正首創，在他之前的官員已經想過許多辦法，比較著名的有「鼠尾冊法」、「一串鈴法」、「十段錦法」等，目的都是為了找到有納稅能力的人、讓他們納稅。一條鞭法也曾出現在嘉靖年間，在嘉靖十年（西元一五三一年），御史傅漢臣就提到這種方法，之後浙江巡撫龐尚鵬，也上奏請求實行。

萬曆九年，張居正已經查清土地，在全國實施一條鞭法。所謂**「一條鞭」，應該寫為「一條編」**，即在編目冊上，只寫一條每家應該交多少的稅[33]。明初的稅賦雖然簡陋，但是統計方法卻十分麻煩。為了確定一家的稅率，首先必須清查他的土地做魚鱗冊，又要清查他的戶籍做黃冊，而繳稅也要分別計算，土地稅、人頭稅、食鹽攤派，再加上各式各樣的苛捐雜稅，一條一條繁複難行。而繳納方式也是林林總總，有糧食、紙幣、銅錢、銀子還有其他物品，令民間痛苦不已。政府還要民間自己負責運輸稅賦，這又是一層麻煩。

---

31 根據《明史．張居正傳》記載：「又為考成法以責吏治。初，部院覆奏行撫按勘者，嘗稽不報。居正令以大小緩急為限，誤者抵罪。自是，一切不敢飾非，政體為肅。」

32 見《明史．食貨志》：「於是豪猾不得欺隱，里甲免賠累，而小民無虛糧。總計田數七百一萬三千九百七十六頃，視弘治時贏三百萬頃。然居正尚綜核，頗以溢額為功。有司爭改小弓以求田多，或掊克見田以充虛額。北直隸、湖廣、大同、宣府，遂先後按溢額田增賦云。」

33 參考《明史．食貨志》：「一條鞭法者，總括一州縣之賦役，量地計丁，丁糧畢輸於官。一歲之役，官為僉募。力差，則計其工食之費，量為增減；銀差，則計其交納之費，加以增耗。凡額辦、派辦、京庫歲需與存留、供億諸費，以及土貢方物，悉並為一條，皆計畝征銀，折辦於官，故謂之一條鞭。」

一條鞭法**將一個地方的所有稅額加起來，把所有勞役也都折算成銀兩併入稅賦**，再根據每家土地的大小攤派下去。對於老百姓來說，政府只騷擾一次，告訴他們一個總數再按銀子繳納，就不會再有其他麻煩。政府需要勞役的話就花錢雇傭，如此一來能減少擾民的次數，還能簡化手續，更加便於徵稅。

一條鞭法大大簡化徵收手續，還牢牢的把握住一個根本：土地。只要土地在就有稅收，只要把所有的其他稅種都折算入土地，就沒有所謂的人頭稅，只是各地在執行時不能完全貫徹執行，因而還保留一定的勞役稅。到了清代「攤丁入畝」時，人頭稅才徹底廢除。

此外，一條鞭法從徵收實物變成徵收銀兩，確定以貨幣為稅的原則。從漢代以徵收實物為主，到明清逐漸過渡到以貨幣為主，說明商品經濟有一定的發展。政府減少徵收實物，是因為能在市場上利用貨幣購買實物；而政府徵收銀子也反過來促進經濟繁榮。

張居正變法讓朝廷收入大幅增加。他死時，北京的糧倉夠吃九年，府庫裡也堆滿銀子，但這是明朝政府最後一次過好日子。

如果究其根本，**他的稅制完全榨乾社會稅基，沒有嘗試過任何經濟發展**，也沒有想要幫助民間經濟。他只是一個理財專家，在此之外的領域則無能為力。漫長的萬曆年間，皇帝花光張居正累積的大量財富之後，迎接明朝的就只剩下衰落了。

加稅到死，大家一起死

萬曆二十年（西元一五九二年），寧夏致仕副總兵哱拜叛亂。為了對付叛亂，皇帝除了使用北方遼東、山西等地的軍隊，還從浙江、苗地調集軍隊進行鎮壓，一共花費一百八十萬兩白銀。就在寧夏之役爆發的同一年，日本人豐臣秀吉率軍進入朝鮮，作為宗主國的明朝因此發兵相助，展開兩次戰役，此次花費大約在七百八十萬兩。朝鮮戰爭剛剛平息，就於萬曆二十八年，苗疆土司楊應龍叛亂，政府再次花白銀兩百萬兩出兵鎮壓[34]。這三次戰爭統稱為「萬曆三大征」。

除此之外，皇室花費也接近於這個數字，幾項巨大費用讓財政再次緊張。根據戶部右侍郎褚鐵計算，國庫赤字已經達到一百萬兩，而且年年赤字[35]。長此以往，政府將無法維持正常運轉，但當皇帝為張居正留下的存底感到慶幸時，一件最終決定明朝命運的事情正在發生。

萬曆四十四年（西元一六一六年），滿洲部落首領努爾哈赤建立後金政權，並且稱汗。兩年後，努爾哈赤在盛京誓師南征，宣稱與明朝有「七大恨」。滿洲崛起讓東北的局勢瞬間惡化，在加派軍隊的同時，僅遼東邊境的軍餉就增加三百萬兩，但此時國庫已經沒有這麼多積蓄了。

34 見《明史．王德完傳》：「近歲寧夏用兵，費百八十餘萬；朝鮮之役，七百八十餘萬；播州之役，兩百餘萬。今皇長子及諸王子冊封、冠婚至九百三十四萬，而袍服之費復兩百七十餘萬，冗費如此，國何以支！」

35 參見《明神宗實錄》卷二六二：「臣見一年所入止四百五十一萬兩千有奇，所出至五百四十六萬五千有奇，是所出反多所入九十五萬三千有奇，而錢不與焉……我國家財賦歲有常供，邇來歲費日甚。去歲寧夏之平、朝鮮之援，輸餉四出，動逾百萬，有識之士，大為寒心。」

戶部唯一能夠想到的辦法，就是利用張居正的方式加稅。在此之前，由於查不清稅基，要加派稅賦非常麻煩。經過張居正整理之後，土地資訊已經相當清晰，只需要規定每畝土地增加多少稅率，就可以輕而易舉的下派任務。因此，戶部尚書李汝華根據「三大征」時期的經驗，請求除了貴州和北京周邊的八個府之外，對其他地區的土地每畝增加三釐五毫銀子，這樣可以獲得兩百多萬的收入；第二年戶部再次加稅，每畝增加三釐五毫；第三年兵部以招兵買馬之名，工部以製造軍械之名，聯合請求加稅，每畝增加二釐。

三年之中，稅增加三次，每畝增加稅額九釐，每年增加稅收五百二十萬兩成為定額。萬曆年間的戶部，每年大約進帳四百五十萬兩，三次增稅相當於增加一倍的收入[36]。歷次加稅終於讓民間忍無可忍，每一次的饑荒人們都認為是天災；但**天災年年有**，只要民間經濟完好無損，就能減少災荒的衝擊。只有**政府吸取過多資源，才會出現真正的大饑荒**。

最終影響明朝興亡的，不是後金王朝的連綿進攻、在薩爾滸戰役的慘敗，而是軍事行動帶來的財政失衡，導致民間經濟崩潰，終於帶來造反風潮。西元一六二七年，崇禎皇帝繼位，這位有理想的皇帝迅速剷除閹黨魏忠賢，但就在上臺的第二年，又隨著一次的旱災來臨，陝西人民終於受不了而造反。

這時明政府已經處於造反者、滿洲人的壓迫之下。為了對付李自成、張獻忠等人的反叛，必須動用更多軍隊。隨著造反者破壞地方經濟，中央稅基也逐漸減少，形成惡性循環。而此時，兵部尚書梁廷棟仍在請求加稅，再次給每畝增加三釐的額外稅收；五年後，總督盧象升又請求，向官宦人家徵收十分之一的田賦，老百姓的糧產如果在十兩銀子以上，也一併徵收。最後確定所有收入，都徵收十分之一的稅，號稱「助餉」[37]。

最後，隨著戰爭失利、加稅聲音更加頻繁，明朝在越來越小的區域內掙扎著，直到滅亡。

---

36 見《明史．食貨志》：「至神宗萬曆六年，太倉歲入凡四百五十餘萬兩。」

37《明史．食貨志》中記錄：「崇禎三年，軍興，兵部尚書梁廷棟請增田賦。戶部尚書畢自嚴不能止，乃於九釐外畝復徵三釐。惟順天、永平以新被兵無所加，餘六府畝徵六釐，得他省之半，共增賦百六十五萬四千有奇。後五年，總督盧象升請加宦戶田賦十之一，民糧十兩以上同之。既而概徵每兩一錢，名曰助餉。越二年，復行均輸法，因糧輸餉，畝計米六合，石折銀八錢，又畝加徵一分四釐九絲。越二年，楊嗣昌督師，畝加練餉銀一分。兵部郎張若麒請收兵殘遺產為官莊，分上、中、下，畝納租八斗至二、三斗有差。」

第十四章

清代：抵達高峰，卻掙扎在傳統與現代之間[1]

如果比較各個朝代的集權社會，清代已經達到中央集權模式的最高峰，它兼具穩定和繁榮兩個特點，即使在康乾盛世的百年之後，**經過多次戰火洗禮，仍然能保持財政盈餘**。只可惜此時的西方，已經發展出代議制憲政模式，將這個穩定的集權帝國拋在身後。

清前期繼承明代的一條鞭法，讓稅制簡單、徵收方便，加上清代進行的三大改革：新增人口永不加賦、攤丁入地、火耗歸公，讓國庫能長期保持盈餘，民間經濟保持百年的穩定繁榮。西元一八四〇年，外國勢力成為影響中國政治、經濟的重要變數。但中英戰爭對於財政的影響並不大，賠償的金額也未超出承受範圍。而海外技術和商品能夠帶動經濟發展，對朝廷更為有利。

太平天國之後，清代開始從農業導向轉型為工商業導向，並藉著不斷進步的金融工具，來籌措臨時性開支，增強政府的財政靈活性，加大稅基。直到甲午戰爭、庚子之亂後，財政狀況才開始持續惡化至帝國尾聲。清朝滅亡讓中國喪失和平轉型的機會，並打開下個千年輪迴的通道。

探花不值一文錢，萬歲萬稅萬萬稅

順治十八年（西元一六六一年），翰林院編修葉方靄嘗到人生的大起大落。兩年前，葉方靄在科舉中高中探花，處於人生的高峰期，那時他才年過三十，已經憑藉文章和才氣名滿天下，在中科舉之前，皇帝就已經聽說過他的大名。然而，在中探花的兩年後，葉方靄的伯樂順治帝去逝，年幼的康熙皇帝在索尼、鼇拜等四大臣的輔弼下登基。

在順治帝駕崩之前，江寧巡撫朱國治上了一本奏章，裡頭附上一份密密麻麻的名單，上面列著他的轄區內（蘇松常鎮四府），所有積欠政府稅款的鄉紳士人的名字，共一萬多人。葉方靄雖然已經中探花離開家鄉，但名單上卻顯示，之前曾經欠下價值一釐銀子的稅糧。所謂一釐，就是一兩銀子的千分之一，按照一兩銀子一貫錢（一千文）的比例來算，一釐銀子價值一個銅板。

當時輔政四大臣看到奏章，便下令江寧巡撫朱國治按照規矩辦事，積欠稅款的革除功名，甚至還要有嚴厲的懲罰。這讓朱國治嚇了一大跳，他的本意是表現出自己的盡忠職守，卻沒想到要治所有人罪。他建議所有補上稅糧、繳罰款的人就下不為例、不再追究，但意見沒有被朝廷採納。於是，這次事件變成一場運動，一萬多人受到牽連，獲得功名的被剝奪稱號，已經當官的降級任用，參與的衙役追究刑責[2]。

葉方靄已經在京城當官，卻突然收到降職命令。他大呼意外、連忙上奏申辯，如果欠稅很多，說明欠稅人是故意對抗朝廷；倘若只欠一文錢，必定是疏忽或者誤會。但他最終還是被貶官，留下「探花不值一文錢」的千古奇景。葉方靄之所以不幸，是因為碰上政府的嚴打，這與開國初期的財政狀況有關。

屬於游牧文明的滿洲人進入中原後，要想控制如此廣大的疆域，必須建立一套持久性的制度。順治帝經歷入關、平定中原後，任用漢官、繼承明代的體系，並鼓勵人民開荒種糧，減免開荒土地的稅賦，讓民間經濟得以迅速恢復。但在江淮等富庶地區，士紳階層還不情願接受這個外

1　本章涉及的時間範圍，是西元一六三六年至一九一一年。

2　《清史稿．朱國治傳》：「又以蘇、松、常、鎮四府錢糧抗欠者多，分別造冊，紳士一萬三千五百餘人，衙役兩百四十人，請敕部察議。部議現任官降兩級調用，衿士褫革，衙役照贓治罪有差。以是頗有刻核名。」

來政權，這裡的富人本來就習慣逃稅，透過勾結衙門好減輕稅額。這時，他們還是用老辦法來對付新政權，甚至看成是漢人的「非暴力不抵抗」運動。因此，政府決定殺一儆百，葉方靄和蘇松、常、鎮地方的士紳，就不幸成為榜樣。

葉方靄的經歷，只反映出清代重建財政的一小部分。但人們不得不承認，清代的財政制度是歷代中央集權體系裡，做得最平衡、最簡潔、也最有效率的。它拋棄一切華而不實的形式，建立最方便的土地徵稅制度，其餘的稅種都是輔助。而輔助性的稅種（包括工商業稅）由於沒有得到重視，因此收得很輕。主要的農業稅也不高，民間負擔並不重，加上引進美洲新作物、生產技術進步帶來糧食增產，中國人口出現爆炸式的增長。

在漢代人口就已經達到五千萬人，而明代最高可能已經超過一億人，有的人認為甚至達到一億五千萬人，而清代的人口最高峰卻達到四億以上[3]，這個成就連皇帝都感到不可思議，甚至產生恐慌。由於乾隆時期的人口，相較康熙時期增長十倍，因此，乾隆皇帝曾經憂鬱的對內閣大臣說，天下太平時間太久、人口繁衍太多，倘若田地無法增加，會讓百姓變得更加貧困[4]。他的論調和馬爾薩斯[5]一樣，幸虧當時沒有有效控制人口的技術，否則皇帝一定會多加利用，不用等到現代摧殘，人口就會大打折扣、進入衰落期。

為了應付人口激增，皇帝只能從其他方面下手，鼓勵各地開荒。清代重視墾荒的程度超過歷代，特別是清初的官方記載，到處都是鼓勵墾荒和屯田的命令。在明代，廣西、貴州、湖南等地的山林地區，還沒有被完全開發，那裡叢林密布、人跡罕至，雖然名義上已經歸屬於中央，但還是荒地。到了清代，這些地方紛紛被開墾、人口也逐漸稠密起來。

甚至在遙遠的蒙古國，清兵駐紮的科布多地區（屬於高緯度寒冷地區）也有著屯田的紀錄，至今仍然能夠在當年的軍隊駐紮地遺址，看到屯田的痕跡[6]。除此之外，皇帝鼓勵各地官員、百姓務必節儉，珍惜物產，試圖靠節約的方式來維持人口生存。

清朝政府始終沒有意識到，人口過剩是發展工商業的最佳時機，雖然會有糧食不足的隱患，卻是筆大財富。政府也沒有意識到，其實**工商業可以提供更多豐厚的利益**，但它依然把財政建立在農業之上。清初的土地稅之所以比明代更健康，一方面是因為繼承明代改革的成果，另一方面得益於皇帝進行的三大改革。

明代的一條鞭法，針對農民的大部分稅賦（只有一部分人頭稅還來不及併入）都攤入田地，一家人有多少土地，就計算要繳多少銀子。在明代以前，稅賦要分成好幾個部分，以個人、家庭為單位、土地占有情況做區分，還要收糧食、絲、棉各種產品。現在基本上只針對土地收銀子，比起以前已經簡單許多，皇帝可以把精力集中在設計制度上。

3 見《清史稿．食貨志》：「康熙五十年，兩千四百六十二萬一千三百二十四口。六十年，兩千九百一十四萬八千三百五十九口，又滋生丁四十六萬七千八百五十口；雍正十二年，兩千六百四十一萬七千九百三十二口，又滋生丁九十三萬七千五百三十口；乾隆二十九年，兩萬五百五十九萬一千一十七口。六十年，兩萬九千六百九十六萬五百四十五口；嘉慶二十四年，三萬一百二十六萬五百四十五口；道光二十九年，四萬一千兩百九十八萬六千六百四十九口。」

4 詳見《清史稿．食貨志》：「高宗諭內閣曰：『朕查上年各省奏報民數，較之康熙年間，計增十餘倍。承平日久，生齒日繁，蓋藏自不能如前充裕。且廬舍所占田土，亦不啻倍蓰。生之者寡，食之者眾，朕甚憂之。』」

5 湯瑪斯．羅伯特．馬爾薩斯（Thomas Robert Malthus），英國人口學家、經濟學家，其人口理論聞名於世。

6 西元二〇一三年，本書作者對蒙古國科布多地區進行過考察，清代屯田的痕跡至今可尋。

清初三大措施，迎接盛世來臨

清代完全繼承這套制度，有個例外是在運河區仍然徵收漕糧，大約四百萬石，以保障京師的糧食供應[7]。除此之外，其餘大都逐漸貨幣化。與明代相比，清代還做了幾項重大改變。第一項改變是康熙五十一年（西元一七一二年），皇帝改革剩餘的人頭稅，宣布「新增人丁永不加賦[8]」，這裡的「賦」不是指土地稅，而是指丁銀（人頭稅）。

一條鞭法的實施已經弱化人頭稅，並在有條件的地方把丁銀攤入土地。但是從理論上講，丁銀還是要根據人口多寡來計算，一個家庭多一個人，就多一份丁銀。皇帝為了知道有多少人，必須不斷統計，這也造成許多人逃避戶籍制度。

康熙帝根據前一年的人口數（兩千四百六十二萬一千三百二十四口），宣布以後不管人口怎麼增加，政府只徵收兩千四百六十二萬一千三百二十四份丁銀，未來多生的人口不再繳納丁銀。如果老的丁銀戶死亡，稅額會傳給他的兒子或親戚裡平攤，但始終保持最終的額度，為兩千四百六十二萬一千三百二十四份。

到後來隨著人口增加，政府發現也沒有必要強制繼承，因此繼續簡化丁稅。當丁銀的數量已經固定之後，可以方便攤入全國的土地之中，與地稅合併徵收。於是就有第二項重大改變——攤丁入畝。雍正初年前後，皇帝根據各地的先期實驗，宣布全國將丁賦攤入田畝之中[9]。

這項改革是先從康熙末年，由廣東和四川等省分開始，到雍正時期推廣至全國。由於每個省的丁銀人口、土地不同，因此攤丁入畝後增加的稅額也不同。比如，直隸省每畝土地可以再增加二二％，山東增加一一．五％，其餘各省也都有攤派。從此以後，除了邊境地區之外，全國的土地稅都只有一種，大大簡化徵收方式。更重要的是**攤丁入畝後，戶籍對於政府已經不再重要；只要摸清土地就可以徵稅**，因此放鬆對人口的限制並促進流動，而這也刺激工商業的發展，中國社會出現更大的繁榮。

雍正二年（西元一七二四年），皇帝趁熱推出第三個重大改變：火耗歸公[10]，這與官僚薪資有關。明代由於官僚體系過於龐大、中央發的工資往往不夠官員體面的生活，因此只能透過各種灰色地帶尋求收入。皇帝雖然有心整頓吏治，卻又明白朝臣的確收入太低，必須保留一定的灰色地帶，而火耗就是灰色地帶之一。政府徵稅的貨幣主要是用銀，而人民上繳的大都是碎銀子，徵收後要統一鑄成五十兩的銀塊，再上繳中央。而在鑄銀時會發生一定的損耗，因此地方官員在徵稅時，會要求百姓多繳一點來填補損耗，稱為火耗。

---

7 見《清史稿．食貨志》：「順治二年，戶部奏定每歲額徵漕糧四百萬石。」

8 參見《清史稿．食貨志》：「五十一年，諭曰：『海宇承平日久，戶口日增，地未加廣，應以現在丁冊定為常額，自後所生人丁，不徵收錢糧，編審時，止將實數查明造報。』廷議：『五十年以後，謂之盛世滋生人丁，永不加賦。仍五歲一編審。』戶部議：『缺額人丁，以本戶新添者抵補；不足，以親戚丁多者補之；又不足，以同甲糧多之丁補之。』」

9 《清史稿．食貨志》中提到：「雍正初，令各省將丁口之賦，攤入地畝輸納徵解，統謂之『地丁』。」

10 參考《清史稿．食貨志》記載：「二年，以山西巡撫諾敏、布政使高成齡請提解火耗歸公，分給官吏養廉及其他公用。火耗者，加於錢糧正額之外。蓋因本色折銀，鎔銷不無折耗，而解送往返，在在需費，州縣徵收，不得不稍取盈以補折耗之數，重者數錢，輕者錢餘。行之既久，州縣重斂於民，上司苛索州縣，一遇公事，加派私徵，名色繁多，又不止於重耗而已。」

由於官員俸祿不足，各地便紛紛以徵火耗之名、行斂財之實，雍正認為這個灰色地帶有它存在的合理性，不如將它公開化，由政府統一徵收火耗銀，再統一以養廉銀的形式發給官員，同時禁止這種行為。由火耗銀充養廉銀算是財政專款，這也可以說是財政制度方面的一大進步。此後，官員的養廉銀超過俸祿，成為百官的主要收入之一。

以乾隆三十一年（西元一七六六年）為例，這一年徵收的耗羨（火耗外加其他消耗）有三百多萬兩，而文職養廉銀有三百四十七餘萬兩、武職養廉銀八十餘萬兩。雖然火耗無法完全覆蓋養廉銀，卻占大部分的養廉銀。這一年，王公百官的俸祿只有九十多萬兩，加上十二萬的外藩王公俸，也只有一百零二萬兩，與四百二十七萬兩的養廉銀相比，已經只有四分之一了。

這次改革之所以成功，還在於清代實行銀本位的貨幣制度。明代初期採用紙幣，官員發薪也部分使用紙幣，隨著貶值也使得官員俸祿大幅度縮水。清代的銀本位卻非常穩定，不會出現過大的通膨，官員的俸祿一旦確定，在一、兩百年之內都不用有大變動，這種金融穩定性也讓財政制度變得更加可靠。

理想樣本，也是落後樣本

清初的三大改革，幫助財政制度維持高效率，並保證國庫充裕。**清朝前期，政府獲得的收入每年在四千萬兩白銀上下**。以乾隆三十一年（西元一七六六年）為例，這年的收入為四千八百五十四餘萬兩白銀，支出為三千四百五十一餘萬兩白銀。由於乾隆時期的統計制度還不完善，這次數字並不完全，但整體上大都應該包括在內了。

財政收入最主要的項目是地丁銀，為兩千九百九十一萬兩有餘，占總財政收入的六〇％；給官員發養廉銀而收的耗羨，也達三百萬兩有餘；清廷按照規矩，每年會賣一定的功名給社會的富裕人家，獲得三百餘萬兩。鹽曾經是許多王朝的重要項目，雖然清朝也實行專賣，但和漢、唐、宋的鹽稅占總財政的一半相比，清朝只有五百七十四萬兩有餘，占總收入的一二％不到。

除了鹽之外，另一個收入是關稅，指的不是對外、而是國內的各個關卡稅收，相當於一種商業稅，這種稅有五百四十餘萬兩。其代表的**商稅在總財政中，占比只有一一％**，也可以看出清初重心仍放在農業上[11]。

在支出上，滿漢軍隊的軍餉占去財政開支的一半，達一千七百餘萬兩。王公百官俸約九十萬兩、外藩王公俸約十二萬兩、文職養廉約三百四十七萬兩、武職養廉約八十萬兩，合計約達五百二十九萬兩。另外，朝廷的辦公經費中，各省留支驛站、祭祀、儀憲、官俸役食、科場廩膳等銀也是消耗的大項，達六百餘萬兩。內務府、工部、太常寺、光祿寺、理藩院祭祀、賓客備用銀達五十六萬兩。水利費用、運河運輸費用也不低，東河、南河歲修銀三百八十餘萬兩，更定漕船一百二十萬兩[12]。

11 其他財政收入都是小宗，包括：蘆課、魚課，十四萬兩有奇；茶課，七萬兩有奇；落地、雜稅，八十五萬兩有奇；契稅，十九萬兩有奇；牙、當等稅，十六萬兩有奇；礦課，八萬兩有奇。

12 其餘財政支出為：京官各衙門公費飯食十四萬兩有奇，採辦顏料、木、銅、布銀十二萬兩有奇，織造銀十四萬兩有奇，寶泉、寶源局工料銀十萬兩有奇，京師各衙門胥役工食銀八萬兩有奇，京師官牧馬、牛、羊、象芻秣銀八萬兩有奇。

由於每年費用固定，而收入又都高於開支，因此國庫就會堆積越來越多的財富，府庫盈餘已經成為人們津津樂道的常態。康熙四十八年（西元一七〇九年），國庫存銀五千萬兩，大約相當於當時兩年的財政支出。雍正即位之初，因攤丁入畝的關係，使國庫再次豐盈，存銀六千萬兩。乾隆三十七年（西元一七七二年），國庫存銀更是達到七千八百萬兩。康熙五十年，由於國庫豐盈，皇帝宣布免天下錢糧，在未來三年分地區逐漸免除農業稅。第二年又宣布「滋生人丁，永不加賦」，也是一種減稅措施[13]。

乾隆十年（西元一七四五年）、三十五年（西元一七七〇年）、四十三年（西元一七七八年）、五十五年（西元一七九〇年），以及嘉慶元年（西元一七九六年），五次採取康熙五十年的政策，免天下錢糧。除了西漢文帝時代，只有清代能夠多次減免天下錢糧，其餘的免稅措施更是不勝枚舉，反映出政府對農業的重視和對農民的優待。

更難得的是，清初有大量的軍費用於戰爭，卻仍讓府庫盈餘。乾隆十二年的第一次金川（位於四川省內）戰爭，耗費兩千多萬兩白銀；乾隆二十年，針對準噶爾人進行一系列戰爭，花費三千三百多萬兩；乾隆三十一年，清廷曾經因為邊界糾紛與緬甸開戰，耗費九百多萬兩；乾隆二十五年第二次金川之役，更是耗費七千多萬兩；乾隆五十六年，為了保衛西藏，與尼泊爾廓爾喀人（Gurkha）開戰，花費一千零五十二萬兩；乾隆五十二年，臺灣發生變亂，政府投入八百多萬兩來鎮壓。

乾隆時期的戰爭花費，總計達到一億五千零五十二萬兩以上，大約相當於不到五年的日常財政開支，再加上五年的天下錢糧普免，一共耗去政府十年的開支金額。即便到乾隆帝死時，財政仍然強壯，這也幫助人口大量繁衍和經濟活躍。如果一八四〇年西方人沒有叩關的話，這個皇朝仍然可以維持較長的時間。

從縱向來看，清代已經是集權制的高峰，經濟繁榮的程度已經超過漢、唐，社會也更加穩定。但歷史彷彿和中國開了個玩笑，**就在偉大的康雍乾盛世時期，另一項更偉大的運動正在歐洲發生**。在清兵入關、正式建立全國政權的西元一六四四年，如果放眼歐洲，會發現處於一片烏煙瘴氣之中。英國人正在打內戰，距離國王查理一世被判處死刑還有五年；歐洲大陸也還處於三十年戰爭（Thirty Years' War）的凋敝之中，這場戰爭對當時的歐洲人來說，破壞力就和兩次世界大戰一樣強大、令人震驚。

而西班牙人只能在美洲逞威風，歐洲人雖然已經在亞洲占據不少島嶼，但仍然不夠強大。為了商業利益，他們以低姿態出現，不惜低聲下氣的祈求於南亞、東南亞的君主。清軍占領中原後繼續向西擴張，建立起龐大的帝國圈，將東南亞、朝鮮、中亞的一些國家都納進到朝貢體系，又在西藏、新疆和蒙古國建立更嚴密的控制。

這時候，中國的實力仍然比較強，而且之後進入康雍乾盛世，經濟快速發展。但不知何時，當年慘不忍睹的西歐國家已經超車，將中國遠遠的甩在身後，當然，深入研究後會發現此差距並非突如其來。**西元十七世紀前期，歐洲雖然進入亂世，但已經具備商業因素與制度，而清朝卻仍**

13 見《清史稿·聖祖紀》：「戊午，詔前旨普免天下錢糧，五十一年輪及山西、河南、陝西、甘肅、湖北、湖南六省，地丁錢糧及逋欠俱行蠲免。」

然沿著農業安排。歐洲的工業、金融、商業，已經逐漸過渡到強調資本、工業的軌道中，工業比重加大，開發世界各地也讓歐洲人擺脫糧食短缺的威脅。政府依靠工業、獲得更多的稅收。

清廷的第一次財政危機，是在歐洲人到來之前。乾隆死後，嘉慶元年（西元一七九六年），四川、湖北、陝西一帶發生規模龐大的白蓮教之亂[14]。會道門[15]是中國歷史上，難以僅用經濟學來解釋的現象。東漢的黃巾軍、元代的紅巾軍時期，恰好是處於政府財政崩潰、大肆搜刮的時刻，但清代的兩次叛亂——白蓮教和太平天國[16]，卻並非始於經濟因素，而是地下社會的組織行為。

在中國，所有的會道門和地下社會，都有著清晰的「天子夢」，當信徒大增時，首先會組織類似於集權政府的組織和法律體系，並以此名義統治內部，最終透過家庭、親戚關係擴散到外部，引起政府注意。中央集權底下，社會只能有一個權力核心，因此當會道門試圖建立起另一套政權時，政府必然會打壓。倘若雙方不斷產生摩擦，就會造成會道門的叛亂。

嘉慶年間的白蓮教之亂，如同是太平天國的先驅，政府拖了九年、耗費兩億兩白銀鎮壓[17]。乾隆末年本來國庫還有存銀七千多萬兩，但因這場戰爭全部耗空，因此政府不得不徵收特別稅、靠捐納制度等獲得三千萬兩。清代的賦稅制度雖然相對簡單，不過運行多年也會有拖欠的情況，由於政府不缺錢，清廷雖然不斷的討論欠稅問題，卻沒有辦法整治。

嘉慶十七年，僅安徽、山東兩省，就各自欠稅四百餘萬；江寧、江蘇的欠款也達到兩百餘萬[18]。皇帝為了整理稅收，威脅欠糧太多的地區，其地方官員將被斬首，但依然無效。不過，清代的財政隨後又得以恢復，和平到來後，中央收入維持在四千萬兩左右，仍然大於財政開支，因此回到穩定狀況；一次戰爭可以造成暫時的困難，卻無法永久使其失衡。

太平天國毀了什麼？

西元一八四〇年，中央帝國首次與西方發生衝突，最後以割地賠款作結，同時也結束中國的隔絕與孤立狀態。鴉片戰爭並沒有對中國的經濟和財政造成太大的傷害，甚至還有利。此戰爭的直接花費為一千多萬兩白銀，賠款兩千一百萬兩，此外廣東省還請求核銷三百萬兩經費，總數約在四千萬兩白銀，約合中央政府一年的收入。

在鴉片戰爭之前，清廷兩次出兵鎮壓新疆大小和卓的叛亂，兩次費用合計一千八百三十萬兩，也接近中英戰爭的一半。乾隆時期征服大小金川花費的一億兩、咸豐時期鎮壓白蓮教的兩億兩，都遠多於中英戰爭的費用。由於嘉慶、道光年間事情不斷，雖然財政大部分有盈餘，但存銀

14 嘉慶年間爆發於四川、陝西、河南和湖北邊境地區的白蓮教徒，武裝反抗政府的事件。

15 以宗教異端信仰為紐帶的民間祕密結社。

16 創始人洪秀全與馮雲山多年傳播拜上帝會，於道光三十年（西元一八五〇年）末至咸豐元年（西元一八五一年）初，在廣西金田村組織團營舉事，後建國號「太平天國」，並於咸豐三年攻下金陵，定都於天京（今南京）。

17 根據《清史稿．食貨志》：「嘉慶川、湖、陝教匪之役，兩萬萬兩。」

18 參見《清史稿．食貨志》記錄：「十七年，戶部綜計各省積欠錢糧及耗羨雜稅之數，安徽、山東各四百餘萬，江寧、江蘇各兩百餘萬，福建、直隸、廣東、浙江、江西、甘肅、河南、陝西、湖南、湖北積欠百餘萬、數十萬、數萬不等。」

也不算豐厚，要湊夠四千萬兩白銀有困難，不過並非大麻煩。

雖然戰爭帶給清廷賠款的壓力，但也同時帶來巨大的機會。隨著開港通商，中國和外國的貿易額呈直線上升，也幫助關稅大幅度增長。在通商之前，中國根本沒有對外的海關（洋關），也沒有洋稅這一項，即便是廣州的那一點關稅，也是與內地的關卡合併在一起。設置洋關是在中英戰爭之後，隨著洋關出現，海關關稅（洋稅）穩步增長，並成為收入大宗，到清末甚至超過土地稅的收入。

咸豐末年，海關關稅還只有四百九十餘萬；到同治末年，就已經增至一千一百四十餘萬；光緒十三年，增長為兩千零五十餘萬；光緒三十四年為三千兩百九十餘萬；宣統末年已經達到三千六百一十七萬[19]。光增長海關收入，就足以彌補戰爭賠款的四千萬兩白銀。而更大的好處還有刺激海外貿易，使得中國的民族工商業也破繭而出，展開社會轉型時期。

真正讓清廷受重創的，是西元一八五一年爆發的太平天國運動。這場席捲中國最富庶地區的運動，將政府的糧倉擊碎，並迫使清廷四處調兵，花了十四年時間才將其鎮壓。與太平天國相呼應的則是北方的捻亂[20]，這場運動從咸豐三年（西元一八五三年）到同治七年（西元一八六八年），雖然破壞力不如太平天國，但影響的範圍更廣。

除了捻亂之外，陝西、甘肅、寧夏的穆斯林，也於同治元年（西元一八六二年）起義，並一直持續到同治十二年（西元一八七三年）。這三場內亂是會道門、宗教和民族偏見的融合體，加上外來思想和商業發展所帶來的衝擊，共同造成這場反對清朝統治的運動。這些內亂破壞財政之劇烈，已經超過原本農業型財政能夠承受的極限。太平天國領袖洪秀全在金田起義之後，清朝為了平亂，投入兩千七百萬兩銀子，結局卻是讓太平天國軍隊北上並占領南京。

債務累累的清朝沒有滅亡，靠什麼金融手段？

在圍攻南京期間，江南大營每月需要五十萬兩、徽寧防營每月需要三十萬兩，合計每年需要一千萬兩費用。從西元一八五三年太平天國攻陷南京，到一八六四年滅亡，共十二年，在此期間兩營總費用約為一．二億兩白銀。另外，湖北、湖南每年出四百多萬籌軍，北路和西南的軍費還沒有計算在內，若按十二年算又是一億。

到同治中期，曾國藩根據湘軍在剿滅太平軍和捻軍時的花費，請求核銷三千多萬兩；李鴻章請求核銷一千七百多萬兩；左宗棠西征，請求核銷四千八百二十多萬兩。此外，福建援助浙江，加上省內和臺灣地區也超過六百萬兩；四川、湖南援助貴州軍，每年需四百萬兩，五年合計兩千萬兩；雲南核銷軍需為一千四百六十多萬兩；甘肅官紳商民集資捐贈，也達到五千多萬兩。

這些在冊的資料相加，已經達到四億三千兩百八十萬兩，相當於朝廷十年的收入，套用在以

19　見《清史稿．食貨志》：「咸豐末年，只四百九十餘萬。同治末年，增至一千一百四十餘萬；光緒十三年，兼征洋藥釐金，增為兩千五十餘萬。三十四年，增至三千兩百九十餘萬；宣統末年，都三千六百十七萬有奇，為歲入大宗雲。」所謂洋藥，主要是鴉片，晚清政府將鴉片納入課稅範圍，成為財稅重要的組成部分。光緒年間已經考慮逐漸減少進口鴉片，並完成其替代工作。

20　活躍在長江以北安徽北部，及江蘇、山東、河南三省部分地區的反清農民軍，興起後一度響應同時期的太平軍。

前的歷代王朝，必定會全面崩潰。對於清廷而言，也絕對是傷筋動骨。但在危機中，中央用實際行動證明，其財政能力比人們預料中的要強大。在古代，政府花費最大的時候就是戰爭，因此會想方設法逼迫每家、每戶繳糧繳款，往往造成家破人亡。

但現代政府可以利用信用籌措資金，戰爭進行時發行國債、或者對外借款，可以籌集相當的資金，待戰爭結束後慢慢攤還。這種方式可以避免政府在某段時段負擔過大，導致政治和社會崩潰。而朝廷在鎮壓太平天國時，就是靠借債，使得財政能力相較於前朝提高許多。

最早的借款發生在上海。由清政府的蘇（州）、松（江）、太（倉）道地方政府，向洋商借款十二萬七千七百兩（含本息），用於鎮壓本地的小刀會。在第二次鴉片戰爭期間，兩廣總督黃宗漢，在與英法聯軍作戰時缺乏經費，於是向外尋求貸款，最後美國的旗昌洋行向廣東政府提供三十二萬兩白銀，月息六釐。從西元一八五三年至一八六五年，廣東、福建、江蘇、上海的蘇、松、太道各地方政府，為了解決資金短缺問題，**多次向外國貸款**，總額達三百萬兩。

由於政府不熟悉規則，以及一部分中間人欺詐的關係，使得部分借貸產生糾紛，但大部分都有緩解財政、加強實力的作用，令清朝能夠鎮壓叛亂、維持穩定。西元十九世紀，許多落後的國家剛開始開放，由於統治者缺錢便都會向外借款。如果運用得當，能夠潤滑經濟、緩解資金緊缺。但是，由於許多統治者缺乏經驗、國內財政又混亂不堪，因此外債越欠越多，到最後無法償還而違約。

與現代的國際規則不同的是，十九世紀時如果弱國違約，債權人所在的國家往往會採取軍事行動，逼迫弱國簽署還款協定，並以一定的關稅、國內稅作抵押，甚至干預債務國的國內事務。

比如，十九世紀的埃及本來是個獨立於西方的國家，但統治者伊斯梅爾帕夏（Ismail Pasha）卻揮霍無度，因此當他宣布無法償還時，債權國立刻乘機接管埃及的財政、逼迫他依次攤還，並將埃及慢慢變成保護國。

有的人認為這是陰謀論，但真正的原因，還是在於統治者必須學會控制外債以避免失控。**甲午戰爭之前清廷十分謹慎，因此外債策略十分有效**。比如，從西元一八六七年至一八八一年，左宗棠為了對付陝甘地區的穆斯林起義，以及此後新疆阿古柏的叛亂，曾經嘗試大規模舉債。他一共向上海的怡和、東方、滙豐等洋行借債六次，總計達一千五百九十五萬兩白銀（見下頁圖表14-1）。這六次借款有的是為了籌集軍費，有的是為了將原來的借款延期，可以說左宗棠收復新疆，是靠現代金融幫忙才能做到。

在中法戰爭期間，清廷花費軍費三千萬兩，由於支付困難，政府從西元一八八三年至一八八五年，先後向英國的銀行借七筆債，總數達一千兩百六十萬兩，利用英國的資金來與法國作戰（見四七一頁圖表14-2）。

這些借款都是用來應急，所以總金額控制在年財政收入的三分之一到五分之一之間，並沒有造成太多風險，反而增加軍事和財政的使用彈性。除了使用外債之外，清朝的財政收入也向著近代化邁進。由於戰爭的關係，使農業受到一定的影響，農業稅不僅無法維持原來的規模，有時還會大幅度縮水。比如，光緒繼位之初，戶部上陳、指出，以前每年的地稅為三千四百餘萬兩，但

圖表 14-1　左宗棠西征所借洋債

借款年分	貸款人	借款額折合萬庫平兩	中國政府實付利息	經手人所報利率	洋商貸出利率	銀行在市場發行利率	期限
1867	上海洋商	120	月息1.5%	月息1.3%	月息0.8%		半年
1868	上海洋商	100	月息1.5%	月息1.3%	月息0.8%		10月
1875	怡和洋行、東方銀行	300	年息10.5%	年息10.5%	年息10%		3年
1877	滙豐銀行	500	年息15%	年息12%	年息10%	年息8%	7年
1878	滙豐銀行	175	年息15%	年息15%	年息10%	年息8%	6年
1881	滙豐銀行	400	年息9.75%	年息9.75%	年息8%		6年
合計		1,595					

圖表 14-2　中法戰爭中所借款額

借款年分	借款名稱	貸款人	借款金額	借款額折合萬庫平兩	利率	期限
1883	廣東海防借款1	滙豐銀行	100 萬庫平兩	100	年息9%	3年
1884	廣東海防借款2	滙豐銀行	100 萬庫平兩	100	年息9%	3年
1884	廣東海防借款3	滙豐銀行	100 萬庫平兩	100	年息9%	3年
1884	滇桂借款	寶源洋行	139.47 萬港幣	100	年息8.5%	3年
1885	福建海防借款	滙豐銀行	100 萬英鎊	358.98	年息9%	10年
1885	廣東海防借款4	滙豐銀行	50.5 萬庫平兩	201.25	年息9%	10年
1885	援臺規越借款	滙豐銀行	75 萬英鎊	298.89	年息8.5%	9年
合計				1,259.12		

當年的實際收入卻只有一百四十五萬兩，相差二十多倍[21]。

即便沒有受到戰爭破壞的年分，農業稅的稅額也不及當年。於此同時，政府的開支卻大幅增加，僅軍費支出一項就達到四千萬兩。

為此，政府決定開始工商業化，除了關稅之外，還開徵一種叫做「釐金」的商業稅，也就是按照商人通過關卡的財產或交易額，收取一％（即一釐）的稅。這是近代中國探索新型商業稅的起點[22]。

此外，清朝加重鹽稅，重新發行缺乏保證金的紙幣，與大面額錢幣。但事實證明，這些方式只會造成更大的混亂，真正能幫助籌措資金的還是關稅，和商業稅等現代化稅種。在一八七〇年代、一八八〇年代，以及

圖表 14-3　財政收入補充資料（單位：兩）

種類	金額
租息	141,672
糧折	4,262,928
耗羨	3,484,887
鹽課	7,427,605
常稅	2,558,410
節扣	2,964,944
續完	7,128,744
捐繳	1,875,576
雜賦	2,810,144

一八九〇年代前期，中國恢復穩定並重新發展。

西元一八九一年，中央政府的財政收入，已經達到八千九百六十八萬四千八百兩，開支七千九百三十五萬五千兩百四十一兩，實現財政平衡；傳統的土地收入不再一支獨大，已經降到兩千三百六十六萬六千九百一十一兩，而洋關稅收入則達到一千八百二十萬六千七百七十七兩；商業稅釐金也有一千六百三十一萬六千八百二十一兩（見右頁圖表14-3）。

軍費在財政開支中，花費為三千八百六十二萬四千四百七十二兩（餉乾〔軍費〕兩千零三十五萬六千一百五十九兩、勇餉一千八百二十六萬八千三百一十三兩），為所有開支中花費最多的一項，這說明清廷發展現代軍事的決心。不過，這時的收入並沒有包含洋務運動所建立的一系列軍事工廠，如果列入這一部分的話，開支也會進一步增加。

而**債務和相關賠款**，**只有三百八十六萬一千五百一十一兩，占比不到五%**，說明雖然經過幾次戰爭，但沒有帶來致命的影響（見下頁圖表14-4）。如果清廷有更多時間能恢復、建立良好的財政與經濟體系、增強軍事實力，有希望完成近代化發展。但是，中日甲午戰爭卻改變了一切。

21 見《清史稿．食貨志》：「戶部條陳整頓錢糧之策，略云：『溯自發逆之平，垂二十年，正雜錢糧，期可漸復原額。乃考核正雜賦稅額徵總數，歲計三千四百餘萬兩，實徵僅百四十五萬兩，賦稅虧額如此。財既不在國，又不在民，大率為貪官墨吏所侵蝕。』」

22 參見《清史稿．食貨志》：「釐金抽捐，創始揚州一隅，後遂推行全國。咸豐三年，刑部右侍郎雷以治軍揚州，始於仙女廟等鎮創辦釐捐。」

圖表 14-4　財政支出補充資料（單位：兩）

種類	金額
陵寢供應	130,559
交進	180,000
祭祀	336,733
儀憲	74,879
俸食	3,841,424
科場	105,270
驛站	1,734,709
廩膳	112,029
賞恤	525,216
修繕	2,209,748
採辦	4,033,903
織造	1,034,915
公廉	4,575,783
雜支	303,278
關局經費	3,144,616
補支	12,775,525
豫支	1,742,073
解京各衙門飯食經費各項支款	3,472,533

財政收支居然還算平衡，清廷怎麼垮的？

西元一九一〇年，度支部按照改革之後的規矩，制定第二年的財政預算。四年前，清廷實行新政，取消原來的戶部，改為度支部，並建立一套新的預算法則，這讓政府的國庫收入與支出，都包含經常項、臨時項和附列三部分。許多隱形收入或辦公經費，在過去的制度下都沒有被列出，而在新制度下都載明在冊。比如，舊制度只記載關稅的數額，這個數額是扣除海關（以及內部關卡）辦公經費之後的資料，由於海關的經費混到收入之中，因此變得很不透明，官員也容易中飽私囊；在新法則下，海關的收入和開支是分開的，都要分別登記。

中央為了確保數字準確，還派出監理前往各省調查，形成財務監察制度。**這時候政府的收入，已經達到兩億九千六百九十六萬三千零一十六兩**，支出也有兩億九千八百二十萬三千八百六十二兩。這份資料比人們預料的要健康，最大項稅收仍然是田賦，但是只占財政總收入的一六．二％（常規為四千六百一十六萬四千七百零九兩，臨時為一百九十三萬六千六百三十六兩）；鹽茶課稅（常規為四千六百三十一萬兩千三百五十五兩）仍然重要，與田賦收入相當。嚴格來說，只有這兩項是與農業相關的舊稅種，所占比例只有三成多一點，而且還沒有將農業收入的鹽業列入其中。

其餘項為洋關稅（常規為三千五百一十三萬九千九百一十七兩）、正雜各稅（常規為兩千六百一十六萬三千八百四十二兩）、釐捐（釐金），（常規為四千三百一十八萬七千九百零七兩）。除了這些比例，還有洋務運動時期的官業收入（官辦企業的相關收入，常規為四千六百六十萬八百九十九兩），占總預算的二五·七%，此比例已經相當接近農業稅（見左頁圖表14-5）。

有人認為，這份財政報表帶著很強的搜刮性質，但從另一方面來講，可以看出中國社會正在脫離原始的農業模式，朝工商業模式邁進。雖然農業仍然重要，卻不是唯一必須仰賴的賦稅，而支撐歷代王朝的鹽業專賣，重要程度也在下降。

財政最大的支出是軍政（常規為八千三百四十九萬八千一百一十一兩，臨時一千四百萬零五百四十六兩）和交通（常規為四千七百二十二萬一千八百四十一兩，臨時為七百八十萬四千九百零八兩），另外還有令人惋惜的對外賠款。

清政府的對外賠款分為三部分，分別由各省、洋海關、內地關卡按年攤還，將這三部分的開支相加起來，達到五千一百六十四萬零九百五十九兩。也就是說，如果按照康熙、乾隆時期的財政狀況，政府全年的收入已經不夠償還賠款。

即便到**西元一九一〇年，政府收入已經達到三億兩**，但是大部分的專案，都在經濟體內運轉，甚至不見現金，只有資源流動。而**賠款的五千萬兩則都流到海外，對經濟的損害可想而知**（見左頁圖表14-6）。

即便壓力龐大，晚清政府仍然試圖維持脆弱的財政平衡。但是第二年隨即爆發辛亥革命[23]，在袁世凱的壓力下皇帝退位，中國由此進入共和時代。這份財務報表也成為集權時代的遺物，讓人們看到從漢到清這兩千多年來，財政高峰時期最後的幻影。

23 西元一九一一年（農曆辛亥年，清宣統三年），旨在推翻清朝專制帝制、建立共和制的全國性革命。

圖表 14-5　官業其餘財政收入表（單位：兩）

	常規稅收	臨時稅收
常關稅	6,991,145	8,524
雜收入	19,194,101	16,050,648
捐輸		5,652,333
公債		3,560,000

圖表 14-6　官業其餘財政支出表（單位：兩）

	常規稅收	臨時稅收
行政	26,069,666	1,258,184
交涉	3,375,130	626,177
民政	4,416,338	1,324,531
財政	17,903,545	2,877,904
洋關經費	5,748,237	9,163
常關經費	1,463,332	
典禮	745,759	54,037
教育	2,553,416	1,041,892
司法	6,616,579	218,746
實業	1,603,835	
工程	2,493,240	2,022,064
官業支出	5,600,435	
邊防經費	1,239,908	
歸還公債		4,772,613

官僚未能轉換思考模式，從而斷送王朝

其實，清代社會學習西方的速度並不慢。從西元一八四〇年起，在西方的衝擊下，除了戰亂時期，中國經濟一直處於飛速發展中。雖然湧入大量外國貨，出現巨額的貿易逆差，但隨後海外投資的增加，填補了貿易赤字。中國南方也已經有較為成熟的商業社會，樂於接受新的商務邏輯，民間社會自發成長也可以說是中國商業的收穫期。

但與民間社會的自發成長相比，另一場運動（洋務運動）卻有著更大的爭議。人們常常認為洋務運動是場官商運動，直接壓倒民間資本主義的發展，讓中國在進入近代化時，無法發展出更健康的經濟。但是，任何一個後進國家要轉變模式時，都不能避免發展官商經濟。

當國門打開後，直接與海外接觸的東部沿海地區居民，以及一部分上層官員，比其他人更先看到自身的不足。這兩種人分別代表民間和政府，開始效仿海外模式發展經濟。初期代表政府的官員眼界最寬、最開明，且擁有充足的資金，他們主導第一波的近代化浪潮。中國的民族資本主義經濟，只有在累積更豐富的資金、知識後，才能引領第二波，發展並超過官員主導的企業。在日本、土耳其等轉型國家，也都出現類似的情況，最初是政府主導，隨後民間完成接棒，進入更加自由的經濟時代。

中國社會真正的問題不在於這些洋務企業，而是第二波的民間資本主義經濟沒有完成接棒，因為大部分集權制官員，仍然無法按照新商業模式轉換思考，因而抑制民間的經濟發展。中國近代沒有得到充分的時間進行社會轉型，也是問題之一。如果整個轉型能夠持續百年以上，等思想

守舊的老人死去後，新上臺的年輕人主導政治過程，隨後轉型會更加順利。如果要持續更久，就必須維持政治穩定。

同治時期，財政穩定已經有助於延續王朝，然而，新到來的**中日甲午戰爭，打碎了這個穩定；二・三億兩白銀的巨額賠款、高昂軍費，終於讓中國徹底失控**。甲午戰爭之後的群情激憤，也已經讓政府無法安撫老百姓。戊戌變法失敗後，西化派與保守派都往更極端的方向發展，保守派默許的義和團運動，更是重創財政平衡（賠款四・五億兩），使得清朝再也無法從巨大的失衡中脫身。

清朝的滅亡讓中國喪失一次和平轉型的機會。而更重要的是，在隨後的三十多年裡，人們再也沒有任何一次和平轉型的機會。

後記
本書不只是歷史，還希望能以古鑑今

掐指一算，離開北京開始遊學生涯已經七年，籌備本書也已經有七年。西元二〇一〇年是個轉捩點，當時我還是名經濟類報紙的記者，發現未來在中國，報導空間會逐漸被壓縮，如果繼續做下去，可能只會消耗個人生命；再來，未來也是個浮躁的時代，熱衷於工作本身的人，逐漸被善於賺錢的人所取代，而如果只向錢看，又會分散精力而無法潛心研究。

正是有感於這兩點判斷，我辭去報社的工作，決心過類似遊學般的生活，不依賴任何單位和組織，用自己的雙眼去客觀的觀察、研究自己感興趣的領域。七年後，透過這種遊學的方式，我已經出版七部作品，加上這部《龍椅背後的財政祕辛》，還有幾部創作完成、但未能出版的作品。但不管是哪部，讀者都不會看到任何陳腔濫調，因為這全是我觀察的結果，試圖向讀者呈現一個真實的世界。

我的研究可以分為一個中心、兩種思考角度。所謂一個中心，就是最終目標為研究中國現代問題，我真正關心的是中國社會和中國人，以及未來的走向。但要研究這個問題，必須有個寬廣的視角，了解中國現今於世界上的定位，以及在歷史上的定位；所謂兩種思考角度，就是橫向的世界角度，和縱向的歷史角度，深入了解後才能回過頭來，集中研究最艱難的領域：現代中國問題。針對這種角度，我的非虛構作品分成以下兩個系列：

一、文化遊記。我帶著問題和好奇心前往世界各個角落，了解其中的歷史、經濟、文化、社會，並關注它們和中國的聯結。目前這個系列已經出版印度、東南亞、蒙古和中東這幾個地區，我的目標是不泛泛而談，而是希望讀者讀完一本書，就有較為透徹了解一個地區。對於中國人而言，目前最大的問題是不了解世界、不了解歷史，只能根據宣傳影像，不可靠的猜測這個世界。市面上也缺乏既好看、客觀、及時，又有深度的書籍，這就是我試圖去做的事情。

二、歷史研究。如果要理解現代，必須先透析歷史。但自古及今，中國歷史已經被汙染太久，淹沒在層層迷霧之中，而市場上所流行說書人口吻式的歷史書中，又只會寫王侯將相的鉤心鬥角，對於推動歷史的背後力量一無所知，這種無知恰好給我留下足夠的研究空間。

我規畫歷史系列會包括三本書，分別從財政、軍事和統治哲學三個角度，來研究中國歷史。關於中國歷史上最深層的脈動，我也認為可以分成這三個方面，即**和平時期看財政，戰亂時期看軍事，必須靠思想控制維持穩定**。在和平時代，對歷史演化影響最大的是財政和經濟。一個朝代建立後，最深層的需求，是建立官僚體系來維持社會穩定、建立財政體系來維持制度，而金融壟斷、國營企業、土地公有制，必然是當權者首先想到的幾大手段。只有理解當權者對於財政的衝動，才能真正知道歷史的走向，這也是本書主題會選擇財政的原因。

到戰亂時期，對於歷史影響最大的是軍事，而影響排兵布陣最大的是地理因素，所以，本系列第二本書《中央帝國的軍事密碼》會全面考察軍事地理。為此我已經數次跑遍全國；所有的軍事戰略要地，去理解其重要性。在考察這些地方時，我曾經親眼見到秦趙長平之戰、宋夏好水川之戰、東西魏玉壁大戰的將士枯骨，藉此尋找當年戰鬥的蛛絲馬跡。當然最終，我是想看中華文明，如何在一次又一次暴力戰爭中，度盡劫波、浴血重生，每一次戰爭劫難的邏輯何在、勝利者與失敗者勝、敗在何種戰略。

不管是和平還是戰亂，樹立一種穩定的統治哲學，是維持社會穩定的必要條件，不能僅靠安檢和武裝，而是必須格式化人的思想。所以，我的第三本書《中央帝國的哲學密碼》解讀這個主題，讓人們看到統治哲學如何被建立，又如何透過政權的力量，深入到每個人的潛意識之中，讓所有人在不知不覺中，就成為政權的附庸，建立起穩固統治。同時，這個哲學又如何變質、退化，並被取代的全過程。

由於這個系列牽扯到大量的史料，我在寫作時也是慎之又慎。關於《龍椅背後的財政祕辛》一書，已經拖了七年。二〇一三年底，我認為累積的知識量已經足夠，便開始撰寫本書的第一稿。但完成後隨即意識到還不成熟，將稿件徹底廢掉；二〇一四年下半年，我從中東和非洲回來後，好友讓我到廣州長住一段時間，生活較為穩定。利用這個空檔，除了撰寫中東報告之外，我開始寫作本書的二稿；二〇一五年，二稿成型後，在好友的幫助下，交給相關人員審閱，他們又提出專業的修改意見，於是我進行第三稿的修訂，最後形成本稿。

在這本書上花的力氣，達到以前諸本書的兩、三倍。但寫完後回顧一下，卻發現所花的時間最為值得，因為這本書記錄非常長的時段（兩千多年），試圖利用現代財經視角，重新審視古代的政治和經濟，找到驅使中國集權社會政策變化的真實原因。

最後，需要說明的是，我有意把書稿截至清代。即便是清代，也比寫唐宋時期更簡化。主要原因是，現代研究清代問題的書籍已經很多，哪怕稍微展開一點，都足以再寫成一本書，為此我把主要精力放在清代之前的中國歷史，將清代、民國和現代中國問題留待以後研究。另外，由於尺度問題，我不想把民國和現代放在書中，但相信讀者在讀完本書之後，自然會對後續時代的問題做出評判。

圖表 1　各朝田畝丈量尺度

朝代	時間	每尺／釐米	每步／尺	每步／釐米	每畝／平方步	每畝／平方公尺	每畝折合市畝[1]
周	前1120至前220年	22.50	6	135.00	100	182.25	0.273
秦	前221至前205年	23.10	6	138.60	240	461.04	0.691
西漢	前206至西元8年	23.10	6	138.60	240	461.04	0.691
東漢	9至220年	23.75	6	142.50	240	487.34	0.731
魏	221至265年	24.12	6	144.72	240	502.65	0.754
西晉	266至316年	24.12	6	144.72	240	502.65	0.754
東晉	317至420年	24.45	6	146.70	240	516.50	0.774
南北朝	421至580年	29.51	6	177.06	240	752.40	1.135
隋	581至618年	29.60	6	177.06	240	757.00	1.135
唐	619至906年	30.00	5	150.00	240	540.00	0.810
五代	907至960年	31.00	5	155.00	240	576.60	0.865
宋	961至1279年	31.00	5	155.00	240	576.60	0.865
元	1280至1368年	34.00	5	170.00	240	693.60	1.040
明	1369至1644年	34.00	5	170.00	240	693.60	1.040
清	1645至1911年	34.00	5	170.00	240	693.60	1.040
民國	1912至1949年	33.33	5	166.65	240	666.53	1.000

1　一市畝約為六百六十六平方公尺。

圖表 2　中國歷代戶口、田地統計資料[2]

後漢				前漢	朝代
和帝 元興元年	章帝 章和 2 年	明帝 永平 18 年	光武帝 中元 2 年	平帝 元始 2 年	年度
105	88	75	57	2	西元（年）
9,237,112	7,456,784	5,860,573	4,279,634	12,233,062	戶數（戶）
53,256,229	43,356,367	34,125,021	21,007,820	59,594,978	口數（口）
732,017,080	—	—	—	827,053,600	田地（畝）
5.76	5.81	5.82	4.91	4.87	每戶平均口數
79.25	—	—	—	67.61	每戶平均畝數
13.74	—	—	—	13.88	每口平均畝數

朝代	年度	西元（年）	戶數（戶）	口數（口）	田地（畝）	每戶平均口數	每戶平均畝數	每口平均畝數
後漢	安帝延光4年	125	9,647,838	48,690,789	694,289,213	5.05	71.96	14.26
	順帝永和5年	140	9,698,630	49,150,220	—	5.07	—	—
	建康元年	144	9,946,919	49,730,550	689,627,156	4.99	69.33	13.87
	沖帝永嘉元年	145	9,937,680	49,524,183	695,767,620	4.98	70.01	14.05

2 本表引自梁方仲《中國歷代戶口、田地、田賦統計》。梁表原為十列，引用時省略「資料來源」一列，以及「與上次相距年數」一列，並將第一列拆分成「朝代」和「年分」兩列。本表資料，特別是田畝數，均是古籍記載的原始資料，受統計條件、比率尺度的影響甚巨，不可直接用以做精確的縱向比較。

吳	魏	三國蜀	後漢		朝代
孫皓 天紀 4 年	曹奐 景元 4 年	劉禪 炎興元年	桓帝 永壽 3 年	質帝 本初元年	年度
280	263	263	157	146	西元（年）
530,000	663,423	280,000	10,677,960	9,348,227	戶數（戶）
2,300,000	4,432,881	940,000	56,486,856	47,566,772	口數（口）
—	—	—	—	693,012,338	田地（畝）
4.34	6.68	3.36	5.29	5.09	每戶平均口數
—	—	—	—	74.13	每戶平均畝數
—	—	—	—	14.57	每口平均畝數

北魏		南北朝宋	十六國	西晉	朝代
莊帝 永安年間	明帝 熙平年間	武帝 大明８年	前燕	武帝 太康元年	年度
528-530	516-520	464	370	280	西元（年）
3,375,368	5,000,000+	906,870	2,458,969	2,459,840	戶數（戶）
—	—	4,685,501	9,987,935	16,163,863	口數（口）
—	—	—	—	—	田地（畝）
—	—	5.17	4.06	6.57	每戶平均口數
—	—	—	—	—	每戶平均畝數
—	—	—	—	—	每口平均畝數

陳		北周		北齊	朝代
後主 禎明 3 年	宣帝時	大定元年	靜帝 大象年間	幼主 承光元年	年度
589	569-582	581	579-580	577	西元（年）
500,000	600,000	3,599,604	3,590,000	3,032,528	戶數（戶）
2,000,000	—	—	9,009,604	20,006,880	口數（口）
—	—	—	—	—	田地（畝）
4.00	—	—	2.51	6.60	每戶平均口數
—	—	—	—	—	每戶平均畝數
—	—	—	—	—	每口平均畝數

唐			隋		朝代
高宗 永徽元年	太宗 貞觀年間	高祖 武德年間	煬帝 大業 5 年	文帝 開皇 9 年	年度
650	627-649	618-626	609	589	西元（年）
3,800,000	3,000,000-	2,000,000+	8,907,000	—	戶數（戶）
—	—	—	46,019,956	—	口數（口）
—	—	—	5,585,404,000	1,940,426,700	田地（畝）
—	—	—	5.17	—	每戶平均口數
—	—	—	627.04	—	每戶平均畝數
—	—	—	121.37	—	每口平均畝數

唐					朝代
天寶 14 年	天寶元年	開元 22 年	玄宗 開元 14 年	中宗 神龍元年	年度
755	742	734	726	705	西元 （年）
8,914,709	8,525,763	8,018,710	7,069,565	6,156,141	戶數 （戶）
52,919,309	48,909,800	46,285,161	41,419,712	37,140,000+	口數 （口）
1,430,386,213	—	—	1,440,386,213	—	田地 （畝）
5.94	5.74	5.77	5.86	6.03	每戶平均口數
160.45	—	—	—	—	每戶平均畝數
27.03	—	—	34.78	—	每口平均畝數

唐					朝代
文宗 開成 4 年	憲宗 元和 15 年	德宗 建中元年	代宗 廣德 2 年	肅宗 乾元 3 年	年度
839	820	780	764	760	西元（年）
4,996,752	2,375,400	3,805,076	2,933,125	1,933,174	戶數（戶）
—	15,760,000	—	16,930,386	16,990,386	口數（口）
—	—	—	—	—	田地（畝）
—	6.63	—	5.77	8.79	每戶平均口數
—	—	—	—	—	每戶平均畝數
—	—	—	—	—	每口平均畝數

宋		五代後周	唐		朝代
太宗 至道 2 年	太祖 開寶 9 年	世宗 顯德 6 年	宣宗 大中年間	武宗 會昌 5 年	年度
996	976	959	847-859	845	西元（年）
4,574,257	3,090,504	2,309,812	—	4,955,151	戶數（戶）
—	—	—	—	—	口數（口）
312,525,125	295,332,060	108,583,400	1,168,835,400	—	田地（畝）
—	—	—	—	—	每戶平均口數
68.32	95.56	47.01	—	—	每戶平均畝數
—	—	—	—	—	每口平均畝數

宋					朝代
神宗 元豐 6 年	英宗 治平 3 年	仁宗 皇祐 5 年	天禧 5 年	真宗 景德 3 年	年度
1083	1066	1053	1021	1006	西元（年）
17,211,713	12,917,221	10,792,705	8,677,677	7,417,570	戶數（戶）
24,969,300	29,092,185	22,992,861	19,930,320	16,280,254	口數（口）
461,655,600	440,000, 000+	228,000, 000+	524,758,432	186,000,000+	田地（畝）
1.45	2.25	2.06	2.30	2.19	每戶平均口數
26.82	34.02	21.13	60.47	25.08	每戶平均畝數
18.69	15.12	10.23	26.33	11.42	每口平均畝數

宋					朝代
孝宗 乾道 6 年	高宗 紹興 29 年	徽宗 大觀 4 年	哲宗 元符 3 年	神宗 元豐 8 年	年度
1170	1159	1110	1100	1085	西元（年）
11,847,385	11,091,885	20,882,258	19,960,812	—	戶數（戶）
25,971,870	16,842,401	46,734,784	44,914,991	—	口數（口）
—	—	—	—	248,434,900	田地（畝）
2.19	1.52	2.24	2.25	—	每戶平均口數
—	—	—	—	—	每戶平均畝數
—	—	—	—	—	每口平均畝數

金	宋				朝代
孝宗 淳熙 14 年 世宗 大定 27 年	理宗 景定 5 年	寧宗 嘉定 16 年	光宗 紹熙 4 年	淳熙 7 年	年度
1187	1264	1223	1193	1180	西元（年）
19,166,001	5,696,989	12,670,801	12,302,873	12,130,901	戶數（戶）
69,016,875	13,026,532	28,320,085	27,845,085	27,020,689	口數（口）
—	—	—	—	—	田地（畝）
—	2.29	2.24	2.26	2.23	每戶平均口數
—	—	—	—	—	每戶平均畝數
—	—	—	—	—	每口平均畝數

明	元		金		朝代
太祖 洪武 14 年	文宗 至順元年	世祖 至元 28 年	光宗 紹熙 4 年 章宗 明昌 6 年	光宗 紹熙元年 章宗 明昌元年	年度
1381	1330	1291	1193 1195	1190	西元（年）
10,654,362	13,400,699	13,430,322	9,526,273	19,294,800	戶數（戶）
59,873,305	—	59,848,964	76,335,485	73,948,158	口數（口）
366,771,549	—	—	—	—	田地（畝）
5.62	—	4.46	—	—	每戶平均口數
34.42	—	—	—	—	每戶平均畝數
6.13	—	—	—	—	每口平均畝數

明					朝代
永樂 21 年	永樂 11 年	成祖 永樂元年	洪武 26 年	洪武 24 年	年度
1423	1413	1403	1393	1391	西元 （年）
9,972,125	9,684,916	11,415,829	10,652,870	10,684,435	戶數 （戶）
52,763,178	50,950,244	66,598,337	60,545,812	56,774,561	口數 （口）
—	—	—	850,769,368	387,474,673	田地 （畝）
5.29	5.26	5.83	5.68	5.31	每戶平 均口數
—	—	—	79.86	36.27	每戶平 均畝數
—	—	—	14.05	6.82	每口平 均畝數

明					朝代
英宗 天順 8 年	代宗 景泰 6 年	英宗 正統 10 年	宣德 10 年	宣宗 宣德元年	年度
1464	1455	1445	1435	1426	西元 （年）
9,107,205	9,405,390	9,537,454	9,702,495	9,918,649	戶數 （戶）
60,499,330	53,807,470	53,772,934	50,697,569	51,960,119	口數 （口）
472,430,200	426,733,900	424,723,900	427,017,200	412,460,600	田地 （畝）
6.64	5.72	5.64	5.22	5.24	每戶平均口數
51.87	45.37	44.53	44.01	41.58	每戶平均畝數
7.81	7.93	7.90	8.43	7.94	每口平均畝數

明					朝代
武宗 正德 5 年	弘治 15 年	孝宗 弘治 3 年	成化 20 年	憲宗 成化 10 年	年度
1510	1502	1490	1484	1474	西元（年）
9,144,095	10,409,788	9,503,890	9,205,711	9,120,195	戶數（戶）
59,499,759	50,908,672	50,307,843	62,885,829	61,852,810	口數（口）
469,723,300	622,805,881	423,805,800	486,149,800	477,899,000	田地（畝）
6.51	4.89	5.29	6.83	6,78	每戶平均口數
51.37	59.83	44.59	52,81	52,40	每戶平均畝數
7.85	12.23	8.42	7.73	7.73	每口平均畝數

明					朝代
嘉靖 41 年	嘉靖 31 年	嘉靖 21 年	世宗 嘉靖 11 年	正德 14 年	年度
1562	1552	1542	1532	1519	西元（年）
9,638,396	9,609,305	9,599,258	9,443,229	9,399,979	戶數（戶）
63,654,248	63,344,107	63,401,252	61,712,993	60,606,220	口數（口）
431,169,400	428,035,800	428,928,400	428,828,400	469,723,300	田地（畝）
6.60	6.59	6.60	6.54	6.45	每戶平均口數
44.74	44.54	44.68	45.41	49.97	每戶平均畝數
6.77	6.75	6.77	6.95	7.75	每口平均畝數

明					朝代
熹宗 天啟 6 年	光宗 泰昌元年	萬曆 30 年	神宗 萬曆 6 年	穆宗 隆慶 5 年	年度
1626	1620	1602	1578	1571	西元（年）
9,835,426	9,835,426	10,030,241	10,621,436	10,008,805	戶數（戶）
51,655,459	51,655,459	56,305,050	60,692,856	62,537,419	口數（口）
743,931,900	743,931,900	1,161,894,800	701,397,628	467,775,000	田地（畝）
5.25	5.25	5.61	5.71	6.25	每戶平均口數
75.64	75.64	115.3	66.04	46.74	每戶平均畝數
14.40	14.40	20.64	11.56	7.48	每口平均畝數

清				明	朝代
康熙 19 年	聖祖 康熙 12 年	順治 18 年	世祖 順治 12 年	思宗 崇禎年間	年度
1680	1673	1661	1655	1628-1644	西元 （年）
—	—	—	—	—	戶數 （戶）
17,094,637	19,393,587	19,137,652	14,033,900	—	口數 （口）
522,766,687	541,562,783	526,502,829	387,771,991	783,752,400	田地 （畝）
—	—	—	—	—	每戶平均口數
—	—	—	—	—	每戶平均畝數
30.58	27.92	27.51	27.63	—	每口平均畝數

清					朝代
世宗 雍正 2 年	康熙 60 年	康熙 50 年	康熙 40 年	康熙 24 年	年度
1724	1721	1711	1701	1685	西元 （年）
—	—	—	—	—	戶數 （戶）
26,111,953	25,616,209	24,621,324	20,411,163	20,341,738	口數 （口）
890,647,524	735,645,059	693,034,434	598,698,565	589,162,300	田地 （畝）
—	—	—	—	—	每戶平均口數
—	—	—	—	—	每戶平均畝數
34.11	28.72	28.15	29.33	28.96	每口平均畝數

清					朝代
宣宗 道光 13 年	仁宗 嘉慶 17 年	乾隆 31 年	高宗 乾隆 18 年	雍正 12 年	年度
1833	1812	1766	1753	1734	西元（年）
—	—	—	—	—	戶數（戶）
398,942,036	361,693,379	208,095,796	102,750,000	27,355,462	口數（口）
—	791,525,196	741,449,550	708,114,288	890,138,724	田地（畝）
—	—	—	—	—	每戶平均口數
—	—	—	—	—	每戶平均畝數
—	2.19	3.56	6.89	32.54	每口平均畝數

朝代	年度	西元（年）	戶數（戶）	口數（口）	田地（畝）	每戶平均口數	每戶平均畝數	每口平均畝數
清	德宗 光緒 13 年	1887	—	377,636,000	911,976,606	—	—	2.41
	宣統 3 年	1911	92,699,185	341,423,867	—	5.45	—	—

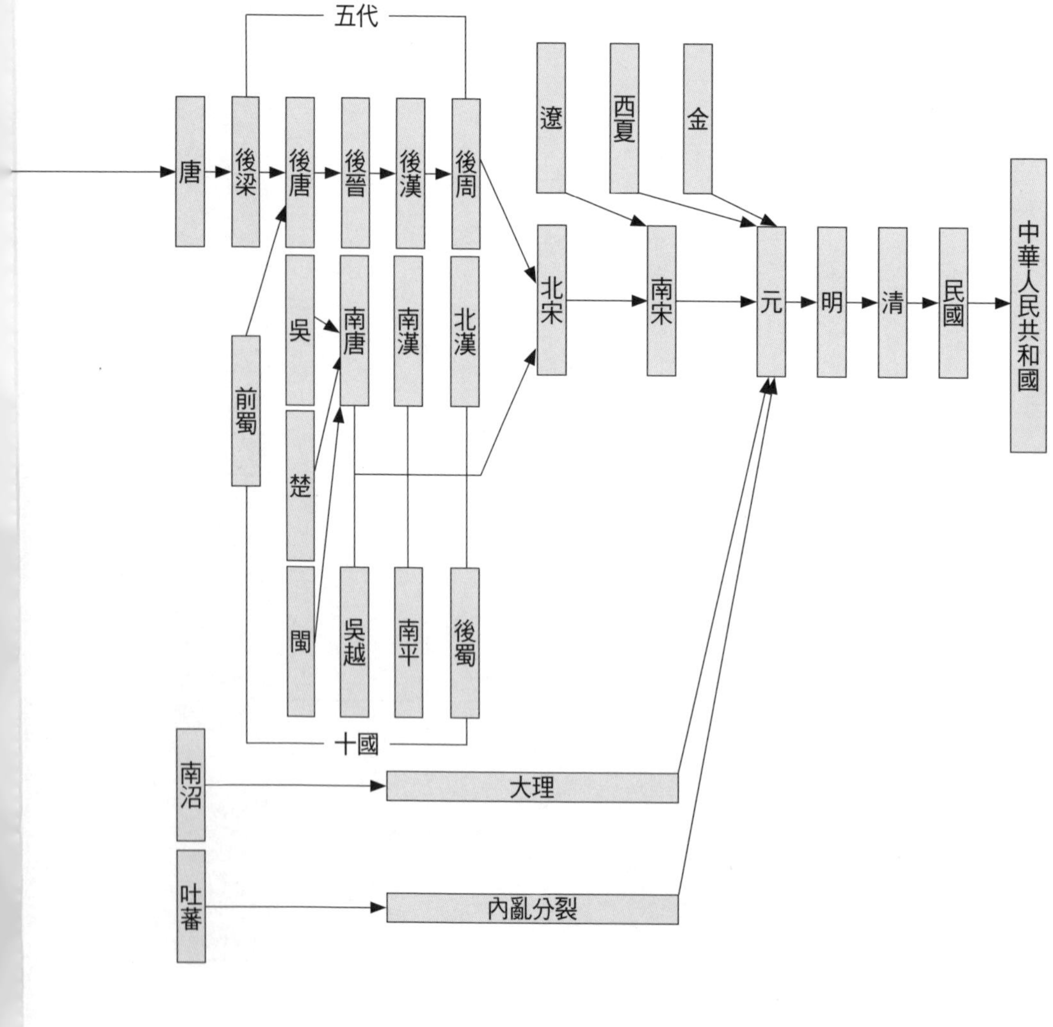
五代
唐
後梁
後唐
後晉
後漢
後周
遼
西夏
金
北宋
南宋
元
明
清
民國
中華人民共和國
前蜀
吳
南唐
南漢
北漢
楚
閩
吳越
南平
後蜀
十國
南詔
大理
吐蕃
內亂分裂

圖表 3　中國朝代示意圖

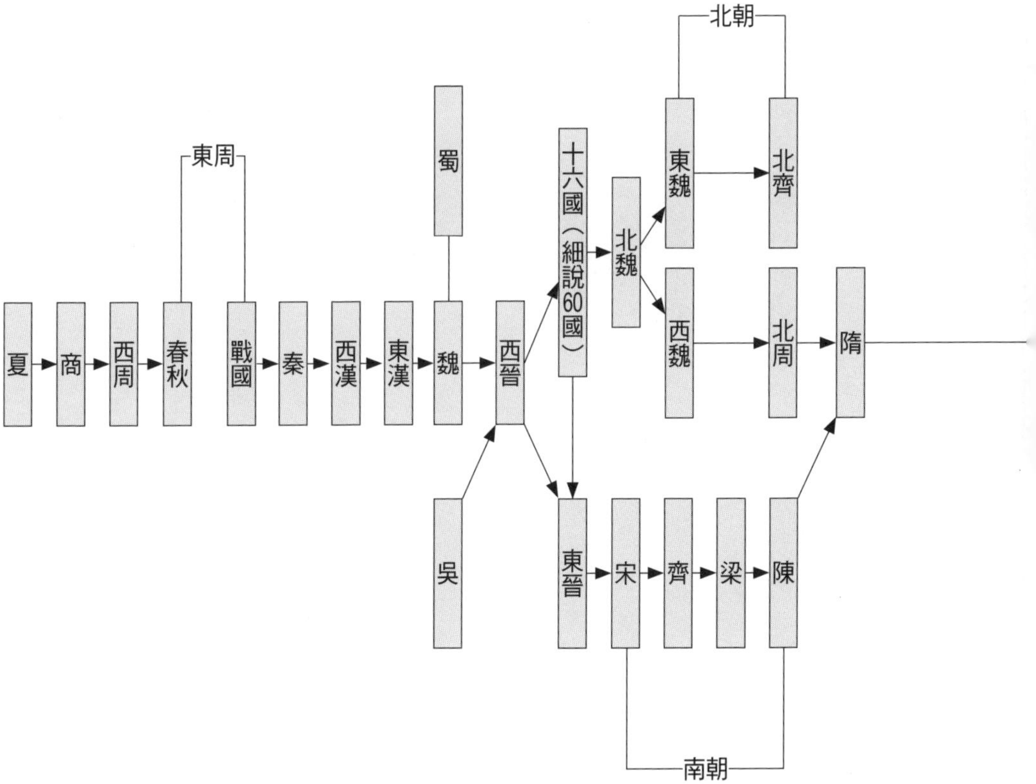

國家圖書館出版品預行編目(CIP)資料

龍椅背後的財政祕辛：文治武功？財稅金融才是國家盛衰存滅的深層原因。「中文世界的國富論」／郭建龍著. -- 臺北市：大是文化，2018.12
512 面；17×23 公分. --（TELL；014）
ISBN 978-957-9164-01-6（平裝）

1. 財政史　2. 中國

560.92　　106021908

TELL 014

龍椅背後的財政祕辛

文治武功？財稅金融才是國家盛衰存滅的深層原因。「中文世界的國富論」

作　　者／郭建龍
責任編輯／林妤柔
校對編輯／蕭麗娟
美術編輯／張皓婷
副總編輯／顏惠君
總 編 輯／吳依瑋
發 行 人／徐仲秋
會　　計／林妙燕
版權經理／郝麗珍
行銷企劃／徐千晴
業務助理／王德渝
業務專員／馬絮盈
業務經理／林裕安
總 經 理／陳絜吾

出 版 者／大是文化有限公司
臺北市衡陽路 7 號 8 樓
編輯部電話：（02）23757911
購書相關資訊請洽：（02）23757911 分機122
24小時讀者服務傳真：（02）23756999
讀者服務E-mail：haom@ms28.hinet.net
郵政劃撥帳號 19983366　戶名／大是文化有限公司

法律顧問／永然聯合法律事務所
香港發行／里人文化事業有限公司　Anyone Cultural Enterprise Ltd
地址：香港新界荃灣橫龍街 78 號正好工業大廈 22 樓 A 室
22/F Block A, Jing Ho Industrial Building, 78 Wang Lung Street, Tsuen Wan, N.T., H.K.
電話：（852）24192288 傳真：（852）24191887
E-mail：anyone@biznetvigator.com

封面設計／孫永芳
內頁排版／顏麟驊
印　　刷／鴻霖傳媒印刷股份有限公司
出版日期／2018 年 12 月
定　　價／新臺幣 499 元
I S B N　978-957-9164-01-6